Pamela Kane

Keine Macht den Viren!

PAMELA KANE

KEINE MACHT DEN VIREN!

Das Buch-/Softwarepaket
zum Schutz wertvoller Daten und Programme

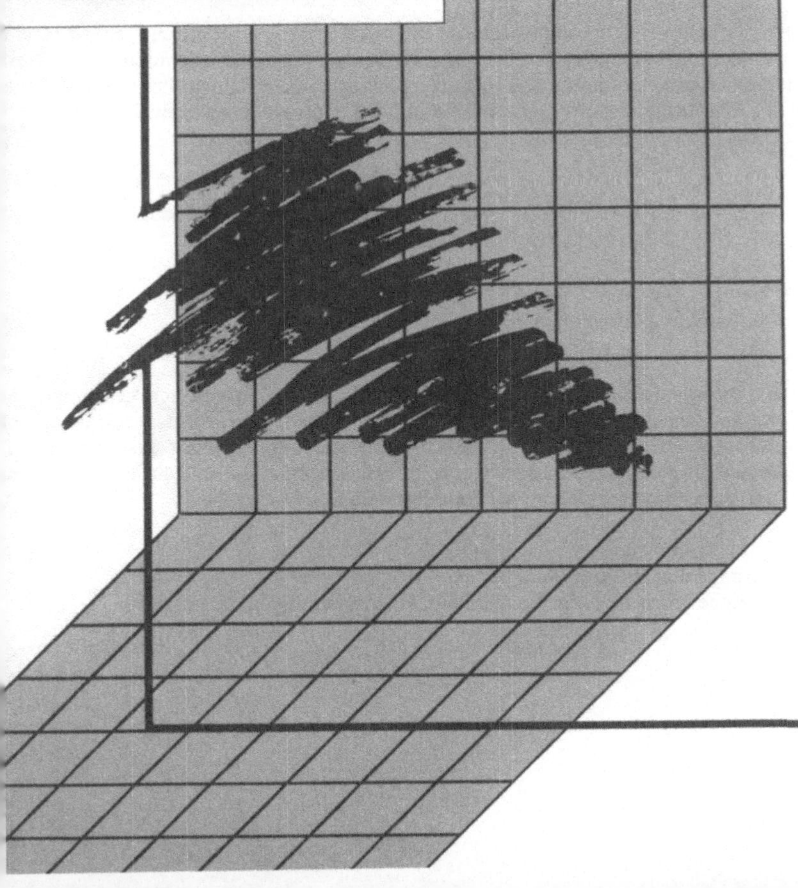

CIP-Titelaufnahme der Deutschen Bibliothek

Kane, Pamela:
Keine Macht den Viren! / Pamela Kane.
[Übers. aus d. Amerikan.: Peter Riswick]. –
Braunschweig: Vieweg, 1990
    Einheitssacht.: V.I.R.U.S. Protection:
    Vital Information Resources Under Siege
    incl. Dr. Panda Utilities ⟨dt.⟩
    ISBN-13: 978-3-528-05112-9   e-ISBN-13: 978-3-322-83747-9
    DOI: 10.1007/978-3-322-83747-9

Dieses Buch ist die deutsche Übersetzung von
Pamela Kane, V.I.R.U.S. Protection:
Vital Information Resources Under Siege
incl. Dr. Panda Utilities
Bantam Books, Inc., New York, NY 10103
Copyright © 1989 by Pamela Kane
Software Copyright © 1989 by Panda Systems

Übersetzung aus dem Amerikanischen:
Peter Riswick, Aachen

Das in diesem Buch enthaltene Programm-Material ist mit keiner Verpflichtung oder Garanti
irgendeiner Art verbunden. Die Autorin, der Übersetzer und der Verlag übernehmen infolgedesse
keine Verantwortung und werden keine daraus folgende oder sonstige Haftung übernehmen, die a
irgendeine Art aus der Benutzung dieses Programm-Materials oder Teilen davon entsteht.

Der Verlag Vieweg ist ein Unternehmen der Verlagsgruppe Bertelsmann International.

Umschlagentwurf: Schrimpf und Partner, Wiesbaden
Druck und buchbinderische Verarbeitung: Lengericher Handelsdruckerei, Lengerich

Vorwort

Würde es Ihnen gefallen, wenn ein verborgener Virus in einem Textverarbeitungsprogramm von XYZ-Software alle Ihre Dateien löschen würde? Vielleicht hat der Virus nur auf ein Startsignal gewartet und dann begonnen, Ihre Festplatte zu leeren.

Diese kleinen Biester, die sich in Ihrem Rechner niederlassen, können großen Schaden anrichten. Viren, Würmer und andere bösartige Software treiben sich in der Computerwelt herum und suchen nach Opfern. Auch Sie könnten mit ihnen in Kontakt kommen, sogar die Industrie oder ganze Städte könnten verseucht werden. Aber wie bei anderen Krankheiten auch, können Sie sich durch vorbeugende Maßnahmen schützen.

Ein wichtiger Bestandteil der Vorbeugung ist die Aufklärung. Zuerst verbreiteten die neuen Gefahren Angst in der Mailbox-Szene, da dort Programme zwischen vielen Benutzern ausgetauscht werden. Ein Virus, der sich dort einmal eingenistet hat, könnte sich fast ungehindert verbreiten und vermehren. Mittlerweile sind alle SYSOPS ihrer Verantwortung bewußt und prüfen die angebotene Software. In diesem Bereich ist gründliche Aufklärungsarbeit geleistet worden.

Das Wichtigste ist immer noch die Aufklärung des Endbenutzers. Sie sollten dazu angehalten werden, regelmäßige Datensicherungen anzufertigen, nicht nur einmal im Jahr oder wenn sie benötigt werden. In diesem Bereich gibt es noch viel zu tun.

Dieses Buch-/Softwarepaket kann dabei gute Dienste leisten. Neben den nützlichen DR. PANDA-Hilfsprogrammen gibt dieses Buch viel Informationen und hilft, einen umfangreichen Sicherheitsplan zu erstellen. Die ersten beiden Teile dienen nicht zuletzt der Unterhaltung.

Um Viren auf Dauer fernzuhalten, sollte immer für Ordnung gesorgt werden und keiner von den kleinen Killern entwischen. Es verhält sich ähnlich, wie bei den Graffiti-Sprühern. Wenn man bemalte Wände immer wieder reinigt oder übermalt, werden sich die "Künstler" einen anderen Ort suchen. Sie wollen, daß ihre Werke sichtbar sind und sind enttäuscht, wenn sie wieder eine saubere Wand vorfinden. Schreiber von Virusprogrammen haben die gleiche Mentalität. Wenn ihr Code keine Beachtung findet und immer sofort gelöscht wird, werden sie sich vielleicht eine sinnvollere Aufgabe suchen. Ein mir bekannter Ex-Graffiti-Künstler ist heute ein angesehener Werbezeichner. Es würde mir gefallen, wenn Virus-Hacker ihre Fähigkeiten nutzen würden, um kommerzielle Programme zu schreiben. Viele von ihnen hätten das Zeug, nicht nur reich zu werden, sondern auch noch den Anwendern nützliche Programme zu bieten. Mit etwas Glück wird ein Produkt wie dieses Buch, diesen Leuten klarmachen, daß die Anwender keine Zeit für solchen Unsinn haben. Die Botschaft an die Virenschreiber lautet: Suchen Sie sich eine richtige Aufgabe.

John C. Dvorak
Berkeley, Kalifornien
Juni 1989

Dank

Bücher fallen nicht einfach vom Himmel, vor allem nicht Bücher über technische Themen. Für Software gilt das gleiche. Für ein kombiniertes Buch-/Softwarepaket wird mehr gebraucht als der Buch- und der Softwareteil. Ein Buch wie "Keine Macht den Viren!" ist aus vielen kleinen Teilen zusammengetragen.

Mein Dank geht an:

John Aboline	für unermüdliche und ausführliche Recherche.
Jim Cappio und Ben Reich	für ihre Unterstützung im Kapitel über rechtliche Fragen.
Eric Corley und Gordon Meyer	für ihre Beschreibung von Hackern.
Howard Green	für seine Unterstützung
Eric Newhouse	für die Liste "Das dreckige Dutzend".
Ann Webster und Ken Van Wyk	Für ihre Fallstudien.

Besonders danken möchte ich John Dvorak für das Vorwort und für die Ermunterung, Dr. Panda ins Leben zu rufen.

Vielen Dank auch an Michael Roney, der als *Editor* nicht nur immer hilfreich zur Seite stand, sondern auch noch einen besonderen Sinn für Humor gezeigt hat.

Ich möchte ganz kurz noch einigen danken, die mich in vielen Punkten bei meiner Arbeit untersützt haben: Glenn Bleakney, Sara Burns, Noel Bergman, Paul Cottrell, Runnoe Connally, Jan Diamondstone, Dennis Director, Dick Evans, Lauren Field, Miriaton Gerstine, Ross Greenberg, Chuck Gilmore, Margaret Holland, Helen Holmes, Julia Marson, Belden Menkus, Mike Newell, Rachel Parker, Michael Reimer, Neil Rubenking, Mark Rudisill, Wendy Rocci, Christine Seltzer, Kenzi Sugihara, Carol Van Vlack, Jim Weaver, Judy Weaver, Randy Williams und Peter Winnington.

Mein Dank gilt auch vier besonderen Kindern, die während der Entstehung dieses Buches geduldig auf das Essen, den Computer und mich gewartet haben. Auch meine Eltern waren immer da, wenn ich sie brauchte.

Zuletzt möchte ich meinem Partner im PANDA-Abenteuer danken, Andy Hopkins. Ohne ihn würde es DR. PANDA nicht geben. Er wurde bekannt als Autor von CHK4BOMB und BOMBSQAD, der ersten Anti-Virus-Software. Andy programmierte die DR. PANDA-Hilfsprogramme und schrieb die technischen Kapitel in diesem Buch. Andy Hopkins hat den Ruf, einer der talentiertesten Assembler-Programmierer zu sein, und ich kann das nur bestätigen.

Pam Kane

Anmerkungen zur deutschen Ausgabe

Sie werden feststellen, daß dieses ein Buch amerikanischen Stils im besten Sinne ist. Es ist nicht bierernst, trotz einer ernsten Sache, um die es geht. Gerade die ersten beiden Teile des Buches bieten erzählerische Momente nicht ohne Unterhaltungswert. Gleichwohl werden Informationen gegeben, die für den Umgang mit dem Rechner heutzutage "lebenswichtig" sind.

Teil III des Buches, der zu Hervorhebung am Rande grau gerastert ist, liefert das notwendige Wissen, für vorbeugende Maßnahmen. Hier findet der Leser alle notwendigen Informationen zur Benutzung der Virus-Schutz-Software "DR. PANDA Hilfsprogramme". Mit diesen Informationen läßt sich die Software, die diesem Buch beigelegt ist, problemlos einsetzen.

Sie werden vielleicht feststellen, daß Humor und Ernst für den Geschmack deutscher Fachbuchleser stellenweise zu weit voneinander entfernt sind. Bedenken Sie, daß diesem Buch gelingt, was üblichen Computerbüchern *nicht* gelingt: Es ist für *jeden* mit Gewinn lesbar, auch für Leute, die nichts von Computern verstehen, aber mit Computern *leben* müssen (z.B. manche Ehefrau). Das Buch eignet sich auch für den Praktiker, der vor allem Informationen zum Schutz vor bösartigen Angreifern sucht. Für ihn ist vor allem der grau gerasterte Teil des Buches lesenswert.

Aachen, im Sommer 1990   Peter Riswick

Keine Macht den Viren!

Inhalt

Teil I

Eine kleine Geschichte der Virenkultur

<table>
<tr><td>Teil II

Schutz vor Viren von Anfang an</td></tr>
</table>

Teil III

Die Dr. Panda Hilfsprogramme

Anhänge

Einleitung

"Computervirus" - dieses Wort existiert seit 1988. Aber sicher ist auch, daß jeder Computerbenutzer im nächsten Jahrtausend diesen Ausdruck und dessen Bedeutung kennen wird.

Computer sind nichts neues, neu ist aber, daß sie auf fast jedem Schreibtisch und in jedem Haushalt zu finden sind. Neu sind nicht die den Computerviren zugrundeliegenden Ideen, sondern ihre Verbreitung in den Medien. Auch die Ängste vor Viren sind nicht neu, sondern nur die allgemeine Panik. Das Wort "Virus" gibt es schon lange, aber in der Welt der Computer muß es erst definiert werden.

VIRUS - eine vorläufige Definition

Da bei den Medien, der Regierung, den großen Industriegiganten und fast jedermann das Wort "Virus" für alles Schlechte, was mit einem Computer angestellt werden kann, herhalten muß, wollen wir uns diesem Sprachgebrauch vorerst anschließen und VIRUS (in Großbuchstaben) als ein anderes Wort für bedrohte Daten sehen. Damit sind alle Gefahren gemeint, denen Ihre Daten, Programme und Ihre Hardware ausgesetzt sind. Die "richtigen" Computerviren stellen nur einen ganz kleinen Teil dieser Gefahren dar.

Computersicherheit - eine Entwicklung?

Wenn man die Entwicklung der Menschheit bedenkt, hat die Entstehung der Computerindustrie bis heute nur eine Picosekunde gedauert. Viele Leser dieses Buches werden sich an Zeiten erinnern, als der Personal Computer nicht Teil unseres Lebens war. Wer die magische Grenze von 40 bereits überschritten hat, auf Brillen angewiesen ist und auf dem Tennisplatz schon etwas langsamer geworden ist, kann sich noch an die Geburtsstunde des heute bekannten Computers erinnern. Vielleicht haben Sie schon einmal einen Computer von Konrad Zuse gesehen (z.B. im Deutschen Museum in München). Heute sind diese Rechner die "Oldtimer" der Computerwelt.

Man kommt leicht in die Versuchung, die Kunst der angewandten Computersicherheit als eine relativ neue Disziplin zu betrachten. Die folgenden Seiten werden jedoch zeigen, daß sie schon seit einigen Jahrzehnten existiert. Heutzutage ist sie wichtiger geworden als je zuvor. Dieses Buch und die zugehörige Software gibt Ihnen Werkzeuge und Informationen, mit denen Sie Ihre Sicherheit erheblich verbessern können.

Ein kurzer Überblick

Das Buch gliedert sich in drei eigenständige Teile, die in beliebiger Reihenfolge gelesen werden können. Bei diesem Buch hängt das Verständnis eines Kapitels nicht von einem anderen ab, so daß sie unabhängig voneinander gelesen werden können.

Das Problem der Computerviren und seine Lösung ist nur ein kleiner Teil eines großen Sicherheitsplanes. In den einzelnen Teilen des Buches wird auf die technische Seite, Fragen des Managements, Gefahren und Risiken eingegangen. Es liegt bei Ihnen, sich ein funktionierendes Sicherheitssystem aufzubauen.

Teil I - Eine kleine Geschichte der Virenkultur

Wir wollen die Geschichte der Computerkriminalität seit dem Beginn der ersten Computer bis heute mitverfolgen. Wir werden uns mit Angriffen von Computerviren beschäftigen und uns ansehen, wie sie die Aufmerksamkeit der ganzen Welt erregt haben. Auch die Rolle der Medien bei der Verbreitung dieser Neuigkeiten und die Entstehung einer neuen Industrie werden wir untersuchen.

Teil II - Schutz vor Viren von Anfang an

Der zweite Teil des Buches führt Sie in die Geschehnisse innerhalb des Computers ein, erklärt, wo und warum Gefahren auftreten und wie man sich gegen sie schützen kann. Wir klären, wo im neuen Bereich der Computersicherheit die Verantwortlichkeiten liegen und wie Sie einen Plan entwickeln können, der Ihnen Schutz vor Angreifern bietet. In einem eigenen Kapitel wird kurz die rechtliche Seite dargestellt.

Teil III - Die Dr. Panda Hilfsprogramme

Sie haben dieses Buch wahrscheinlich mit dem Plan gekauft, die mitgelieferte Software auch zu benutzen. Hier finden Sie Erklärungen, Anleitungen, viele Tips, Tricks und mögliche Fallen.

Die Anhänge

Hier finden Sie noch mehr Informationen über das Aufstellen eines Sicherheitsplanes und die Liste "Das dreckige Dutzend" mit verbreiteten Exemplaren der Gattung zerstörender Programme.

Ein kurzer Blick auf die Software

Treffen Sie Dr. Panda persönlich!

Es ist technisch und praktisch unmöglich, zerstörenden Code von einem System fernzuhalten. Man kann aber versuchen, sich möglichst gut vor Angriffen zu schützen. Es gibt z.B. auch keinen geeigneten Weg, neu hinzukommende Software automatisch zu prüfen.

Wenn Sie DR. PANDA bereits installiert haben, ist es an der Zeit, einen Blick auf die Programme zu werfen.

Folgende Programme gehören zum Paket:

MONITOR	Stoppt zerstörende Programme.
TSRMON(itor)	Verbietet nicht autorisierten Programmen den Zugriff auf den Speicher.
TSRMONEZ	Eine Version von TSRMON, die besonders leicht zu installieren ist.
PHYSICAL	Erkennt Änderungen in Programmdateien, die auf zerstörenden Code hinweisen.
QUIKPHYS	Eine kleinere Version von PHYSICAL.
PHYS_ED	Ein Editor für die Anpassung von PHYSICAL.
PINSTALL	Installationsprogramm für PHYSICAL und QUIKPHYS.

NOBRAIN	Untersucht eine Diskette auf den (C)BRAIN-Virus.
LABTEST	Prüft neue Programme, bevor sie zum ersten Mal gestartet werden.
DRHOOK	Zeigt, wie der Hauptspeicher von aktiven Programmen belegt wird.
GOPANDA	Für die schnelle und einfache Installation.

Safe Hex

SAFE HEX, ein Wortspiel mit der Abkürzung für Hexadezimal, wird von den aufgeweckten Anwendern von jetzt ab praktiziert. Die frühen Tage der Unschuld sind vorbei, wir haben am Apfel genascht (und am IBM, am Tandy und am Compaq). Das Zeitalter der Computersicherheit hat begonnen.

Der Doktor hat Sprechstunde

Bevor Sie weiterlesen, können Sie einen Sprung in Kapitel 13 wagen und die drei wichtigsten Hilfsprogramme PHYSICAL, MONITOR und TSRMON installieren. Nehmen Sie dazu eine DOS-Diskette zur Hand und benutzen Sie GOPANDA. Sie werden sich anschließend wesentlich besser fühlen!

Wie man dieses Buch benutzt

Sie haben das wichtigste bereits hinter sich... die Installation der PANDA-Abwehrwaffen.

Vergessen Sie nicht, daß die Software nur für Sie und nur für einen Computer lizensiert ist! Genausowenig, wie zwei Menschen gleichzeitig dieses Buch lesen, sollte die Software auch nur von Ihnen benutzt werden. Es ist zwar leichter, eine Diskette zu kopieren als einen gedruckten Text mit mehreren hundert Seiten, aber es ist trotzdem illegal. Dies sollte eine Erinnerung an das Urheberrecht sein.

README.1ST

Jeder, vom einfachen Hobbyisten bis zum Manager, muß sich mit Sicherheitsfragen auseinandersetzen. Die Installation eines Anti-Virus-Paketes wie DR. PANDA ist nur *ein* Teil eines größeren Sicherheitsplanes. Wenn Sie dieses Buch lesen, können Sie aus den Fehlern anderer lernen. Vergleichen Sie Ihre Situation mit denen in den aufgeführten Fallstudien und freuen Sie sich, mehr zu wissen als vorher.

Teil I

Eine kleine Geschichte der Virenkultur

Kapitel 1

Die Grundlagen

Über die ersten Computer - klotzige Giganten

Die frühen Computer, die von Steven Levy in seinem Buch *Hackers* als "klotzige Giganten" beschrieben werden, waren ein Triumph der Technik. Meine ersten Erfahrungen mit einem klotzigen Giganten machte ich als frisch gebackene Studentin in einem COBOL-Kursus. In der Mitte der sechziger Jahre wußten nur wenige Professoren und andere Dozenten mehr über Programmierung als ein noch so grüner Student. Alle lernten damals gleichzeitig. Oft gab ein talentierter und aufnahmefähiger Student an der Fakultät Unterricht.

Unser KG (Klotziger Gigant), der erst ein Jahr alt war und eine enorme Summe gekostet hatte, war auf dem neuesten Stand der Technik. In einem klimatisierten Raum untergebracht (Vakuum-Röhren sind empfindlich gegen Überhitzung), wurde der KG von einer Gruppe von Pflegern in weißen Kitteln betreut. Ein Teil des Personals war nur dazu da, die durchgebrannten Röhren zu wechseln! Der Zugriff auf den KG war den Weißkitteln vorbehalten.

Unser KG besaß 64 KB Speicher, das ist ein Zehntel von dem, was der PC besitzt, auf dem dieses Buch geschrieben wurde. Die Ausmaße im Vergleich zu meinem PC kann ich nicht berechnen, denn ich habe einen Großteil der gelernten Mathematik schon wieder vergessen. Nichtsdestotrotz verwaltete dieses Wunderwerk der Technik die Kursbelegungen von 30000 Studenten und bearbeitete die Experimente von denen, die das Monster beherrschten.

Die Dateneingabe erfolgte über Lochkarten. Die einfachste Routine konnte hunderte Karten belegen und erforderte Stunden ermüdender Tipparbeit. Die falsche Karte am falschen Platz oder ein Tippfehler konnte ein Unglück auslösen. Während meiner Zeit als Studentin wurde ich zweimal vom KG hereingelegt. Die Einschreibung an der Uni wurde in einem Flur des Unigebäudes durchgeführt. Da in den Türen jeweils Tische standen, sah es dort aus wie auf einem Jahrmarkt mit Losbuden. Die Studenten sollten ihre Einschreibungs-Lochkarte an einen Kontrolleur an der Türe abgeben. Der prüfte dann, ob die richtige Zeit eingehalten wurde (es wurden mehr als 30000 Studenten in zwei Tagen registriert, also waren Kontrollen nötig). Die erste Lochkarte wurde durch eine zweite ersetzt, die den Namen und die Matrikelnummer enthielt. Dann eilten die Studenten zu den Türen, an denen sie sich zu den Veranstaltungen anmelden konnten (10 Uhr-Veranstaltungen wurden denen um 7.30 Uhr vorgezogen). Dort trugen sie sich in eine Listen ein und erhielten eine weitere Lochkarte, die ihnen die Teilnahme zusicherte. Mit einer Hand voll Lochkarten begaben sie sich in den Ausgangsbereich, wo die Karten in den KG gefüttert wurden.

Ein erster Kontrollausdruck dieses Prozesses wurde erst sehr spät angefertigt. Ungefähr 25 Jahre später bleibt mir die Erinnerung an eine fast nicht bestandene Prüfung in Ethik 106, nach acht Wochen Leiden in Englischer Philosophie 306. Der Computer hatte mich in den falschen Kurs eingeteilt, denn die Lochkarte war irgendwie beim Ethik-Kurs eingeordnet worden.

Der KG wurde auch benutzt, um eine "Rechnung" für jeden Studenten zu erstellen. Studien- und Übernachtungsgebühren u.s.w. wurden gesammelt und in gedruckter Form an Vater und Mutter gesandt. An der Spitze der Technologie, wo sich unsere Uni befand, wurde jedem etwas ausgehändigt, was wir noch nie vorher gesehen hatten. Heute würde man es für eine Kreditkarte halten. Verziert mit dem Schriftzug der Uni und einem Bild des Maskottchens, enthielt die Karte den Namen und die Matrikelnummer des Studenten. Viele haben dieses kleine Stück Plastik als Zahlungsmittel schätzen gelernt. Sie bestellten sich ein Gericht bei der Studentenvereinigung, wenn das Essen in der Mensa nicht genießbar war. Fechten, Bowling und Jahrbücher waren für uns "kostenlos". Es wurde nicht mit Geld bezahlt und die Eltern fürchteten die Rechnung von der Uni genauso wie einen Bescheid vom Finanzamt.

Die Genauigkeit eines jeden Kontos hängt natürlich von einem einfachen Faktor ab: Der Genauigkeit der Dateneingabe. Computer sind *dumm*. Der KG hatte keine Möglichkeit, den Preis von $2.222.222,22 für ein zerbrochenes Laborglas für unsinnig zu halten. Für diesen Betrag hätte man das ganze Labor neu einrichten können. Solche Fehler konnten aber leichter korrigiert werden als eine fehlerhafte Kursbelegung.

Zu jener Zeit waren drei Programmiersprachen in Benutzung: COBOL für kaufmännische Aufgaben, FORTRAN für die Wissenschaft und APL ("Die Sprache der Zukunft") für die Masochisten, die nach den ersten beiden noch nicht genug hatten. Es war in einem APL-Kurs, als ich Rache am KG übte und vielleicht den ersten Computervirus programmierte, obwohl er von Menschen und nicht von Maschinen verbreitet wurde.

Der erste Computervirus?

Ich fand heraus, daß man in APL leicht einen Codegenerator schreiben konnte. Mit etwas Arbeitsaufwand wollte ich den Großrechner etwas bremsen, was für uns weniger Arbeit bedeutete. Ein "Programmier-Marathon" ergab dann ein geniales Programm, das an viele Freunde weitergegeben wurde.

Das erste Mal, als dieses bemerkenswerte Stück Codierung gestartet wurde, blieb der KG sanft stehen. Er war überladen und die Röhren blitzten durch den ganzen Raum. Das darauf folgende Interview mit dem zuständigen Leitenden war sehr unterhaltsam. Er hatte noch öfter die Gelegenheit, seine Rede zu verbessern, denn der gleiche Code, von Klassenkameraden in den folgenden Wochen eingetippt, zwang den KG noch weitere sieben Male in die Knie.

Frühe Sicherheitsmaßnahmen - die Reaktion beginnt

Es hatte Folgen. Der von Studenten abgelieferte Code wurde auf das Konzept und "neue Ideen" hin untersucht, bevor er gestartet wurde. Es wurde ein Überwachungsprogramm geschrieben, das nach Codestücken suchte, die den KG in eine Endlosschleife schicken würden. Im APL-Kursus wurde nur noch eine Note für "Konzept" gegeben und auf "Ausführung" verzichtet.

Diese frühen Maßnahmen machen deutlich, daß Computersicherheit damals wie heute eine Reaktion auf ein Problem ist, das vorher noch nicht bekannt war.

Hinaus in die weite Welt

Die ersten Computer waren extrem teuer und damit nur im Besitz der Regierung, großer Universitäten und großer Konzerne. Mit dem Erscheinen der ersten Chips in den frühen 70er Jahren sank der Preis und die Größe von Computern in einen Bereich, der auch mittleren Firmen den Einstieg ermöglichte. Mehr Computer verlangen mehr Menschen, die sie bedienen, und die Informatik wurde zu einem Karrieregebiet. Es wurden mehr Techniker für die Wartung benötigt und viele Firmen mit Bezug zu Computern wurden gegründet.

Die frühen Maßnahmen der Klimatisierung waren nicht mehr nötig. Lochkarten wurden abgeschafft. Wartungspersonal schwärmte durch Computerräume und nahezu jeder, der etwas von Computern verstand, wurde zum Experten. Die direkte Programmierung der Prozessoren fiel weg, als Softwareschnittstellen entwickelt wurden. Auch die Sicherheit fiel weg.

Die damalige Hardware und Software waren nicht perfekt, da die Produkte schnell auf den Markt gebracht wurden, um der wachsenden Nachfrage gerechtzuwerden. Schnell bemerkten die Entwickler den Vorteil, sich eine "Hintertür" in ihren Produkten offen zu halten. Die Techniker konnten so mit jeder Maschine arbeiten, ohne sich durch eine ermüdende Anmeldeprozedur zu arbeiten. Durch genau so eine Hintertür gelangte der junge Robert Morris 1988 in das ARPAnet-System.

Die Geburt des PC

Was ist nun das Problem mit unseren allgegenwärtigen PCs? Die Antwort ist sowohl einfach als auch komplex und nicht weit von der alten Debatte "Was war zuerst da, das Huhn oder das Ei" entfernt.

Als IBM sich entschied, einen Personal Computer zu produzieren, wurde es von Big Blue als teures Spielzeug für bessere Familien gesehen. In einer aufschlußreichen Rede bei der Einführung der PS/2 Serie im April 1987 sagt ein IBM-Mitarbeiter: "Wir dachten, wir hätten Glück, wenn wir eine halbe Millionen von ihnen verkaufen würden." Offenbar hatte IBM den "Yuppie"-Markt gesehen und nicht damit gerechnet, welch zuverlässiges Arbeitstier der kleine PC werden würde.

Das beste und zugleich schlechteste des PC-/MS-DOS Personal Computers ist sein Betriebssystem. Einfach aufgebaut, brachte DOS die Möglichkeit zu "computen" in die Hände der Massen. Mit der Geburt von VisiCalc, WordStar und DBASE II konnte ein einfacher PC alle Aufgaben normaler Benutzer erfüllen. Trotz seines unergründlichen "C"-Promptes ist PC-/MS-DOS leicht zu bedienen. Gerade seine Einfachheit macht PC-/MS-DOS Computer so verwundbar.

Hätte IBM voraussehen können, daß in Amerika mehrere Millionen PCs ihren Abnehmer finden würden, wäre das Betriebssystem bestimmt noch in der Entwicklung. Wenn ein anderes, komplexeres und sicheres Betriebssystem entwickelt worden wäre, wären PCs dann so einfach zu bedienen, und hätten so viele Menschen ihren Spaß daran gefunden?

Und OS/2?

Man braucht kein Wissenschaftler zu sein, um den Schritt nach OS/2 zu vollziehen. Auf der 1987 durchgeführten "Ankündigungsfeier" für das System /2, die in mehreren Städten gleichzeitig stattfand, wurde eine Aussage besonders betont: "Die neue Computerserie ist eine Antwort auf die Bedürfnisse unserer geschätzten Kunden!" Ich hielt mich für einen typischen Kunden und Benutzer. Nach ungefähr 15 Minuten wurde mir jedoch klar, daß damit eigentlich die großen Konzerne gemeint waren.

Das ist nur verständlich. Das wirksame Wort im Ausdruck "Personal Computer" ist *Personal*. Die Person, die den großen roten Schalter betätigt (haben Sie sich niemals gewundert, warum es nicht ein großer blauer (Big Blue) Schalter ist?) besitzt den Computer. Er kann mit ihm machen, was er will. Die Benutzung des Computers hat seine Grenzen nur im Wissen, im Interesse und in den Neigungen des Benutzers. Für Amerika, das sich daran gewöhnt hat, die Welt des Computers zu kontrollieren, wurde der PC zu einem Management-Alptraum. Heute bringen sichere Betriebssysteme und die wachsende Verbreitung von lokalen Netzwerken die Kontrolle wieder in die Hände der Bürokratie.

Die Arbeitsweise von PC-/MS-DOS und von OS/2 wird später in diesem Buch näher beschrieben. Zu diesem Zeitpunkt reicht es zu wissen, daß zwei Dinge dafür sprechen, daß der PC-/MS-DOS-Standard sich noch lange halten wird: Der 8088-Chip in den PC-/MS-DOS-Maschinen, der nicht mit OS/2 kompatibel ist, befindet sich noch im größten Teil der installierten Systeme. Große Systeme, die unter OS/2 laufen sollen, befinden sich noch im Entwicklungsstadium.

Anders als bei anderen Maschinen gibt es bei Computern keine Abnutzung. Neue Bestellungen dienen meistens der Geschwindigkeitsverbesserung, einer größeren Plattenkapazität, oder einem besseren Monitor. Ein einfacher PC-1 auf dem die gleiche DOS-Version läuft, wird die meisten Funktionen *exakt* wie ein 25 Mhz 386-Rechner ausführen, nur langsamer. Weil IBM aggressiv die "neue Generation" vermarktet, füllen Clone-Hersteller die Lücke der "alten" Rechner. Zusammenfassend kann man sagen, daß weder der Individualbenutzer noch die großen Betriebe den

PC-/MS-DOS-Standard durch die Bank verlassen werden. Es ist unwahrscheinlich, daß viele PCs verstauben werden, solange sie noch gute Dienste leisten können.

Es gibt noch keinen Hinweis, daß eine Sättigung des PC-Marktes bereits erreicht ist oder daß dies in den nächsten Jahren der Fall sein wird. Die Menge von PCs und Benutzern wächst weiter und PC-/MS-DOS wird ein Standard-Betriebssystem bleiben.

Ein erster Blick auf Probleme des Managements

Das Management des Personal Computing ist aus vielen Gründen zu einem Alptraum geworden. Die Bestellung eines CRAY-3 im Wert von $25.000.000 erfordert Monate an Studien, endlose Kostenabschätzungen und Unterschriften vieler Management-Ebenen. Die Bestellung eines PCs jedoch kann meistens durch eine einfache Unterschrift durchgeführt werden. Man kann sicher sein, daß eine Firma, die eine CRAY bestellt, immer darüber informiert ist, wo sich der Computer gerade befindet.

Bleiben wir bei der Firma, die die Rechenleistung einer Cray braucht und sie auch bezahlen kann. Wir wollen uns ihren Bestand an Personal Computern ansehen. Ein Großbetrieb besitzt ungefähr 20.000 PCs, die weit verbreitet aufgestellt sind. Setzen wir einen mittleren Preis von $5000 pro PC voraus ergeben sich Gesamt-kosten von $100.000.000, das entspricht vier CRAYs. Es ist absolut sicher, daß keines der Unternehmen genau Auskunft über jeden PC, seinen Standort, seine Benutzer, seinen Einsatz und ob er effektiv genutzt wird, geben kann.

Softwarekauf, Training und Wartung können nur in einem Viel-fachen der ursprünglichen Kosten ausgedrückt werden. Der Segen der Automation kann sehr unterschiedlich aussehen, er ist aber immer kostenaufwendig.

Die Frage der Sicherheit in Rechnersystemen steht im Zusammen-hang mit dem Risiko und den Kosten. Das gilt für den Indivi-dualanwender, die kleine Firma, den Staat und den großen Konzern. Die niedrigen Kosten und die hohe Produktivität eines PCs, zusammen mit dem ihn umgebenden Charisma, haben zu einer Wachstumskurve geführt, die nicht vorauszusehen und somit auch nicht zu managen war. Computerviren wurden, wie es scheint, der Apfel im Garten Eden. Unschuld ist eine Sache der Vergangenheit.

Das Wachstum der Personal-Computer-Branche verlief sehr unkontrolliert. Das weitere Wachstum erscheint unbegrenzt. Nun ist es Zeit, die Kains zurückzuhalten, die die Abels töten könnten. Unglücklicherweise sehen wir uns dem Problem gegenüber, das Unerklärliche erklären zu müssen, das nicht Kontrollierbare zu kontrollieren.

Computersicherheit ist bei großen Systemen nichts neues. Die Hersteller der mächtigen Rechner, die unser Geld verwalten, unsere Kommunikation steuern und die Inventur im lokalen Supermarkt durchführen, sorgen sich schon lange um die Sicherheit. Ihr Bemühen richtete sich bis vor kurzem vor allem auf Datensicherheit und -integrität. Sogar heute gibt ein Sicherheitsmanager einer großen Supermarktkette zu, daß 90 Prozent der Arbeit seiner Abteilung für die Sicherheit der Dateneingabe aufwendet wird!

Größere Unglücke kommen so selten vor wie Flugzeugabstürze und erscheinen darum auch auf den Titelseiten der Zeitungen. Beispiele dafür sind die Zerstörung von tausenden von Datensätzen durch einen unzufriedenen Mitarbeiter einer Versicherung in Fort Worth oder die Invasion des ARPAnet. Viele Experten glauben jedoch, daß es mehr solche Vorfälle gibt, als die Presse veröffentlicht. Jeder Sicherheitsmanager muß die entstehenden Kosten für erhöhte Sicherheit mit dem Risiko eines Datenverlustes abwägen, der einmal auftreten könnte. Es ist für Sicherheitsbeauftragte außerdem schwierig, wenn nicht unmöglich, die traditionellen Sicherheitsmaßnahmen in eine Form zu bringen, die sich auf die Welt der Personal Computer anwenden ließe. Es gibt keine einfache Antwort, und eine Lösung des Problems fällt schon gar nicht vom Himmel. Manager in technischen Bereichen werden individuell reagieren müssen.

Die Ausbildung als Hilfsmittel der Computersicherheit spielt eine grundlegende Rolle. Wir müssen auch verstehen, daß die Computersicherheit in erster Linie ein Managementproblem ist. Software und Hardware stehen immer noch unter der Kontrolle von Menschen, und die erfordert Management. In vergangenen Zeiten brauchte man zum Fahren eines Autos nur genügend Geld es zu kaufen und ein paar extra Dollars, um die Besitzer von einigen Hühnern abzufinden, die vor Schreck umgefallen sind. Führerscheine und Autoversicherungen waren damals unbekannt. Als Autos sich verbreiteten, mußte eine Regelung eingeführt werden. Eine ältere Dame erinnert sich, daß sie als Teenager $1 an das Gericht zahlte, um eine Fahrerlaubnis zu bekommen. Letztes Jahr mußte ihr zweiter Sohn 250$ für sechs Wochen Fahrunterricht und ungefähr $1000 für die Versicherung bezahlen.

Bei der Entwicklung der Computersicherheit liegen die Dinge etwas anders. Genauso wie es Kinder im Alter von 14 Jahren gibt, die sich ein Auto für eine Spritztour ausleihen, wird es immer jemanden geben, der sich Ihren Computer für eine Kreuzfahrt durch Ihre Daten ausleihen möchte. Man sollte das Auto abschließen und den Schlüssel mitnehmen, bevor der Diebstahl geschieht. Der Moment der Sicherheit für Ihr Heim, Ihr Auto und Ihren Heimcomputer ist - wenn nicht schon gestern - JETZT gekommen!

Ein kleiner Computerkurs für Neulinge

Jede Industrie oder Disziplin entwickelt ihren eigenen Jargon und technische Ausdrücke. "Experten" vergessen allzu oft, daß nicht jeder ihre Sprache versteht. Wir glauben, daß dies vor allem im Computerbereich zutrifft, denn wir haben schon zu viele intelligente Menschen gesehen, die ungläubig den Kopf schüttelten und nicht die geringste Idee von dem hatten, was gesprochen wurde. Seltsamerweise ist die Welt der Computer ein Bereich, wo viele Menschen sich fürchten Fragen zu stellen.

Ihnen wird das nicht passieren, denn wir werden nun einige der geläufigsten Konzepte und Fachausdrücke vorstellen. Überspringen Sie bitte diejenigen Abschnitte, die Ihnen bereits bekannt vorkommen.

RTFB

RTFB ist einer der "Insider"-Ausdrücke, die von der Computerwelt geliebt werden. Das Feingefühl verhindert die vollständige Entschlüsselung der dahinter stehenden Worte, aber der Sinn ist: Read the Book (Lies das Buch!). Es ist unmöglich, über ein hochtechnisches Thema zu sprechen, ohne ein gewisses Maß an Jargon zu benutzen.

Wenn Sie nicht gerade mit Supercomputern zu tun haben, werden die Ausdrücke Nanosekunden und Pikosekunden in Unterhaltungen und anderswo nicht oft vorkommen. Es gibt aber Worte, die selbst der Neuling zur Konversation in der PC-Welt und zum Verständnis dieses Buches braucht. Die Definitionen, die hier gegeben werden, sind nicht offiziell, entsprechen aber dem allgemein üblichen Gebrauch.

Eine Einteilung der Computer

Computer haben Vornamen wie "Super", "Micro", "Mini" oder "Personal". Dieser Vorname beschreibt die Natur und die Rechenleistung einer bestimmten Klasse von Maschinen. Die Monster der Computerwelt sind die Supercomputer, wie die phantastischen Maschinen von Seymour Cray. Die meisten Menschen werden diese Geräte nicht einmal zu sehen bekommen und schon gar nicht benutzen. Sie werden vor allem für Forschungszwecke eingesetzt und ihre Prozessorgeschwindigkeit wird in Picosekunden gemessen.

Der neueste Supercomputer, eine CRAY 3, kostet etwa $25.000.000 und hat die Größe einer Spülmaschine.

Großrechner (auch Universalrechner genannt) sind *die* Arbeitspferde bei der Regierung und der Großindustrie. Ein einzelner Großrechner kann tausende Benutzer und hunderte paralleler Prozesse gleichzeitig bedienen. Sie kosten Millionen Dollar, je mehr Leistung, desto mehr Millionen. Die Benutzer eines Großcomputers arbeiten an Bildschirmgeräten, die wie Personal Computer aussehen. Auch Personal Computer können als Bildschirm an einem Großcomputer eingesetzt werden.

Minicomputer sind kleine Universalrechner. Sie sind kleiner, können weniger Daten speichern und arbeiten langsamer als ein Großcomputer. Sie kosten natürlich auch weniger. Der Minicomputer ermöglichte einst auch mittleren Betrieben den Einstieg in die Datenverarbeitung.

Microcomputer sind unsere vertrauten PCs. Der erste PC, der auf dem Chip 8088 von Motorola basierte war wirklich "micro". Er hatte einen kleinen Speicher und langsame Ausführungszeit. Die Micros von heute machen den Minis von vor ein paar Jahren Konkurrenz. Sie besitzen große Plattenspeicher, erweiterte Speicher und schnelle Verarbeitungszeiten.

Ein Außenstehender könnte annehmen, daß jede Generation in der Entwicklung vom Groß- über Mini- zum Microcomputer einfach ein "Nachkomme" ist. Es wäre vernünftig anzunehmen, daß diese Kinder, obwohl sie kleiner sind, die gleiche Sprache sprechen wie ihre Eltern.

Der Turm zu Babel

Jeder Computer braucht ein Betriebssystem. Das Betriebssystem ist spezifisch für die Zentraleinheit (CPU) einer bestimmten Maschine. Aus diesem Grund besteht eine Sprachbarriere zwischen den Computerklassen, sogar denen von einem Hersteller produzierten.

Innerhalb einer Klasse hängt die Wahl des Betriebssystems vom Design des Herstellers ab. Zum Beispiel hat Apple DOS 3.3 nichts mit IBM PC-DOS 3.3 zu tun, obwohl beide DOS 3.3 heißen und auf Microcomputern laufen.

Computer mit verschiedenen Betriebssystemem brauchen eine Art Übersetzer, damit sie miteinander reden können. Sie brauchen ebenfalls eine gemeinsame Sprache. Die Sprache, die fast allen Computern zur Verfügung steht, heißt ASCII. ASCII ("Askie" gesprochen) ist eine Abkürzung für American Standard Code for Information Interchange.

Das ASCII-Alphabet umfaßt 255 Zeichen. Die meisten davon sind Groß- und Kleinbuchstaben und die Zahlen, die auf dem Computerschirm erscheinen. Am Anfang des Zeichensatzes befinden sich Gesichter, Spielkartensymbole, Musiknoten u.s.w., die oft auch "high bit" oder "high order" Zeichen genannt werden. Manche Menschen bezeichnen sie auch als Müll-Zeichen. Der korrekte Ausdruck für die ersten 31 Zeichen des ASCII-Alphabets lautet Kontrollzeichen ("control characters").

Benutzer von Software wie WordStar sind mit Kontrollzeichen vertraut, da mit ihnen Anweisungen gegeben werden. Die meisten von Ihnen dürften schon einmal das Zeichen [♀] gesehen haben, das ^L bedeutet, also das Ende der Seite. Es ist das 13. Zeichen im Alphabet und wird in dezimaler Schreibweise als "12" dargestellt. Das erste Zeichen hat die Nummer 0, das zweite 1 und so weiter. In hexadezimaler Schreibweise wird ^L als "0C" geschrieben. Neun plus drei (C ist der dritte Buchstabe) ergibt die 12 der Dezimaldarstellung. Diese Grundlagen werden später in diesem Buch genauer beschrieben.

Die Zeichen 32 bis 126 sind die Buchstaben, Ziffern und Sonderzeichen, die auf einer normalen Tastatur vorhanden sind. Von 127 bis 175 erscheinen Buchstaben aus anderen Ländern, 176 bis 223 bieten die beschränkten Graphikmöglichkeiten von ASCII und in 224 bis 255 stehen wissenschaftliche und mathematische Symbole.

Warum ASCII?

Ich will das an einem Beispiel erklären. Ein Verlag schließt einen Vertrag mit zwei Autoren, die zusammen ein Buch schreiben sollen. Der erste Autor lebt in Kalifornien und besitzt einen IBM-PC. Der zweite Autor wohnt in den grünen Bergen von Vermont und besitzt einen Macintosh. Der Verlag benutzt ein Minicomputersystem für den Satz an seinem Standort in Chicago. Wie wollen diese Parteien miteinander kommunizieren?

Die allgemeine Sprache ASCII und die Magie der Telekommunikation machen es einfach. Der Segen eines Online-Services wie Compuserve oder Delphi vereinfachen es weiter. Die Autoren teilen ihre Arbeit (z.B. kapitelweise) auf und beginnen zu schreiben. Haben sie die ersten Teile beendet, legen sie ihre ASCII-Textdateien in ihren "Briefkästen" (Mailboxen) ab. Nun können sie jeweils den Text des anderen laden und gegenlesen.

Es ist nicht einmal nötig, im ASCII-Format zu arbeiten. Jedes bessere Textverarbeitungssystem kann ASCII-Dateien einlesen und in sein eigenes Format überführen. DisplayWrite 3 von IBM liest ASCII-Dateien und konvertiert sie in das EBCDIC-Format. Nach der Arbeit kann wieder eine ASCII-Datei erstellt werden.

Sind alle Korrekturen beendet, wird der Text wieder in den Briefkästen abgelegt. Sind beide Autoren mit den Texten zufrieden, werden sie als ASCII-Datei direkt zum Verlag übertragen und dort gesetzt.

Brauchen die Autoren Informationen aus Quellen, kann ASCII wieder hilfreich sein. Jede ASCII-Datei, ob von einem Commodore 64 oder einer CRAY erstellt, kann gesendet und empfangen und in die laufende Arbeit eingebunden werden.

Davon profitiert jeder. Die Autoren brauchen nicht Tage auf den per Post versandten Text zu warten oder viel Geld für einen Kurierdienst auszugeben. Der Verlag kann das Buch schneller auf den Markt bringen.

Theoretisch gibt es keine Grenzen für Text- und Datenaustausch zwischen Computern mit ASCII. Der Austausch ist vielleicht nicht immer so einfach wie im beschriebenen Beispiel, aber es gibt Wege und Möglichkeiten.

Auch eine Datenbank oder ein Arbeitsblatt einer Tabellenkalkulation kann mit Anwendung einiger zusätzlicher Regeln transferiert werden. Die Datensätze einer Datenbank oder der Tabellenkalkulation bestehen lediglich aus ASCII-Zeichenketten (Zeichen in einer Reihe). Ein einfaches Programm kann die Zeichenketten lesen und eine Datei erstellen, die zu einem anderen Anwendungsprogramm übertragen werden kann.

Computer-Vokabular

Viele Menschen, die schon einmal eine Fremdsprache gelernt haben, haben die Erfahrung gemacht, daß ein Wort, das ihnen als gute Vokabel beigebracht wurde, im täglichen Sprachgebrauch überhaupt nicht verwendet wird.

Die Sprache in der Computerwelt kann genauso fremd sein wie Serbokroatisch oder Alt-Griechisch. Mit jedem neuen Technologiesprung werden neue Worte erfunden und in den Sprachgebrauch übernommen. Viele Menschen haben mittlerweile die Konzepte von "Hardware" und "Software" mitbekommen, aber wer fühlt sich schon beim Wort "Firmware" wohl? Computer-Puristen gehen mit den Begriffen "Baudrate" und "bps" um, aber die meisten Benutzer - und Autoren - verwenden sie nicht.

Einige Dinge sind so gut wie unmöglich zu beschreiben, vor allem Maßbezeichner. Grace Hopper (Admiral, U.S.N., A.D.), die Frau, die COBOL entwickelte, versuchte einmal Johnny Carson die Begriffe "Nanosekunde" und Picosekunde" zu erklären. Auf seine Frage "Was ist bloß eine Nanosekunde", nahm sie eine Hand voll Telefonkabel, die ungefähr 30 cm lang waren aus ihrer Handtasche. "Ich dachte mir, daß Du das fragst", lächelte sie, "Ich habe meine Mitarbeiter im Labor angerufen und ihnen gesagt, sie sollen mir ein Bündel Nanosekunden schicken."

Mit diesem einfachen anschaulichen Beispiel machte sie das geheimnisvolle Prinzip klar, wie schnell das Licht sich in einer Nanosekunde fortbewegt. Sie beschrieb eine Picosekunde als eine noch kürzere Zeiteinheit. Sie tauchte noch einmal in ihre Handtasche. "Hierfür mußte ich nicht im Labor nachfragen", sagte sie. "Ich hab's bei McDonald's mitgenommen!" Sie hielt ein Tütchen Pfeffer hoch. Die Dauer einer Picosekunde wurde durch die Zeit verdeutlicht, die das Licht braucht, um sich an einem einzelnen Pfefferkorn entlang zu bewegen (breites Grinsen). Anschließend hat Carson die Picosekunden über den Tisch geniest.

Einfache Begriffe und Konzepte

"Power User": Ein Mensch mit außerordentlichen Computerfähigkeiten. Ein Power User wird nicht bis hierher gelesen haben.

Personal Computer: Für unsere Zwecke ist damit die gesamte Anhäufung auf unserem Tisch gemeint. Der "Kasten" mit den Laufwerken, der Bildschirm, der Daten anzeigt, die Tastatur und die Kabel, die alles miteinander verbinden. PCs sind "Microcomputer".

CPU (Central Processing Unit): Dies ist ein einzelner Chip, der im Gehäuse Ihres PC untergebracht ist. Oft wird fälschlicherweise das ganze Gehäuse als CPU bezeichnet. In größeren Computern besteht die CPU aus mehreren Chips, Leiterplatten und Kabeln.

Monitor: Ein Bildschirm, der wie ein Fernseher aussieht und der Darstellung von Daten dient. Wird auch als "VDT" für "Visual Display Terminal" oder "CRT" für "Cathode Ray Tube" bezeichnet.

Tastatur: Das müssen wir doch nicht beschreiben, oder? Und weil wir gerade dabei sind, lassen wir "Drucker" auch gleich aus.

Laufwerke: Es gibt zwei Arten, "Harddisk" (Festplatte) und "Floppydisk". Die Festplatte findet man meistens im Gehäuse, es gibt aber auch externe. Floppy-Laufwerke benötigen zum Arbeiten "Disketten". Es gibt sie in zwei Ausführungen: Die altbekannte 5 1/4-Zoll Diskette, die flexibel ist und die PS/2 Standarddiskette im 3 1/2-Zoll Format, die fest ist, aber trotzdem noch "Floppy" genannt wird.

Maus: Ein Eingabegerät, das auf dem Schreibtisch des Benutzers herumfährt. Ihr Schwanz ist das mit dem PC verbundene Anschlußkabel.

Interface: Die interaktive Schnittstelle zwischen Benutzer und Maschine, Maschine und Maschine, wie auch immer.

Software: So ziemlich alles, was nicht Hardware ist. Allgemein versteht man unter Software die Programme, die auf Computern laufen.

Firmware: Programme, die in die Maschine eingebaut sind und bestimmter Hardware zugeordnet sind.

Daten: Dinge, die von Software produziert werden. Im allgemeinen Buchstaben, Zahlen und Kombinationen aus beidem. Daten können vom Computer und vom Benutzer verstanden werden.

Benutzer (User): Die Person, die den Computer benutzt.

Programm: Eine Datei, die eine Menge von Instruktionen enthält. Durch die CPU (siehe oben) geschickt, veranlassen sie den Computer, bestimmte Aktionen auszuführen.

Betriebssystem: Für unsere Zwecke ist es PC-/MS-DOS (Disk Operating System) auch DaD (Dummes altes DOS) genannt.

Code: Die Anweisungszeilen, die ein Programm bilden. Es gibt einmal den Quellcode, der vom Programmierer eingetippt wurde, und den übersetzten Code, der vom Übersetzer erzeugt wurde und ausgeführt werden kann. Interpretierter Code, wie er von BASIC erzeugt wird, kann auch ausgeführt werden.

Kommunikationsschnittstelle (serieller Port): Eine Schnittstelle, mit der der Computer über die Telefonleitung Daten senden und empfangen kann. Wird auch manchmal zum Anschluß eines Druckers benutzt.

Modem: Abkürzung für Modulator/Demodulator. Das sind Geräte die, wenn man sie an die Kommunikationsschnittstelle anschließt, den Zugang zu anderen Computern über Telefonleitungen ermöglichen.

Upload: Übertragung einer Datei vom eigenen Rechner auf einen anderen.

Download: Das bewußte Empfangen einer Datei von einer anderen Quelle.

Die dicken Brocken

Bytes, Bits, MIPS, BIPS, Bauds, bps und verschiedene Formen von MEGAs werden in den technischen Informationen in Kapitel 6 erklärt werden. Wir haben nun genügend Vorkenntnisse, um uns mit Computerviren und anderen Übeltätern zu befassen.

Spezielles über Viren und andere Schädlinge

Die Nomenklatur der Zerstörung - Bezeichnungen für wirklich üble Dinge

Ende 1988 fand ein anspruchsvolles Treffen von Sicherheitsexperten und Spezialisten aus dem ganzen Land statt. Diese weisen Damen und Herren wurden zusammengerufen, um "über das Problem der Computerviren zu beraten". Wollte man an der Veranstaltung teilnehmen, bedurfte es nicht nur einer Einladung, man wurde außerdem gebeten, sich schriftlich zu dem Problem zu äußern.

Das heißeste Thema dieser Konferenz waren nicht, wie man meinen möchte, die verschiedenen Viren, wer betroffen war oder was gegen sie unternommen werden könnte. Es drehte sich vielmehr um die Definition des Wortes "Virus". Sogar in der Abschlußbesprechung, als alle Arbeitsgruppen vortrugen, wurde nur darüber gesprochen, was dieses eine Wort bedeutet. Eine etwas verständlicher aufbereitete Fassung der Ergebnisse lesen Sie im folgenden.

Mit dem Risiko, Briefe von verärgerten Lesern zu erhalten, wollen wir die in diesem Buch verwendeten, etwas unappetitlich wirkenden Ausdrücke erklären.

Virus: Ein Stück Code, das sich selbst vervielfältigt, reproduziert oder fortpflanzt und dabei möglicherweise "mutiert". Die Aufgabe eines Virus ist, mehr aus sich zu machen. Eine texanische Zeitung versuchte einmal das Wort zu erklären und schrieb, daß ein Virus einen Computer veranlaßt, sich selbst zu vervielfältigen.

Trojanisches Pferd: Ein Programm, das wenn es zum ersten Mal ausgeführt wird, dem System einen Schaden zufügt. Ein Virus kann ein Trojanisches Pferd mit sich führen. Wenn er sich dupliziert hat, setzt er das Pferd in Aktion.

Wurm: Ein schleimiges kleines Programm, das auf ein bestimmtes Ereignis wartet und dann mit der Zerstörung beginnt. Würmer können auf einen bestimmten Tag warten (Freitag, der 13. oder der Tag, an dem die Gehaltszahlung des Programmierers überfällig wird) oder auf spezielle Daten reagieren. Ein Beispiel dafür könnte die Abwesenheit einer Mitarbeiternummer in einer Gehaltsabrechnung sein. Ein Virus kann ebenfalls einen Wurm mit sich führen.

Wir wollen nun einige Variationen und Permutationen betrachten:

Gutmütiger Virus: Ein Programm, das sich nur vervielfältigt und keine Daten zerstört. Wir halten diese Art nicht für so gutmütig, wie der Name vermuten ließe. Wenn das Programm sich nur vervielfältigt, wird es doch CPU-Zeit benötigen und Speicherplatz belegen. Es frißt Ressourcen.

Nicht-Virus-Virus: Der bekannte CHRISTMA.EXE fällt in den Augen einiger Leute in diese Kategorie. Das Programm vervielfältigt sich nicht und ist somit kein "Virus" im engeren Sinne. Wir sind bei unserem Sprachgebrauch von "Virus" in diesem Buch nicht so eng. Wenn ein großes Netzwerk zum Stehen kommt, weil ein Programm ausgeführt wird, ist ein Schaden entstanden. Wen kümmert es, ob sich das Programm dann noch vervielfältigt hat?

Virus/Trojanisches Pferd: Ein gutes Beispiel hierfür ist bekannt geworden als "Lehigh"-Virus. Ein solches Programm hat zwei Funktionen. Erst vervielfältigt es sich "n"-Mal. Hat es genug Nachkommen erzeugt, holt es zum Rundumschlag aus. Es zerstört nicht nur Daten oder Programme, sondern auch sich selbst.

Virus/Wurm: Wie beim Virus/Trojanischen Pferd verbreitet sich das Programm zuerst, wartet dann aber, bis es durch ein Ereignis aktiviert wird. Dann wachsen dem Wurm Beine, ein Schwanz und er verhält sich wie ein Pferd oder der Leibhaftige selbst.

Viren selbst können grob in drei Kategorien eingeteilt werden, je nachdem wo sie angreifen. PC-/MS-DOS bietet drei Ziele an: Der Urladersektor (Bootsektor), die Systemdateien und andere ausführbare Programme. Diese Konzepte werden später im technischen Bereich dieses Buches noch erklärt.

Die richtige Definition eines Virus wurde von Dr. Fred Cohen 1984 veröffentlicht. Es ist eine gute Arbeitsdefinition, die hauptsächlich auf der Eigenschaft der Selbstvervielfältigung und Verbreitung basiert. Unglücklicherweise war Dr. Cohens Arbeit nur wenigen Computerbesitzern, noch weniger Journalisten und erst recht nich weiten Teilen der Bevölkerung bekannt, als die Lehigh-Universität im November 1987 von Viren befallen wurde.

Das Wort Virus kennt fast jeder, der lesen kann. Im AIDS-Zeitalter löst es Angst und schreckliche Visionen aus. "VIRUS" paßt außerdem besser in die Schlagzeilen als "ZERSTÖRENDER CODE". Das Ergebnis: Ein "altes" Wort wurde dank der Presse neu definiert.

Neue Begriffe werden geprägt

Innerhalb einer recht kurzen Zeit wurde jedes bösartige Programm, das auf einem Computer lief, mit "Virus" bezeichnet. Wir wollen uns die Definition von "böse" für später aufheben.

In diesem Buch wird das Wort "Virus" nach Möglichkeit nur benutzt, wenn die selbstvervielfältigenden Eigenschaften zum Tragen kommt. Würmer und Trojanische Pferde werden z.B. auch so genannt. Als Oberbegriff wird "zerstörender Code" oder VIRUS in Blockbuchstaben verwenden.

Die medizinische Versorgung

Anti-Virusmaßnahmen sind, da es sich anbietet, auch als "Impfstoffe" bekannt geworden. Die Namen von Anti-Virus Produkten lehnen sich oft an Begriffe aus dem medizinischen Umfeld und dem Militär an. Wir wollen zunächst die Virendoktoren am PC-/MS-DOS-M*A*S*H (Anlehnung an den gleichnamigen Film) betrachten.

Wenn der Arzt seine Tasche öffnet, kann er auf verschiedene Mittel zur Behandlung zurückgreifen. Er kann impfen (VACCINATE) und gibt dazu eine Spritze (FLU_SHOT). Funktioniert die Injektion nicht, kann er auf ein Gegengift (ANTIDOTE), ANTIGEN oder NOVIRUS zurückgreifen. Auch eine Immunisierung (IMMUNIZE) ist auf verschiedene Arten möglich. Wenn er den Patienten kurz für eine Zigarette verläßt, sollte er sich dabei sicher fühlen. VIALARM ist gesetzt, DISK DEFENDER und DISK WATCHER stehen Wache.

Wenn der Doktor dann auf seiner Heimfahrt zur Apple-Basis eine erholsame Rast einlegen will, findet er ein CONDOM in seiner Tasche.

Erreicht er endlich MacWorld, wird er von GUARD DOG, VIRUSWARN und FERRETs unterstützt. Auch hier kann er auf VACCINE und VACCINATION aus der VIRUS RX-Apotheke zurückgreifen.

Auf der Pirsch nach dem schlauen Virus - methodisch richtig und falsch

Wie jagd ein Benutzer - oder Softwareentwickler - ein Virus? Es verhält sich damit ein bißchen wie mit dem alten Witz: Woher weißt Du, daß in Deinem Kühlschrank ein Elefant sitzt? Es sind Fußspuren auf der Butter! Selbst wenn ein Virus in ihrem System schläft oder herumschleicht, muß er früher oder später einmal Spuren hinterlassen.

Einige Entwickler machten den Versuch, den wir mit "Suchen und Vernichten" beschreiben möchten. S&V-Software sucht nach Codestücke, die als Viren bekannt sind. Werden diese Codestücke gefunden, löscht das Programm den Virus aus der infizierten Datei. In der Theorie funktioniert dieser Ansatz, in der Praxis versagt er aber.

Erfindung eines Virus - erster Versuch

Wir wollen nun ein Stück Virus-Code erstellen (Keine Sorge, es dient nur zur Demonstration, und kann nicht von dieser Seite in Ihren PC springen).

Hier ist er:

```
GEHEZU STELLE1, KOPIERE, 4, LÖSCHE
```

Diese Zeile wurde in einer erfundenen Programmiersprache
formuliert. Sie bedeutet "Gehe irgendwohin. Kopiere dich vier
Mal. Lösche dich". Das Gegenmittel dazu könnte wie folgt aussehen:

```
SUCHE "GEHEZU STELLE1, KOPIERE, 4, LÖSCHE"
WENN SUCHE JA, LÖSCHE CODEZEILE
WENN SUCHE NEIN, STOP
```

Der bekannte Code wird gesucht und bei erfolgreicher Suche
gelöscht. Wird der Code nicht gefunden, hält das Programm an.
Dieser Ansatz führt zu einigen Problemen.

Jeder, der sich ein bißchen mit der Programmierung auskennt,
kann den Code verändern (die Stelle oder die Wiederholungs-
anzahl). Das Gegenmittel würde folgende Codezeile nicht finden:

```
GEHEZU STELLE1, KOPIERE, 5, LÖSCHE
```

Außerdem müßte der Autor eines Gegenmittels die Charakteristika
jedes Virusprogramms kennen, um ein effektives Anti-Virus-
Programm zu schreiben. Das ist unmöglich.

Kapitel 2

Wie alles begann

Der Anfang

Die Idee eines Computervirus ist eigentlich nichts neues. Schon 1949 wurde von einem Mitglied der Computergemeinde, John von Neumann, ein Virusprogramm präsentiert. In einer Veröffentlichung mit dem Titel "Die Theorie und Organisation komplexer Automaten" erläuterte von Neumann die Theorie, daß Computerprogramme sich selbst vervielfältigen können! Viele seiner Kollegen maßen diesen Überlegungen keine große Bedeutung bei. Die Entwicklung des ersten elektronischen Computers wurde um weitere Jahre verschoben.

Bell Labs - zurück in die 50er

Nicht jeder hielt von Neumanns Idee für bizarr. Zehn Jahre später entwickelten drei junge Programmierer in AT&Ts Bell Laboratorien ein Spiel, das "Core Wars" genannt wurde. Diese drei jungen Genies H. Douglas McIlroy, Victor Vysottsky und Robert Morris kannten die interne Arbeitsweise von Computern sehr gut. Der Kernspeicher ("core memory") enthielt Daten und Instruktionen. Mit ein paar kleinen Tricks konnten Programme, die eigentlich Daten packen sollten, andere Programme zerstören.

Core Wars war ein Zweikampf zwischen den Codes zweier Programmierer. Jeder Spieler entwickelte eine Reihe selbstreproduzierender Programme, die "Organismen" genannt wurden. Beim Startschuß ließ jeder seinen Organismus im Speicher des Rechners frei. Nun versuchten die Organismen, sich gegenseitig zu zerstören. Der Spieler, der am Ende des Spieles die größte Bevölkerung an Organismen besaß, hatte gewonnen. Nach Ablauf des Spiels wurden die Programme natürlich aus dem Rechner gelöscht.

Die Verantwortungsbewußten unter Ihnen werden jetzt aufspringen und sagen, daß diese jungen Angestellten die Ressourcen der Firma mißbrauchten und eigentlich hätten entlassen werden müssen. Bell Lab's Management war aber extrem tolerant, was diese Aktivitäten anging, vielleicht weil die Spiele nur zu Zeiten gestartet wurden, wenn der Rechner wenig benutzt wurde. Wahrscheinlicher ist es jedoch, daß die Aktivitäten als Teil des Lernprozesses gesehen wurden.

Das Spielkonzept breitete sich auch auf andere High-Tech-Standorte aus, erwähnt werden soll nur das Massachusetts Institute of Technology und Xerox's Forschungscenter in Palo Alto, Kalifornien. Wenn Core Wars von zwei Spielern auf einem isolierten Computer gespielt wurde, bestand kaum Gefahr. Lief ein Programm Amok, wurde der Rechner heruntergefahren. Es dauerte aber nicht lange, bis Rechner miteinander verbunden wurden. Es entstand die Furcht vor einem Programm, daß sich in böser Absicht auf verschiedenen verbundenen Rechnern verbreiten könnte.

Core Wars tritt an die Öffentlichkeit

Bis 1983 wurde Core Wars von seinen Spielern streng geheim gehalten. Ken Thompson, der brillante Gefährte, der die Urversion von UNIX programmierte, packte aus. Als Thompson die in der Industrie höchste Auszeichnung erhielt, den A.M. Turing Preis, enthielt seine Rede ein Rezept für den Entwurf von Viren. Thompson sprach über Core Wars und ermunterte seine Zuhörer, dem Konzept eine Chance zu geben.

Die Ausgabe Mai 1984 des *Scientific American* enthielt einen Artikel über Core Wars (in Deutschland hieß es "Krieg der Kerne").

Spaß und Spiele am M.I.T. - Der Modelleisenbahn-Club

Zur selben Zeit als Morris Sr., McIlroy und Vysottsky stundenlang bei den Bell Labs gespielt haben, bezahlten die Eltern von sehr interessanten jungen Männern für ihre Spiele am M.I.T.. Der Modelleisenbahn-Club (TMRC Tech Model Railroad Club) war eine unter Studenten sehr beliebte Organisation. Sie prägten den heute allgegenwärtigen Begriff des "Hackers".

In diesen frühen Tagen war der Begriff "Hack" ein Teil des Jargons auf dem M.I.T. Campus. Es war die Bezeichnung für einen ausgeklügelten Streich. Die Mitglieder des TMRC haben die Bedeutung dieses Begriffs etwas abgewandelt.

Zu Beginn war der Club ein Treffpunkt für Bastler, die die Herstellung und Verzierung von Modelleisenbahnen liebten. Schnell interessierten sich die Mitglieder des TMRC auch für die Welt der Computer. Ein Programm namens "Spacewar" war das Spiel der Wahl und beinhaltete - schon 1961 - Bildschirmgraphik. Dieses Spiel war der Vorläufer aller heutigen Videospiele.

Eine Sache von Science Fiction?

Die Betrachtungen bleiben nicht auf Forschung und Universitäten beschränkt. Die Welt des Science Fiction ist oft vorausschauend. Zwei Werke fallen mir dabei ein. Thomas Brunner's Roman von 1975, *Shockwave Rider*, handelt von "Wurm"- und "Virus"- Code Kreaturen. In *The Adolescence of P-1*, das 1977 bei Collier Books erschienen ist, erzählt Thomas J. Ryan eine beängstigende Geschichte eines intelligenten, informationssuchenden Virus.

Gleichzeitig mit der relativ späten Definition von Dr. Fred Cohen, wurde in William Gibson's Roman von 1984 *Neuromancer* das neue Konzept "Cyberpunk" geboren. Seitdem findet sich Gibson's Konzept im schwarzen Humor von Autoren und in der realen Welt der Computer.

Sogar die M.I.T. Hacker konnten aus Science Fiction lernen. Das Spiel Space War wurde durch den Roman "B" von E. E. "Doc" Smith inspiriert.

Es ist bemerkenswert, aber nicht überraschend, daß die meisten SF Autoren auch Computergenies sind.

Von Science Fiction zur Science Function

Der Held der Geschichte schrieb gerade seinen ersten SF-Roman mit einem Textverarbeitungsprogramm, als mit einem Schlage alle seine Dateien zerstört waren, die Monate Arbeit gekostet hatten. Viele Telefonate später wurde ihm klar, daß niemand wußte, wie man seine Dateien retten könnte. So setzte er sich selber hin und versuchte, seinen Roman zu retten. Während dieser Arbeit dachte er sich, daß andere vielleicht genau die gleiche Hilfe brauchen könnten.

Er gab seinen Roman auf und vermarktete die entstandene Software. Das Produkt war sehr erfolgreich! Heute gibt er zu, daß er eigentlich ein besserer Programmierer als SF-Autor ist.

Zurück in die Zukunft -
frühe Erscheinungsformen

Wir wollen nun ein paar sehr früh aufgetretene Viren betrachten. Sie werden bemerken, daß diese Antiquitäten nur auf Großrechnern und Apple II Computern auftraten. Das hat einen guten Grund... der erste IBM PC war erst ab 1982 auf dem Markt.

Creeper (1970) and Reaper (Schleicher und Schneider)

Noch bevor die SF-Autoren an solche Dinge gedacht haben, kroch CREEPER herum. Das Programm wurde von Bob Thomas vom BBN geschrieben und diente Demonstrationszwecken. Es schlich durch ARPAnet, dem Netzwerk, das ungefähr 20 Jahre später als Spielplatz des jungen Robert Morris bekannt wurde. CREEPER zeigte seine Anwesenheit durch ein schüchternes "I'M THE CREEPER ... CATCH ME IF YOU CAN!"

REAPER war fast genauso aufgebaut wie CREEPER und hatte die Aufgabe, CREEPER zu zerstören.

RABBIT (1974) (Kaninchen)

RABBIT wurde von einem "aufgeweckten jungen Programmierer" in einem Geschäft geschrieben, wo drei IBM 360 verbunden waren (eine enorme Rechenleistung für die damalige Zeit!). Wenn RABBIT gestartet wurde, hatte es die charmante Eigenschaft, eine Kopie von sich zu erstellen, und diese zweimal im "Jobeingabestrom" anzustoßen. Ein Jobeingabestrom des Betriebssystems IBM ASP stellt mehr oder weniger eine Warteschlange dar für Instruktionen, die ausgeführt werden sollen.

Wer sich noch an ASP erinnern kann, weiß, daß es die störende Eigenschaft besitzt, die Antwortzeiten der Konsole bei hoher Auslastung stark zu verlängern. RABBIT schaffte es, das System so gründlich zu verstopfen, daß es immer schwieriger wurde es zu stoppen, je länger es lief. Man hatte keinen Zugriff mehr auf das System! Der aufgeweckte junge Mitarbeiter wurde nicht ohne Grund entlassen.

Paßt dieses Programm in die Definition eines Virus? RABBIT vervielfältigt sich selbst und verursachte einen Verzehr von Ressourcen.

ANIMAL (Aus den Tagen von UNIVAC!)

Der folgende Beitrag aus BITNET stammt aus dem Silicon Valley:

Vor längerer Zeit existierte auf der Univac 1108 ein Programm mit den typischen Eigenschaften eines heutigen Virus, trotzdem ist es nach der strengen Definition aber keiner. Er war harmlos mit der Ausnahme, daß er Plattenplatz und Programmiererzeit verbrauchte.

ANIMAL ist ein populäres Spielprogramm, daß (ohne den Virusteil) für alle Arten von Maschinen geschrieben wurde. Es ist ein einfaches "20 Fragen, rate das Tier" Spiel, das sich jedes nicht geratene Tier merkt. Während der Benutzer spielte, war das verseuchte ANIMAL damit beschäftigt, sich in jede Programmdatei (ähnlich den Unterverzeichnissen von UNIX) zu kopieren, auf die der Benutzer Zugriffsrechte besaß.

Das Programm war in diesem Punkt sehr intelligent. Es prüfte, ob ANIMAL in einer Datei existiert, und wenn dies der Fall war, prüfte es sogar die Version. Es ging so weit, zu prüfen, ob ein Programm namens ANIMAL auch von ANIMAL erzeugt wurde, damit nicht versehentlich ein Programm gleichen Namens überschrieben werden kann. Der Name des Autors soll hier nicht genannt werden, es sei nur gesagt, daß er heute in der PC-Welt sehr bekannt ist. Seine Absicht war, eine Kopie von ANIMAL auf einem Univac Systemband zu erhalten (natürlich bekam er sie und mit ihm jeder andere in der Welt). Es erregte viel Aufsehen, daß sich ein Virus auf ein Systemband übertragen konnte, da diese nur vom Hersteller selbst angefertigt werden.

Die "Virus"-Aktivitäten des Programms waren in einer kleinen Routine mit Namen "PERVADE" zusammengefaßt, die wie folgt dokumentiert war:

Durchdringende Vermarktung: Ein neuer Weg Software zu vertreiben: Wenn jemand fragt, ob er eine Kopie des Programmes haben könnte, bekommt er zu seiner Überraschung die Antwort, daß er sie wahrscheinlich schon hat.

Eine Anzahl der Kopien von ANIMAL waren "repariert", so daß sie sich nicht vermehrten. Natürlich waren die intakten vermehrungswilligen Programme weit in der Überzahl, wie auch Darwin vermutete hätte. Dann, als Version 33 von Exec 8 erschien, wurde das Format einer Dateitabelle geändert und ANIMAL konnte sich nicht mehr vermehren. Es war aber immer noch ein schönes Spiel. Es gab Gerüchte, daß jemand die PERVADE-

Routine an die neuen Gegebenheiten angepaßt hat, aber ich habe seit vielen Jahren nicht mehr von ANIMAL gehört. Spiele auf Großrechnern gehören sowieso der Vergangenheit an.

ARPAnet REDUX (1980)

Im Oktober 1980 erschienen im ARPAnet sehr viele "Status"-Meldungen. Die Nachrichten sollten eigentlich gelöscht werden, aber der Code "mutierte" irgendwo bei Los Angeles und löste eine Fehlfunktion des "garbage collectors" (Müllsammler, schafft Platz im System) in den Knotenpunkten aus, die die Meldung empfingen. Die gleiche Meldung wurde immer wieder gesendet, aber niemals gelöscht. Das System verstopfte und blieb irgendwann stehen. Die Ausfallzeit betrug drei Tage... heute haben wir zumindest schnellere Wiederherstellungszeiten.

ELK CLONER (1981-82)

Dieser Apple II-Virus machte auf seine Anwesenheit durch ein kleines Gedicht aufmerksam:

```
ELK CLONER:

THE PROGRAM WITH A PERSONALITY

    IT WILL GET ON ALL YOUR DISKS
    IT WILL INFILTRATE YOUR CHIPS
    YES, IT'S CLONER

    IT WILL STICK YOU LIKE GLUE
    IT WILL MODIFY RAM, TOO
    SEND IN THE CLONER!
```

Dieser frühe Virus war ein Meister der Selbstvervielfältigung, konnte aber durch einen Schreibschutz auf den Disketten leicht überlistet werden. Er fügte sich selbst in das Betriebssystem ein und verbarg sich in Befehlen wie RUN, LOAD, BLOAD und CATALOG. Es benutzte diese Befehle, um die aktuelle Programmdiskette abzufragen und zu infizieren.

Ein "antiker" Virus (1982)

Folgender Beitrag erschien am 2. Dezember 1987 im BITNET:

"Während meiner Studienzeit an der A&M Universität in Texas entwickelte ich 1982 ein Virus für Apple II DOS 3.3. Ich wollte beobachten, wie lange der Virus braucht, um meine ganze

Diskettensammlung zu befallen, darum gestaltete ich ihn völlig harmlos. Ich benutzte ihn nur unter strikter Quarantäne.

Unglücklicherweise ließen einige Freunde den Virus entkommen (Anm. des Autors: Ist das strikte Quarantäne?), bevor ich ihn perfektionieren konnte. Frühe Versionen verursachten Störungen in der Graphik einiger Spiele. Binnen weniger Wochen funktionierte keine (Raub)kopie des Spiels "Congo" mehr. Um diese Situation zu beheben, gab ich einen verbesserten Virus frei, der den alten ersetzen sollte. Wie sich herausstellte, arbeitete dieser perfekt und ich hörte nie wieder von ihm."

Eine Anmerkung für Apple II Besitzer, die DOS 3.3 benutzen: Steht an der Adresse $B6E8 etwas anderes als lauter Nullen, dann haben Sie ihn!

Der Autor des "perfekten" Virus schrieb auch noch, wie sehr er darüber erstaunt ist, daß immer mehr "böse" Viren geschrieben und verbreitet werden.

BOO!

Ein weiterer Beitrag im BITNET lautete:

"Vor ein paar Jahren (dies wurde Februar 1988 geschrieben), als ich auf der Hochschule war, las ich eine Beschreibung eines Virus und entschloß mich, auch einen zu schreiben. Er war sehr kurz (500 Zeilen Quellcode) und verseuchte DOS 3.3 (Apple) Disketten. Da es für mich lediglich eine sportliche Aufgabe war und ich keine Daten zerstören wollte, meldete sich der Virus mit einem 'BOO!'."

Der Autor dieses Artikel beschrieb noch ein Scenario, in dem ein Virus verschiedene Systeme befällt, einiges zerstört und sich zuletzt selber löscht. Er beschloß seinen Erfahrungsbericht mit der Einsicht: "Wenn eine Gruppe von Programmierern einmal ein wirklich 'cleveren' Virus programmieren würden, wären die Folgen nicht abzusehen". Gut gesagt.

COOKIE (Keks)

Von diesem Virus hat wohl schon jeder gehört, der mit Computersicherheit zu tun hat. Die geläufigste Version brachte zufällig Meldungen auf den Bildschirm wie "Polly will einen Cracker" oder "Krümelmonster ist hier". Um die Meldung los zu werden, mußte man das Wort "cookie" (Keks) eingeben.

Computer-Kriminologie

Als die "Insider" sich mit den ersten Computern und ihren Schwächen beschäftigten, begannen "Outsider" damit, die wachsende Abhängigkeit vom Computer für ihre eigenen Zwecke auszunutzen.

Für den vorsichtigen Sicherheitsfachmann ist es wichtig, alle Dinge zu kennen, die den Daten und dem Computer gefährlich sein könnten. Anti-Virus Methoden sind nur ein Teil eines großen Sicherheitsplanes.

Die Computerkriminalität deckt den gesamten Bereich vom Bestaunenswerten bis zum lächerlichen ab. Ein gestohlener Lastwagen voll mit Hardware ist die eine Sache, aber was ist mit einem gekidnappten System, für das ein Lösegeld verlangt wird? In diesem Abschnitt wollen wir die Computerkriminalität aus verschiedenen Perspektiven betrachten. Wir hoffen, daß die folgenden Beispiele ein neues Licht auf die Gefahren und Risiken unseres neuen Zeitalters werfen. Niemand kann sich vor unbekannten Gefahren schützen!

Im Verlauf dieses Buches werden Sie noch öfter von Donn B. Parker hören. Donn ist ein Gentleman der alten Schule und wird von der Presse als sehr humorvoll beschrieben. Er ist außerdem einer der aufgewecktesten, erfahrensten und nachdenklichsten der "alten Garde". Seine Augen können jedoch, wenn die Umstände es erfordern, so kalt wie Trockeneis werden.

Die große Software-Entführung

In seinem Buch von 1976, *Verbrechen mit dem Computer*, erzählte Donn folgende Komödie: In den frühen 70er Jahren beschloß eine kleine aber solide Firma, ihren Betrieb auf Computer umzustellen. Sie wurden in kürzester Zeit abhängig, nicht nur vom Computer, sondern auch von der Person, die sie für die Programmierung ihrer speziellen Aufgaben angestellt hatten. Der Spaß begann.

Dem Programmierer wurde plötzlich die Tatsache bewußt, daß er und seine Arbeit für die Firma lebenswichtig sind. Es könnte kein annehmbarer Nachfolger für ihn gefunden werden.

Es war für den gewitzten Gauner eine klare Sache, alles einzusammeln und sich aus dem Staub zu machen. Nach einer angemessenen Zeit, als die Firma und die Kunden schon verzweifelt waren, rief er an und verlangte $100000 für die Software und die Daten.

Ein lokaler Sheriff faßte den Daten-Napper innerhalb von drei Tagen und bracht ihn hinter Gitter. Die Software wurde als Beweismittel beschlagnahmt. Während der Programmierer im Gefängnis auf seine Verhandlung wartete, war die Software sicher verschlossen im Beweismittelraum des Sheriffs.

Die Firma war sehr erleichtert, daß die Software wieder aufgetaucht war. Zu ihrem Unglück wollte der Sheriff die Beweise aber bis zur Verhandlung nicht herausgeben und das konnte noch einige Wochen dauern.

Eine einfache Lösung war nun gefragt. Ohne das Beweismittel konnte die Firma nicht weiter arbeiten. In Erinnerung an James Bond und Batman tauschte ein Leiter der Firma seinen Nadelstreifenanzug gegen eine Maske und die dunkle Kleidung eines Einbrechers. Er stieg in das Büro des Sheriffs, brach das Schloß zum Beweismittelraum auf und nahm die Disketten an sich. Bei einem nahen Rechenzentrum wurden Kopien der wichtigen Medien angefertigt und die Originale zum Sheriff zurückgebracht.

Die Firma war wieder im Geschäft und der Gauner wartete auf seine Verurteilung.

Als der lang erwartete Fall vor den Richter kam, wußte niemand, was eigentlich das Vergehen sein sollte. Manche wußten nicht einmal, was ein Computer war. 1971 gab es auch noch keine Präzedenzfälle für Diebstahl (oder Entführung) von Computerdaten und Medien. Der Staatsanwalt, der nach dem bestehenden Gesetz kein Vergehen entdecken konnte, ging einfach fort. Der Programmierer konnte auch gehen, als freier Mann.

In Kapitel 11 werden wir uns noch näher mit rechtlichen Fragen der Computerkriminalität auseinandersetzen. Bis heute sind die Gesetze in diesem Bereich nur wenig klarer geworden. 1988 verhandelte das Gericht über das Eindringen des jungen Robert Morris ins ARPAnet mehr als drei Monate lang, um zu entscheiden, daß sie nicht entscheiden können.

Der Betrug der Mutter BELL

Ein weiterer Fall von Computerkriminalität wird von Parker und August Bequai berichtet. Ein junger Mann, der Fähigkeiten als Manager und Techniker besaß, betrog die Telefongesellschaft BELL um eine Summe von über eine Millionen Dollar.

Jerry Schneider war ein bemerkenswerter Typ, der als Schüler schon Ende 1960 eine eigene Vertriebsfirma für elektronische Erfindungen aufgemacht hatte. Jerry war aber nicht erfolgreich oder nicht autobesessen genug, um sich Geld für einen Porsche zu verdienen, er bevorzugte das Leben als Fußgänger.

Die Geschichte von Jerry begann mit der täglichen Untersuchung der Mülleimer des Pacific Telephone und Telegraph Büros auf seinem Schulweg. Am Anfang suchte Jerry vor allem nach Bauteilen und Ausrüstung. Es dauerte aber nicht lange, bis er auf die Papieransammlungen aufmerksam wurde. Schon bald hatte Jerry wichtige Unterlagen gesammelt und abgeheftet. Dazu gehörten Dinge wie "Bell Systems Bestelliste" und "Bell Computer Programmlistings". Notizzettel, Verladepapiere, Bestellungen und Budgettabellen wurden Teil seiner Datenbank, die aus dem Mülleimer ständig aktualisiert wurde.

Jerry begann zu studieren und verband das Studium mit dem Verkauf von "aufpoliertem" Western Electric (die gehörte damals zu BELL) Zubehör. Die Nachfrage wuchs mit seiner Kundendatenbank (aus dem Müll). Jerry war nicht mehr in der Lage alle Bestellungen mit ausrangierten Teilen, die ihm zur Verfügung standen, zu befriedigen.

Nun war es nur noch ein kleiner Schritt von technischem Können zur kriminellen Handlung. Ein paar Interviews, bei denen er sich als freier Autor ausgab, ergaben mehr Informationen, als aus dem Müll herauszuholen waren. Jerry sah seine große Chance.

Sein erster Schritt, nachdem er sich ein größeres Quartier besorgt hatte, war der Besuch bei einer der regelmäßigen Auktionen, bei denen große Firmen ihre überflüssige (und abgeschriebene) Ausrüstung verkauften. Für wenig Geld kaufte er sich dort einen Lastwagen, der nett in den Farben der Telefongesellschaft gestrichen war und auch noch das Firmenlogo besaß. Jerry polierte den Wagen auf und erschien damit am Auslieferungslager. Unter Vorgabe des Namens eines gerade in den Ruhestand getretenen Angestellten erhielt er einen neuen Satz Schlüssel!

Jerry war in der glücklichen Lage, sein Geschäft zu expandieren. Während seiner Studien hatte er herausgefunden, wie er die Lochkarten anzufertigen hatte, die täglich in T&Ts IBM 360 gefüttert wurden. Seine "Bestellungen" - fertig gestanzt - wurden jeden Abend bei einem Versorgungsbüro abgegeben, und am nächsten Morgen konnte er die bestellten Waren abholen. Seine Bestellungen betrugen fast immer über $30.000, und das täglich während der nächsten sieben Monate. Jerry's Kunden waren begeistert. Die Geräte arbeiteten fast wie neu (sie waren es ja auch) und hatten nur einen kleinen Aufkleber "Freigegeben zum Wiederverkauf".

Das Geschäft expandierte schnell. Die Kunden fanden Jerry's Service besser als den der Telefongesellschaft (und billiger), denn die Aufträge wurden "über Nacht" erledigt.

Als Schneider die Arbeit nicht mehr bewältigen konnte, wurde ein Angestellter in die Arbeit "eingewiesen". Habsucht und Gier führten dazu, daß der neue Komplize mehr Geld verlangte, als Jerry zu zahlen bereit war. Der Komplize wurde gefeuert, worauf der sein Wissen anderswo verkaufte. Als Schneiders Opfer davon erfuhren, sind sie natürlich rechtlich gegen ihn vorgegangen.

In Bequai's Buch wird die kriminelle Karriere von Schneider mit der eines anderen jungen Mannes, Stephen Jones, verglichen. Jones wurde beschuldigt, Fleischwaren im Wert von $200 gestohlen zu haben. Er wurde verurteilt und 10 Jahre hinter Gitter geschickt. Schneider erhielt 40 Tage Haft und startete eine neue Karriere als Berater in High-Tech Computerkriminalität. Von seinem Gehalt konnte er bequem die Abgabe an die Telefongesellschaft zahlen, zu der er im Zivilprozeß verurteilt wurde.

Der Telefonbandit

Ein anderer Fall, der die Aufmerksamkeit der Öffentlichkeit erregte, drehte sich um einen jungen Mann, dem sogar das Telefonieren verboten wurde. Man fürchtete seine unglaublichen Fähigkeiten mit dem Telefon.

Das *Time*-Magazin schrieb: "Ein Telefon in Mitnick's Hand ist vergleichbar mit einem getroffenen Mann, dem man eine Pistole reicht." Mit 25 war Mitnick bereits ein alter Hase der Telefonkriminalität. Als er 17 war, bekam er eine Strafe von sechs Monaten wegen des unbefugten Eindringens in den Computer der Telefongesellschaft und das Entwendens technischer Informationen. Der Richter, der Mitnick verurteilte, stellte später fest, daß seine Kreditlinie, die bei einem lokalen Kreditinformationsservice gespeichert vorlag, aus unerfindlichen Gründen herabgesetzt war. Einem der Beamten, der gegen ihn ausgesagt hatte, wurde das Telefon plötzlich abgestellt, aber die Gesellschaft hatte keinen Auftrag hierzu erteilt.

Ende 1987 hatte Mitnick wieder Ärger mit dem Gesetz. Er wurde beschuldigt, über das Telefon Software gestohlen zu haben, und wurde auf drei Jahre Bewährung verurteilt. Seltsamerweise verschwanden alle Daten über seine Tat aus den Polizei-Computern. Der folgende Bericht stammt aus dem *Networker's Journal*.

Kevin Mitnick schuldig gesprochen, ein Jahr Haft erwartet ihn

Kevin Mitnick, von den Behörden seit drei Monaten festgehalten und wegen seiner Computerkenntnisse als Gefahr für die Gesellschaft bezeichnet, wurde diese Woche schuldig gesprochen und erwartet eine einjährige Haftstrafe.

Der 25-jährige mit Wohnsitz in Panorama City, Kalifornien, ist dessen für schuldig befunden worden, 16 geheime MCI Telefonzugriffscodes besessen zu haben, damit in das System von Digital Equipment eingedrungen zu sein und ein Sicherheitsprogramm gestohlen zu haben.

Richterin Mariana Pfaelzer gab bekannt, daß Mitnick für 12 Monate ins Gefängnis muß und dann drei weitere Jahre unter strenger Überwachung stehen wird. Mitnick, der bei seinen Computeraktivitäten manchmal "Condor" genannt wird, meinte, er würde bis Weihnachten wieder heraus sein.

Nach seinem Anwalt, Alan Rubin, waren die Computer-Einbrüche eine "intellektuelle Übung ... wie der Mount Everest eine Herausforderung für einen Bergsteiger darstellt". Rubin sagte, "Es waren keine Ansätze vorhanden, einen Computer zu beschädigen, es wurden keine militärischen Geheimnisse gestohlen und es wurde nichts an die Russen verkauft. Er ist ein sehr talentierter junger Mann mit vielen Fähigkeiten und, aus was für einem Grund auch immer... er hat die Fähigkeiten falsch genutzt."

Er plädierte dafür, daß Mitnick nach seiner Freilassung in psychologische Behandlung gegeben werde, damit seine Talente für gute Dienste genutzt werden können. Der Staatsanwalt sagte, "Eine Computerfirma, die ihm eine Chance geben würde, seine Talente zu bändigen, wäre gut beraten".

Der Staatsanwalt James Asperger äußerte gegenüber United Press International, daß Mitnick's Strafe aus den Verlusten berechnet wurde, die durch Stillstandszeiten verursacht wurden. Die Verluste wurden auf $100.000 bis $200.000 geschätzt (*Time* setzte ungefähr $4.000.000 an). Asperger fügte hinzu: "Dies ist nicht ein Fall, bei dem irgendetwas mit Computerviren zerstört wurde. Er verursachte keinen Schaden. Es war für ihn halt ein Sport, auszuprobieren, ob er hineinkommen würde".

Mitnicks Fall erregte Aufsehen, da bei seiner Festnahme letzten Dezember die Geschädigten darauf bestanden, daß Mitnick nicht gegen eine Bürgschaft freigelassen werde, da er eine Gefahr für die Nationale Computersicherheit darstelle.

Wer profitiert?

In der Computerkriminalität werden die wirklich "großen" Fälle nur von Insidern und solchen verursacht, die die Zeit hatten herauszufinden, wie man in ein System eindringt. Die Annalen der Computerkriminalität sind nicht sehr genau, was das "Wie" und das "Warum" angeht, aber es gibt einige Ereignisse, die erwähnt werden sollten:

Tag der Damen

Bequai erzählte zwei Geschichten von Damen, die groß zugeschlagen haben. Eine 27 Jahre alte Hausfrau ohne Computererfahrung sah eine 60 minütige Sendung darüber, wie leicht ein Computerdiebstahl ist. Danach erleichterte sie eine Bank um $36.000. Ein paar unscheinbare Hausfrauen aus Maryland stahlen eine halbe Millionen Dollar aus einer Pensionskasse, indem sie einfach falsche Dateneingabeblätter ausfüllten. Eine der Frauen bekam 608 Schecks als Spenden, bevor der Schwindel aufflog.

Die Chance der Kinder

Es ist heutzutage Mode, für die meisten Computerverbrechen die Jüngsten zu beschuldigen. Das macht auch Sinn, denn die Kinder von heute wachsen in der Schule und zu Hause mit Computern auf. Im allgemeinen kann man davon ausgehen, daß es viel wahrscheinlicher ist, daß ein jüngerer Mensch schon einmal in Kontakt mit einem Computer gekommen ist, als ein älterer.

Es klingt plausibel, daß ältere Menschen mit guten Computererfahrungen gesucht sind, nicht zuletzt aufgrund ihrer Lebens- und Berufserfahrung. Das stimmt aber nicht immer. Als eine Frau in eine neue Stadt zog, begann sie mit der Arbeitssuche. Sie hatte hervorragende Zeugnisse und Empfehlungen. Sie kannte sich mit Computern und der Branche aus und strebte eine Arbeit in einem High-Tech Bereich an. Zu ihrer Überraschung und ihrem Entsetzen mußte sie feststellen, daß die größeren Firmen eine bestimmte Anzahl von Leistungsnachweisen verlangten, die es zu ihrer Studienzeit noch nicht gab.

Software-Piraterie

Wie wir im nächsten Kapitel sehen werden, wurde der größte heutige Virus, der Pakistani oder (C)BRAIN, von ein paar "Kreuzfahrern" entwickelt, um Software-Piraten zu "bestrafen". Software-Piraterie gibt es schon fast so lange wie die Software selbst. Es gibt viele Variationen, in den meisten Fällen wird eine Kopie einer Programmdiskette angefertigt und benutzt.

Genau wie mit Doppelrecordern Musikkassetten auf einem Gerät kopiert werden können, gibt es PC-Utilities, die das gleiche mit Disketten tun. COPYIIPC existiert wahrscheinlich in jeder Diskettensammlung. Ein großer Unterschied: Eine Kassettenkopie hat einen Qualitätsverlust zur Folge (Vorausgesetzt die kopierte Musik hat "Qualität"). Nicht so bei Computersoftware.

Central Point Software Inc. aus Portland Oregon, die Entwickler von COPYIIPC, betonten besonders, zu welchen Zwecken die Software benutzt werden darf.

> "WICHTIGER HINWEIS: Dieses Produkt darf nur zum Anfertigen von Sicherheitskopien benutzt werden. Nach dem Urheberrechtsgesetz dürfen Sie, als Besitzer eine Kopie eines Computerprogramms, neue Kopien nur zu Archivzwecken anfertigen. Dieses Produkt wird für keinen anderen Zweck geliefert, und es ist nicht erlaubt, es für andere als die genannten Zwecke zu benutzen. Wenn Sie das Produkt benutzen, erklären Sie sich mit diesem Hinweis einverstanden."

Trotzdem ist es sehr nützlich für alle, die Raubkopien von Software herstellen wollen. Nur wenige Softwarepakete sind immun gegen die Eigenschaften von COPYIIPC.

Einige große Softwareproduzenten entwickelten mit sehr großem Aufwand ausgefeilte "Schlüsseldisketten"-Programme für die Installation und die Laufzeit. Der Schutz dieser Programme ärgerte die Benutzer und spornte die Raubkopierer an, ihn zu knacken. Drei Jahre lang benutzte die Autorin eine geknackte Version von dBASE III, die auf einer RAM-Disk lief. Sicher hatten wir auch eine richtige Kopie mit Registrierung und allem, aber die Raubkopie lief einfach besser.

Obwohl wir für *jeden* PANDA PC lizensierte Kopien von 1-2-3 besitzen, bevorzugen wir unsere geknackte Kopie von Version 1A(1983).

Der Unterschied sollte verstanden sein: Für jede "korrigierte" Kopie in unserem Geschäft gibt es eine gekaufte, bezahlte und lizensierte Kopie der aktuellen Version für jeden PC!

Kapitel 3

Viren werden erwachsen

Bis zum Sommer '85 gab es unzählige IBM PCs, und elektronische Briefkästen wurden bei Computer-Hobbyisten extrem populär. Diese Briefkästen erlaubten "Plaudereien" (Chats) zwischen den Anrufern und den Austausch aller Arten von Dateien. Viele der erhältlichen Dateien waren nützliche Hilfsprogramme und Spiele, und wir hörten sogar von einem "Porno Board" irgendwo in New Jersey.

Hobbyprogrammierer unterscheiden sich nicht viel von anderen Menschengruppen, die dieselbe Leidenschaft für eine Sache aufbringen. Es gibt den Wetteifer, immer das neueste und größte Ausrüstungsteil zu besitzen und manchmal ein bißchen anzugeben. Gleichzeitig gibt es einen engen Zusammenhalt zwischen den Mitgliedern, insbesondere auch Hilfe und Beistand für diejenigen, die noch lernen. Und es gibt ein Element der "Ächtung".

Das erste geächtete Programm für den IBM-PC (das war vor der Zeit der Clones) erschien im Juli 1985. Es wahr sehr verführerisch. Das Programm versprach eine bessere Graphik auf einem einfachen PC, als mit dem (sehr teuren) IBM EGA-Adapter erreicht werden kann. Der Preis war genau richtig ... kostenlos! Der Name klang harmlos: EGABTR. Aber eine Sache war falsch: EGABTR war ein kriegerisches Trojanisches Pferd. Beim ersten Starten löschte es alle Dateien auf der Festplatte und endete mit der Nachricht: "Arf, Arf! Gotcha!" (Arf, Arf! Hab' Dich!).

Zu anderen Trojanischen Pferden aus dieser Zeit gehörte NUKELA, ein Spiel, bei dem der Benutzer Bomben werfen sollte. Stattdessen zerbombte es den Computer. Drei Trojanische Pferde gaben sich als nützliche Hilfsprogramme aus: FILER (als gutes Dateisystem angepriesen), SEEFREE (ein BASIC Programm, das den freien Speicherplatz einer Diskette ausgeben sollte) und DOSKNOWS (die bösartige Version eines wirklich existierenden Programms). Ein besonders übles Programm war SURPRISE, das in BASIC geschrieben war. Es führte die Codezeile "KILL *.*" aus, die jede erreichbare Datei löscht, und gab die Meldung "Surprise!"

aus. Heutzutage, wo man doch schon vorsichtiger geworden ist, wird wohl niemand mehr ein Programm namens SURPRISE ausführen.

Frühe Schutzprogramme

Mit der Verbreitung der Trojanischen Pferde durch Mailboxen beschlossen zwei Programmierer, bösartigen Programmen den Kampf anzusagen. Im September 1985 schrieb Gee Wong DPROTECT, ein speicherresidenter "Schreibschutzaufkleber" für Festplatte und Diskettenlaufwerk. Andy Hopkins entwarf im Winter '84 CHK4BOMB und BOMBSQAD. Heute ist Andy Präsident der Forschung und Entwicklung bei PANDA SYSTEMS ... er ist nun kein Amateur mehr. Wong's und Hopkins's frühen Arbeiten wurden, wie viele gute Programme, allgemein gerne benutzt und könnten eher in die Sparte Public Domain als bei der Shareware (der Benutzer zahlt dem Autor einen kleinen Betrag) eingeordnet werden. Zumindest Hopkins hatte eigentlich nicht die Absicht, sein Programm als Public Domain freizugeben.

Es wird von Industrieexperten geschätzt, daß CHK4BOMB und BOMBSQAD eine Verbreitung von ungefähr 500.000 Kopien gefunden haben. Es vergeht keine Woche, in der nicht Anfragen nach Informationen über diese Produkte bei PANDA SYSTEMS eingehen. Wir befürchten, daß mindestens 50 Händler ihre Taschen durch den Verkauf von CHK4BOMB und BOMBSQAD gefüllt haben, obwohl jede Anstrengung unternommen wurde, die Programme aus dem Verkauf fernzuhalten. Andy versucht, nicht zu oft daran zu denken was passiert, wenn man 500.000 mit $5 multipliziert.

Die Liste mit dem "dreckigen Dutzend"

Als Wong und Hopkins das Problem der Trojanischen Pferde von der Softwareseite angingen, machte Tomm Neff erste wichtige Schritte, die Gefahren über Kommunikation mit den Computeranwendern bekannt zu machen. Am 20. Oktober 1985 brachte Tom die erste Liste mit dem "dreckigen Dutzend" unter die Benutzer von Mailboxen. Tom's Projekt wurde später von Eric Newhouse übernommen, der mit Hilfe anderer Benutzer aus dem ganzen

Land die Liste für über fünf Jahre pflegte und aktualisierte. Heute ist die Liste über 200 Einträge lang. Die aktuellste Version ist mit einem Begleittext von Eric in Anhang B aufgenommen worden.

Wir wollen nun einen tiefen Blick in die Viren-, Wurm-, und Trojanischen-Programme werfen und nicht nur die Computeranhänger auf die Probleme aufmerksam machen.

Lebendige Gegenwart gestern und heute

Wie wir immer wieder sehen werden, sind die zerstörerischen Computeraktivitäten nichts neues, aber mit der zunehmenden Verbreitung von Computern in Haushalten und Büros ist die Aufmerksamkeit gegenüber Computerthemen gestiegen. Nach Fred (Cohen), dessen Enthüllungen die Computerwelt und die Industrie schockten, existierten bis 1983 gar keine Computerviren. Unglücklicherweise hilft die Diskussion über die Nomenklatur nicht, irgendwelche Probleme zu lösen. Es ist aber klar, daß das Konzept, die technischen Fähigkeiten und die Aktualität schon vor Cohens Definition existierten.

Um Cohens Arbeit aber auch zu loben, sei gesagt, daß seine Definitionen und Experimente auch ihren Nutzen hatten, vor allem in den letzten Jahren. Seine Arbeit stellte zum ersten Mal eine Arbeitsdefinition für den Begriff "Virus" in Zusammenhang mit Computern zur Verfügung. In seinem Artikel "Computerviren - Theorie und Experiment", der 1987 bei Elsevier Science Publishers in der Zeitschrift *Computers & Security* erschien, beschrieb er adäquate Versuche, um die Charakteristiken eines Virus zu untersuchen.

Cohen's Theorien und die Demonstration ihrer Richtigkeit löste bei vielen Angst aus. Nachdem seine ersten Experimente erfolgreich waren, begann man, Sicherheitsaspekte neu zu überdenken..

Der erste "richtige" Virus, der die Aufmerksamkeit der Computerwelt auf sich zog, wurde bekannt als "Lehigh"-Virus, da er kurz vor Erntedank 1987 an der Lehigh Universität auftauchte. Es ist eine traurige Tatsache, daß die Opfer von Viren dadurch berühmt werden. Die Lehigh-Universität schrieb den Code nicht, war lediglich erstmals von diesem Virus betroffen.

Zur gleichen Zeit arbeitete sich der (C)BRAIN-Virus, der später als "Pakistani"-Virus bekannt wurde, heimlich durch die Disketten an der Delaware-Universität.

In Israel wurde im Dezember 1987 von einem Student der Hebrew Universität ein anderer Virus gesichtet. Dieser Virus verbreitete sich bis hin zu PC-Zusammenbrüchen in Haifa.

Eine Galerie bemerkenswerter Viren

Wie gesagt, wurden die destruktiven Programme, die als erstes die Aufmerksamkeit der Welt erregten, zuerst an drei Universitäten gefunden: Der Delaware-Universität, der Lehigh-Universität in Bethlehem, Pennsylvania, und der Hebrew-Universität in Jerusalem.

Anne Webster von der Delaware-Universität und Ken VanWyk von der Lehigh-Universität waren so nett und stellten ihre Studien über die Anschläge an den Universitäten zur Verfügung. Die Fallstudie der Hebrew-Universität wurde aus verschiedenen Quellen zusammengetragen.

Die Delaware-Universität - (C)BRAIN

Im Oktober 1987 berichteten ungewöhnlich viele Benutzer an der Delaware-Universität von Problemen mit ihren Datendisketten. Gleichzeitig hatten Benutzer der allgemein zugänglichen Microcomputer Probleme mit bestimmten Softwarepaketen. Nachforschungen ergaben bei beiden Problemen eine Übereinstimmung: Alle Benutzer- und Programmdisketten hatten den Kennsatz "(C)Brain". Es stellte sich heraus, daß die Kennsätze nicht von Benutzern oder Universitätsangestellten angelegt worden waren. Intern wurde der Virus "Brain" getauft, bekannt wurde er jedoch als "Pakistani"-Virus.

Die Delaware-Universität, mit mehr als 17000 Studenten und mehreren tausend Angestellten, betreibt mehr als 4000 Microcomputer in Büros, Labors, Klassenzimmern und Wohnungen. Bis zu 500 dieser Rechner befinden sich in Einrichtungen, zu denen jeder mit einer Identifikationsnummer Zugang hat. Der Andrang in diesen Einrichtungen ist mit ungefähr 1500 Anmeldungen während einer typischen Semesterwoche sehr groß.

Personal und Benutzer starten die meisten Computer von einer Diskette, da nur wenige Rechner mit einer Festplatte ausgestattet sind. Benutzer leihen sich Software von einem Servicebüro oder bringen ihre eigene Software für die Benutzung in der Uni mit. Obwohl die meisten Benutzer der allgemeinen Rechner Studenten sind, gibt es auch Angestellte und Hilfskräfte, die die öffentlichen Computer benutzen.

Als der Virus einmal entdeckt war, wurde der gesamte Campus über ein Informationsblatt informiert. Es wurde ausführlich beschrieben, wie man feststellt, ob eine Diskette infiziert ist und wie man diese wieder "desinfiziert". Als erstes wurde empfohlen, die Disketten mit dem DOS CHKDSK-Kommando zu prüfen. Hat die Diskette den Kennsatz "(C)BRAIN" oder mehr als 3072 Bytes in fehlerhaften Sektoren, ist sie verdächtig. Als Abhilfe wurde empfohlen, mit einer nicht infizierten Diskette zu starten und die Dateien mit dem DOS COPY-Kommando von der infizierten, auf eine frisch formatierte Diskette zu kopieren. Die infizierte Diskette sollte anschließend formatiert werden. Die Benutzer wurden darauf hingewiesen nicht das DISKCOPY-Kommando zu verwenden, da dann der Virus mit kopiert würde. Das Computerpersonal unterstützte jeden, der Hilfe brauchte und prüfte zweifelhafte Diskette noch einmal.

Zu diesem Zeitpunkt kannten wir noch nicht die Ausbreitung der Infektion auf dem Campus und noch keine Einzelheiten über den Virus. Während einige Angestellte der Universität viele tausend Disketten prüften, beschäftigten sich andere Kräfte mit dem Virus selbst. Glücklicherweise tauchten nur an zwei der öffentlichen PC-Pools infizierte Disketten auf. An einer Stelle waren ungefähr die Hälfte der häufig benutzten Disketten infiziert (ungefähr 75) und an der anderen Stelle nur 12. Wir waren froh, daß nur so wenige Disketten infiziert waren und führten das auf die schon vorhandenen Verhaltensregeln zurück. Es handelt sich um drei Punkte:

1. Alle DOS-Startdisketten sind schreibgeschützt.
2. Disketten mit Anwendungssoftware (z.B. WordPerfect und Lotus 1-2-3) sind grundsätzlich nicht startfähig.
3. Jedes System wird mit einer eigenen DOS-Diskette gestartet (z.B. System 1 mit Diskette 1, System 2 mit Diskette 2 u.s.w.).

Inzwischen fanden Computer-Profis mehr über den Virus heraus, wie und wann eine infizierte Diskette andere Disketten ansteckt und den sichersten Weg, eine Diskette nach der Infizierung zu säubern. Unsere Forschungen gingen dabei empirisch vor. Als erstes lernten wir, daß das System mit einer infizierten Diskette gestartet werden muß, damit andere Disketten überhaupt infiziert werden können. Wir waren froh festzustellen, daß nur 5 1/4 Zoll Disketten vom Brain-Virus befallen wurden. Als wir absichtlich Datendisketten infizierten und feststellten, daß keine Dateien zerstört wurden, schlossen wir, daß vielleicht hunderte Benutzer infizierte Datendisketten verwenden, aber nur ein kleiner Prozent satz wirklich Ärger damit hat. Wir vermuteten trotzdem, daß die wiederholte Verwendung einer infizierten Diskette die Wahrscheinlichkeit erhöht, damit einmal Ärger zu bekommen.

Die freie Benutzung der Computereinrichtungen in einer Universität gehört zur Lernumgebung. Dadurch sind viele der Sicherheitsempfehlungen für die Industrie in diesem Fall nicht anwendbar. Eine handvoll Viren-Filter und Viren-Schutzprogramme wurden zum Testen besorgt, aber keines wurde für den allgemeinen Gebrauch angenommen.

In den Computerräumen wurden Schilder aufgehängt, die den Benutzern eine Anleitung zur sicheren Arbeit gaben. In der Hochsaison des Virus prüften Hilfskräfte jede ausgegebene Diskette, bevor die Benutzerzulassung vergeben wurde. Die Benutzer wurden gefragt, ob sie ihre Disketten prüfen lassen würden. Auf diesem Weg waren wir schnell in der Lage, die Infektion zu beseitigen und viele Benutzer über die Virusplage zu informieren. Um die vom Virus zerstörten Dateien zu reparieren, benutzten wir Norton Utilities. Es existierte keine Liste von Benutzern mit defekten Dateien, aber man schätzte die Zahl auf ein paar Dutzend.

Seit dem Ausbruch der Epidemie 1987 ist die Delaware-Universität frei von Viren. Trotzdem werden vielbenutzte Disketten von Zeit zu Zeit darauf geprüft, ob sie frei vom Brain-Virus sind. Für den Systemstart benutzen wir Disketten ohne Kerbe, und wir prüfen jeden Morgen, daß mit nicht infizierten Disketten gestartet wurde. Wir setzen diese Maßnahmen fort, da der Brain-Virus immer noch auf einer Diskette eines Studenten lauern könnte. Wir bleiben aufmerksam und betonen immer wieder, daß von wichtigen Dateien immer eine Sicherheitskopie vorhanden sein sollte. Jeder Benutzer ist immer noch selber verantwortlich für seine Daten und Disketten.

Der böse Amerikaner - oder Pakistani

Der Geburtsort des (C)BRAIN war das Geschäft Brain Computer Service in Lahore, Pakistan. Die Brüder Amjad Farooq Alvi und Basit Farooq Alvi gaben zu, der (C)BRAIN-Virus entwickelt zu haben. Aber wie gelangte er von Pakistan an Amerikanische Universitäten ... und warum?

Das Konzept von ansteckenden Programmen wurde geboren, als Amjad eine schmerzvolle Erfahrung machte. Seine Programme wurden raubkopiert und weitergegeben. Die Idee zerstörenden Code zu verstecken, der bei einer illegal angefertigten Kopie aktiviert wird, ist nicht neu. Sogar der Gigant Microsoft hat sich dazu Gedanken gemacht (siehe Kapitel 8).

Es wäre verständlich gewesen, wenn die Brüder Alvi ihren Virus mehr oder weniger zu Hause gelassen hätten und nur ihre eigene Software damit geschützt hätten. Da Sie allerdings eine etwas lockere Auffassung von Urheberrechtsgesetzen hatten, gingen sie daran, ihre Operation auszuweiten. Im pakistanischen Gesetz scheint es eine seltsame Lücke zu geben, so daß der Anschein entsteht, Computersoftware unterliege nicht dem Urheberrechtsgesetz. Die Brüder glaubten daran, und sie begannen, nicht erlaubte Kopien von Paketen wie Lotus 1-2-3 anzufertigen und für wenige Dollar zu verkaufen.

Worte verbreiten sich fast so schnell wie Viren. Amerikanische Besucher in Lahore hörten von diesen unglaublichen Angeboten und griffen natürlich zu. Die Brüder entschieden, daß die Gesetze in Amerika andere sind als die in Pakistan und beschlossen, die Amerikaner zu bestrafen. Sie erhielten Software mit (C)BRAIN-Virus; pakistanische Kunden erhielten saubere Kopien.

Wie die Studie der Delaware-Universität zeigte, genügte eine einzelne Kopie des (C)BRAIN, um die Lawine ins Rollen zu bringen. Und man kann sich leicht vorstellen, wie ein einzelner Student, der die Universität wechselt und eine (C)BRAIN-Diskette mitnimmt, den Prozeß an einer anderen Stelle erneut starten kann.

Der Lehigh-Virus

Kurz vor dem Erntedankfest 1987 wurden viele hundert Disketten an der Lehigh-Universität von einem Virus infiziert. Der Virus hatte zerstörende Eigenschaften. Er kopierte sich viermal auf verschiedene Disketten und zerstörte dann den Inhalt der gerade eingelegten Diskette. Jede Kopie war bereit, das gleiche zu tun. Die Lehigh Universität hatte hunderte Zenith Microcomputer auf dem Campus installiert, auf denen Studenten Programme aus ihren Diskettensammlungen tauschten. All dies bot dem Virus gute Voraussetzungen, besonders weil die Erntedankfeier bevorstand.

Am 2. Februar 1989 infizierte eine andere Version des gleichen Virus den Lehigh-Campus, wobei er diesmal weniger Schaden anrichtete. Bei der ersten Infektion betrieb Lehigh ungefähr 10 Microcomputerpools, jeden mit 10 bis 15 PCs. Lehigh hatte Campuslizenzen für Softwareprodukte wie Tabellenkalkulation, Textverarbeitung und Sprachübersetzer. Zusätzlich besaß die Universität Kopien von anderen Programmen. Alle waren den Benutzern in den Microcomputerpools zugänglich. In einigen Pools sind die Computer über lokale Netzwerke (LAN) verbunden, die das Teilen von Peripheriegeräten erlauben und allen Studenten und Angestellten den Zugriff auf den gleichen Drucker und die gleiche Festplatte ermöglichen.

In Pools ohne LAN konnten die Studenten Disketten beim Aufsichtspersonal ausleihen. Sogar in den Pools mit Netzwerk mußten die Benutzer von einer ungeschützten Diskette starten, die die Netzwerksoftware enthielt. Dieses Tauschen von Disketten ermöglichte dem Virus überhaupt erst, sich in größeren Maße zu verbreiten. Die LAN-Festplatten blieben uninfiziert, da sie dem normalen Benutzer nur einen Lesezugriff erlauben.

Am 18.-19. November 1987 wurden mehrere ausgeliehene Disketten mit dem Kommentar zurückgegeben, sie seien nicht mehr zu benutzen. Es kommt im normalen Betrieb schon mal vor, daß eine Diskette nicht mehr funktioniert, weil sie sich physisch abnutzen oder manche Diskettenlaufwerke nicht optimal justiert sind. Die Anzahl der Ausfälle stieg jedoch stark an, so daß das Betreuungspersonal Nachforschungen anstellte.

Während einer Nachtschicht wurde der Lehigh-Virus (es gibt keinen besseren Namen) isoliert. Als erstes wurden funktionierende Disketten mit anderen verglichen. Man wollte die Probleme der Benutzer nachvollziehen. Disketten wurden mit dem DIR-Befehl angeschaut, und Programme wurden ausgeführt. Zufällig entdeckte man, daß das Datum von COMMAND.COM-Dateien auf verschiedenen Disketten unterschiedlich war, obwohl alle Disketten das gleiche Betriebssystem MS-DOS 3.1 enthalten sollten. Eine Datei hatte sogar ein Datum, daß erst ein paar Tage zurücklag.

Da COMMAND.COM ein Teil des MS-DOS Betriebssystems ist, sollte das Datum sich nur verändern, wenn eine neue Version installiert wird. Das Datum hatte sich aber trotzdem geändert. Damit war es ziemlich sicher, daß die Datei in irgendeiner Weise verändert worden ist. Man kann eine Datei zwar auch ändern, ohne das Datum zu aktualisieren, aber glücklicherweise tat der Lehigh-Virus es doch.

Im nächsten Schritt wurde eine der veränderten COMMAND.COM-Dateien mit einer originalen Kopie verglichen. Über ein Vergleichskommando wurden mehrere hundert unterschiedliche Bytes entdeckt, die den Maschinencode des Virus darstellten. Dieser Code wurde dann disassembliert und untersucht.

Man entdeckte, daß das ursprüngliche COMMAND.COM ungefähr 300 Bytes als Zwischenspeicher benutzt. Der Virus nutzte diesen Zwischenspeicher als Versteck auf der Diskette, da er keinen

Code enthielt. Der Virus konnte so die COMMAND.COM-Datei infizieren, ohne deren Länge zu ändern. Wurde COMMAND.COM dann ausgeführt, kopierte sich der Virus in einen anderen Speicherbereich, und COMMAND.COM wurde wie gewohnt ausgeführt.

Aus diesem Grunde benötigte eine infizierte COMMAND.COM-Datei mehr Hauptspeicher als eine saubere Version, obwohl beide den gleichen Diskettenplatz belegten. Das wurde später mit dem Public Domain Programm MAPMEM bestätigt. Es zeigte für eine uninfizierte Version zwei Speicherblöcke und für ein infiziertes COMMAND.COM drei Blöcke an. Das einzige, was wirklich an COMMAND.COM geändert wurde, ist die erste Anweisung, ein JMP-Befehl (Sprung, wie ein GOTO in BASIC). Normalerweise übergibt dieser Sprung die Kontrolle einem anderen Teil von COMMAND.COM, aber er wurde so geändert, daß der Virus angesprungen wird. Nachdem der Virus sich installiert hat, wird der ursprüngliche Sprungbefehl ausgeführt. War der Virus in den Speicher geladen, hakte er sich in den Hauptinterrupt von MS-DOS, Int 21H.

Int 21H ist ein Teil des Betriebssystems und wird von nahezu jedem Programm genutzt, das beispielsweise die Ein-/Ausgabe auf dem Bildschirm oder einem Laufwerk benötigt. Immer wenn eine Int 21H-Funktion ausgeführt werden sollte, wurde zuerst der Virus gestartet und dann normal mit der angeforderten Int-21H Funktion fortgefahren. Der Virus fing die Funktionen "Finde erste Datei" und "Führe Datei aus" ab. Beide Funktionen werden von den Kommandos DIR, TYPE, COPY benötigt und immer dann angesprochen, wenn eine Datei ausgeführt wird. Der Virus prüft, ob ein anderes als das Standardlaufwerk angesprochen wird. Ist das der Fall, prüft er, ob diese Diskette startfähig ist und ob sie infiziert ist. Treffen alle Bedingungen zu, kopiert sich der Virus auf die andere Diskette und erhöht einen Zähler. Bei einem Computer ohne Festplatte wird der Zähler nur im Speicher gehalten, sonst auf der Platte abgespeichert. Hat der Zähler einmal vier erreicht, wechselt der Virus in eine andere Phase, bei der dann Daten verloren gehen. Die zweite Version des Virus speicherte den Zähler niemals auf Platte und zählte bis 10, bevor es mit der Zerstörung begann. In Pseudocode könnte der Virus wie folgt aussehen:

```
begin
    IF Auf_eine_andere_Diskette_wird_zugegriffen THEN
        (Die_andere_Diskette_ist_nicht_infiziert AND
         Die_andere_Diskette_ist_startfähig) THEN
            Kopiere_Virus
            Erhöhe(Zähler)
            IF Festplatte THEN
                Speichere_Zähler_auf_Platte
            IF Zähler >= 4 THEN
                Zerstöre_Daten
    end
```

Nun sollte der Virus nicht nur erforscht, sondern auch gestoppt werden. Als der Virus in der Datei COMMAND.COM entdeckt war, stellte das kein Problem mehr dar. Die Betreuer schrieben ein Anti-Virus-Programm, das die COMMAND.COM-Datei las. Bei einer infizierten Version wurde der gestohlene Speicherbereich wieder mit Nullen aufgefüllt. Dadurch wurde der Virus natürlich gelöscht. Als der Anti-Virus FIX ausreichend getestet war, wurde das Publikum an der Universität über den Virus informiert und FIX zur Verfügung gestellt. Alle Pools wurden mit Hinweisen versehen und alle Startdisketten wurden mit einer Kopie des Anti-Virus ausgestattet.

Es wurde außerdem ein Artikel im BITNET-Diskussionsforum veröffentlicht. BITNET ist ein Computernetzwerk, das über 300 Institute von Universitäten und Forschungseinrichtungen in der ganzen Welt miteinander verbindet. BITNET selbst ist wieder mit anderen Netzen (einschließlich Internet, Usenet, CSNET und ARPAnet) über Gateways verbunden. Als alles vorüber war, hatte der Virus den Inhalt von mehreren hundert Disketten zerstört. In vielen Fällen wurden Disketten mehrfach befallen, nachdem sie wieder gesäubert worden waren. Der Virus hatte auch viele Computer mit Festplatte befallen.

Der zweite Ausbruch des Virus war nicht so tragisch wie der erste. Nur ein paar Disketten wurden infiziert und zerstört. Gefährlicher war die Infektion in einem der lokalen Netzwerke. Von nun an wurde versucht, Disketten ohne Schreibschutzkerbe zu verwenden und die Benutzung von Schreibschutzaufklebern zu verbreiten. Außerdem wurden mehrere Anti-Virus-Softwarepakete ausprobiert.

Der "PLO" Virus

Dieser falsche Name wurde einem Virus gegeben, der im Dezember 1987 an der Hebrew-Universität in Jerusalem entdeckt wurde. Die Arbeitsweise des Virus war interessant, denn er griff ausführbare Programme auf IBM-kompatiblen PCs an, während ein Programm ausgeführt wurde. Der Virus befiel .EXE- und .COM-Dateien, behandelte sie aber unterschiedlich. Jedesmal, wenn eine .EXE-Datei ausgeführt wird, vergrößert sie sich um 1808 Bytes. .COM-Dateien wurden nur einmal vergrößert. Die EXE-Dateien wuchsen, bis sie nicht mehr in den Speicher paßten. Die infizierten .COMs und .EXEs begannen sich zu verbreiten. Wie wir schon gesehen haben, ist die Wahrscheinlichkeit einer Ausbreitung innerhalb kürzester Zeit sehr groß. Der Virus verbreitet sich folgendermaßen:

Wenn ein Programm von einer infizierten Diskette gestartet wird, lädt sich der Virus in den Speicher des PC und wartet auf das nächste Programm, das ausgeführt wird. Der einzige Weg um den Virus herum führt über das Ausschalten des PCs nach Entfernen der infizierten Dateien. Wurden die Programme von der Diskette auf die Festplatte kopiert, befindet sich der Virus nun auch dort und wartet darauf, aktiviert zu werden. Dies zeigt wieder, daß ein Virus ausgeführt werden muß, damit es aktiv wird, und wie gefährlich es ist, unbekannte Programme zu starten.

Dem Autor des Virus war das noch zu simpel, er fügt noch ein paar Extras hinzu. Das stellten die Experten an der Hebrew-Universität fest, als sie den Code analysierten. Der Virus enthielt einen Teil, der ausgeführt würde, wenn das Datum das Jahr 1988 erreicht (Man nimmt an, daß der Autor dem Virus Zeit zur Verbreitung geben wollte). Eine halbe Stunde, nachdem der Virus sich im Speicher eingenistet hat und das Jahr 1988 feststellt, würde die Maschine immer langsamer werden. Es waren auch Befehle zum Rollen von Bildschirmausschnitten vorhanden.

Und noch eine weitere Abfrage des Datums wurde entdeckt. Fällt das Systemdatum auf einen Freitag den 13., wird jedes ausgeführte Programm von der Diskette/Platte gelöscht. Darum wird dieser Virus auch "Freitag der 13. Virus" genannt.

Durch Zufall, wenn es keine Absicht war, fiel der erste Freitag der 13. 1988 mit der 40 Jahrfeier der Befreiung Palästinas zusammen. Ein Reporter der *New York Times* bemerkte diesen Zufall und schrieb am 31. Januar 1988 in einem Artikel, daß der Virus "anscheinend als Mittel des politischen Protestes" benutzt wurde. Dies führte zum falschen Namen "PLO-Virus".

Weitere Aufruhr wurde durch die Übersetzung eines Hebräischen Wortes verursacht, das während einer Pressekonferenz über die Entdeckung des Virus gefallen war. Wie in jeder modernen Sprache können Worte im Hebräischen in unterschiedlichem Kontext verschiedene Bedeutungen besitzen. Das Wort "mechabel" kann "Terrorist" oder "Saboteur" bedeuten. Im mehr klassischen hebräischen Sinn kann "mechabel" aber auch "Engel oder Botschafter des Unheils" bedeuten.

Weil die Entfernung zwischen den USA und Israel so groß ist, wurde dieser Virus zu einer internationalen Legende. Das "weißt du schon" Kontingent, das in jeder Gemeinschaft existiert, erweiterte die bekannten Fakten um Geschichten und Gerüchte. Ein "Experte", der eigentlich nicht für Hysterie oder "Klatsch" bekannt war, berichtete, daß der israelische Regierungscomputer infiziert wurde und daß alle Computer mit einem Programm infiziert wurden, das sie am 13. März zerstören wird. Der Name des Jahrestages wurde geändert und heißt nun "Der erste Tag der israelischen Unabhängigkeit." Einige Berichte gingen so weit zu behaupteten, der Großrechner der israelischen Streitkräfte und des Geheimdienstes wären infiziert.

Obwohl der Virus weit verbreitet war (man schätzt 10000 bis 20000 Fälle), wurde er nur auf PC-/MS-DOS Computern gefunden. Während der Jagd nach dem Virus wurden noch andere Viren gefunden, von denen einer das Auslösedatum 1. April hatte. Der Aprilscherz-Virus war eigentlich identisch mit der Version "Freitag der 13.", mit der Ausnahme, daß .EXE-Dateien nur einmal befallen werden. Damit war er schwerer zu finden, da das System nie in Speicherprobleme geriet. Einige Experten vermuteten, daß die Version "Freitag der 13." eine schlecht gemachte Abwandlung des 1. April-Virus war.

Dank des Einsatzes der Mitarbeiter der Hebrew-Universität von Jerusalem waren die Säuberungsaktionen schon nach einem Monat beendet.

Was noch gegen die Terroristen-Theorie spricht ist, daß es keine Bekennerschreiben für diese Tat gab.

MERRY CHRISTMA!!!! Der IBM-"Virus"

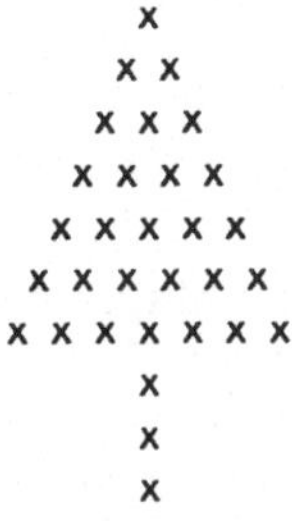

Diese kleine Graphik erschien auf allen Installationen von IBM's PROFs (PRofessional Office System) kurz vor Weinachten 1987. Bekannt als CHRISTMAs.EXE, wurde er von Benutzern verbreitet, die der Anweisung "Gib nur CHRISTMAS ein!" folgten. Das Programm las dann alle privaten E-Mail Adressen aus einer Datei des Benutzers und schickte sich selbst an die dort gefundenen Empfänger. Das Schöne daran: Die abgeschickte E-Mail-Nachricht trug den Namen eines Kollegen oder Korrespondenten, dem man wahrscheinlich vertraut hat. Es dauerte nicht lange, bis PROFs sich an den vielen Meldungen verschluckte und in die Knie ging.

Obwohl es sich nach der strengen Definition nicht um einen Virus handelte, legte es doch wichtige Ressourcen für viele Stunden lahm. Der Weihnachtsgruß wurde von einem Clausthaler Studenten in Deutschland geschrieben und im EARN-Netz auf die Reise geschickt. Er breitete sich über Gateways auch in andere Netzwerke wie BITNET aus.

Freitag der 13., die amerikanische und die britische Version

Die Januar-Ausgabe 1989 der *ComputerWorld* beschrieb einen Großangriff eines Virus im Silicon Valley und in Großbritannien am Freitag den 13. Januar. Der Artikel bestand hauptsächlich aus Vermutungen und Annahmen. Es wurde nur ein tatsächlicher Fall beschrieben. Ob dieser Virus eine Version oder Modifikation des Virus der Hebrew-Universität war, kann nicht beantwortet werden.

Burlesons Virus und der texanische "Virus"-Prozeß

Donald Gene Burleson wurde als Verbrecher mehr Ruhm zuteil als durch seinen eigentlichen Beruf als Programmierer bei einer Lebensversicherung.

Drei Jahre, nachdem Burleson die Daten der Angestellten zerstörte, kam sein Fall vor Gericht, ausgerechnet zu der Zeit, als die

Computerviren zu den Lieblingen der Presse wurden. Die Schlagzeilen machten Burlesons Fall zum ersten Computervirus-Prozeß im Land.

Burlesons Tat ist einfach zu erklären und zu verstehen. Ebenso einfach ist einzusehen, warum sein Arbeitgeber seine Tat nicht verhinderte.

Ed Joyce, der für das Magazin *Computer Decisions* schreibt, stellte den Fall aus zwei Sichten dar. Joyce schrieb, daß Burlesons Mitarbeiter seine Programmierfähigkeiten und seine Intelligenz bewunderten. Gleichzeitig wurde er jedoch als "arrogant" und "rebellisch gegenüber Autoritäten" beschrieben.

Burleson war ein Anhänger von Irwin Schiff, einem Aktivisten, der die Meinung vertrat, daß die Einkommensteuer rechtswidrig sei. Die Geschäftsleitung bekam den Verdacht, daß Burleson den Firmenrechner zu eigenen Zwecken mißbrauchte. Er sollte angeblich Berichte und Dokumente über Steuerfragen geschrieben und gespeichert haben. Der Arbeitgeber USPA (United Services Planning Association Inc. und Independent Research Agency for Life Insurance Inc.) untersagte natürlich den Gebrauch von Firmeneigentum für private Zwecke. Als Burleson, der in der Firma als Systemprogrammierer und Sicherheitsbeauftragter angestellt war, mit den Tatsachen konfrontiert wurde, lehnte er alle Anschuldigungen kategorisch ab.

Seine Erklärungen überzeugten die Verantwortlichen nicht, und er wurde entlassen, weil er angeblich "als Sicherheitsbeauftragter keine Atmosphäre des Mißtrauens erzeugen dürfte". Sein letzter Tag war der 18. September 1985, ein Dienstag.

Am darauffolgenden Samstag, den 21. September 1985, traten eine ganze Serie von Problemen auf. Routinearbeiten konnten nicht mehr durchgeführt werden und die Zugriffsrechte der Benutzer waren verändert. Diese kleinen Störungen eskalierten jedoch bald, als einige Benutzer feststellten, daß 168.000 Datensätze einer Datenbank einfach verschwunden waren.

Die Wiederherstellung der Daten mit Hilfe von Sicherungsbändern dauerte fast das ganze Wochenende. Während dieses Prozesses wurde anhand eines Logbucheintrages festgestellt, daß sich jemand am Samstag um 3:00 Uhr morgens an einem Terminal auf dem Gelände angemeldet hatte. Zu dieser Zeit war natürlich alles abgeschlossen und es hätte keiner dort sein dürfen.

Die Probleme waren jedoch noch nicht vorbei. Als am Montag die ersten mit der Arbeit begannen, war alles normal. Nach etwa 10 Minuten begann das System zu streiken und starb. Joyce berichtete weiter, daß einer der Mitarbeiter, die am Wochenende den Fehler gesucht hatten, eine seltsame Codezeile entdeckte, "power down system". Er hatte ihr keine besondere Bedeutung zugeordnet. Die Aufgabe der Gruppe war schließlich, die Daten zu restaurieren, nicht das Lesen von Control-Code-Listen.

Offensichtlich hatte Burleson ein einfaches Codestück eingefügt, daß die /38 ausschaltet, wenn eine bestimmte Datei angesprochen wird.

Das System wurde von Spezialisten durchsucht und ein Netz von zerstörenden Programmen aufgedeckt. Jedes Programm hatte das gleiche Erstellungsdatum, den 3. September, etwas mehr als zwei Wochen vor Burlesons Entlassung. Eines der Programme prüfte eine bestimmte Speicherstelle auf ihren Inhalt. Wenn sich dort nicht ein erwarteter Wert befand, wurden zwei zufällig ausgesuchte Speicherbereiche gelöscht und das Programm dupliziert. Die Kopie sollte einen weiteren Monat auf ihre Aktivierung warten. Dieses Programm war zum Zeitpunkt der Entdeckung noch nicht ausgeführt worden.

Ob diese Programme als Viren bezeichnet werden sollten, ist eine schwierige Frage. Sie haben auf jeden Fall großen Schaden angerichtet und die Zuverlässgkeit des Systems in Frage gestellt.

Nach zwei weiteren Tagen intensiver Arbeit war das System völlig von den Programmen befreit. Die gesamte Software, einschließlich des Betriebssystems CPF, wurde neu geladen.

Nun begann die Firma die Suche nach dem Verursacher. Das Systemlog zeigte, daß alle zerstörenden Programme am 3. September von Burlesons Terminal in seinem Büro aus in die /38 geladen wurden. Da außerdem sein persönlicher Zugangscode verwendet wurde, waren die Beweise schon ziemlich eindeutig.

Es waren aber noch einige Fragen offen. Das erste zerstörende Programm wurde offensichtlich am Morgen des 21. ausgeführt. Nach der Entlassung von Burleson wurden seine Büroschlüssel eingezogen und sein Kennwort aus dem System gelöscht. Wie konnte er also seine Tat begehen?

Schlüssel können einfach nachgemacht werden. Man kann sich vorstellen, daß Burleson sich so Zugang zum Gebäude verschafft hatte, was umso leichter war, da um diese Uhrzeit keine Sicherheitsleute anwesend sind. Aber was war mit dem Kennwort? Auch nicht schwierig. Als Sicherheitsmanager war es auch seine Aufgabe, die Kennworte zu verwalten. Man ging davon aus, daß er vor seinem Abschied ein anderes Kennwort als "Hintertür" eingerichtet hatte.

Zufällig war kurz vor Bulesons Tat im Staat Texas ein neues Gesetz verabschiedet worden. In diesem Gesetz wurde "die absichtliche Herbeiführung einer Fehlfunktion und die Zerstörung und Veränderung von Computerprogrammen ohne die Erlaubnis des Besitzers" unter Strafe gestellt.

Burleson hatte aber auch selbst dazu beigetragen, daß seine Lage immer kritischer wurde. Er beschuldigte die Firma USPA der unrechtmäßigen Einbehaltung von Steuern in seiner letzten Lohnabrechnung. Er brachte den Fall vor Gericht, das aber gegen ihn entschied. Die Firma stellte bald eine Gegenanzeige, weil Burleson mit seinen Aktionen viel Arbeit und Schaden angerichtet hatte. Dieser relativ kleine Prozeß erweckte die Aufmerksamkeit eines jungen Staatsanwaltes, der diesen Fall benutzen wollte, um das neue Gesetz zu erproben.

Nun wurden auch die Medien aufmerksam. In *USA Today* wurde behauptet, es wäre der erste Prozeß über Computerviren. Auch die übrige Presse sprang auf den Fall an und die *Business Week*, *Time* und *US News and World Report* brachten Artikel darüber.

Burleson versuchte sich mit allen Mitteln zu verteidigen, so wies er eine Kreditkartenrechnung vor, die beweisen sollte, daß er an dem Tag, als der zerstörende Code geschrieben wurde, nicht in der Stadt war. Unglücklicherweise war die Rechnung auf einem Formular ausgestellt, daß erst im folgenden Jahr eingeführt wurde. Nun mußte er sogar mit einer Anklage wegen Fälschung rechnen.

Die Geschworenen glaubten dem Computer-Logbuch und nicht Burleson. Er wurde in der dritten Instanz schuldig gesprochen. Das Urteil lautete: Sieben Jahre auf Bewährung und $11.800 Schadenersatz.

Wenn man betrachtet, welchen Wirbel der Fall verursacht hat, mag die Strafe milde erscheinen. Es waren aber kein Daten verloren gegangen und der Richter hielt die Schadenersatzsumme für angemessen, da nur die zusätzliche Arbeit anfiel.

Die berüchtigte Invasion des ARPAnet-Netzwerks

Der berühmteste aller Fälle, der die Aufmerksamkeit der ganzen Nation erregte, ist der des jungen Robert Morris, der das mächtige ARPAnet im September 1988 zum Stillstand brachte.

Viele tausend Worte sind über Robert Tappan Morris geschrieben worden, dem jungen Mann, der erfolgreich, wenn auch unabsichtlich, ein Virus verbreitete. Es gibt viele Spekulationen darüber, ob Morris mit rechtlichen Folgen rechnen muß. In der Verhandlung wurden bereits vier Monate lang verschiedene Zeugen angehört.

An der Cornell Universität, wo Morris studierte, wurden eigene Untersuchungen angestellt und in einem umfangreichen Bericht veröffentlicht. Das Ergebnis der Nachforschungen war, daß Morris tatsächlich der Verursacher war. Er ist bis 1991 von den Vorlesungen ausgeschlossen.

In einigen Artikeln wird der junge Mann als "brillant" und "talentiert" bezeichnet und hervorgehoben, wie geschickt er den Virus programmiert hatte. Wenn seine Fähigkeiten so herausragend waren, warum konnte sein Experiment dann schieflaufen?

Computer-Spezialisten an der Universität von Kalifornien (Berkeley) hatten die begangenen Fehler innerhalb von ein paar Minuten gefunden. Wenn seine Fehler so offensichtlich waren, warum gab es sie überhaupt?

Andere Experten, die sich mit dem Programm beschäftigten, waren erstaunt, wie inkonsistent der Programmcode aufgebaut ist. Große Teile des Programms waren ein Musterbeispiel an Effizienz und Eleganz. Andere Bereiche machten den Eindruck, als wären sie von einem sehr viel weniger erfahrenen Programmierer geschrieben worden.

Alles deutete darauf hin, als wenn der junge Morris nur ein bestehendes Programm für seine Zwecke mißbraucht hatte. Es gab sogar Vermutungen, ob der Junge nicht bei seinem Vater im Erinnerungskoffer gekramt hatte (Robert Morris sr. war an der Entwicklung von UNIX beteiligt).

Die Geschichte wird wohl niemals ganz aufgedeckt werden, es gibt aber erstaunliche Zufälle und Übereinstimmungen.

Die japanische Grippe

In der November-Ausgabe von *Datamation* wurde von einer positiven Entwicklung berichtet. Vom MITI, dem Japanischen Ministerium für Handel und Industrie, wurden 400.000 DM bereitgestellt, um ein Team von Softwareentwicklern zusammenzustellen, die einen Impfstoff gegen Computerviren entwickeln sollen. Dieser Schritt wurde weniger als einen Monat nach dem ersten Auftreten eines Virus in Japan getan.

Warum Viren geschrieben und Computer-Systeme geknackt werden

Was Hacker sind

Es ist nicht schwierig, Geschichten und Berichte über Computer-kriminalität zu sammeln. Die Presse und viel Literatur bieten eine enorme Quelle. Die Beweggründe für solche Verbrechen heraus-zufinden, ist wesentlich schwieriger.

Die Bezeichnung "Hacker" hat heute eine sehr negative Bedeutung bekommen und meint einen misratenen jungen Menschen. Als das Wort 1960 am M.I.T. entstand, drückte es auch Bewunderung und Respekt aus.

Als wir Nachforschungen für dieses Buch durchführten, trafen wir auf zwei aufgeweckte junge Männer. Der eine war Student, der andere war im "2600 Club" engagiert, der ein Synonym für die Hackerbewegung geworden ist.

Als erstes wollen wir uns mit Eric Corley befassen und heraus-finden, warum und was er "hackt".

Der 29 Jahre alte Corley fühlt sich als Hacker, "so lange ich denken kann". Corley und drei andere gründeten 1983 den Club 2600. Heute hat die Clubzeitschrift *2600* über 3000 Abbonenten. Wenn Corley nicht mit dem Magazin beschäftigt ist, arbeitet er für Radio-sendungen, schreibt oder ist als Berater für Telefonsysteme und Computersicherheit tätig.

Hacking Fever - von Eric Corley

Wie erkläre ich jemandem das Hacken, wenn er es selbst noch nie gefühlt hat? Mit "es" meine ich den Rausch, der den Hacker überkommt, wenn er mitten in einem Projekt steckt, das von normalen Menschen als Zeitverschwendung abgetan würde. Hacken führt unweigerlich zu Entdeckungen. Erst neulich war ich mit einem "Forschungsprojekt", wie ich es nenne, beschäf-tigt. Dazu gehörte die Kommunikation per Telefon mit einem recht großen Computer. Ich sandte Daten, indem ich die Tasten des Telefons bediente und erhielt Informationen in Form einer synthetischen, weiblichen Stimme zurück. Ich durchsuchte ein VMS. Das bedeutet, daß ich mich durch ein "Voice Messaging System" (Nachrichtensystem mit Sprachausgabe) arbeitete und nach aktiven Benutzernummern suchte.

Im Prinzip ist ein VMS eine große Maschine zum Beantworten von Fragen, die von vielen tausend Menschen benutzt wird. In diesem Fall mußte man einen Code aus vier Zahlen und ein Kennwort eingeben, um eigene Nachrichten abzufragen. Das kann natürlich auch jeder, der das Kennwort errät, aber das ist eine andere Geschichte. Ich wollte zunächst nur die gültigen Benutzernummern *herausfinden*.

Der Computer würde z.B. sagen: "Bitte Benutzernummer eintasten." Ich würde die "7" drücken, keine Antwort, ich drücke eine "0", keine Antwort, ich drücke noch eine "0" und der Computer sagt: "Benutzernummer 7-0-0 ist ungültig, bitte geben Sie eine neue Nummer ein." Die folgenden Versuche mit "701", "702" und "703" ergeben das gleiche Resultat. Bei "704" ertönt keine Antwort, was bedeutet, daß der Computer eine weitere Ziffer erwartete. Nun weiß ich, daß "704" der Anfang mindestens einer gültigen Benutzernummer ist. "7040" ergibt wieder die Meldung "nicht gültig", aber "7041" erweist sich als funktionierende Nummer. Ein Erfolg? Kaum, denn auch "7042" bis "7049" sind ungültig, womit ich nach zwölf Versuchen nur eine erfolgreiche Nummer vorzuweisen habe. Mit dieser Methode kommt man eben nur mit einer Eigenschaft zum Ziel: Geduld. Was habe ich nun davon? Am Ende besitze ich eine Liste mit allen funktionstüchtigen Benutzernummern dieses Systems. Bis jetzt existierte noch keine solche Liste, zumindest nicht außerhalb des Computers.

Warum ist es so interessant, eine solche Liste anzufertigen? Niemand, den ich kenne, besitzt auf diesem System eine Nummer, und ich wollte auch nicht kommunizieren. Ich wollte auch keine Box für mich selbst haben. Der Hauptgrund für meine zeitaufwendige Arbeit ist das Anfertigen der Liste, eine Sache, die außer mir niemand besitzt und von der nicht erwartet wird, daß sie in meinem Besitz ist. Man könnte das Hacken mit dem Bezwingen eines Berges vergleichen.

Die Systeme mit Sprachausgabe bilden nur einen kleinen Arbeitsbereich für Hacker. Im täglichen Leben hacke ich an allem herum, was man sich nur vorstellen kann. Ich arbeite an Verkehrsampeln, Münzfernsprechern, Anrufbeantwortern, Mikrowellenherden, Videorekordern und anderen Dingen. Für mich ist das Hacken ein wiederholtes Verändern von Bedingungen, bis ein anderes Verhalten erreicht ist. Die heutige technisierte Welt bietet unendlich viele Möglichkeiten zum Experimentieren. Das soll nicht heißen, daß nicht auch mit Menschen gehackt werden könnte. Es ist sogar eine besonders interessante Form des Hackens, das man sie als "soziale Technik" bezeichnen kann. Wieviele Informationen kann man aus einem völlig fremden Menschen herausbekommen?

Beispiel 1:

"Hier ist die Vermittlung, kann ich Ihnen helfen?"
"Ja, es scheint, als bräuchte ich meine Telefonnummer. Ich habe sie vergessen."
"Es tut mit leid, aber ich darf diese Informationen nicht herausgeben."
"Das ist Schade, vielen Dank."

Beispiel 2:

"Hier ist die Vermittlung, kann ich Ihnen helfen?"
"Ja, hier ist Karl vom Kundendienst. Ich brauche eine Nummer für eine Kundenleitung..."
"Sie brauchen eine ANAC?"
"Genau, genau richtig."
"Gut, wie lautet Ihre Arbeitsnummer?"
"Hallo, ich kann Sie schlecht verstehen, was haben Sie gesagt?"
"WIE LAUTET IHRE ARBEITSNUMMER?"
"Ich kann Sie immer noch nicht verstehen, ich rufe zurück."
"Alles klar."

Beispiel 3:

"Hier ist die Vermittlung, kann ich Ihnen helfen?"
"Ja, hier ist Karl vom Kundendienst. Ich brauche eine Nummer für eine Kundenleitung..."
"Geben Sie bitte Ihre Arbeitsnummer durch."
"Das ist es eben, man hat uns die Nummern noch nicht gegeben. Haben Sie keinen Merkzettel über die neuen Nummern?"
"Ich kann nichts finden..."
"Letzten Freitag hat man uns erzählt, daß wir die alten Nummern nicht mehr benutzen sollen, aber hat man uns neue gegeben? Natürlich nicht!"
"Nun ja, ich weiß nicht..."
"Ich meine, ich wußte, daß das passieren würde! Es ist jedesmal das gleiche! Ich weiß, daß Ihr nur eure Arbeit tut und ich nehme euch das nicht übel, aber wie soll ich bloß meine Arbeit tun, wenn Ihr mir das Leben so schwer macht?"
"Hören Sie zu, Ich werde Ihnen die Nummer geben und hoffe, daß sich später alles aufklären wird."
"Das wäre nett von Ihnen."
"Sie lautet XXX-XXXX."

"Super, nun kann ich mir jemand anderen suchen, über den ich mich beschwere."
"Alles klar. Machen Sie's gut."
"Auf Wiederhören."

Im ersten Beispiel haben wir gesehen, daß einfaches Fragen nicht unbedingt zum Erfolg führt. Offenbar ist der einzige Weg, die Information zu bekommen, sich als jemand auszugeben, der einen berechtigen Anspruch hat. Im zweiten Beispiel konnten wir die Dame der Vermittlung überzeugen, daß wir von der Reparaturabteilung sind, aber uns fehlte immer noch ein wichtiger Teil, eine Arbeitsnummer. Wenn man gegen eine solche Wand läuft, zieht man sich besser zurück, ohne einen Verdacht zu erwecken. Hier geschah dies über eine "schlechte Leitung". In diesem Beispiel haben wir zwei wichtige Dinge gelernt: Man benötigt eine Arbeitsnummer und der technische Ausdruck für unsere gewünschte Information lautet ANAC.

Im dritten, erfolgreichen Beispiel, benutzten wir den technischen Ausdruck, bevor die Dame in der Zentrale ihn erwähnte, womit wir bewiesen, daß wir wissen, wovon wir sprechen, und auch einen Anspruch auf die Information haben. Wir überwanden das Hindernis der Arbeitsnummer mit einer erfundenen Geschichte, von der wir wußten, daß sie der Dame bekannt vorkommt. Die Bürokratie, die dem einfachen Arbeiter im Wege steht, kennen die meisten. Es funktioniert fast immer. Wenn es einmal nicht klappt, ziehen wir uns elegant zurück und versuchen es mit jemand anderem. Mir gefällt diese Art des Hackens besonders, weil man mit anderen Menschen kommunizieren muß. Bis man einen Menschen nachgebaut hat, wird diese Möglichkeit immer existieren.

Wie *2600* entstand

Die Idee zu *2600* entstand Anfang 1983. Wir sahen die Notwendigkeit einer Kommunikation zwischen denen, die sich wirklich viel mit Kommunikation beschäftigen: Technische Enthusiasten. Andere beschreiben diesen Menschenschlag auch anders, z.B. mit Begriffen wie Hacker, Kriminelle oder Anarchisten. Als wir im Januar 1984 unsere erste Ausgabe von *2600* herausgaben, wußten wir nicht, was uns erwartet.

Es war eine schwierige Zeit für Hacker. Der Film War Games (Kriegsspiele), war erschienen und junge Menschen mit Computern wurden verstärkt durch Beamte angegriffen. Die erste Ausgabe war photokopiert und wurde nur an 50 Personen verteilt, die durch schwarze Bretter oder Anzeigen von uns gehört hatten. Gegen mich liefen gerade unerfreuliche Ermittlungen, da ich unerlaubterweise einen GTE-Computer benutzt hatte. Als ich gerade auf dem Fußboden meines Wohnzimmer eine unserer Titelseiten zusammenklebte, bekam ich einen Anruf, in dem mir ein FBI-Beamter für meine Taten 50 Jahre Gefängnis androhte.

Ich überlegte, in was ich da wohl verwickelt war und ob sich der Aufwand lohnen würde. Nach ungefähr zehn Minuten konnte ich nur noch lachen. Es war einfach absurd. Mir wurde klar, daß mein Leben langweilig und öde wäre, wenn ich klein beigeben würde. Wenn ich offen und ehrlich sein würde, wäre zumindest mein Selbstbewußtsein gestärkt. Das und die Einsicht, das solches Material wirklich gebraucht wird, waren für mich ein motivierender Faktor.

2600 war das Risiko wert. Unsere erste Ausgabe erschien pünktlich und enthielt Enthüllungen über einen angesehenen Hacker, der Kindern Fallen stellte und sie an das FBI auslieferte. Mit unserer Geschichte wurde dieses Treiben gestoppt. Ein kleiner Krieg hatte begonnen. Seit jener Zeit ist *2600* zu einem wichtigen Organ für Hacker geworden. Hacker sind aber ein seltsames Volk. Einige verachten *2600*, da sie möchten, daß ihre Gefühle und Denkweisen im Untergrund bleiben. Manche finden uns nicht technisch genug, andere denken gerade das Gegenteil. Die Menschen, die *2600* abonniert haben, stehen sich sehr nahe. Diese Zeitschrift befaßt sich als einzige Publikation mit ihrem Interessengebiet, und wenn eine neue Ausgabe erscheint, sind sie völlig aus dem Häuschen.

Die Liste mit unseren Abonnenten ist wohl eine der ungewöhnlichsten in der Welt. Man findet Kinder neben älteren Hobbyisten, staatliche Büros, große Betriebe und viele Organisationen im Ausland. Der Enthusiasmus und die Kuriosität (woraus auch alles entstanden war) verbinden alle Leser.

Hacker - eine Arbeitsdefinition

Jede neue Generation kann in bestimmte Typen von Menschen aufgeteilt werden. Da sind einmal die Anführer, deren Anhänger, Störenfriede u.s.w. Dann gibt es noch diejenigen, die gerne spielen und bei allem herausfinden wollen, wie es funktioniert. Bevor die Technik so fortgeschritten war, gab es nur wenig, mit dem sie sich befassen konnten. Natürlich gab es außer dem persönlichen Gespräch keine andere Kommunikationsform. Das Telefon veränderte das Leben der Menschen dann völlig. Endlich gab es ein Spielzeug, mit dem sich jeder befassen und scheinbar unendlich viele Möglichkeiten hatte. Die meisten Menschen sehen die Sache jedoch nicht so, sondern betrachten das Telefon nur als Telefon. Man muß damit keinen Spaß haben. Einige abenteuerliche Typen bestehen jedoch darauf, mit ihrem Telefon interessante Dinge zu erleben. Sie befaßten sich mit all dem, mit dem sie sich eigentlich nicht befassen sollten, z.B. fanden sie heraus, auf welche Weise die Netzwerke verbunden sind.

Diese technischen Enthusiasten stellten eine Bedrohung dar, da sie die Technologie ausprobierten und erforschten, statt sie einfach zu benutzen. Heutzutage beschäftigen sich viele Menschen mit ihren Telefonen und machen jeder für sich technologische Fortschritte. Nun bilden die Menschen eine Gefahr, die sich mit fremden Computern beschäftigen. Warum tun sie so etwas? Was haben sie davon, in Computersysteme einzubrechen und Dinge zu sehen, die für sie sowieso nicht interessant sind?

In den allermeisten Fällen bereichern sich die Hacker weder materiell noch finanziell. Wenn man das Risiko, entdeckt zu werden, noch hinzunimmt, wird es immer schwieriger zu verstehen, was diese Menschen antreibt. Ein Hacker bricht in einen Computer ein, weil es eine Herausforderung für ihn darstellt. Er zieht weder aus, die Welt zu retten, noch sie zu zerstören. Aus diesem Grund ist es eigentlich unfair, ihn als kriminell abzustempeln. So ein technischer Enthusiast handelt aus den gleichen Beweggründen wie ein guter Abenteurer. Gleichgültig, was mit ihm passiert, ein Computer-Hacker wird immer gerne mit Computern spielen. Es liegt in seiner Natur. Jedes Gesetz, das Hacken verbieten will, scheitert genau an dieser Tatsache.

Für die Betreiber großer Rechenanlagen wäre es realistisch, die Hacker als *notwendige Sicherheitsüberprüfung* zu sehen. Wenn nämlich die Hacker nicht einbrechen würden, wer würde es dann tun? Wenn die Hacker nicht einmal versucht hätten, in den Rechner eines bekannten Krebsforschungsinstitutes einzubrechen, wäre jemand anderes auf die Idee gekommen, denn das System war kaum geschützt. Andere Eindringlinge hätten vielleicht böse Absichten gehabt und Schaden angerichtet. Heute ist das System sicherer als die meisten anderen.

Auch Computerviren können Schwachstellen im System aufzeigen und die Systeme damit sicherer machen, wenn die Operator die Warnungen beachten. Aber nicht nur die Operator haben aus den Experimenten der Hacker gelernt. Auch die Öffentlichkeit hat aus den Versuchen der Hacker ihren Nutzen gezogen.

> Nehmen wir einmal TRW. Vor 1984 wußte so gut wie niemand,
> daß TRW Daten über fast jede Person im Land speicherte. Als
> die Hacker sich mit dem System befaßten, stand es auf den
> Titelseiten aller großen Zeitungen. Bevor Hacker mit dem Tele-
> fonsystem herumspielten, wußten die meisten nichts von Tele-
> fonnummern, die nicht im Telefonbuch stehen. Heute wissen
> wir, daß sie eine Bedeutung haben. Der Kampf für den Daten-
> schutz wird immer heftiger. Das geht eigentlich jeden Bürger
> an. Wenn aber die Bürger und ihre Politiker nicht wissen, was
> wirklich vorgeht, wie können sie die Gefahren erkennen, ohne
> vor vollendeten Tatsachen zu stehen?
>
> Man kann große Angst vor Computern haben. Wir alle haben
> diese Erfahrung bis zu einem gewissen Grad gemacht, aber
> einige kommen besser mit ihnen zurecht als andere. Viel
> gefährlicher ist hingegen das *falsche Verständnis* von Computern.
> Viele, die sich vor den Geräten fürchten, halten sich auch von
> ihnen fern. Es scheint, als würden die mit dem falschen
> Verständnis die Computer betreiben. Wenn ich daran denke,
> wie das weitergehen könnte, läuft mit ein kalter Schauer den
> Rücken herunter. Die Hacker besitzen vielleicht die Fähigkeit,
> die Menschheit aufzurütteln. Ohne Rücksicht darauf, wie illegal
> unser Handeln sein mag, wir werden nicht damit aufhören. Mit
> jedem Geheimnis, das ans Tageslicht gebracht wird, entstehen
> viele neue. Die Welt hat sich in ein elektronisches Spielfeld
> verwandelt, das rund um die Uhr geöffnet ist. ught to light,
> even more ne

[Anmerkung des Autors und des Übersetzers: Eric's abschließende
Worte wurden wörtlich zitiert. Verstehen Sie, was er meint?]

Eine Frage der Bedeutung - Hacker und "Hacker"

Wir sind wieder an einem Punkt angelangt, an dem wir uns mit
einer Definition befassen müssen. "Hacks", entweder mit guten
oder bösen Absichten, sind Änderungen oder das Eindringen in
etwas *Vorhandenes*. Selbst Anti-Viren-Entwickler und technische
Autoren nennen eine schnell ausgeführte Arbeit einen "schnellen
Hack".

Ein gutes Beispiel für einen "schnellen Hack" ist die erste Version
von DR. PANDA's PHYSICAL. Es wurde nach Auftreten des
Lehigh-Virus innerhalb von einer Woche programmiert. Diese
Version hat so gut wie nichts mit dem Programm zu tun, das Sie
auf Ihrem PC benutzen. Trotzdem hat es gute Dienste geleistet.

Ein anderes Beispiel ist ein Anruf von einem Verleger eines Computermagazins: "Wir brauchen noch einen Artikel, 800 Worte, über den XXX-Virus. In 30 Minuten." Auch ein "schneller Hack".

Obwohl wir die Bezeichnung "Cracker" für jemanden bevorzugen, der absichtlich in ein System eindringt, wird von den Medien und der Allgemeinheit eher das Wort "Hacker" gewählt. Meistens wird es auch im Zusammenhang mit Viren genannt.

Eigentlich ist das kein Wunder, denn die neuesten Wörterbücher (von 1988) und Lexika enthalten weder "Hacker" noch "Computervirus".

Wie und wann wird es jemand tun?

Das "Wie" ist viel leichter zu beantworten als das "Warum". Über das "Warum" läßt sich bekanntlich oftmals streiten. Fragen Sie jemanden, der Erfahrungen mit der Programmierung von Computern hat, sich mit Sicherheitsfragen beschäftigt oder Amateurpsychologe ist, nach seiner Meinung. Meistens werden Sie eine der folgenden Antworten bekommen:

- *"Es sind Kinder."* Gut, wir wissen, daß die heutige Jugend viel mit Computern in Berührung kommt. Wir wissen aber auch, daß das Alter keinen Einfluß auf die Dinge hat, die man mit Computern anstellen kann. "Kinder" haben vielleicht mehr Interesse, die Grenzen eines Systems zu erforschen und sind dabei weniger verantwortungsbewußt. Jeder Erwachsene, der seinem Kind einmal aufgetragen hat, den Müll herauszutragen, wird das bestätigen.

- *"Es sind Hacker."* Wir werden uns später noch mit ihnen befassen, wenn wir diskutieren, wie das Wort "Hacker" gebraucht und mißbraucht werden kann, um jene zu benennen, die zerstörenden Code produzieren. Vorerst wollen wir es dabei belassen, daß jemand zerstörenden Code "hacken" (im Sinne von schreiben) muß.

- *"Es sind Leute, die sich außerhalb unserer Gesellschaft befinden."* Das stimmt auf jeden Fall. Jemand, der gegenüber der Gesellschaft Verantwortung zeigt, geht nicht herum und zerstört alles.

- *"Es ist Genialität."* Wir reagieren mittlerweile nicht mehr auf diese Entschuldigung für Autoren von zerstörendem Code und solche, die fremde Systeme "cracken" und Zerstörungen anrichten. Diese bizarre Erklärung steht wahrscheinlich in Beziehung zum Verhältnis, das die Öffentlichkeit gegenüber

Computern und denen, die sie verstehen, im allgemeinen hat. Die Strafen, die bisher für Computerverbrechen vorgesehen sind, sind nicht mehr als ein leichter Schlag auf die Finger der Täter.

Das Entstehen der Computerviren-Industrie

> "Zu jeder Aktion gibt es eine entgegengesetzte Reaktion."
> - Sir Isaac Newton

Wir haben bereits gesehen, daß Computersicherheit im allgemeinen eine Frage der Reaktion ist. Eine der wildesten Reaktionen der vergangenen Jahre ist das Erscheinen von Anti-Virus-Produkten.

Rachel Parker, ein Chefredakteur von *InfoWorld*, äußerte, daß vielleicht mehr Anti-Virus-Produkte auf dem Markt sind, als es Viren gibt. Neil Rubenking schrieb in der Einleitung zu einem Testbericht über Anti-Virus-Produkte im Magazin *PC*: "Das verstärkte Auftreten von Berichten über Viren und deren Konzepte hat die Entwicklung eines neuen Typs von Software nach sich gezogen. Anti-Virus-Programme sollen Sie vor einem Angriff schützen. Zur Zeit gibt es mehr Anti-Virus-Programme als bekannte Viren".

Woher kommen diese Produkte? Wer hat sie geschrieben und getestet? Funktionieren Sie wirklich?

Profit aus der Angst und Unwissenheit anderer

Die ersten Berichte über den Angriff von Computerviren schlug ein wie eine Bombe. Bei einigen klingelten im Kopf bereits die Kassen. Zeitweise hatte es den Anschein, als würde jeder mit ein bißchen Programmierkenntnissen ein Anti-Virus-Produkt schreiben und zumindest eine Test-Version herausgeben. Folgender Abschnitt ist ein Auszug aus einem Ankündigungsblatt eines Herstellers:

> "Seit den ersten Berichten über Viren erschienen bereits eine Reihe von 'Viren-Schutz-Programme', die von Firmen herausgebracht wurden, die die einmalige Marktlage ausnutzen wollten. Das war zu erwarten. [Herstellername] mit [Produktname] ist einer von ihnen.
>
> Bis zur Fertigstellung dieses Produktes sind seit den ersten Berichten nur zwei Monate vergangen.

> Die Firmen, die von Null anfangen mußten, standen vor der Aufgabe, das System zu entwickeln, den Programmcode und das Benutzerhandbuch zu schreiben, die Verpackung zu gestalten, einen "Alpha" und einen "Beta"-Test durchzuführen und ihr Produkt auf den Markt zu bringen. Eine enorme Aufgabe für so einen kurzen Zeitraum.
>
> Firmen, die bereits Produkte mit Viren-Schutz im Angebot hatten oder Produkte so modifizieren konnten, daß sie einen Schutz bieten, wie [Produktname], hatten mehr Zeit und Erfahrung, ihr Produkt zu stabilisieren."

Beim ersten Durchlesen klingt die Aussage des Autors plausibel. Es bleibt aber die Tatsache, daß bei Auftauchen des Lehigh-Virus nur drei Produkte vorhanden waren, die sich mit dem Problem zerstörender Codes befaßten. Eigentlich hatte jeder Entwickler, auch der Autor des obigen Blattes, die gleichen Voraussetzungen bei der Jagd nach Marktanteilen.

Bei der Entwicklung dieses Buches wurden 20 Anti-Virus-Entwicklern einige Fragen gestellt. Die Antworten auf eine bestimmte Frage ließ bei allen darauf schließen, daß die Programmentwicklung nicht vor Ende 1987 begonnen hat (Der originale Code, aus dem die PANDA-Hilfsprogramme entstanden, wurde 1985 entwickelt. PHYSICAL wurde bereits bei Ausbruch des Lehigh-Virus auf Herz und Nieren geprüft.).

Probleme bei der Entwicklung

Software erscheint nicht einfach in den Regalen oder im hinteren Umschlag eines Buches, und wenn sie doch erscheint, so arbeitet sie vermutlich nicht richtig.

Die meisten Entwickler von Anti-Virus-Produkten stehen den gleichen Problemen gegenüber. Wer in der Computerwelt siegen will, muß sein Produkt als erster auf den Markt bringen. Bei diesem Rennen bleibt oft die Qualität auf der Strecke.

Viele Entwickler begannen mit der Arbeit, als der Markt nach den Produkten verlangte, und hatten selbst noch nie einen Virus gesehen. Einige konnten ein oder zwei Viren für Experimente benutzen. Jeder stand bei der Entwicklung unter Zeitdruck. Schlampige Programmierung und Fehler waren nicht selten.

Die Welt ist klein

Es dauerte nicht lange, bis die Anti-Virus-Hersteller sich gegenseitig kannten. Sie prüften ihre Produkte gegenseitig und entschieden, wer ernsthaft mitspielen durfte. Es handelte sich fast ohne Ausnahme um kleine Firmen, die speziellen Produkte unterstanden selten mehr als zwei Personen. Informationen über neue Viren wurden bereitwillig mitgeteilt und eine gemeinsame Wissensbasis aufgebaut. Konkurrenten trafen sich nicht selten am Rednerpult und saßen nachher bei einem Bier beisammen. Die Kooperation zwischen den Herstellern war erstaunlich groß, denn es ging um einen Kampf gegen einen gemeinsamen Feind.

Besonders bemerkenswert ist, daß sich die gesamten Informationen über das Problem bei Anbietern von Produkten befindet. Die Presse wurde schnell vollkommen von diesen Informationen abhängig. Die kleine Gemeinschaft begann sich zu teilen, als einige Hersteller Informationen herausgaben, die Panik auslösen sollte, um die Verkaufszahlen zu steigern.

Eine blühende Industrie?

Weniger als ein Jahr nach dem Lehigh-Virus und dem Virus an der Universität von Delaware gab es mindestens 25 Hersteller von Anti-Virus-Software, die sich den Markt teilten. Viele der ursprünglichen Anbieter hatten ihr Produkt eingestellt oder an andere Hersteller abgegeben. Oftmals bekamen die Hersteller, die den meisten Wirbel um Viren gemacht hatten, die schwächste Kritik.

Andere einmalige Möglichkeiten der Vermarktung

Die Vermarktung von Computerviren beschränkt sich nicht nur auf Anti-Virus-Produkte, es wurden noch weitere Möglichkeiten gefunden mit ihnen Geld zu verdienen. In New Mexico gab es ein kleines Ein-Mann-Unternehmen, das Kopien des (C)BRAIN-Virus für je 50 Dollar verkaufte.

Von vielen Seiten wurden Seminare und Vorträge zum Thema angeboten, die zum Teil mehrere Tage dauerten und darum auch nicht ganz billig waren.

Auch die "Experten", die als Vortragende eingeladen wurden, konnten je nach Bekanntheitsgrad eine entsprechende Bezahlung erwarten.

Viele Verleger haben nach Möglichkeiten gesucht, über das Problem zu informieren, und es entstanden einige Bücher, wie das vorliegende. Ein Buch, das hier nicht genannt werden soll, gibt sogar eine komplette Anleitung, einen Virus selbst zu schreiben.

Das drittälteste Gewerbe: Consulting

Sicherheitsfachleute gibt es bereits eine ganze Weile. Bis vor kurzem waren die meisten von ihnen jedoch nur mit Konzepten wie RACF Kennwortverwaltung und Datenverschlüsselung auf Großrechnern beauftragt.

Interessanterweise haben sich vor kurzem erst acht bedeutende Unternehmen auf die Beratung in Sicherheitsdingen spezialisiert. Es kam die Frage auf, ob nicht Konflikte entstehen könnten, wenn die zu bewachenden Dinge und die Bewachungsmechanismen aus gleicher Quelle kommen würden. Einige Experten verglichen dieses Problem mit dem Fuchs, der den Hühnerstall bewachen soll.

Daneben gibt es noch die professionellen Beratungsfirmen, die ihre Arbeitsgebiete so oft wechseln wie das Oberhemd. Viele von ihnen begannen als Spezialisten für "Büroautomation" und beschäftigten sich hauptsächlich mit PCs.

Die Wahl eines Beraters

Ein Berater wird meistens engagiert, damit man aus seinem Wissen einen möglichst großen Nutzen zieht, wenn eine Eigenentwicklung viel zu kostspielig oder zu zeitaufwändig wäre. Meistens steht fest, daß der Berater nur einmal für eine bestimmte Zeit benötigt wird.

Für Sicherheitsexperten gibt es zur Zeit noch keine Empfehlungen. Wie lange der Berater bereits tätig ist, spielt eine untergeordnete Rolle. Es ist sogar möglich, daß die "alten Hasen" mit den Entwicklungen der letzten Zeit nicht mehr Schritt halten konnten. Am besten hört man auf Empfehlungen anderer, die einen solchen Dienst bereits in Anspruch genommen haben.

Vor der Wahl eines Beraters sollte man einige wichtige Fragen stellen. Was beabsichtigt der Berater zu tun? Welches Produkt wird eingesetzt werden? Wie wird Ihnen das Resultat mitgeteilt? Manchmal wird neben der technischen Ausführung die gute Kommunikation etwas vernachlässigt.

Hören Sie bei Beratungen in Sicherheitsfragen besonders gut zu. Niemand kann Ihnen garantieren, daß Sie nicht "getroffen" werden. Nehmen Sie sich vor jemandem in acht, der Perfektion verspricht. Gehen Sie sicher, daß der Berater eine Gesamtlösung anstrebt, nicht nur den VIRUS-Teil. Achten Sie auch darauf, daß der Berater ein Teil der Lösung und nicht ein Teil des Problems ist.

Die Möglichkeit einer Karriere

Die *New York Times* berichtet regelmäßig über interessante Karrieremöglichkeiten. In der Ausgabe vom 28. Februar 1989 lag der Schwerpunkt auf "Spezialisten für Computersicherheit".

Es wurden Beispiele angeführt, in denen die Spezialisten ein Einkommen von bis zu 90.000 Dollar im Jahr verbuchen konnten.

Wenn man einen solchen Spezialisten engagiert, steht man vor den gleichen Problemen, als wenn man einen externen Berater hinzuzieht. Die Einrichtung einer internen Abteilung oder Position ist nicht einfach. Für eine solche Aufgabe wird nicht nur technisches Wissen, sondern auch ein Einblick in die Erfordernisse der Firma benötigt. Es gibt keine einfache Antwort. Auch dieser Bereich erfordert eine individuelle Entscheidung des Managements.

Kapitel 4

Die Rolle der Medien

Es ist bekannt, daß Zeitungen und Zeitschriften zu einem Großteil von der veröffentlichten Werbung leben. Eine "heiße" Geschichte wirkt sich fördernd auf den Verkauf von Werbeflächen aus, da die Auflagen voraussichtlich gut gekauft werden. Computerviren waren eine der "heißen" Geschichten der vergangenen Jahre.

Es wurde bereits die Theorie aufgestellt, daß die Parallelen zwischen Computerviren und AIDS dem Leser ein technisch schwieriges Konzept verständlich gemacht hat. Der Durchschnittsleser wird auch wahrscheinlich eher in Kontakt mit einem Computer kommen, als daß er in "risikoreiche" sexuelle Aktivitäten verwickelt ist. Manche Reportagen waren sachlich und überschauend, aber allzuoft dominierte der Sensationscharakter.

Während Programmierer sich für die Entwicklung ihrer Software meistens Zeit lassen können, arbeiten Journalisten meistens gegen die Zeit. Vor allem in der Tagespresse herrscht ein enormer Zeitdruck. Aus diesem Grund sind die Artikel oft ungenau und zielen darauf ab, dem Leser Angst einzuflößen. Dieses Handeln ist verständlich, wenn man sich bewußtmacht, daß Reporter keine Computerexperten sind, eine verantwortungsvolle Berichterstattung ist es jedoch nicht.

Die ersten Wochen nach dem Vorfall an der Lehigh-Universität ging eine kleine Gruppe von Experten der Sache auf den Grund. Einige von ihnen, die in Sachen der Computersicherheit mit den Füßen fest auf dem Boden standen, gaben den Reportern zurückhaltende Interviews, sie wurden jedoch niemals zitiert, "weil die Aussagen nicht sexy genug sind".

Die wirklich "heißen" Sprüche kommen immer aus eigenen Quellen, denn die Medien mögen die Sensationen. Einer der krassesten Fehler wurde von einem Hersteller von Anti-Virus-Produkten begangen. Die Presse zitierte, daß die Firma über 300.000 Fälle von Computerviren festgestellt hat. Man konfrontierte den Journalisten mit einer einfachen mathematischen Rechnung: Multipliziert man 300.000 Fälle mit einer durchschnittlichen Zeit von 10 Minuten für die Registrierung und

Dokumentation ergibt das 50.000 Personenstunden. Eine Person mit einer Arbeitszeit von 40 Stunden in der Woche würde 1250 Stunden brauchen, um alle Fälle aufzunehmen. Da Computerviren in der heute bekannten Form zum Zeitpunkt der Berichterstattung erst ein Jahr alt waren, müßten 25 Personen ihre volle Arbeitszeit von 40 Stunden in der Woche für diesen Zweck aufgewendet haben. Wenn man die Kosten für dieses Projekt abschätzt, ergibt sich ein minimaler Wert von 150.000 Dollar. Nun wurde dem Journalisten und dem Chefredakteur klar, daß sie einer Aussage geglaubt hatten, ohne auch nur fünf Minuten darüber nachzudenken.

Es überrascht nicht, daß die gleiche Quelle für die Wiederherstellung des ARPAnet-Angriffs im November 1988 Kosten von über 100.000.000 Dollar angab. Solch enorme Zahlen beeindrucken natürlich jeden Leser, vor allem wenn er Steuerzahler ist.

Auch hier kann die angegebene Zahl durch eine kleine Rechnung widerlegt werden. Nach Angaben des "Experten" wurden 142 Personen- und Maschinenjahre für 36-40 Stunden Arbeit für die Wiederherstellung aufgewendet. Nehmen Sie einmal eine Taschenrechner zur Hand.

Selbst die Besten und Gescheitesten

Das Prestigeunternehmen ISSA (Information Systems Security Association) veranstaltete im November 1988 ein Symposium zum Thema Computerviren. Fünf Experten trafen sich im New Yorker World Trade Center, um sich zu besprechen und zu versuchen, in Sachen Veröffentlichungen bezüglich Computerviren auf einen gemeinsamen Nenner zu gelangen. Eine der bemerkenswertesten Fragen der Gruppe lautete: "Wurden Sie bezüglich dieses Themas in der Presse schon einmal falsch zitiert?" Eine Abstimmung zeigte, daß alle Anwesenden diese Frage mit "Ja" beantworteten.

Peter Norton, einer *der* Computerexperten und Autor von vielen Hilfsprogrammen und einigen vorzüglichen Büchern, bemerkte: "Wir haben es mit einem Mythos zu tun. Es verhält sich wie die Geschichte um Alligatoren im Kanalsystem von New York. Jeder hat von ihnen gehört, aber keiner hat sie je gesehen."

Selbst angesehene und respektierte Autoren wurden vom Strom mitgerissen. John Dvorak, der für *PC* schreibt, veröffentlichte am 29. Februar 1988 seinen ersten Artikel zum Thema, der mit "Krieg der Viren: Eine ernste Warnung" überschrieben war. In diesem Artikel fand man eine interessante Aussage: "Die meisten Computermagazine befassen sich selten mit diesen kleinen Späßen, obwohl sie so zahlreich auftreten." Damit kommen wir wieder auf die Ursachen des Phänomens zurück.

Dvorak änderte seine Meinung sehr schnell und vier Wochen später erschien in seiner Spalte:

"Der Hintergrund der Viren-Hysterie: Erinnern Sie sich an den Artikel über Computerviren, der hier vor vier Wochen erschienen ist? Es scheint, als wäre ich von einer Art allgemeinen Verfolgungswahns mitgerissen worden. Die Sache kam ins Rollen, als in der Presse eine Geschichte eines Virus an einer israelischen Universität erschien. Auch UPI [United Press Internationall] gab eine kurze Meldung über einen Virus auf Amiga-Rechnern heraus. Niemand bekam je auch nur eine Zeile des Codes zu sehen."

Dvorak beschäftigte sich die folgenden zwei Monate mit einigen Nachforschungen. Am 14. Juni 1988 begann seine Kolummne, "Die lange Geschichte der zerstörenden Computerprogramme kam zu Tage, als ein Virus seinen Weg in kommerzielle Software gefunden hatte."

In einem sorgfältig geschriebenen Artikel vertrat Dvorak nun eine völlig andere Meinung als vorher. Er war mit den frühen Erscheinungsformen von Computerviren vertraut und berichtete über die Arbeit von Fred Cohen. Er revidierte auch seine Meinung über den Israeli-Virus und schilderte seine eigenen Erfahrungen: "Vor ein paar Jahre, als die ersten Fälle bekannt wurden, passierte mir etwas lustiges. Ich wurde von einem Reporter danach gefragt, ob ich davon gehört hätte, daß ein Wurm- oder Virusprogramm in den Computer des Verteidigungsministeriums eindringen und den dritten Weltkrieg auslösen könnte. Ich erklärte, daß ein Kenner der Materie ein solches Programm schreiben könnte, wenn er wollte. Als der Reporter die Geschichte weiterverfolgte, geriet sie so außer Kontrolle, daß man sie fallen lies. Man wollte die Leser der Zeitung schließlich nicht völlig verschrecken."

Es ist Schade, daß die Story niemals gebracht worden ist. Sie wäre wahr gewesen.

Acht Monate seit seiner ersten Virus-Geschichte war Dvorak bezüglich Computerviren und der Möglichkeit der Zerstörung wie umgewandelt. Auch seine Kristallkugel hatte er immer noch nicht im Schrank verstaut. Dvorak erzählte Geschichten, die sich um Subversion und Spionage drehten. Sie spielten in der Welt der PCs in großen Softwarehäusern.

Dvorak erfand eine Geschichte, in der das Produkt eines Herstellers ein Stückchen Code enthielt, das das Produkt des Konkurrenten nicht zerstören, sondern nur "fehlerhaft" werden lassen sollte. Sein Vertrauen in das Verantwortungsbewußtsein von kommerziellen Softwareherstellern war offenbar nicht vorhanden. Er schloß seine Geschichte: "Der nächste logische Schritt ist, den Anwender von der Benutzung des Konkurrenzproduktes abzuhalten. Computerviren sind eine geniale Strategie dafür, wenn die Dinge einmal ernst werden."

Die Zeitschrift *Lotus*, die vor allem auch in den Führungsetagen gelesen wird, machte in ihrer Ausgabe vom Juli 1988 einen kleinen Vorstoß in die Viren-Problematik. Das war genau zwei Jahre nach der Veröffentlichung eines einzelnen Artikels über Trojanische Pferde und Wurmprogramme.

Der Artikel sollte in die Aufregung über Viren etwas Ruhe bringen und die Dinge sachlich darstellen. Der Bericht war reich an Worten wie "Geschichten", "Gerüchte" und "Legenden". Der Autor, Avery Jenkins, erforschte die Viren-Problematik an Universitäten und Hochschulen und kam zu dem Schluß, daß Aufklärung die einzige Antwort ist.

Von nun an wurde in der Zeitschrift *Lotus* eine Reihe gebracht, die den Titel trug: "Schutz gegen Computerviren... lernen Sie Ihren Feind kennen."

Dort wurde eine Reihe von DOS-Techniken vorgestellt, die entweder vorbeugend gegen Viren wirken oder zumindest bei ihrer Beseitigung behilflich sein können.

Während die übrige Presse ruhig oder verwirrt war, begann eine professionelle Zeitschrift, *Computers & Security*, mit der Arbeit. In der Ausgabe vom April 1988 war ein besonderer Schwerpunkt auf das Problem der Computerviren gelegt worden. In nicht weniger als sieben Artikeln kamen Fachleute wie Dr. Fred Cohen, William Hugh Murray von Ernst & Winney und Dr. Viiveke Fak zu Wort. Auch der Chefredakteur Dr. Harold J. Highland brachte seine eigenen Erfahrungen - als Überlebender eines Virenangriffs - mit ein und gab Anregungen für Sicherheitsmaßnahmen.

Die Zeitschrift *Computers & Security* ist kein "populäres" Magazin und enthält kaum Werbung. Die Zielgruppe besteht aus "Profis, die sich mit Computersicherheit, -überwachung und -kontrolle und der Datenintegrität befassen". Aus diesem Grund ist den Herausgebern dieser Zeitschrift die Möglichkeit gegeben, jeweils besondere Schwerpunktgebiete zu behandeln.

C & S ist keine Publikation für den Anfänger, und selbst Experten sind hier und da einmal überfordert. Es wird auch nicht der Anspruch erhoben, frei von Fehlern zu sein. In einer der letzten

Ausgaben wurde DR. PANDA's "PHYSICAL" in "SURGICAL" umgetauft. Insgesamt ist die Zeitschrift jedoch einmalig, denn die Mitarbeiter der Redaktion sind "alte Hasen" im Geschäft mit der Computersicherheit. Sie haben die nötigen Vorkenntnisse und den Überblick, um ein Thema wie Computerviren präziser zu behandeln, als ein Journalist, der bei seiner Arbeit viele Bereiche abdecken muß.

Ungefähr ein Jahr nach dem ersten großen Fall von Viren brachte das *Time* Magazin über das Thema eine Titelstory in der Ausgabe vom 26. September 1988. Auf der Titelseite war ein Computer abgebildet, der von allerlei Getier beklettert wurde. Mit einer untypischen Präsentation - Graphiken mit Cartoons im Stil der 50er Jahre - wurde der Artikel mit "Invasion der Datenfresser" überschrieben.

Schlagzeilen - glaubwürdig oder nicht?

Schlagzeilenschreiber sind, als Journalisten in der Tagespresse, ein Volk für sich. Sie arbeiten schnell, nachdem die Texte geschrieben sind, und die von ihnen produzierten "großen Lettern" hängen nicht selten von den ersten Sätzen eines Artikels ab. Sie gehen davon aus, daß am Anfang die wichtigsten Informationen zu finden sind, das Wer, Was, Wo, Wann und Wie.

Schlagzeilenschreiber wollen natürlich die Aufmerksamkeit des Lesers für einen Artikel wecken. Eine besonders gelungene Überschrift erschien in der *Times*: "Selbstvermehrendes Computerprogramm sabotiert IBM" Die Meldung von Associated Press (AP) berichtete kurz über eine örtliche *Zweigstelle* von IBM und behandelte eigentlich einen Virus, der eine Gruppe von Amiga-Benutzern in Florida getroffen hatte.

Nicht selten wird ein Sensationsartikel auch von den Journalisten geschaffen, indem sie sich bemühen, eine von ihnen nicht verstandene technische Situation zu beschreiben. Einer der ersten Artikel zum Thema begann mit den folgenden Worten: "Bis Dr. Jonas Salk 1954 einen Impfstoff gegen die Geißel der Kinderlähmung fand, wurde die Weltbefölkerung von diesem Killervirus terrorisiert..." Da in dem eigentlich harmlosen Artikel noch einige schärfere Phrasen enthalten waren, wundert es nicht, daß eine Überschrift gewählt wurde, die es in sich hatte: "Software, Hardware, 'Impfstoffe' stoppen die Bedrohung der tödlichen Computerviren".

Die Juli-Ausgabe von Personal Computing brachte die Schlagzeile "Vorsicht: Es ist Viren-Saison". Das erinnert viele von uns an die Zeiten der Polio-Epidemie, als unsere Mütter uns nicht in die Öffentlichkeit lassen wollte, ob es das Schwimmbad oder die Sonntagsschule war.

In *Mis Week* wurde über einen gut recherchierten Artikel von Susan Roman die Überschrift gesetzt: "Computerviren zerstören Daten".

Der Vergleich mit der Medizin war unausweichlich geworden, und das nur, weil Cohen den Namen "Virus" geprägt hatte. Zusammen mit der tragischen Ausbreitung von AIDS war der Vergleich perfekt. Natürlich kamen auch die Doktoren... einschließlich DR. PANDA.

Die Medien bekommen den Durchblick

Der für die *PC Week* schreibende Robert L. Scheier schilderte seine Beobachtungen unter der Überschrift "Virengeplagte Benutzer sollten auf der Hut sein vor Verkaufsmaschen: Wenn sich Angst breitmacht, kann leichter etwas an den Mann gebracht werden." Vielleicht hat Scheier mit seinem Artikel den Streit zwischen den Anti-Virus-Entwicklern eröffnet.

Er zitierte den Virus-Guru Fred Cohen: "Jeder, der behauptet, er könne alle Viren aufspüren... sagt nicht die Wahrheit."

Auch Dr. Harold J. Highland äußerte sich zum Thema: "Ich könnte irgendetwas hernehmen und es als Viren-Schutz verkaufen... Die Industrie bittet förmlich darum, vergewaltigt zu werden." Der Artikel befaßt sich im weiteren mit der auf dem Markt befindlichen Anti-Virus-Software, die nicht eine optimale Lösung bieten kann.

Die Wochenzeitungen

Computer-Publikationen können in zwei einfache Kategorien eingeteilt werden: (1) Die Fachzeitschriften wie *PC World*, *PC*, *Tech Journal* und *Byte*; und (2) die wöchentlich erscheinenden Zeitungen. An Ihrem Zeitschriftenstand können Sie selber sehen, wie viele Zeitschriften und Zeitungen um Ihre Aufmerksamkeit und Ihr Geld kämpfen. Außer von Ihnen sind die Zeitschriften vor allem von Inserenten abhängig. Man findet Anzeigen von Groß- kunden wie IBM bis zu kleinen Garagen-Unternehmen.

Die Artikel in den Fachzeitschriften sind meistens gut recherchiert und geschrieben. Sie haben allerdings eine lange Vorlaufzeit. Ein Artikel, der im Dezember begonnen und im Januar fertiggestellt wird, erscheint vielleicht in der April-Ausgabe.

Die wirklich aktuellen Meldungen bleiben den Zeitungen vorbehalten. Man kann natürlich nicht erwarten, daß alle Artikel so ausführlich recherchiert sind wie bei den Fachzeitschriften, denn die Zeit bis zum nächsten Redaktionsschluß ist knapp bemessen. Manchmal werden auch Spalten mit zusätzlichen Pressemitteilungen der Industrie gefüllt.

Wo bleiben die Fakten?

Wer die Wochenzeitungen regelmäßig beobachtet hat, wird festgestellt haben, daß über das Problem der Computerviren wenig berichtet wurde. Man könnte vermuten, daß die Artikel aus Furcht vor dem Verlust von Inserenten absichtlich nicht veröffentlicht werden. Denen würde es sicherlich nicht gefallen, wenn darüber berichtet würde, daß in der Industrie "etwas nicht in Ordnung ist".

Wie wir schon erwähnten, befindet sich das meiste Wissen über Computerviren bei der Industrie, die sich in zwei Lager geteilt hat. Die Fakten, die von einer Seite verbreitet werden, genießen in der Presse kein Vertrauen und werden auch vom anderen Flügel als nicht zuverlässig angesehen.

Es mag ein Faktum sein, daß es keine sicheren zahlenmäßigen Fakten gibt. Die Ansicht, daß die meisten Viren-Fälle gar keine sind, ist weit verbreitet. Vor allem in Amerika werden viele berichtete Vorfälle für falsch gehalten.

Kapitel 5

Viren: Mythos oder Wirklichkeit?

Wir in der Welt der Computer sind vielleicht besser dran als die Menschen zur Zeit der Inquisition. Heute gibt es keinen Mangel an Hellsehern und Weissagern. Es gibt auch keinen Mangel an Menschen, die mit Freude Märchen weitererzählen, ob sie wahr sind oder nicht.

Vor 30 Jahren konnte man sich kaum vorstellen, wie groß die Abhängigkeit vom Computer innerhalb einer Generation werden könnte. Diese Abhängigkeiten führen alle zu der Frage: "Was wäre, wenn...?".

Der Effekt des Weitererzählens ist heute voll ausgeprägt. Eine "Geschichte" beginnt, wird beim Erzählen verbessert oder interpretiert und in dieser Fassung weitergegeben. Wir wollen uns nun einige Beispiele solcher "Kreativität" ansehen.

Die Sage vom brennenden Monitor

Eine der ersten dieser Geschichten, die sich weit verbreitete, handelte vom "brennenden Monitor". Sie erzählte von (a) einem Virus-Programm oder (b) einem Trojanischen Pferd, das bei einem infizierten System - Pause für den dramatischen Effekt - den Monitor in Flammen aufgehen lassen konnte. Zynische Zuhörer konnten über diese Idee nur zu Recht lachen. Wenn es ein Feuer mit Flammen gäbe, würde doch der Monitor implodieren, oder? Vielleicht hatte jemand ein Programm geschrieben, das die Intensität der Anzeige erhöht, wodurch sie sich das Bild "einbrennen" kann.

Während einige versuchten, der Geschichte auf den Grund zu gehen, wurde sie anderswo weitererzählt. Jeder kannte jemanden, der jemanden kannte, der *wußte*, daß es wahr ist.

Dennis Director von Director Technologies nahm sich der Geschichte an und führte einige exzellente Nachforschungen durch. In der Ausgabe April-Mai 1988 von *Computer Virology* erklärte er das Phänomen. Dennis machte deutlich, daß die verschiedenen Monitor-Technologien vielleicht die Ursache sind. Wenn die Signale der IBM-Farbgraphikkarte an einen Monochrommonitor gesendet werden, kann dieser durchbrennen. Mit anderen Worten, die Standardfrequenz der beiden Monitortypen unterscheiden sich. Die hochentwickelten Graphikkarten von heute können per Programmierung an verschiedene Monitore angepaßt werden, so ist es durch fehlerhafte Programme möglich, das falsche Signal an den angeschlossenen Monitor zu senden.

Theoretisch könnte ein "fehlerhaftes Programm" ein Virusprogramm sein. Aber das einzige, was Dennis darüber herausfinden konnte war, "Berichte aus Kalifornien deuten auf ein Virus hin, das diese Fähigkeit besitzt. Dabei ist auch Hardware zerstört worden". Wir haben bis jetzt keine Flammen gesehen und keinen Virus.

Der berüchtigte Modem-Virus

Benutzer von BITNET, dem Netzwerk des National Computer Security Centers in Ft. Meade, Maryland, für Hochschulen und Sicherheitsexperten, entdeckten am 6. Oktober 1988 folgende schreckliche Nachricht:

VON : MIKE ROCHANELE
AN : ALLE
BETR: WIRKLICH ÜBLER VIRUS

Ich habe gerade dens vielleicht schlimmsten Computervirus überhaupt entdeckt. Ich beendete gerade eine Nachtsitzung, bei der ich viele Mailboxen benutzte und Dateien übertragen habe und verließ Telix 3. Als ich dann pkxarc (ein Programm zum Entpacken von komprimierten Dateien) aufrief, um die übertragenen Dateien zu entpacken, begann meine Festplatte wild zu arbeiten und verstreut liegende Sektoren zu überschreiben. Gott sei Dank hatte ich einen starken Kaffee und eine aktuelle Datensicherung zur Hand. Alles war wieder beim alten und ich rief wieder bei der Mailbox an, um eine Datei zu übertragen.

> Als ich anschließend das Inhaltsverzeichnis mit DIR aufrufen wollte, wurde meine Festplatte erneut zerstört. Ich versuchte das gleiche mit den Programmen Procomm Plus TD und PC Talk 3. Jedesmal das gleiche Ergebnis. Irgendetwas war nicht in Ordnung, und ich probierte nun mit verschiedenen Modems herum (Ich arbeite für eine Telekommunikationsfirma und habe ein voll ausgestattetes Labor zur Verfügung).
>
> Nach einer Stunde mit weiteren Zerstörungen hatte ich gefunden, was ich den übelsten Computervirus nenne, den es je gegeben hat. Der Virus überträgt sich über ein Nebenträgersignal bei Modems ab 2400 Baud. Dieses Trägersignal wird nur für die Fehlersuche im ROM und den Registern benutzt. Der Virus setzt ein Bitmuster in einem der internen Modemregister, und es scheint, als wenn es auch die anderen Register in meinem USR belegt. Ein infiziertes Modem wird der Virus über das Nebenträgersignal an andere Modems übertragen (Ich denke, daß 300 und 1200 Baud-Modems immun sind). Der Virus hängt sich dann an hereinkommende binäre Daten an und infiziert so die Festplatte des Computers.
>
> Man kann den Virus nur loswerden, indem man alle Register des Modems per Hand zurücksetzt. Ich habe bisher noch keinen Weg gefunden, ein Modem gegen das Virus zu impfen, aber es besteht die Möglichkeit, einen Filter einzubauen, der das Nebenträgersignal verschwinden läßt. Ich habe diese Nachricht mit einem 1200 Baud-Modem übertragen und die Sysops von zwei anderen Mailboxen verständigt. Ich weiß nicht woher der Virus kommt, aber der Erfinder muß jemand aus dem Telekommunikationsbereich sein. Wahrscheinlich ist es das beste, bis zur Aufklärung nur noch mit 1200 Baud-Modems zu arbeiten.

Die Nachricht war mit "Mike RoChanel" unterzeichnet.

Es dauerte nicht lange, herauszufinden, daß das ganze Konzept unmöglich ist und daß Mike RoChanel irgendwie verdächtig nach "microchannel" klingt. Mit anderen Worten, es handelte sich um eine Ente. Trotzdem gab jemand bei der NASA ein Memorandum darüber heraus:

"Es gibt einen neuen Virus, das sich über ein Nebenträgersignal bei Modems ab 2400 Baud überträgt..."

"Es gibt bereits vier infizierte Systeme, keines davon in mir bekannten Laboratorien. Es wird eine Hardwarelösung entwickelt, die das Trägersignal herausfiltert."

Es sollte noch erwähnt werden, daß "RoChanel" kein eingetragener Benutzer von BITNET ist. Sein Text wurde von einem BITNET-Benutzer irgendwo gelesen und ins BITNET übertragen. Ken VanWyk, der dem Virus-L Bereich in BITNET vorsteht, gab an alle Benutzer eine Nachricht heraus, daß sie in Zukunft ihre Beiträge erst prüfen sollten.

Der schmutzige Larry

Im Februar 1989 ging über E-Mail eine Warnung an viele große Firmen. Sie betraf eine veränderte Kopie eines etwas obszönen Spiels namens "Leisure Suit Larry". Es wurde berichtet, daß bei Gewinn des Spiels die Festplatte gelöscht würde.

Das Programm Leisure Suit Larry von Sierra On Line ist ein Spiel für Erwachsene. Die Graphiken sind ansprechend und Larry's Abenteuer bei der Suche nach der "wahren Liebe" sind amüsant und unterhaltend. Das Spiel, das für unter $40 verkauft wird, wurde sehr erfolgreich. Originale von LSL benötigten eine "Schlüsseldiskette", aber die Hacker brauchten nicht lange, den Kopierschutz zu umgehen.

Als die Berichte auftauchten, kontaktierten wir Al Lowe von Sierra On Line, um die Geschichte zu prüfen. Er hatte auch davon gehört, aber selbst noch nichts gesehen. Wir besorgten uns über verschiedene Wege gehackte Kopien. Für unsere Testzwecke stand uns nun ausreichend Material zur Verfügung.

Jede der gehackten Kopien wurde von besonders talentierten Jugendlichen getestet. Sie gewannen immer, aber keine Daten verschwanden. Vielleicht gibt es irgendwo wirklich schlechte Kopien, wir haben jedoch keine gefunden. Das Ergebnis: Ein besudelter Ruf einer angesehenen Firma, ohne eine Spur eines Beweises.

Andere seltsame Berichte erreichten uns über BITNET. Einige Benutzer an kanadischen Universitäten berichteten über Formatierfehler und über zerstörte Dateien auf der Festplatte. Der Autor der Nachricht gab an, daß auf jedem betroffenen Rechner eine Kopie von Larry installiert war.

Der Doppel-Disketten-Virus

Eine andere Geschichte berichtete von zerstörendem Code, der auf zwei Disketten untergebracht war und erst zusammengefügt werden mußte, um aktiv zu werden. Angeblich sollte der Code in

Datendateien verborgen sein und bei der Kombination dieser Daten zuschlagen. Wir halten diese Geschichte für ein Gerücht.

Der gefürchtete LOTUS-Virus

Irgendwo kam irgend jemand einmal auf die Idee, daß es lustig wäre, wenn ein Virus willkürlich Zahlen in Arbeitsblättern - wie die von LOTUS 1-2-3 - ändern würde. Der Gedanke ist beängstigend. Denken Sie daran, wieviele Kopien von 1-2-3 (sowohl gekaufte wie auch geraubte) im Umlauf sind. Was ist, wenn in der 4000. Zahl eine Ziffer geändert wird? Wie lange würde man brauchen, um den Effekt einer solchen Änderung zu bemerken? Wie könnte das überhaupt vor sich gehen?

Mehr als ein "Industrieexperte" berichtete von der Existenz dieses Virus. Einer von ihnen hatte auch angeblich eine Kopie davon. Die Leute von LOTUS stritten die Existenz ab, sie hielten es für ein Gerücht.

Im Prinzip ist es einfach, so etwas zu schreiben. Trotzdem haben auch wir noch keine solche Kopie gefunden.

Solche Gerüchte sind wohl auch ein Preis für den Erfolg. Welche andere Software ist so verbreitet wie 1-2-3? Es ist vielleicht nach COMMAND.COM die am häufigsten anzutreffende Datei auf PCs.

Ist Ethik im Geschäftsleben ein Oxymoron?

Wenn wirklich ein oder mehrere Sicherheitsexperten eine Kopie des 1-2-3-Virus besaßen, warum haben sie nicht so viel Verantwortungsgefühl gehabt und die Lotus Development Corporation informiert? Was hat man von dem Getuschel, statt an einer Lösung mitzuarbeiten? Wenn wirklich eine schlechte Kopie von Leisure Suit Larry im Umlauf gewesen ist, warum ist niemand auf die Idee gekommen und hat es dem Entwickler mitgeteilt?

Ein Sicherheitsexperte hat sich einmal die Mühe gemacht und eine Simulation eines solchen Virus entwickelt. Er teilte seine Bemühungen auch Lotus mit. Seine Absicht: Obwohl niemand je einen solchen Virus gesehen hat, könnte die Geschichte zu einer selbsterfüllenden Prophezeihung werden. Lotus hatte aber andere Interessen. Das Gerede über den Virus verbreitete sich und wurde selbst bei Sicherheitskonferenzen als Faktum dargestellt. Dan Rattner von Lotus entschloß sich, den Gerüchten nachzugehen und den mystischen Code zu finden. Wir versorgten ihn bereitwillig mit Kontaktadressen, wie Eric Newhouse, der die Liste mit dem dreckigen Dutzend aufgestellt hat. Das Ergebnis: Den Virus gab es nicht wirklich, es war ein Phantom-Virus.

In dieser Situation muß die Frage gestellt werden "Cui bono?". Sie bedeutet soviel wie "Wer profitierte davon?" Warum erzählen angesehene Sicherheitsexperten Geschichten, statt aktiv am Problem teilzunehmen? Vielleicht wollen diese Experten ihren Status verbessern, indem sie vorweisen, Insiderinformationen zu besitzen. Andererseits ist die Wahrscheinlichkeit groß, daß auch die Experten eine Version von 1-2-3 besitzen. Warum gehen sie das Risiko eines Datenverlustes ein?

Manche von ihnen prahlen sogar mit einer Sammlung gefährlicher Viren. Was nützt uns eine solche Sammlung von 1000 Exemplaren eines Virus, wenn uns das 1001. Exemplar zerstört?

Mythen über Viren werden entlarvt und aufgeklärt

Bevor wir mit unseren Modell-Raketen in die Zukunft starten, wollen wir ein paar Mythen aufklären, die in den letzten Jahren entstanden sind. Wir möchten Rob Rosenberger und Ross Greenberg für die Idee danken. Sie haben uns großzügigerweise Einblick in ihre Arbeit erlaubt.

Bereiche, die von Rob und Ross stammen, sind mit "RR>" markiert. Wo wir Kommentare hinzugefügt haben steht ein "DrP>".

*** Jeder mit Absicht zerstörende Code ist ein Virus.

RR> Falsch! Der allgemeine Ausdruck für zerstörenden Code lautet "Trojanisches Pferd". Nur wenige Trojanische Pferde sind wirklich Viren.

DrP> Erinnern Sie sich an unsere Diskussion über die Misch-formen Virus/Trojanisches Pferd und Virus/Wurmprogramm?

*** Alle Trojanischen Pferde sind schlecht.

RR> Ob Sie es glauben oder nicht, es gibt auch nützliche Trojani-sche Pferde. Ein undokumentierter Befehl als "Hintertür" ist nach Definition ein Trojanisches Pferd. Einige Programmierer instal-lieren in ihren Programmen solche Hintertüren, damit sie leichter nach Fehlern suchen können. Manchmal haben diese Kommandos so seltsame Funktionen, daß es keinen Sinn macht, sie im Handbuch zu beschreiben.

DrP> Die Hintertür-Technik, die auch von Morris Junior bei der Invasion des ARPAnet angewendet wurde, sind nur "gut", so lange sie für ebensolche Zwecke verwendet werden.

******* Viren und Trojanische Pferde sind neue Phänomene.

RR> Trojanische Pferde existieren seit den Tagen der ersten Computer. Hacker spielten bereits Anfang 1960 mit Viren, um sich zu vergnügen. Über die Jahre wurden viele verschiedene Trojanische Pferde entwickelt, um Geld zu unterschlagen, Daten zu zerstören u.s.w.. Bis der IBM-PC das Problem ins Rampenlicht rückte, wußte die Öffentlichkeit nichts davon. Noch vor fünf Jahren hielten Banken per Computer durchgeführte Unterschlagungen geheim, da sie den Verlust vieler Kunden fürchteten.

DrP> Es scheint, als würden Banken solche Unterschlagungen *immer noch* verheimlichen.

******* Die Verbreitung von Computerviren kann das Ausmaß einer Epidemie annehmen.

RR> Wieder falsch. Viren können sich über die ganze Welt verbreiten, aber sie werden niemals die Macht übernehmen. Bis heute sind ungefähr 50 verschiedene Typen von Viren bekannt und einige sind völlig ausgerottet. Wenn Sie gute Vorkehrungen treffen, ist die Wahrscheinlichkeit, infiziert zu werden sehr gering (Es ist immer noch sicher, den Rechner anzuschalten).

******* Viren zerstören alle Dateien auf meinen Disketten.

RR> Ja. Wenn Sie eine gute Sicherungskopie besitzen, können Sie nach einem Virus-Angriff den alten Stand wieder herstellen.

******* Viren können sich in einer Datendatei verbergen.

RR> Datendateien können bei Ihrem Computer keinen Schaden anrichten, das kann nur ein ausführbares Programm. Wenn ein Virus auch Datendateien infizieren würde, wäre das überflüssiger Aufwand.

DrP> Vergleichen Sie "Der gefürchtete LOTUS-Virus".

******* Die meisten BBSe (Mailboxen) sind mit Viren verseucht.

RR> Auch ein Märchen, das während der großen Viren-Panik entstanden ist. Nur sehr wenige BBSe sind infiziert (wenn sie infiziert sind, haben sie nur wenig Überlebenschance). Möglicherweise gibt es in den Systemen infizierte Programme, aber das bedeutet nicht, daß das System selbst auch infiziert sein muß.

DrP> Immer mit der Ruhe! Denken Sie daran, daß eine Datei ausgeführt werden muß, bevor sie Schaden anrichten kann! Selbst wenn ein BBS infiziert ist, kann dem Benutzer nichts passieren. Er müßte schon eine komplette Kopie des Systems bei sich installieren und ausführen. Genauso können die Benutzer beliebig Dateien aus der Mailbox herunterladen, ohne daß eine Gefahr besteht. Erst wenn eine infizierte Datei ausgeführt wird, kann es brenzlig werden.

******* Mein Computer kann sich anstecken, wenn ich ein infiziertes BBS anrufe.

RR> BBSe können keine Informationen auf Ihre Festplatten/Disketten schreiben. Der Datentransfer wird durch die von Ihnen benutzen Programme durchgeführt. Eine gefährliche Datei wird erst übertragen, wenn Sie die Anweisung dazu geben. In seltenen Fällen kann ein Computer in einem Netzwerk eine gefährliche Datei gesendet bekommen. Dazu ist aber spezielle Software nötig. BBSe sind außerdem keine Netzwerke.

DrP> Richtig. Selbst wenn Ihnen ein Netzwerk-Server ein Programm senden würde, müßten Sie es *ausführen*, damit es Schaden anrichten könnte!

******* Viren können sich auf alle Arten von Computern verbreiten.

RR> Alle Trojanischen Pferde sind auf bestimmte Computerfamilien beschränkt, und für Viren im besonderen gilt das auch. Ein Virus, der für den IBM PC entwickelt wurde, kann einen IBM 4300-Großrechner, einen Commodore C64 oder einen Apple Macintosh nicht infizieren.

DrP> Ja. Mit Familie ist nicht ein Name wie IBM gemeint. Viren sind spezifisch für eine CPU. Trotzdem sind in diesem Punkt noch einige Fragen offen. Am meisten Sorgen bereitet wohl die UNIX-Welt, da dieses Betriebssystem sowohl auf PCs, Server-Rechnern und Großcomputern läuft.

******* Meine Sicherungsdisketten werden zerstört, wenn ich einen Virus mit darauf kopiere.

RR> Das stimmt nicht. Nehmen wir einmal an, ein Virus würde mit Ihren übrigen Dateien gesichert. Datensicherungen sind nur eine Form von Daten und die können Ihrem System nicht schaden. Sie können die gesicherten Daten auch zurückspeichern, ohne daß der Virus aktiviert wird.

DrP> Wie wir später sehen werden, kann der RESTORE-Befehl gefährlich werden. Alles, was unter DOS gesichert wurde, kann aber auch auf andere Weise wiederhergestellt werden.

Weitere seltsame Ideen

Vor nicht allzulanger Zeit nahm ein "Viren-Berater" Kontakt mit PANDA SYSTEMS auf. Er wollte unsere Meinung zu der Idee eines Kunden für den "perfekten Virenschutz" hören und uns gleichzeitig anbieten, dieses wunderbare Konzept in ein fertiges Produkt zu verwandeln.

Der Kunde wollte - und der Berater sollte es liefern - die Möglichkeit haben, die Festplatte nach zerstörendem Code (Viruscode) zu durchsuchen. Das ganze Laufwerk. Zu jeder Zeit. Abgesehen davon, daß der PC immer nur eine Aufgabe gleichzeitig verarbeiten kann, verursachte der Vorschlag des Viren-Experten nur Kopfschütteln.

Warum? Sie werden wissen, daß jedes Programm sein Leben als Quellcode beginnt. Das ist bei Viren nicht anders. Wenn der Quellcode geschrieben ist, muß er übersetzt (oder wie bei BASIC interpretiert) werden, bevor er arbeitet. Als erstes wird also der Quellcode in einer Programmiersprache geschrieben (BASIC, C, PASCAL u.s.w.) und übersetzt. Ist dieser Vorgang abgeschlossen, sind nur noch die enthaltenen Zeichenketten zu sehen und das auch nur mit speziellen Hilfsprogrammen wie LABTEST. Übersetzerprogramme unterliegen keinem Standard. Jedes Produkt hat seine Eigenheiten, die dem Benutzer Hindernisse in den Weg stellen.

Ein gutes Beispiel dafür ist C-Quellcode. Obwohl er am Anfang immer schön gleich aussieht, hat der Programmierer nachher die Auswahl zwischen mindestens sieben erhältlichen Übersetzern. Ungefähr 20 weitere Übersetzer sind bei Entwicklern in Benutzung und stehen dem Normalbürger nicht zur Verfügung. Das Endprodukt hat mit der ursprünglichen Codierung nichts mehr zu tun. "C'mon", sagt die Stimme am Ende des Saales. "FORMAT" ist "FORMAT!" Alles was man tun muß, ist, es herauszufinden. Unsere Antwort? Wir stellen der Stimme aus dem Publikum die Aufgabe, einen Hamburger in Swahili zu bestellen.

Bringt die Zukunft ein schweres Schicksal?

"Das Potential für die Zerstörung durch Viren ist nahezu unbegrenzt." Diese Aussage ist schon erschreckend, vor allem, wenn sie die Ansicht einer Gruppe angesehener Experten darstellt (Das Zitat stammt von einem Symposium über Computerviren, das Ende 1988 stattfand). Die Möglichkeit ist jedoch weit von der Wahrscheinlichkeit entfernt. Es gibt natürlich immer welche, die am liebsten den Teufel an die Wand malen. Immer wenn die Angst vor dem Unbekannten geschürt wird, gibt es jemanden, der daraus Gewinn schlägt.

Sollen wir auf diese Propheten hören? Natürlich, aber nicht unvoreingenommen. Selbst die wildesten Vorstellungen können einen wahren Kern enthalten, der bei sorgfältigen Überlegungen behilflich sein könnte. Außerdem ist Wissen bekanntlich Macht. Es hat seinen guten Grund, warum ein großer Computerhersteller in seinen Anzeigen die Betonung auf "Was wäre wenn"-Gedanken legt. Wir alle kennen die Möglichkeit der Zerstörung, wenn die Nuklearwaffen der ganzen Welt losgelassen werden. Es gibt dabei aber einen gewaltigen Unterschied. Wir haben kein Mittel, eine Sicherungskopie vom Leben auf der Erde anzufertigen.

Daraus folgt, daß die größten Bemühungen im Bereich der Computersicherheit dem Schutze des menschlichen Lebens dienen sollten. Dabei kommen einem sofort Bereiche in den Kopf wie militärische Abwehrsysteme, Atomkraftwerke und medizinische Anwendungen.

Was wäre das Schlimmste, das passieren kann?

Verlust oder Zerstörung irgendwelcher Daten ist immer noch eines der kleinsten Übel. Schließlich gibt es immer noch die gute und aktuelle Datensicherung, die auf ihren Einsatz wartet. Größere Probleme bereiten die zunächst unbemerkte Änderung von Daten und die Zerstörung von wichtigen Ressourcen.

Was wäre, wenn Ihr medizinisches Datenblatt geändert würde und plötzlich eine andere Blutgruppe oder einen anderen Rhesus-Faktor ausweisen würde? Sie könnten sterben!

Was wäre, wenn jede viermillionste Stelle in der Berechnung einer Weltraummission um 0.0001 Prozent geändert würde? Die Astronauten wären ähnlich schlecht dran.

Was wäre, wenn der Computer des Pentagon so "verstopft" wäre, daß er keine Daten mehr akzeptieren würde und (fälschlicherweise) einen Bericht über einen Angriff der UdSSR ausgeben würde? Wir alle könnten sterben!

Was wäre, wenn der Computer an der Börse und das staatliche Ausweichsystem gleichzeitig ihren Geist aufgeben würden? Sehr wahrscheinlich wären die sehr aktuellen Daten total zerstört und könnten nicht gerettet werden.

Was wäre, wenn die Roboter an einer Fertigungsstraße für Autos einen wichtigen Arbeitsschritt anders ausführen würden?

Isaac Asimov sagte einmal: "Ich habe keine Angst vor Computern. Ich fürchte nur, daß es zu wenige gibt." Diejenigen von uns, die sich mit den täglich benötigten, lebenswichtigen Ressourcen befassen, würden vielleicht sagen: "Ich habe keine Angst vor Computern. Ich wüßte nicht, was ich ohne sie tun sollte."

Ein ernster Blick in die Zukunft

Nach Donn Parker ist ein "Crimoid" (von eng. crime) ein "eleganter, geistreicher Computermißbrauch, der in den Medien für Schlagzeilen sorgt". Viren sind hier sicherlich einzuordnen. Die meisten Crimoiden, sagt Parker, verschwinden schnell wieder aus dem Blickfeld der Öffentlichkeit.

Es ist wichtig, zwischen "Crimoid" und einem richtigen Verbrechen zu unterscheiden. Es gibt eine alte Regel in der Welt der Nachrichten, "Hund beißt Mann ist nichts neues; Mann beißt Hund könnte eine Neuigkeit sein; Mann beißt Mann *ist* eine Neuigkeit". Wenn heute eine Universität vom (C)BRAIN-Virus angegriffen wird, ist das vielleicht keine Meldung wert. Auch wenn Ihr Computer von einem Virus befallen wird, interessiert dies außer Ihnen kaum jemanden. Wenn Sie aber den Virus mit ins Büro nehmen und es in einem 6.000-Knoten-Netzwerk verbreiten? Das ist mit Sicherheit eine Meldung, die Aufsehen erregen wird.

Der Schlüssel ist die Eskalation. Nach der Invasion des ARPAnet muß noch Außergewöhnlicheres kommen, damit es Aufsehen erregt. Trotzdem wird die Verbreitung von Viren immer weitergehen. Wir glauben, daß der (C)BRAIN-Virus niemals aussterben wird. Wenn wirklich 300.000 Disketten mit (C)BRAIN infiziert waren, bevor die Industrie es bemerkte und bevor DR. PANDA es aufspüren konnte, kann man annehmen, daß bis heute nicht alle diese Disketten geprüft und gesäubert wurden.

Der (C)BRAIN-Virus war vor allem an Hochschulen und Akademien heimisch, und Studenten wechseln auch schon mal die Schule. So kann sich ein Virus unbemerkt ausbreiten und die Zeit ausnutzen, in der sich die Betroffenen noch in Sicherheit wiegen.

Führe uns nicht in Versuchung

Wenn in Zukunft zerstörende Programme nur noch von denen geschrieben würden, die dagegen einen Schutz entwickeln wollen, wäre die Welt mehr als in Ordnung. So lange es aber Giganten wie die Telefongesellschaften oder IBM gibt, wird es auch solche geben, die die Wände hochgehen.

Es wird wahrscheinlich auch immer solche Menschen geben, die Wände mit Graffiti bemalen, Reifen aufschlitzen und zerstörende Programme schreiben. Einige werden ihre Handlungen weiterhin feiern und sich in Helden einer Gegenkultur verwandeln.

Verbrechen und ihre Bestrafung

Es wäre unmöglich, einen verurteilten Computerkriminellen von der Benutzung eines Computers fernzuhalten. Die einzige Möglichkeit wäre, ihm die Hände zu binden. Selbst diese Methode wäre nicht sicher, da es bald Spracherkennungssysteme geben wird. Wie wäre es, wenn man einem solchen Kriminellen für einen bestimmten Zeitraum verbieten würde, an Lehrveranstaltungen teilzunehmen, oder selbst welche zu halten.

Der Täter würde keine Anstellung im öffentlichen Dienst bekommen und auch die Industrie würde sich vielleicht anschließen und ihm keine verantwortungsvollen Aufgaben mehr geben. Diese Bestrafung wäre angemessen für die begangene Tat.

Teil II

Schutz vor Viren von Anfang an

Kapitel 6

Warum auch Sie gefährdet sind

"... Ein Virus ist ein Programm, das einen Computer
veranlassen kann, sich selbst zu reproduzieren."
- Dallas Morning News

Wenn Ihnen an Sicherheit gelegen ist, müssen Sie sich mit Hardware, Software, Ihrem eigenen Tun und dem Rest der Menschheit auseinandersetzen.

Dieses Kapitel widmet sich dem Internen des Computers und Programmen, die eine Bedrohung darstellen könnten. Es werden Möglichkeiten beschrieben, durch die man ungewollt zum Opfer werden kann. Wir werden ebenfalls Wege kennenlernen, über die sich Computer verständigen, welche dieser Wege sicher sind und welche risikoreich. Am Ende wollen wir die größte Gefahr betrachten: Dumme, menschliche Fehler.

Wenn Sie sich mit technischen Details wie Bits, Bytes, Mips, Bips, hex, dez u.s.w. nicht anfreunden wollen, empfehlen wir den direkten Weg zu Kapitel 7.

PCs erklärt - Ein Abschnitt für Hobbyfreaks

Für den folgenden Ausflug empfehlen wir legere Kleidung, wahlweise können auch gefleckte Jeans und dreckige Tennisschuhe getragen werden. Sie werden in Kürze ein PC-Spezi sein! Bis jetzt konnten Sie vielleicht widerstehen, mehr zu wissen, als die Bedienung des großen roten Schalters. Sie haben vielleicht bisher die Möglichkeit außer Acht gelassen, daß der Kasten auf Ihrem Schreibtisch auch einen Inhalt hat. Machen Sie sich bereit für ein wundervolles Abenteuer im Lande der Bits und Bytes, wo Hexadezimalarithmetik und Boolesche Algebra die Welt beherrschen. Seien Sie nicht scheu. Alles was wir verlangen ist, daß Sie von 0 bis 1 zählen. Wenn Sie auch weiter zählen können, sind Sie schon intelligenter als Ihr PC. Wir wissen ja, daß es bei Sicherheitsfragen gefährlich sein kann, zu wenig über die wahren Möglichkeiten des PCs zu wissen.

Warum Menschen dezimal und Delphine binär denken

Als Frau Oog, die Höhlenlehrerin, ihren Höhlenschülern das Zählen beibrachte, lehrte sie ihnen zehn Ziffern. Das war logisch, denn alle besaßen zehn Finger. Das einzige Problem trat auf, wenn einer weiter als Zehn zählen wollte, dann gingen ihm die Finger aus. Die Lösung war, bis Neun zu zählen dann links eine Ziffer hinzuzufügen, die alle Finger gleichzeitig darstellt, und wieder bei Null mit dem Zählen anzufangen. Waren neun Zehner und neun Einer gezählt, wurde links eine Stelle für die Hunderter hinzugefügt. Das Spiel konnte immer so weiter gehen.

Man stelle sich einen armen Delphin vor. Er hat keine Finger, nur eine Flosse. Aus diesem Grund können Delphine nur von 0 bis 1 zählen, bevor sie links weitere Ziffern hinzufügen müssen. Folglich müssen Delphine das Binärsystem erfunden haben. Wenn unsere Lehranstalten auch am Dezimalsystem festgehalten haben, die Delphine lehren seit Jahren Mathematik mit binären Zahlen. Da auch Computer das Binärsystem verwenden, könnte man meinen, die Delphine hätten den PC erfunden. Das stimmt nicht ganz. Wenn auch die Gurus von Boca Raton (IBM Zentrale) oft in "Sea World" gesehen wurden, schafften die Delphine es nicht, obwohl sie die Mathematik beherrschten, das Gehäuse wasserdicht zu bekommen und so fertigten die Menschen den PC. Die Delphine sprangen vergnügt durch Reifen, aßen Fisch und beobachteten die Menschen beim Lernen des Binärsystems.

Sie brauchen allerdings nicht durch Reifen zu springen, um das Binärsystem zu lernen. Es ist eigentlich sogar einfacher als das Dezimalsystem, wir sind nur nicht daran gewöhnt. Im dezimalen System stellt jede Stelle eine Potenz von 10 dar. Die erste Stelle repräsentiert 10 hoch 0 (das ergibt 1, wie Sie sicher wissen). Die zweite Stelle von rechts repräsentiert 10 hoch 1. Der dritte Platz steht für 10 hoch 2 (10 mal 10) und so weiter.

$$10^0 = 1$$
$$10^1 = 10$$
$$10^2 = 100$$
$$10^3 = 1000$$
$$10^4 = 10000$$
$$10^5 = 100000$$
$$10^6 = 1000000$$
$$10^7 = 10000000$$

Das kann immer so weiter gehen!

Im binären System repräsentiert jede Stelle eine Potenz von 2 und nicht von 10. Der erste Platz stellt den Wert 2 hoch 0 dar. Wie im

Dezimalsystem ergibt das wieder 1. Zählen wir um eins hoch, gehen uns die Flossen aus. Darum ist die nächste Zahl nicht 2 sondern 10 (nicht an Zehn, sondern an Eins Null denken).

Die Potenzen von 2 sehen für die Delphine so aus:

Binär	Dezimal
$2^0 = 1$	$2^0 = 1$
$2^1 = 10$	$2^1 = 2$
$2^2 = 100$	$2^2 = 4$
$2^3 = 1000$	$2^3 = 8$
$2^4 = 10000$	$2^4 = 16$
$2^5 = 100000$	$2^5 = 32$
$2^6 = 1000000$	$2^6 = 64$
$2^7 = 10000000$	$2^7 = 128$

Auch hier kann das so fortgeführt werden, die Zahlen benötigen nur mehr Platz.

Einer der Gründe, warum Delphine dauernd schwimmen und nicht in Schulen lernen, muß ihre einfache Mathematik sein. Es gibt nur einige wenige Regeln. Bei der binären Multiplikation ergibt Null mal irgendetwas wieder Null. Ein mal Eins ist Eins. Zusätzlich gibt es noch drei Regeln: Null plus Null ergibt Null; Eins plus Null gibt Eins und Eins plus Eins gibt Null mit Eins im Sinn. Menschen müssen sich Multiplikationstabellen der Größe 10 mal 10 merken. Die binäre Tabelle ist 2 mal 2 groß und enthält vier Zahlen:

	0	1
0	0	0
1	0	1

Wir haben uns z.B. gemerkt, daß 6 mal 7 42 ergibt. Im Binärsystem stellt sich die 6 als 2^2+2^1 oder 110 dar. 7 ist $2^2+2^1+2^0$ oder 111 (Achten Sie bitte darauf, Eins Eins Null und Eins Eins Eins statt Hunderzehn und Hundertelf zu denken).

Die Multiplikation ist in beiden Zahlensystemen gleich:

```
                110
        x       111
        - - - - - - -
                110
                110
                110
        - - - - - - -
             101010
```

Die Addition sieht etwas ungewohnt aus, darum wollen wir sie von links nach rechts noch einmal durchgehen und schreiben zuerst die fehlenden Nullen hinzu:

```
              00110
              01100
              11000
        - - - - - - -
             101010
```

Die Einer-Spalte enthält nur Nullen. Kein Problem:

```
Null + Null + Null  gleich Null
```

Die Zweier-Spalte ist auch nicht schwer:

```
Eins + Null + Null  gleich Eins
```

Die dritte Spalte, die Vierer-Spalte, ist etwas schwieriger:

```
Eins + Eins gleich Null, Eins im Sinn + Null
```

Wir schreiben eine Null als Ergebnis und übertragen eine Eins in die nächste Spalte.

Die vierte Spalte, die Achter-Spalte, beginnt mit der Eins, die wir aus der vorigen Spalte übernommen haben plus Eins gibt Null, Eins im Sinn plus Eins gibt Eins plus Null gibt Eins. Wir schreiben Eins als Ergebnis und eine Eins in die nächste Spalte.

Die fünfte Spalte, die Sechzehnerspalte, hat die übertragene Eins plus Null plus Null plus Eins gibt Null und Eins im Sinn.

Die sechste Spalte, die Zweiunddreißigerspalte, enthält nur die übertragene Eins.

```
Die Lösung: 101010.
```

Da Sie wahrscheinlich nicht mit binären Zahlen aufgewachsen sind, wollen wir das Ergebnis in eine Dezimalzahl umwandeln, um zu prüfen, ob das Ergebnis korrekt ist.

```
            1 x 32 = 32
            0 x 16 =  0
            1 x  8 =  8
            0 x  4 =  0
            1 x  2 =  2
            0 x  1 =  0
            ----------
                     42
```

Die Antwort lautet 42! (Leser von Douglas Adams' Per Anhalter durch die Galaxis werden sich erinnern, daß 42 die Antwort auf die Frage nach dem Leben, dem Universum und allem ist).

Nun wissen wir schon zwei Drittel von dem, was man für einen Abschluß in Mathematik an der Delphin-Schule braucht. Division ist das Gegenteil der Multiplikation und Subtraktion ist auch nicht schwer, wenn man sie als Addition negativer Zahlen sieht.

Da jede binäre Stelle relativ wenig Informationen trägt, braucht man für die Darstellung größerer Zahlen mehr Stellen oder Bits. Es ist Konvention, eine Gruppe von acht Bits als BYTE zu bezeichnen. Ein halbes Byte (vier Bits) wird auch Nibble oder Halbbyte genannt. Diese Konventionen entstanden bei IBM lange bevor der erste PC erfunden war und haben sich bis heute gehalten. Ein Byte kann 256 verschiedene Werte haben, entsprechend den Dezimalwerten 0 bis 255 (im Binärsystem 0000 0000 bis 1111 1111).

Hexadezimale Notation

Die binäre Darstellung ist etwas unangenehm, da für die Darstellung großer Zahlen sehr viele Bits benötigt werden. Der Adreßraum eines PCs wird durch die Binärzahl 100000000000000000000 (20 Nullen) dargestellt. Programmierer benötigen eine bequemere Art der Darstellung.

Die Dezimaldarstellung wäre auch nicht praktisch, da jedes Byte einen Wert von 0 bis 255 besitzen kann. Zwei Bytes (16 Bits) können den Bereich von 0 bis 65767 darstellen. Der Adreßraum von einem Megabyte wäre in Dezimal ausgedrückt 1.048.576. Wie man sieht, gibt es wirklich keinen sichtbaren Zusammenhang zwischen diesen beiden Zahlensystemen. Jede Gruppe von vier Bits (Nibble) kann die 16 Werte von 0 bis 15 darstellen. Ein Zahlensystem mit Basis 16 statt 10 würde gerade in unsere Byte-Einteilung passen.

Das Problem dabei ist, daß wir mit nur 10 Ziffern aufgewachsen sind und uns nun sechs Ziffern fehlen. Wir könnten ! @ # $ % ^ benutzen, aber es wäre nicht einfach, die Reihenfolge zu behalten.

Darum hat man einfach die ersten sechs Buchstaben des Alphabets genommen und als weitere Ziffern festgelegt, die auf die 1 bis 9 folgen. Man bezeichnet dieses Zahlensystem mit der Basis 16 als Hexadezimalsystem. Versuchen wir einmal, damit zu zählen.

Hex	Binär	Dezimal	Ausgeschrieben
0	0000	0	Null
1	0001	1	Eins
2	0010	2	Zwei
3	0011	3	Drei
4	0100	4	Vier
5	0101	5	Fünf
6	0110	6	Sechs
7	0111	7	Sieben
8	1000	8	Acht
9	1001	9	Neun
A	1010	10	A
B	1011	11	B
C	1100	12	C
D	1101	13	D
E	1110	14	E
F	1111	15	F
10	10000	16	Eins Null

Wenn sie mit dem Gedanken spielen, mit Hexzahlen zu rechnen, können Sie dazu auch spezielle Taschenrechner benutzen. Merken sollten Sie sich nur einige wichtige Umrechnungen.

```
10     hex ist 16     dezimal (1*16¹+0)
64     hex ist 100    dezimal (6*16¹+4)
100    hex ist 256    dezimal (1*16²+0*16¹+0)
400    hex ist 1024   dezimal (4*16²+0*16¹+0) 1K
10000  hex ist 65536  dezimal (16⁴) 64 K
```

Ein Kilobyte ist 2^{10} (1024) und *nicht* 1.000. Der Computer besitzt für jedes KB 24 Bytes zusätzlich.

Im folgenden Abschnitt werden Hexadezimalzahlen als 0x#### geschrieben, eine bei C-Programmierern gebräuchliche Notation. Die meisten Adressenangaben werden in dieser Schreibweise notiert.

Eine seltener vorkommende Codierung von Zahlen ist die Oktaldarstellung. Da drei Bits genau 8 Werte darstellen können, ist es sinnvoll, die Basis 8 für ein Zahlensystem zu verwenden. Das Oktalsystem wird nicht so häufig benutzt wie das Hexadezimalsystem, aber Sie sollten darauf vorbereitet sein, daß es in der Literatur auftaucht. Das Oktalsystem zählt zuerst von 0 bis 7, dann

von 10 bis 17, 20 bis 27 u.s.w. Der Vorteil des Oktalsystems besteht
darin, das man keine zusätzlichen Symbole (wie A-F beim Hex)
lernen muß. Ein Nachteil ist die größere Stellenzahl für den Wert
eines Bytes.

Die Speicher (RAM, ROM, u.s.w.)

Der Name Random Access Memory (random = zufällig) ist eigentlich nicht ganz richtig. Jeder Speicher muß durch eine eindeutige
numerische Adresse angesprochen werden, damit der Computer
richtig arbeitet. Über eine Adresse werden immer Datengruppen
von 8 Bits (= ein Byte) angesprochen. Einige Bytes sind vom Hersteller auf bestimmte Werte eingestellt worden und können nicht
mehr geändert werden. Dieser Speicher heißt ROM (Read Only
Memory) oder Nur-Lese-Speicher. Andere Speicher können verändert werden. Um den Status der Bits eines Byte zu ändern, muß
es geschrieben werden (WRITE). Die Bits behalten ihre neuen
Zustände und können wieder ausgelesen werden (READ). Der
Schreib-/Lesespeicher wird als RAM bezeichnet, aber sowohl auf
RAM wie auch auf ROM kann direkt zugegriffen werden.

Jede Flip-Flop-Schaltung kann ein Bit speichern (An oder Aus),
acht Flip-Flops (FF) ergeben zusammen ein Byte. Da ein FF acht
Transistoren enthält, ergeben sich 64 Transistoren pro Byte und
über 64 Millionen Transistoren für ein Megabyte Speicher. So
etwas kann gebaut werden, ist aber nicht gerade billig und erzeugt
eine Menge Wärme.

Transistor-Speicher nennt man statisches RAM. Es ist ein sehr
schneller Speicher, aber teuer. Damit der PC erschwinglich bleibt,
wird ein anderer Speicher benutzt, der als dynamischer Speicher
(DRAM) bekannt ist. Beim dynamischen Speicher wird jedes Bit als
Ladung in einem kleinen Kondensator gespeichert. Ein Kondensator besteht aus zwei Leitern, die durch eine Isolationsschicht
getrennt sind. Die Elektronen auf einer Seite stoßen die Elektronen auf der anderen Seite ab, so daß ein Strom fließt, bis der Kondensator aufgeladen ist. Eine Oberfläche wird negativ mit einem
Elektronenüberschuß und die andere Seite wird positiv. Ein
geladener Kondensator wird zur Eins und ein ungeladener zur
Null. Dies ist eine einfache und kostengünstige Form eines binären
Speichers mit wenig Wärmeentwicklung. Ein Nachteil des Konden-
sators als Speicherzelle ist, daß er sich entlädt, wenn keine Spannung mehr anliegt. Das geschieht natürlich nicht plötzlich. Eine
periodischer Stromstoß lädt die Kondensatoren immer wieder auf.
Die Zeit zwischen den Ladevorgängen wird in Handbüchern in
Microsekunden angegeben. Um DRAM vor dem Vergessen zu

bewahren, muß er periodisch aufgefrischt werden (refresh). Keine Sorge, die Schaltkreise im PC besorgen das automatisch, solange das Elektrizitätswerk Strom liefert. Eine Tausendstelsekunde ohne Strom und der Computer vergißt alles, was er jemals wußte.

Die CPU - Herz und Seele des Computers

Das Herz des PC ist die CPU (Central Processing Unit). Im IBM PC und Kompatiblen befindet sich die CPU in einem Chip und basiert auf dem Intel 8086. Die ersten PCs und XTs benutzten den 8088, ein AT ist um den größeren Bruder 80286 herum aufgebaut. Compaq und andere Hersteller entwickelten Rechner mit einem 80386, inzwischen gibt es auch 80486er. Alle diese CPUs beherrschen den Befehlssatz des 8086, obwohl bei den neueren CPUs Befehle hinzugekommen sind. Jeder dieser Chips enthält viele Tausend mikroskopisch kleine Transistoren und kann als "black box" (schwarzer Kasten) betrachtet werden. Informationen werden hineingegeben, verarbeitet und wieder ausgegeben. Die Ein-/Ausgabe erfolgt dabei über die Pins (Anschlußbeinchen), die aus dem Boden des Chip herausragen. Der 8088 hat 40 Pins und die meisten von ihnen sind doppelt belegt. Im allgemeinen verwendet der 8088 20 Leitungen für Adressen ($2^{20}=1$ Meg) und 8 Leitungen (ein Byte) für den Datentransfer. Der 8086 und 80286 besitzen 16 Datenleitungen (zwei Bytes) und der 80386 sogar 32 (vier Bytes). 80286 und 80386 besitzen außerdem mehr Adreßleitungen (24 und 32) und können damit 16 Megabyte und mehr adressieren. Andere Anschlüsse werden für die Anforderung eines Lese-/Schreibzugriffes auf den Speicher, Taktaufgaben, Stromversorgung und zum Zurücksetzen benutzt. Alle Leitungen sind mit dem BUS verbunden und führen zu den anderen Komponenten im Rechner.

Die CPU enthält noch besondere Speicherschaltungen, die Register genannt werden. In der Intel-Familie sind diese Register 16 Bit groß, aber vier der Register können auch als zwei 8 Bit Register benutzt werden. Für alle, die es besonders genau wissen wollen, hier eine Übersicht:

```
Allgemeine Register
AX          Akkumulator
BX          Basisregister
CX          Zählregister
DX          Datenregister

Indexregister
SP          Stapelzeiger
BP          Basiszeiger
SI          Quellenindex
DI          Zielindex

Segmentregister
DS          Datensegment
ES          Extrasegment
CS          Codesegment
SS          Stapelsegment

Andere Register
IP          Befehlszeiger
FLAGS       Flaggenregister
```

Die CPU arbeit nicht ununterbrochen. Eine Zeiteinheit im PC liefert einen periodischen Takt, um die Aktionen anzustoßen. Der originale PC liefert diesen Takt mit einer Rate von 4.77 MHz oder 4.770.000 Mal pro Sekunde. Neuere PCs arbeiten bei einer höheren Geschwindigkeit von bis zu 33.000.000 Signale pro Sekunde oder 33 MHz. Jedesmal, wenn ein solches Signal die CPU erreicht, tut sie irgendetwas. Zuerst nimmt sie sich ein Anweisungsbyte aus einer Speicheradresse, die mit den Registern CS und IP bestimmt wird.

Um das Byte aus dem Speicher zu lesen, schaltet die CPU die Adresse auf die Adreßleitungen und aktiviert einen anderen Anschluß, der sagt: "Wenn das deine Adresse ist, lege deine Bits auf die Datenleitungen, ich warte solange." Je nachdem, wie schnell die Speicher sind, muß die CPU einen oder zwei Taktsignale auf die angeforderten Bits warten. Sie erscheinen dann auf den Datenleitungen. Anweisungen können weitere Anweisungen aus dem nächsten Byte lesen oder das Laden eines Registers in ein anderes verursachen. Es geschieht nicht viel, aber das sehr schnell. Ein kleiner Schritt, der in der Sekunde vier Millionen Mal getan wird, kann eine lange Aufgabe sehr kurz erscheinen lassen. Wie auch immer die Anweisung lautet, die CPU führt sie ohne zu fragen und zu warten aus.

Programmierung für Einsteiger

Der Intel-Befehlssatz ist wie eine Liste der Dinge, die die CPU ausführen kann. Da die CPU nur binäre Zahlen "versteht", haben Programmierer mnemonische Symbole eingeführt, um sich die Befehle leichter merken zu können. Um z.B den Inhalt des Registers AX in das Register BX zu kopieren, müßte der CPU die Bitkombination 10001001 11000011 in zwei Bytes übergeben werden. Programmierer nennen dieses einen MOV-Befehl und schreiben "MOV BX,AX", was bedeutet, daß der Inhalt von AX zum Register BX bewegt (MOVE) werden soll. Die meisten Assemblerbefehle bestehen aus drei Teilen. Befehl, Ziel und Quelle. In einigen Anweisungen wird das Ziel oder die Quelle aus dem Kontext genommen, oder nicht benötigt. Es folgen einige der geläufigen Befehle für die Intel 80x86-Chips:

Ändern von Register- oder Speicherinhalten:

```
MOV Ziel,Quelle              (Wert von der Quelle zum Ziel bewegen)
```

Dabei gibt es die Einschränkung, daß der Speicher nicht gleichzeitig Quelle und Ziel sein darf. Auch die Register CS oder IP können nicht als Zielregister verwendet werden.

Sprünge und Unterprogrammaufrufe

Das Verändern der Inhalte der Register CS und IP würde zur Folge haben, daß die CPU ihre Anweisungen von einer anderen Stelle liest. Die Register können mit folgenden Anweisungen verändert werden:

```
JMP Ziel             (Sprung zum Ziel)
CALL Ziel            (Aufruf von Ziel)
RET                  (Rückkehr von einem Aufruf)
INT Nummer           (Unterbrechung)
IRET                 (Rückkehr von einer Unterbrechung)
```

Diese Anweisungen entsprechen ungefähr den BASIC-Befehlen GOTO und GOSUB. Der Mechanismus der Anweisungen CALL und INT wird weiter unten besprochen.

Arithmetik

```
ADD Ziel,Quelle          (Addiere Ziel zu Quelle)
SUB Ziel,Quelle          (Subtrahiere Ziel von Quelle)
MUL Quelle               (Multipliziere AX oder AL mit Quelle)
DIV Quelle               (Dividiere DX:AX oder AX durch Quelle)
INC Quelle               (Erhöhe Quelle um 1)
DEC Quelle               (Vermindere Quelle um 1)
AND Ziel,Quelle          (Bitweise UND-Verknüpfung von Ziel und Quelle)
OR  Ziel,Quelle          (Bitweise ODER-Verknüpfung von Ziel und Quelle)
NOT Quelle               (Negieren von Quelle)
NEG Quelle               (2er Komplement von Quelle erzeugen)
```

Das FLAGGEN-Register ist 16 Bit lang und speichert Informationen über die Ergebnisse einiger Anweisungen. Da für eine Flagge nur ein Bit benötigt wird, können bis zu 16 verschiedene Flaggen benutzt werden, von denen nur neun wirklich angesprochen werden. Zwei der neun Flaggen sind für den Programmierer von besonderer Bedeutung. Die Nullflagge (Zeroflag) und die Übertragsflagge (Carryflag). In allen oben beschriebenen Anweisungen außer MOV wird das Register FLAG vom Ergebnis der Operation beeinflußt. Die Nullflagge wird gesetzt, wenn das Ergebnis Null ist und die Übertragsflagge, wenn das Ergebnis zu groß für das Zielregister ist. Es gibt einige Anweisungen, die nur das Flaggenregister beeinflussen:

```
CMP Ziel,Quelle          (Vergleiche Ziel mit Quelle)
```

Diese Anweisung subtrahiert die Quelle vom Ziel, legt das Ergebnis aber nicht in Ziel ab. Sowohl Ziel als auch Quelle bleiben unverändert, nur das Flaggenregister wird entsprechend dem Ergebnis gesetzt.

Bedingte Sprünge verzweigen den Programmablauf in Abhängigkeit von den Flaggen:

```
JZ Ziel              (Sprung, wenn Nullflagge gesetzt)
JNZ Ziel             (Sprung, wenn Nullflagge nicht gesetzt)
JC Ziel              (Sprung, wenn Übertragsflagge gesetzt)
JNC Ziel             (Sprung, wenn Übertragsflagge nicht gesetzt)
JG Ziel              (Sprung, wenn größer)
JL Ziel              (Sprung, wenn kleiner)
JA Ziel              (Sprung, wenn über)
JB Ziel              (Sprung, wenn unter)
JE Ziel              (Sprung, wenn gleich)
JNE Ziel             (Sprung, wenn ungleich)
JGE Ziel             (Sprung, wenn größer oder gleich)
JLE Ziel             (Sprung, wenn kleiner oder gleich)
JAE Ziel             (Sprung, wenn über oder gleich)
JBE Ziel             (Sprung, wenn unter oder gleich)
JNB Ziel             (Sprung, wenn nicht unter)
JNA Ziel             (Sprung, wenn nicht über)
JNG Ziel             (Sprung, wenn nicht größer)
JNL Ziel             (Sprung, wenn nicht kleiner)
```

Einige dieser Anweisungen sind äquivalent. Beispielsweise bewirken JE und JZ das gleiche, genau wie JNG und JLE. Alle Sprunganweisungen hängen vom Zustand einer oder mehrerer Flaggen im Flaggenregister ab. Die bedingten Sprünge können als IF-Anweisung der Assemblersprache gesehen werden.

Von besonderem Interesse in der CPU-Familie von Intel ist die Art, wie der Speicher adressiert wird. Die Segmentregister DS, ES, SS und CS werden besonders genutzt. Jedes dieser Register ist 16 Bit lang und kann Werte von 0 bis 65535 (hex 0 bis 0xFFFF) enthalten. Wären dies die einzigen Register zur Speicheradressierung, könnten nur 65535 Adressen angesprochen werden (64 K). Intel hat den Chip so entworfen, daß diese Register in 16 Byte-Schritten zählen, indem am Ende jedes Segmentregisters automatisch vier Nullbit angehängt werden.

Aus dem genannten Grund kann jedes Register 65536*16 oder 1048576 Bytes (ein Megabyte) in 16 Byte-Schritten (Paragraph genannt) adressieren. Um ein bestimmtes Byte innerhalb der Schrittweite anzusprechen, wird zum Segmentwert noch ein Offsetwert addiert. Der Offset hat die Schrittweite eins. Da die Register 16 Bit groß sind, kann der Offsetwert 0 bis 65535 betragen. Jedes Segmentregister kann also auf eine Paragraphenadresse zeigen, die einen Offsetwert bis zu 64 K besitzt. (80286 und 80386 können in einen Modus gebracht werden, der die Segmentregister anders nutzt, um 24 bzw. 32 Bit Adressen zu erhalten).

Hat das Segmentregister einen Wert 0x10 (16), bedeutet das, daß die wirkliche Adresse 16*16 (0x100) beträgt. Beachten Sie, daß am

Ende der Segmentadresse eine hexadezimale 0 angehängt wird, um die physikalische Adresse zu erhalten. Als nächstes wird ein Offset dazu addiert, und man erhält die physikalische Adresse 0x108. Die dezimale Darstellung 16*16+8=264 ist nicht nur schwieriger zu berechnen, sondern auch schwerer zu verstehen. Aus diesem Grund wird fast ausschließlich die Hexdarstellung für Adreßangaben benutzt. Beachten Sie, daß mit der SEGMENT:OFFSET Darstellung eine Adresse mit verschiedenen Möglichkeiten berechnet werden kann:

```
     Hex                        Dezimal
0000:0108 = 108             0:264  = 264
0001:00F8 = 108             1:248  = 264
0002:00E8 = 108             2:262  = 264
    .                          .
    .                          .
    .                          .
000F:0018 = 108            240:16  = 264
0010:0008 = 108            264:0   = 264
```

Sehen Sie, warum wir Hex benutzten?

Die CPU führt die SEGMENT:OFFSET Konvertierung glücklicherweise automatisch durch. Ist ein Segmentregister einmal gesetzt, kann vom Anfang des Paragraphen (Block der Länge 16 Bit) an 64 KB Speicher adressiert werden. Intel hat einige der allgemeinen und der Zeigerregister als Offset für die Segmentregister vorgesehen. So arbeiten BX und SI mit DS zusammen. Genauso gehören DI zu ES und BP und SP zu SS. CS und IP arbeiten zusammen als Zeiger auf die aktuelle Befehlsadresse.

Die Register SS und SP (Stapelsegment und Stapelzeiger) bieten einen Zwischenspeicher für Programme und die CPU selbst. In den meisten Büchern wird der Stapel mit einem Tellerstapel verglichen, warum auch nicht? Der Stapel funktioniert nach dem LIFO-Prinzip (Last In First Out), wie ein Tellerstapel. Das Register SS definiert die Basis und SP den Offset zu diesem Segment. Wird ein PUSH "Quelle" Befehl ausgeführt, werden zwei Bytes an der Adresse SS:SP abgelegt und SP um zwei erhöht. Wird ein POP "Ziel" ausgeführt, wird SP um zwei vermindert und zwei Bytes aus der Adresse SS:SP in Ziel übertragen. Viele CPU-Befehle benutzen den Stapel als Zwischenspeicher. Das wird nachfolgend noch besprochen.

Jeder, der schon einmal ein Programm in BASIC, DBASE oder Assembler geschrieben hat weiß, daß man eine Möglichkeit braucht um zu anderen Anweisungen zu verzweigen. Die CPU erfüllt diese Aufgabe, indem sie das IP-Register (oder IP und CS) mit einem neuen Wert füllt. Der einfachste Weg, einen neuen Speicherbereich für Befehle anzusteuern, ist ein Sprung (GOTO in BASIC), der in Assembler JMP geschrieben wird. Intel bietet eine Anzahl verschiedener Sprunganweisungen, die auch von den Bits im Flaggenregister abhängen (bedingte Sprünge). So kann der Befehlszeiger (IP) in Abhängigkeit von der vorausgegangenen Operation verändert werden (IF in BASIC). Es gibt vier unbedingte Sprunganweisungen. Es wird entweder ein neuer Wert in IP geladen, oder nur ein Wert zu IP hinzuaddiert. Letzeres nennt man einen nahen Sprung ("near jump"), da er innerhalb eines Segments bleibt. Wird zusätzlich zum IP-Register auch noch CS geändert, spricht man von einem fernen ("far") Sprung. Ein ferner Sprung kann absolut sein, wenn CS:IP mit einem neuen Wert geladen werden, oder relativ, wenn nur ein Wert zu CS:IP addiert wird.

Eine Aufrufanweisung (CALL) ändert nicht nur die Adresse der aktuellen Anweisung, sondern bietet auch noch einen Weg zurück zum Befehl nach dem Aufruf an. Das entspricht der GOSUB Anweisung in BASIC. Die CALL-Anweisung benutzt den oben beschriebenen Stapel, um die Rücksprungadresse zu speichern. Ein naher Aufruf bringt den Befehlszeiger (IP) auf die nächste Adresse und legt (PUSH) diese Adresse auf dem Stapel ab. Das IP-Register wird mit einer neuen Adresse geladen, und die CPU beginnt, die dort stehenden Befehle abzuarbeiten. Wird die Rückkehranweisung (RET) erreicht, wird die Adresse vom Stapel genommen (POP) und in IP gespeichert. Damit wird mit der Ausführung hinter dem CALL-Befehl fortgesetzt. Bei einem fernen Aufruf werden die Werte von CS und IP auf dem Stapel gesichert und wieder zurückgeladen, wenn zurückgekehrt wird. Offensichtlich gehört zu jeder CALL-Anweisung auch ein RET.

Ein anderer Befehl, der in diesem Buch von besonderem Interesse ist, ist die INT-Anweisung. Sie verhält sich im Prinzip wie ein CALL, es wird nur zusätzlich der Wert des Flaggenregisters auf dem Stapel gesichert. Ein IRET (interrupt return) bewirkt das Zurückladen der gespeicherten Werte von CS, IP und Flaggenregister und verhält sich sonst wie ein normaler Rücksprung. Anders als der CALL-Befehl bekommt die INT-Anweisung ihre Sprungadresse aus einem Speicherbereich, der Interruptvektorentabelle (IVT) genannt wird. Die IVT beginnt bei Adresse 0:0 und enthält Einträge von Adressen. Diese Tabelle gibt zu jeder Interruptnummer die Adresse einer Interruptbehandlungsroutine (ISR = interrupt service routine) an. Da die IVT leicht geändert werden kann, braucht ein Programm nicht die Adressen der ISRs zu wissen, nur die Interruptnummern. Die CPU findet die korrekten Adressen dann in der IVT.

Peripherie - die Freaks am Rande

All die Chips und die Leiterbahnen könnten nichts Nützliches tun, wenn nicht andere Dinge angeschlossen wären, die Peripheriegeräte. Tastatur, Monitor, Modem, Diskettenlaufwerke, Scanner, Mäuse und andere teure Ausstattung werden als Ein-/Ausgabegeräte bezeichnet (E/A als Abkürzung). Jeder dieser Geräte verwandelt das, womit wir umgehen, in etwas, was der Computer "versteht" und umgekehrt.

Wenn ich z.B. meine Hände über die Tastatur halte, kann ich den Buchstaben "A" einer Taste zuordnen. Der PC kann zwischen "A" und "F" nicht unterscheiden. Er steht einfach auf meinem Schreibtisch und führt Anweisungen aus. In diesem Moment wartet er auf einen Tastendruck. Er durchläuft eine kleine Schleife viele Millionen Mal, während ich versuche, die Taste mit dem "A" zu finden.

Ich habe die Taste "A" nun gefunden und drücke sie. Die CPU bekommt die Nachricht, daß eine Taste gedrückt worden ist und führt andere Anweisungen aus, die herausfinden sollen, welche Taste es war. Aus den 101 möglichen Werten für die Tasten bekommt die CPU das Byte 00011110 (30 Dezimal). Vorher hatte ich aber die SHIFT-Taste gedrückt, was die CPU veranlaßte, in eine andere Befehlsgruppe zu springen, ohne daß ich es merke. Bei der Prüfung der SHIFT-Taste nimmt die Anweisung die 00011110 und wandelt sie in 01000001 (65 Dezimal) um. Dieser Wert stellt für die CPU eine Zahl ohne besondere Bedeutung dar, solange sie nicht als Befehl interpretiert wird. Dann würde sie einen Wert zum Register CX addieren.

Nach einer Festlegung, die ASCII (American Standard Code for Information Interchange) genannt wird, ist diesem Wert der Buchstabe "A" zugeordnet. Allen Buchstaben, Zahlen und Sonderzeichen sind ASCII-Werte zugeordnet. Für den Computer bedeutet dieser Wert nichts, er hat nur eine Bedeutung für den Schreiber der Anweisungen. Er wird zum "A", weil wir den Wert mit dieser Bedeutung belegt haben.

Einige Peripheriegeräte "wissen", daß ein Byte mit dem Wert 65 ein "A" ist. Der Monitor und der Drucker haben Schaltkreise, die die Umwandlung von Binärzahlen in Zeichen vollziehen. Die CPU führt diesen Schritt nicht durch.

Es ist wichtig zu wissen, daß im Speicher eines Computers Daten und Anweisungen abgelegt sind. Beide werden als Bytes unter eindeutigen Adressen abgelegt. Beide sind nichts anderes als gesetzte und zurückgesetzte Bits in dem Byte. Eine Kette von Speicherzellen mit in ASCII codierten Buchstaben unterscheidet sich nicht von einer Kette aus Befehlen. Das Datenbyte, auf das der Befehlszeiger (IP) der CPU deutet, wird eingelesen und ausgeführt, gleich, welchem Befehl es entspricht. Computer sind nur so gut wie ihre Befehle. Die CPU urteilt nicht über die Qualität oder Logik eines Befehls. Wird ein "A" als Befehl geladen, würde die CPU das Register CX um eins heraufzählen. Manchmal geschieht es durch einen Fehler, daß der Befehlszeiger (IP) auf einen Bereich zeigt, der Daten enthält. In diesem Fall folgt die CPU die Befehle, obwohl keine Logik dahintersteckt. In diesem Fall bleibt einem nichts anderes übrig, als den Reset-Knopf zu drücken, den IBM nie eingebaut hat. Zeit für den großen roten Schalter.

Das Interrupt-System

Seit IBM 1981 den PC eingeführt hat, war die Möglichkeit, das System auf individuelle Bedürfnisse anzupassen, immer ein wichtiger Punkt gewesen. Die ersten PCs waren reine Personal Computer, d.h. Computer auf einem Schreibtisch mit nur einer Aufgabe zur gleichen Zeit. Das führte zu einer Unabhängigkeit des Geschäftsmanns vom Großcomputer für viele Aufgaben. Wer Programme für den PC geschrieben hat, kann sich vorstellen, wie spartanisch die damalige Ausstattung war: 64 KB Speicher, ein oder zwei Diskettenlaufwerke, ein Nadeldrucker, ein Monochrommonitor (CGA für Graphik) und vielleicht ein Modem.

Als andere Hersteller den Markt mit Karten für die Erweiterungsslots überschwemmten, wuchs die Anzahl der Konfigurationen geometrisch. Uhrenkarten, Festplatten in allen Variationen, Netzwerkverbindungen, Speichererweiterungen, Laserdrucker und EGA/VGA-Adapter kamen hinzu. Im Softwarebereich erschienen dauernd neue Versionen von DOS, die immer neue Peripherie unterstützten.

In den neuen Maschinen wechselte auch die Firmware (ROM BIOS). Mit jedem neuen Modell änderte sich auch das Ein-/Ausgabesystem (BIOS). Die IBM-Modelle PC-1, PC-2, XT, Jr. und AT hatten alle ein anderes BIOS. Nachbauten konnten nicht IBM-BIOS benutzen, da es geschützt ist. Dadurch entstanden entsprechend zusätzliche Versionen.

Wie konnte ein Programm auf all den verschiedenen Konfigurationen laufen? Die Antwort ist die Kompatibilität durch DOS. Da

jede DOS-Version nur Besonderheiten hinzufügte, unterstützte
jede neue Version auch alle Möglichkeiten der älteren. Für Nachbauten blieb MS-DOS in allen Versionen gleich PC-DOS von IBM.
Ein Programm, das in frühen Tagen unter DOS 1.0 geschrieben
wurde, wird unter 3.3 immer noch funktionieren. Umgekehrt ist
das nicht möglich. Die frühen DOS-Versionen kannten weder
Unterverzeichnisse auf Festplatten noch Umgebungsvariablen. Ein
Programm, das die fortgeschrittenen Besonderheiten von DOS
nutzt, kann nicht auf einem System unter DOS 1.x ablaufen.

Frühe Dokumentationen von IBM warnten Programmentwickler,
sich darauf zu verlassen, daß die BIOS Adressen konstant bleiben.
Jede Ein-/Ausgaberoutine sollte über einen Softwareinterrupt und
nicht direkt über eine Adresse aufgerufen werden. Ein Interrupt ist
eine spezielle Unterroutine, bei der die CPU nicht direkt eine
Adresse anspringt, sondern eine Tabelle mit Adressen im Speicher
referenziert. Die Interrupttabelle ist 1024 Bytes lang und beginnt
bei Adresse 0. Ein Interrupt hat eine Nummer von 0 bis 255 und
bezieht sich auf eine 4-Byte-Adresse in der Tabelle. So benutzt INT
0 (Interrupt 0) die ersten vier Bytes der Tabelle als Segment- und
Offsetadresse für die Routine, die ausgeführt werden soll.

Den meisten Interrupts sind spezielle Aufgaben zugewiesen, die
IBM mit dem Erscheinen des ersten PCs dokumentiert hat. Die
Interrupts 0 bis 7 werden für die CPU benutzt. Interrupts 8 bis 15
sind zusätzlicher Hardware wie Tastatur, Modem und Druckern
zugeordnet. ROM BIOS-Routinen belegen die Interrupts 16 bis 31.
DOS benutzt die Interrupts 32 bis 63. Im originalen PC waren
Interrupts 64 bis 127 nicht belegt, sie haben aber bei Einführung
des AT und der CPU 80286 noch Verwendung gefunden. IBM
benutzt die Interrupts 128 bis 239 für den BASIC-Interpreter, und
240 bis 256 sind nicht belegt.

Das Interruptkonzept ist entscheidend für das Verständnis des PC
und zerstörender Programme. Jeder der 256 Interrupts kann eine
andere Routine irgendwo im Speicher ansprechen. ROM BIOS
und DOS beinhalten Routinen für die Ein-/Ausgabe auf Peripheriegeräte. Die meisten dieser Routinen können von einem
Programm über Interruptvektoren angesprochen werden. Die
CPU ist so aufgebaut, daß sie die Adresse jedes Interrupt aus einer
Vektorentabelle ausliest und die Adresse des aufrufenden
Programms auf dem Stack ablegt. Um eine Interruptroutine anzusprechen, benutzt das Programm eine INT *n* Anweisung (wobei *n*
die Interruptnummer ist). Die Interruptroutine bekommt von der
CPU die Kontrolle und führt ihren Code aus, bis eine IRET-
Anweisung erreicht wird. An diesem Punkt lädt DOS die Adresse
des aufrufenden Programms zurück und setzt mit der Ausführung

bei der Anweisung fort, die auf Int *n* folgt. Die Interruptroutine muß natürlich für die Integrität des Stapels sorgen, sonst ist die Rücksprungadresse verloren. Denken Sie daran, daß die CPU eigentlich dumm ist. Werden die obersten Werte des Stapels als Adresse zurückgeladen, kann sie nicht prüfen, ob die Adresse gültig ist.

Die Interruptvektorentabelle ist das Tor zum Betriebssystem. Um BIOS- und DOS-Routinen zu nutzen, muß der Programmierer nur die Interruptnummer und die Parameter der Routine wissen. Wenn beispielsweise ein Programm die Speicherkapazität eines PC herausfinden soll, benutzt es den Aufruf Int 0x12 (18 dez). Dieser Befehl wird in zwei Bytes codiert (0xCD 0x12) und bewirkt folgende Aktionen. Das Flaggenregister, IP und CS werden auf den Stapel gebracht und die 4-Byte-Adresse, die bei 0000:0048 im Speicher steht, wird in die Register CS und IP geladen. Dadurch wird die Routine zur Bestimmung der Speichergröße ausgeführt, bis ein IRET (0xCF) erreicht wird. Im originalen PC ist diese Routine nur sieben Befehle lang:

```
1.  STI                    Die Interruptflagge wird gesetzt, um weitere
                           Interrupts zuzulassen.
2.  PUSH DS                Das DS-Register (Datensegment) wird auf dem Stapel
                           gesichert.
3.  MOV  AX,0              Das Segment des BIOS-Datenbereichs wird in AX
                           geladen.
4.  MOV  DS,AX             Register DS wird mit dem Wert von AX geladen.
5.  MOV  AX,SPEICHERGRÖßE  AX wird mit der Speichergröße geladen, die im
                           BIOS-Datenbereich steht.
6.  POP  DS                Register DS bekommt seinen alten Wert vom Stapel
                           zurück.
7.  IRET                   Die Rücksprunganweisung für Interruptroutinen.
```

Die BIOS Routine hat anstelle der dritten und vierten Anweisung einen Aufruf (CALL) einer anderen Routine, die das BIOS-Datensegment in das DS-Register lädt. Die Routinen von XT und AT befinden sich an unterschiedlichen Adressen, aber durch eine Int 0x12 Anweisung kann die Speichergröße auf beiden Rechnern bestimmt werden. Der Programmierer muß nicht wissen, wo diese Information gespeichert ist, nur wie er sie bekommen kann und wie sie zurückgegeben wird.

Wir unterbrechen dieses Programm - die Gefahren von Interrupts

So nützlich Interrupts für Programmierer sind, sind sie doch eine Achillesferse des PC geworden. Jedes Programm auf einem PC kann die Interruptvektoren ändern. Auf einem Großcomputer wird einem Programm ein Speicherbereich zugewiesen und es kann auf andere Bereiche nicht zugreifen. Der PC hat außer dem ROM, das nur gelesen werden kann, keine geschützten Bereiche. Jedes Programm hat Zugriff auf alle Speicherbereiche, einschließlich der Interruptvektorentabelle. Ein Programm kann den Eintrag für die Routine zur Speichergrößenbestimmung ändern, so daß eine eigene Routine aufgerufen wird, die dann vielleicht den gesamten Speicher löscht. Sie muß die Speichergröße nicht zurückgeben. Sie könnte aber auch die originale Interrupt-Adresse sichern, um am Ende die ursprüngliche Routine aufzurufen.

Viele Programme benutzen Interrupts für sinnvolle Aufgaben. SideKick von Borland, benutzt z.B. viele Interrupts. Ein anderes Programm, das einen Interrupt benutzt, ist der PANDA SYSTEM-MONITOR. MONITOR untersucht die Werte aller Register, die für eine Ein-/Ausgabe auf ein Laufwerk wichtig sind, beurteilt die Absicht des aufrufenden Programms und übergibt die Kontrolle an die Routine, die vor MONITOR installiert war. Hat das aufrufende Programm böse Absichten, gibt MONITOR einen Fehlercode an das aufrufende Programm zurück.

Wie alles zusammenarbeitet - die Urladeprozedur

Wenn die CPU einen Befehl aus dem Speicher lädt, ihn ausführt und dann mit dem nächsten Befehl in gleicher Weise fortfährt, liegt die Vermutung nahe, daß immer irgendein Programm läuft. Das ist tatsächlich so, die CPU arbeitet immer ein logisches Programm ab. Selbst wenn kein besonderes Programm läuft, muß dort ein Programm sein, was den Computer geduldig auf die nächste Aufgabe warten läßt.

Wir wollen nun betrachten, wie die ganze Sache beginnt. Nach dem Einschalten des Computers wird als erstes das Urladeprogramm ausgeführt. Der Computer sucht sich nicht zufällig den richtigen Code aus, sondern es muß ihm schon mitgeteilt werden, wo er mit der Ausführung beginnen muß. Es gibt einen speziellen Chip, der beim Einschalten (oder einem Reset) dafür sorgt, daß das CS Register mit Einsen gefüllt und IP gelöscht ist. Darum befindet sich die erste ausgeführte Anweisung in der Speicherzelle FFFF:0000. Sie liegt im ROM (Nur-Lese-Speicher) und nur 15 Bytes von der obersten Speichergrenze des 8086 entfernt. Die Anweisung lautet 0xEA und bewirkt, daß IP und CS aus den nächsten Bytes geladen werden. Danach holt sich die CPU ihre Befehle schon aus dem neuen Speicherbereich, der durch die neuen Werte von CS und IP festgelegt wird. Der Vorgang ist ein Sprung (GOTO in BASIC).

Nun ist das Urladeprogramm schon richtig in Schwung. Als erstes wird ein POST (Power On Self Test) durchgeführt. Dann beginnt der Urlader, die oberen Speicherbereiche nach zwei Markierungsbytes (0x55 und 0xAA) abzusuchen. Sie deuten auf ROM von Peripheriegeräten hin. Üblicherweise besitzen der Festplattenadapter und EGA/VGA-Videoadapter solche ROMs. Anderen Hardwaregeräten sind auch ROM-Bereiche zugeordnet. Das Urladeprogramm springt in die einzelnen Bereiche dieser Geräte und wieder zurück. Bis jetzt waren alle Anweisungen im ROM abgelegt und konnten nicht verändert werden. Der RAM-Bereich wird beim Systemstart nur für die Speicherung von Daten benötigt.

Sind alle oben beschriebenen Vorbereitungen abgeschlossen, muß das Urladeprogramm eine wichtige Entscheidung treffen. Diskettenlaufwerk A: wird gestartet und es wird versucht, den ersten Sektor der Diskette an eine festgelegt Position in den Speicher zu lesen. War diese Operation erfolgreich, wird dem eingelesenen Code die Kontrolle übergeben. War das Lesen nicht erfolgreich und gibt es eine Festplatte im System, wird ihr erster Sektor eingelesen und ausgeführt. Ohne Diskette und Festplatte bleibt die Kontrolle im ROM (nur IBM), und das Kassetten-Basic wird ausgeführt. Wir wollen nun das Kassetten-Basic vergessen (wie alle) und annehmen, daß eine gültige Urladerspur von Diskette oder Festplatte eingelesen wurde. Der Urladersektor ist nur 512 (0x200) Bytes lang und enthält Daten und Anweisungen. Die Daten enthalten die physikalischen Eigenschaften des Mediums (Anzahl der Seiten, Spuren, Sektoren u.s.w.) und ein paar Fehlermeldungen, die bei Schwierigkeiten ausgedruckt werden können. Die Anweisungen enthalten gerade genug Code, um die Datei IBMBIO.COM auf der Diskette zu suchen, in den Speicher zu laden oder eine Fehlermeldung auszugeben, daß die Datei nicht gefunden wurde. Das sind für so wenig Code eine Menge Aufgaben. Der Code zum Laden von Sektoren, zur Ausgabe auf dem Bildschirm und für Tastatureingaben befindet sich in einem ROM-Bereich, der BIOS (Basic Input Output System) genannt wird. So muß der Urladercode nur die Daten für die ROM-Routinen in die richtigen Register laden und die Kontrolle an die entsprechende Position im ROM abgeben. Nach Ausführung der Routine erhält der Urladercode die Kontrolle zurück.

Ist IBMBIO.COM einmal geladen, wird die Kontrolle übertragen und das Programm aus dem Urladersektor wird gelöscht. IBMBIO.COM lädt die Datei IBMDOS.COM und CONFIG.SYS. Enthält die Datei CONFIG.SYS eine SHELL-Anweisung wie

"SHELL = C:\MEINPROG.COM", wird das angegebene Programm auch noch geladen und ausgeführt. Existiert keine SHELL-Anweisung, wird COMMAND.COM geladen und gestartet. IBMBIO und IBMDOS bleiben im Speicher und stellen COMMAND.COM und anderen Programmen viele Routinen bereit. Ist die Kontrolle bei COMMAND.COM angelangt, ist die Urladeprozedur beendet.

Dein Wunsch ist mir COMMAND.COM

COMMAND.COM ist das Programm, welches immer dann läuft, wenn kein anderes Programm gestartet wurde. Es gibt den bekannten DOS-Prompt aus und interpretiert die Tastatureingaben. Es muß aber nicht das Hauptprogramm sein, das nach der Urladeprozedur ausgeführt wird. Mit der SHELL-Anweisung kann jede ausführbare Datei (COM) wie DEBUG.COM oder FORMAT.COM geladen werden. Aber nur COMMAND.COM kann nicht beendet werden. Wäre DEBUG.COM als SHELL geladen, und würden wir "Q" für Quit eingeben, würde das Programm im "Nirgendwo" landen, an einer zufälligen Position. Wieder einmal Gelegenheit für den großen roten Schalter.

COMMAND.COM wird auf 99% aller PCs als SHELL geladen. Es gibt auch andere Kommandointerpreter, aber COMMAND.COM wird mitgeliefert. Nachdem COMMAND.COM von IBMBIO.COM gestartet ist, sucht es als erstes nach einer Datei namens AUTOEXEC.BAT, einer Stapeldatei. Sind die darin enthaltenen Befehle abgearbeitet, bleibt COMMAND.COM in einer Schleife, in der die Tastatur abgefragt wird. Nun kann der Benutzer zum ersten Mal dem Computer mitteilen, was er tun soll. Der Start im ROM, der Urladersektor, IBMBIO.COM, IBMDOS.COM, CONFIG.SYS, COMMAND.COM und AUTOEXEC.BAT befolgen festgelegte Befehle, bevor der Benutzer überhaupt Kommandos eingeben kann.

COMMAND ist ein Allroundprogramm, das viele eingebaute Routinen zum Löschen (ERASE), Kopieren (COPY), Umbenennen (RENAME) und Listen (DIR) enthält. Es liest auch Eingaben von der Tastatur und versucht diese als Befehl zu interpretieren. Als erstes wird dabei nach einem internen Befehl gesucht, der zur Eingabe paßt. Dann wird nach Dateien mit der Erweiterung .COM und .EXE gesucht. Zuletzt wird auch nach .BAT-Dateien Ausschau gehalten. Wenn auch das fehlgeschlagen hat, wird die Meldung "Falscher Befehl oder Dateiname" ausgegeben. Wenn COMMAND die Eingabe nicht interpretieren kann, wird nichts weiter getan

und eine neue Eingabe erwartet. Ist COMMAND.COM einmal
gestartet, kann es nicht mehr beendet werden, es sei denn, ein
Programm setzt den Befehlszeiger auf eine unsinnige Position.

Die Speichermedien: Disk-o-technik

Die Disketten und die Laufwerke sind wohl der verwundbarste
Teil der Ausstattung eines PCs. Wenn der Strom ausgeschaltet wird
oder ausfällt, sind die Daten im Speicher des Rechners verloren.
Eine Ausnahme bilden ein paar Bytes, die in einigen Modellen
durch Batterien aktiv gehalten werden. Diese Konfigurationsdaten
bleiben aktiv, bis die Batterie leer ist, oder entfernt wird. Alle
Daten und Programmbefehle aber sind augenblicklich verloren,
wenn der Strom wegbleibt. Vielleicht haben Sie auch schon einen
kleinen Aussetzer erlebt und sich gewünscht, daß der gerade
bearbeitete Text abgespeichert wäre.

Disketten und Festplatte werden fast als selbstverständlich angesehen. Darauf abgespeicherte Daten bleiben permanent (es scheint
wenigstens so). IBM will es zwar nicht zugeben, aber die originalen
ATs wurden mit Festplatten ausgeliefert, bei denen man nicht
fragte, *ob*, sondern *wann* sie ausfallen werden. Das Magazin *PC*
berichtete über eine Ausfallrate von 200 Prozent für diese Maschinen. IBM gab das Problem nie zu, wechselte aber den Hersteller
der Festplatten und beseitigte damit das Problem.

Eine Diskette ist ein recht delikates Ausstattungsteil, wenn man
sich vorstellt wie leicht man sie mißbrauchen kann. Ein dünner
Träger aus Mylar, der auf beiden Seiten mit einem magnetischen
Material beschichtet ist, befindet sich in einer rechteckigen Hülle.
Um Abnutzungserscheinungen zu verringern, ist die Innenseite
der Hülle mit Teflon beschichtet, denn das Mylar innen wird mit
600 U/min gedreht. Wenn die Diskette in ein Laufwerk eingelegt
wird, klemmen zwei Schreib-/Lese-Elektromagneten (Köpfe) die
Diskette leicht ein. Das geschieht am großen Schlitz, der in die
Hülle geschnitten ist.

Außerhalb des Laufwerks sind Hitze, Magnete, Kaffee und Cola
potentielle Diskettenkiller. Hitze kann das Plastik der Disketten
verformen oder schmelzen. Magnete wie auch starke magnetische
Felder, die z.B. durch einen Staubsauger verursacht werden,
können die auf den Disketten gespeicherten Informationen zerstören. Kaffee und besonders Cola können die Diskette ver-
schmieren und unbrauchbar machen. Benutzt man solche Diskette
noch können auch die Köpfe des Laufwerks in Mitleidenschaft
gezogen werden.

Die neueren 3 1/2 Zoll Disketten sind gegenüber physischer
Beschädigung etwas widerstandsfähiger. Durch die harte Plastik-
schale kann die Diskette nicht so leicht gebogen oder gefaltet
werden. Trotzdem ist die Fehlerrate dieser kleineren Disketten für
ihren Preis ungewöhnlich hoch.

Festplatten

Da man eine Festplatte meistens nicht sehen kann, denkt man auch
nicht oft an sie. Eine Festplatte ist so empfindlich, daß sie permanent von ihrer Umgebung abgeschlossen aufbewahrt werden muß.
Die Scheiben drehen sich mit einer atemberaubenden Geschwindigkeit und der Schreib-/Lesekopf berührt niemals wirklich die
Oberfläche. Eine harte Erschütterung des Systems kann den
Schreib-/Lesekopf kurzzeitig auf die Oberfläche schlagen, so daß
etwas magnetisches Material entfernt wird. Obwohl die Hersteller
Millionen Betriebsstunden ohne Fehler versprechen, sollten die
auf eine Festplatte gespeicherten Daten niemals als permanent
angesehen werden. Wie wir sehen werden, ist nicht nur physikalische Beschädigung ein Grund dafür.

Wie Informationen auf einem magnetischen Medium gespeichert
werden können, lernten wir nach dem zweiten Weltkrieg von den
Deutschen. Die meisten Haushalte besitzen heutzutage einen
Kassetten- oder Videorecorder. Die funktionieren so: Ein Elektromagnet wird zur Magnetisierung des Tonkopfes verwendet, wenn
das Band vorbeistreicht. Das magnetische Material auf dem Band
wird umsortiert, so daß beim Abspielen ein kleiner Strom im Ton-
kopf induziert wird. Dieser kleine Strom kann verstärkt werden
und produziert den Klang des Originals.

Disketten und Festplatten arbeiten fast nach dem gleichen Prinzip.
Ein einzelner Schreib-/Lesekopf kann zwei Funktionen ausführen.
Im Aufnahmemodus wirkt er wie ein Elektromagnet, er magneti-
siert die Oberfläche und löscht vorher vorhandene Daten. Im
Abspielmodus liest der Kopf die Informationen der Diskette, indem
das magnetische Material einen kleinen Strom induziert.

Auch ein Audio-Kassettenrecorder kann zum Aufnehmen und
Abspielen von Computer-Informationen benutzt werden. Der
originale IBM PC hatte auf der Rückseite einen Anschluß und
Softwareroutinen im BIOS, um einen Kassettenrecorder anstelle
eines Diskettenlaufwerks zu benutzen. Der Nachteil der Kassette
ist, daß die Daten in der Reihenfolge, in der sie gespeichert
wurden, auch wieder gelesen werden müssen.

Die Vorteile einer Diskette sind die gleichen wie die einer Platte
(CD) im Vergleich zu einer Kassette. Wenn Sie nur den vierten

Satz von Beethovens neunter Sinfonie hören wollen, müssen Sie nicht das Band vorspulen. Bei einer Schallplatte können Sie den Tonarm an der gewünschten Stelle aufsetzen. Eine CD entspricht noch eher einer Diskette, zumindest was die Bedienung angeht. Informationen auf der CD sagen dem Abspielgerät, wo welche Stücke anfangen und aufhören. Der CD-Spieler führt dann automatisch den Laserstrahl zur gewünschten Stelle.

Disketten sind in Spuren (manchmal auch Zylinder genannt) eingeteilt. Die Diskette des originalen PC hat 40 Spuren oder Ringe von außen nach innen auf der Scheibe. Ein kleiner Schrittmotor bewegt den Schreib-/Lesekopf zur richtigen Spur. Bald nach Einführung des PCs erschienen doppelseitige Diskettenlaufwerke mit zwei Schreib-/Leseköpfen, für jede Seite einen.

Die Formatierung

Eine neue Diskette, die frisch aus der Packung kommt, ist leer. Das magnetische Material befindet sich in einem neutralen Zustand. Die Idee einer Diskette besteht darin, Daten schnell aufzufinden. Der PC beginnt nicht mit dem Schreiben von Daten auf die Diskette, in dem er spiralförmig von außen nach innen fährt. Darum muß jede Diskette zuerst formatiert werden. Jede Spur wird in kleine Abschnitte aufgeteilt, die Sektoren genannt werden. Jeder Sektor kann bei PC-DOS bis zu 512 Bytes an Informationen beinhalten. Er kann auch eine andere Länge haben, da sie während des Formatierungsprozesses festgelegt wird. Damit ein bestimmter Sektor einfach gefunden werden kann, werden sie bei Eins beginnend durchnumeriert. Auch hier kann die Art der Numerierung vorher festgelegt werden. Einige Kopierschutzverfahren nutzen andere Sektorgrößen und eine andere Sektorennumerierung, damit sie nicht von normalen DOS-Funktionen gelesen werden können.

Die ersten Disketten benutzten acht Sektoren pro Spur. Sie konnten 163840 Bytes speichern (512 Bytes pro Sektor * 8 Sektoren pro Spur * 40 Spuren). Mit Einführung der doppelseitigen Laufwerke verdoppelte sich auch die Speicherkapazität auf 368640 Bytes.

Mit dem IBM PC/AT können auch 80 Spuren pro Seite verarbeitet werden. Diese Disketten mit vierfacher Dichte können auch mit 15 Sektoren pro Spur formatiert werden und bieten dann eine Kapazität von 1228800 Bytes (512*15*80*2).

Mit der IBM PS/2-Reihe hat IBM die 3 1/2 Zoll Disketten bei ihren Rechnern eingeführt. Diese kleineren Disketten können mehr Informationen speichern als ihre großen Brüder. DOS unterstützt für die kleinen Disketten zwei Formate: Zweiseitig, neun Sektoren pro Spur, 80 Spuren (737280 Bytes) und zweiseitig, 18 Sektoren pro Spur, 80 Spuren (1474560 Bytes).

All diese Diskettenformate werden normalerweise durch ihre Kapazität in KB oder MB angesprochen. Wenn wir uns an die zusätzlichen 24 Bytes pro Kilobyte erinnern, ergeben sich folgende Kapazitäten:

Medium	Seiten	Sektoren/Spur	Spuren	Kapazität
5 1/4 DD	1	8	40	160 K
5 1/4 DD	2	8	40	320 K
5 1/4 DD	1	9	40	180 K
5 1/4 DD	2	9	40	360 K
5 1/4 QD	2	9	80	720 K
5 1/4 QD	2	15	80	1.2 M
3 1/2	2	9	80	720 K
3 1/2	2	18	80	1.44 M

Eine Festplatte ist ähnlich organisiert wie eine Diskette. Der Unterschied ist, daß mehrere Scheiben übereinander angebracht sein können, so daß die Anzahl der Seiten sich erhöht. Auf einer Spur können viel mehr Sektoren untergebracht werden (typischerweise 23) und auf eine Seite passen mehr Spuren. Es gibt nur eine räumliche Begrenzung. Das Laufwerk muß klein genug sein, um in das Gehäuse des PCs zu passen. Vor der Einführung von DOS 4.0 war eine Festplatte auf die Kapazität von 32 MB beschränkt. Größere Platten wurden dann logisch aufgeteilt (partitioniert).

Obwohl DOS alle oben aufgeführten Diskettenformate unterstützt, ist die 360 KB Diskette heute die populärste. Wir wollen uns an diesem Format ansehen, wie DOS die Speicherung von Daten organisiert.

Wie ein Computer eine Diskette benutzt

Eine 360 KB Diskette hat 720 Sektoren, von denen jeder 512 Bytes (1/2 KB) Daten umfaßt. Es erfordert einiges an Organisation, damit DOS ein bestimmtes gespeichertes Datum finden kann. Für den Anfang wollen wir annehmen, daß die Sektoren von 0 bis 719 durchnumeriert sind. Der erste Sektor, Sektor 0, wird vom Urladersatz belegt. Wie aber werden die restlichen 719 Sektoren benutzt?

Viele Methoden zur Verwaltung von Daten auf Disketten wurden entwickelt, und DOS benutzt eine davon. Wir wissen, daß DOS einen acht Zeichen langen Dateinamen mit drei Zeichen Erweiterung benutzt, um Dateien über ihren Namen anzusprechen. Zur

Speicherung von Dateinamen, Erweiterungen, Zeit und Datum der letzten Änderung und Länge der Datei reserviert DOS einige Sektoren auf der Diskette. Zusammen mit anderen Bytes ergeben sich für jede Datei 32 Bytes an Informationen. Der Diskettenbereich, der diese Informationen enthält, wird Wurzelverzeichnis genannt (root directory) und benötigt sieben festgelegte Sektoren. Mit 512 Bytes pro Sektor kann jeder der sieben Sektoren 16 Verzeichniseinträge enthalten, so daß insgesamt 112 Dateieinträge auf einer Diskette möglich sind.

Die Daten einer Datei werden an einer anderen Stelle auf der Diskette gespeichert und müssen ebenfalls verzeichnet sein. DOS benutzt für die Zuweisung von Speicherplatz auf Disketten eine sogenannte Dateibelegungstabelle (FAT), die ebenfalls an einer bestimmten Stelle auf der Diskette steht. Diese Tabelle ermöglicht DOS festzustellen, welche Sektoren noch frei sind, wenn neue Daten auf die Diskette geschrieben werden sollen.

Die Dateibelegungstabelle (FAT)

In der Dateibelegungstabelle oder FAT (File Allocation Table) sind *die* am meisten veränderten Daten einer Diskette enthalten. Sie wird so oft benötigt und ist dabei so wichtig, daß DOS zwei Kopien davon auf jeder Diskette speichert. Da die ersten Disketten wenig Speicherplatz besaßen, benutzte DOS das Prinzip der Cluster von aufeinanderfolgenden Sektoren und nicht die Sektorennummern selbst. Typische Cluster sind ein, zwei oder vier Sektoren lang, je nach Diskettenformat und DOS-Version.

Die FAT ist als eine Tabelle von Zahlen auf der Diskette abgelegt. Sie enthält für jeden Cluster einen Eintrag. Es existieren zwei verschiedene Formate, die DOS für die Einträge benutzt, entweder 12 Bit lang (0-4095) oder 16 Bit lang (0-65535). Offenbar benutzen alle Disketten mit mehr als 4096 Clustern die FAT mit 16 Bit Einträgen. Die meisten Disketten benutzen aber die 12 Bit Version. Einige Werte sind von DOS reserviert. 4087 (0xFF7) wird benutzt, um einen Cluster als nicht benutzbar zu kennzeichnen, da ein Formatierfehler (bad sector) vorliegt. 4081 bis 4086 (0xFF1 bis 0xFF6) sind ebenfalls reserviert, wurden aber niemals benutzt. Eine Null wird benutzt, um den Cluster als frei zu kennzeichnen.

Der Verzeichniseintrag einer Datei gibt den ersten von ihr belegten Cluster an. Von da an enthält die FAT eine Kette, um zu zeigen, welche Cluster zu welcher Datei gehören. Der Verzeichniseintrag zeigt auf einen FAT-Eintrag. Dieser Eintrag zeigt auf den nächsten durch diese Datei belegten Cluster. Dessen Eintrag zeigt auf den nächsten und so weiter. Wird das Ende der Kette erreicht, ist der Cluster mit 0xFFF (alle Bits gesetzt) gekennzeichnet.

Soll eine Datei erweitert werden, durchsucht DOS die FAT nach Nullen, womit unbenutzte Cluster gekennzeichnet sind, und ergänzt die vorhandene Kette. Wird eine Datei gelöscht, werden die FAT-Einträge auf Null gesetzt und der Verzeichniseintrag mit 0xF6 markiert. Der Rest des Verzeichniseintrags und die Datenbereiche werden nicht verändert. Der Eintrag im Verzeichnis ist nur als gelöscht *gekennzeichnet*. Darum kann mit einem speziellen Programm eine Datei entlöscht werden. Da im Verzeichniseintrag noch die Dateigröße und der Startcluster steht, kann die Anzahl belegter Cluster errechnet und die Clusterkette rekonstruiert werden.

DOS leitet den Disketten-Verkehr

DOS-Routinen übernehmen die lästige Aufgabe, Clusternummern in Sektornummern und diese wiederum in die Angaben für Seite, Spur und Sektor umzurechnen, so daß der Schreib-/Lesekopf positioniert werden kann. Ist das Format einer Diskette einmal bekannt, sind diese Umrechnungen ein rein mathematisches Problem, für das Computer gut geeignet sind.

Als Microsoft das Disketten-Betriebssystem für den ersten IBM-PC geschrieben hat, wählten sie das oben beschriebene Schema für die Datenspeicherung. Festplatten gab es nicht. Das beschriebene Verfahren hat seine Vor- und Nachteile.

Disketten-Verkehrsunfälle

Ein Vorteil des Verfahrens ist eine gute Platzausnutzung auf der Diskette. Jede Datei belegt nur die minimal benötige Zahl an Clustern und nur ungefähr ein halber Cluster pro Datei wird im Durchschnitt verschenkt. Mit zwei Sektoren pro Cluster würden eine Ein-Byte-Datei und eine 1023-Byte-Datei jeweils genau einen Cluster belegen. Insgesamt würden die Dateien 2048 Bytes belegen, obwohl sie zusammen nur 1024 Bytes lang sind. 1024 Bytes wären verschenkt.

Die Fragmentierung von Dateien kann ein Problem der DOS-Belegungsmethode sein. Im obigen Bespiel belegt jede Datei einen Cluster. Wenn die größere Datei Cluster 2 und die kleinere Cluster 3 belegt, würde eine Erweiterung der größeren Datei dazu führen, daß ihr zusätzlich Cluster 4 zugewiesen wird. Auf einer großen Diskette mit vielen sich ändernden Dateien, können die

Cluster zu einer Datei über die ganze Diskette verstreut liegen. Dadurch wird beim Lesen und Schreiben eine große Anzahl von Bewegungen des Kopfes nötig.

Ein anderer Nachteil des Betriebssystems ist, daß jedes Programm das DOS-Schema umgehen kann. Zwei Möglichkeiten wurden in DOS, und einer im BIOS offengelassen, um den direkten Schreib- und Lesezugriff auf bestimmte Sektoren zu ermöglichen. Es ist leicht, eine Diskette zu zerstören, indem man Unsinn in den Urladersektor, die FAT oder das Verzeichnis schreibt, egal ob dies nun absichtlich oder versehentlich geschieht. Jeder dieser Bereiche steht an einem ganz bestimmten Platz auf der Diskette und enthält wichtige Informationen für ihre Benutzung. Fehlerhafte Daten können alle Daten, die auf den übrigen Sektoren stehen, unbrauchbar machen. Die DR. PANDA Hilfsprogramme und ein bißchen Wissen Ihrerseits können einen hervorragenden Schutz darstellen. Es könnte einmal "keine Aussicht auf Heilung" heißen!

Die Verwirrung der Compiler

Am Anfang waren die meisten kommerziellen Programme entweder in Assembler oder einer Hochsprache wie FORTRAN oder PASCAL geschrieben. Für die meisten Computer-Benutzer waren das aber unbekannte Dinge, und so entstand die meiste selbstgestrickte Software in BASIC. Compiler waren zu teuer und der Aufwand eine andere Hochsprache zu lernen, zu hoch. Mit dem Erscheinen von Compilern für das breitere Publikum, wie Borland's Turbo Pascal, lernten immer mehr, die Leistung einer Hochsprache zu nutzen. Damit wurde es schwieriger, Probleme zu lokalisieren. Der Quellcode wurde nicht mehr mitgeliefert, sondern nur noch übersetzte Maschinenbefehle, die für 99% der Benutzer nicht verständlich waren. Selbst die Disassemblierung von Code mit DEBUG.COM, das mit jeder Kopie von DOS mitgeliefert wird, konnte dieses Problem nicht lösen. Gefährlicher Code war schwer zu erkennen. Würden die folgenden Zeilen bei Ihnen ein Alarmsignal auslösen?

```
7C66:100 BB0002          MOV     BX,0200
7C66:103 BA8000          MOV     DX,0080
7C66:106 B81705          MOV     AX,0517
7C66:109 CD13            INT     13
```

Das sollten sie aber. Diese vier Anweisungen in elf Byte Code werden die erste Spur der Festplatte formatieren und sie damit unbrauchbar machen! Alle Pferde des Königs und Norton's Hilfs- mittel können das dann nicht mehr rückgängig machen. Stellen

Sie sich einmal vor, wie schwierig es ist, diese Anweisungen in einem Programm zu finden, daß 34.000 Byte lang ist. Die Ausgabe von DEBUG würde ungefähr 13.000 Zeilen auf 190 Druckseiten betragen.

Wir wollen uns nun mit der technischen Seite der Viren beschäftigen.

Wie ein Virus arbeitet

In diesem Abschnitt wollen wir davon ausgehen, daß ein Virus ein Stück Code ist, der nicht nur in der Lage ist, sich selbst zu duplizieren, sondern sich an andere Programme heftet, ohne daß der Benutzer davon etwas merkt. Ein Trojanisches Pferd ist ein Programm, daß normal aussieht, aber bei Ausführung andere Programme und Daten zerstört. Ein Wurm ist ein Trojanisches Pferd, daß auf ein bestimmtes Ereignis wartet, bevor es mit der zerstörerischen Arbeit beginnt.

Es ist nicht sehr wahrscheinlich, daß der durchschnittliche Benutzer mit einem Virus in Kontakt gerät, da dieser besonders aufwendig zu erstellen ist. Ein Wurm ist schon einfacher zu schreiben, aber immer noch kompliziert genug, so daß es unwahrscheinlich ist, einem zu begegnen. Ein Trojanisches Pferd hingegen kann von fast jedem programmiert werden, der einige DOS-Befehle kennt.

Zerstörende Befehle können COMMAND.COM durch eine einfache Stapeldatei übergeben werden. Sie erinnern sich, daß die Stapeldatei AUTOEXEC.BAT direkt nach dem Systemstart ausgeführt wird. Das Hinzufügen des Kommandos "ERASE *.COM" in die Datei AUTOEXEC.BAT würde alle .COM-Dateien aus dem Wurzelverzeichnis der Startdiskette löschen. Würde die Ausgabe des ERASE-Kommandos ("# Dateien gelöscht") auf das NUL-Gerät umgeleitet ("ERASE *.COM >NUL"), würde keine Meldung auf den Bildschirm geschrieben. Der Arbeitende würde nicht merken, daß einige Programme gelöscht sind, bis er versucht, eines davon zu starten. Viele Trojanische Pferde benutzen nur diese Methode.

Die meisten Computer-Benutzer sind mit der Programmiersprache BASIC vertraut, und IBM hat sie in alle ihre Computer seit Erscheinen des PCs eingebaut. Selbst bei den neuesten PS/2s wird auf BASIC zugegriffen, wenn kein System gefunden wird. Da so viele Menschen BASIC können, ist es sehr wahrscheinlich, daß ein Witzbold sie einmal für seine Zwecke verwendet.

Eine Fallstudie

> "Ich weiß, Du gabst mir das, wovon ich sagte,
> daß ich es haben wollte, aber was ich sagte,
> daß ich es haben wollte, ist nicht das, was ich wollte."

Kürzlich war eine Firma sicher, daß sich in einer ihrer Maschinen ein zerstörendes Programm befindet. Dokumente verschwanden, die mit einem teuren, sehr guten Textverarbeitungsprogramm erstellt worden waren. Sie riefen in Panik bei PANDA SYSTEMS an. Es schien, als wenn die Dokumente auf der Diskette verschwinden, wenn man das Textverarbeitungsprogramm verläßt. Mit Nortons Unerase-Programm konnten die verlorenen Dokumente wiederhergestellt werden, es war also nichts wirklich verloren gegangen.

Um das Problem zu lösen, machte die Firma eine komplette Sicherheitskopie der Festplatte und schickte die 36 Disketten an PANDA SYSTEMS. Wir richteten sie auf einer unserer Maschinen ein. War es ein Virus, ein Wurm, ein Trojanisches Pferd oder ein Bedienerfehler? Wir prüften die in Frage kommenden Möglichkeiten in Reihenfolge ihrer Wahrscheinlichkeit. Da wir einen Bedienungsfehler nicht prüfen konnten (wir machen offensichtlich selbst nie Felher), suchten wir zunächst nach einem Trojanischen Pferd. Nachdem wir das System gestartet hatten, führte uns AUTOEXEC.BAT in ein schönes Menü und nicht zur DOS-Kommandozeile. Das System war offensichtlich für jemanden entworfen, der nicht mit dem Kommandozeileninterpreter vertraut ist.

Da wir uns für "Power-User" halten, sind wir aus dem Menü ausgestiegen und schleiften die Textverarbeitung durch PANDAs Trick-kiste, um das Problem zu entdecken. Da eine Untersuchung von außen nichts ergab, bissen wir in den sauren Apfel und starteten das Programm. Es arbeitete ganz normal und ein auf jedes Lauf-werk geschriebenes Test-Dokument verschwand nicht.

Jemand im Büro hielt das für einen unfairen Test. Wir benutzten das Programm nicht in der Weise, wie es vorgesehen ist. Wir starte-ten das System neu und riefen die Textverarbeitung aus dem Menü auf. Ein weiteres Test-Dokument wurde auf alle Laufwerke geschrieben und wir kehrten zum Menü zurück. Es schien normal zu arbeiten, aber ein Versuch, das gerade geschriebene Dokument abzurufen, resultierte in einer Meldung "Datei nicht gefunden".

Tatsächlich stellte sich heraus, daß das Dokument gelöscht worden war. Damit hatten wir das Problem schon eingekreist. Das Menü-Programm war der Angreifer, nicht die Textverarbeitung. Das Menü war in BASIC geschrieben und eine Prüfung ergab die folgende Zeile im Code:

```
KILL "A:*.DOC"
```

Diese einfache Zeile löscht alle Dateien mit der Erweiterung ".DOC" von Laufwerk A:, wenn die Textverarbeitung aus dem Menü aufgerufen wird. Sabotage? Ein Scherz? Nichts von beidem. Es war einfach ein Mißverständnis zwischen dem Benutzer und dem Programmierer des Menüs. Er dachte, der Benutzer möchte alle alten Dokumente von der Diskette löschen, bevor neue angelegt werden. Es gab eine andere Menüauswahl, mit der ein Dokument von der Festplatte C: auf eine leere Diskette A: kopiert werden kann. Der Programmierer dachte, dies wäre so gewünscht. Der Kunde hatte offenbar ein Trojanisches Pferd bestellt... und er bekam es.

Wie ein Trojanisches Pferd durch die Eingangstüre eingelassen wird

Die meiste Zeit machen wir uns keine Gedanken um Trojanische Pferde. Es wurde von den Griechen vor unserer Türe abgesetzt und sieht zu gut aus, um es nicht hineinzulassen. Ein interessantes Spiel erscheint in einer Mailbox oder auf einer Diskette eines Freundes. Der Freund hatte das Programm schon viele Male benutzt und hatte seinen Spaß daran, angreifende Außerirdische vom Planeten Ghorton abzuschießen.

Sie wollen es auch einmal ausprobieren. Der Bildschirm füllt sich mit pflanzenähnlichen Kreaturen, und Sie zerstören Sie erfolgreich mit einem Druck auf die Leertaste. Phantastische Graphik! Tolle Geräuscheffekte! Sogar das rote Licht auf der Front des Computer leuchtet auf, wenn ein Eindringling abgeschossen wird! Punktzahl: 53 Außerirdische eleminiert, 53 Dateien von der Festplatte gelöscht.

Sie rufen wütend Ihren Freund an. Was für ein Freund! Wie konnte er Ihnen ein "Spiel" geben, daß bei jedem Treffer auch eine Datei löscht. Wußte er davon? Nein er wußte es nicht. Er besitzt keine teure Festplatte. Er war ein unschuldiger Übertrager eines klassischen Trojanischen Pferdes. Da er kein Laufwerk C: besaß, konnte es auch nicht angegriffen werden.

Die Geschichte hat ein glückliches Ende, denn Ihr Nachbar hilft Ihnen mit Mace und Norton Ihre Festplatte wiederzubeleben.

Wenn diese Sache sich aber auf einem Geschäftsrechner abgespielt hätte? Wer würde dem Vorgesetzten erzählen, daß wichtige Firmendaten beim Spielen in der Kaffeepause gelöscht wurden? Da hilft nur Verstecken der Programmdiskette und der Hilfeschrei "Virus!".

Trojanische Pferde näher beleuchtet

Über das "Warum" brauchen wir uns bei den Trojanischen Pferden nicht unterhalten. Uns interessiert mehr das "Wie". Die einfachsten Trojanischen Pferde können Stapeldateien sein, die bei Aufruf DOS-Befehle ausführen. Das Kommando "DEL *.*" löscht alle Dateien vom Standardlaufwerk, aber als Sicherung wird gefragt, "Wollen Sie wirklich alles löschen (J/N)?". Trotzdem löschen Kommandos wie "DEL *.COM" sofort alle .COM-Dateien, ohne Warnung. Nur die Nachricht "# Dateien gelöscht" läßt darauf schließen, daß etwas passiert ist. Diese Meldung kann sogar unterdrückt werden (durch Umleitung nach NUL).

Viele der Trojanischen Pferde in Mailboxen sind "Hacks" von legitimen Programmen. Da BASIC die am meisten benutzte Sprache war, wurden die meisten Programme als Quelltext angeboten. Bei BASIC wird der Quelltext vom Interpreter direkt abgearbeitet (interpretiert). Ein Witzbold könnte ein BASIC-Programm aus der Mailbox laden, ein paar Zeilen Quelltext hinzufügen und es in eine andere Mailbox wieder hineinladen. Dazu sind nur elementare BASIC-Kenntnisse nötig. Es ist zwar leicht für den System Operator (SYSOP), die neuen Programme zu lesen, aber das dauert natürlich sehr lange. Darum werden nicht alle Programme kontrolliert und manchmal ist eben ein Trojanisches Pferd dazwischen.

Wartende Wurm-Programme -
"Wenn der Wurm sich dreht"

Trojanische Pferde beginnen sofort mit ihrer schmutzigen Arbeit. Der Wurm hingegen wühlt sich seinen Weg in das System und wartet dort still, bis er durch ein Ereignis aufgeweckt wird. Ulysses und seine Kameraden sprangen auch nicht sofort aus dem Pferd, um sofort erkannt zu werden. Sie warteten ruhig, bis das Pferd in die Stadt geschleppt wurde, und hatten damit den Sieg auf ihrer Seite. Der PC wird, wie die alten Trojaner, ein Programm in seinen Speicher aufnehmen und es erst einmal dort lassen, während er sich um andere Aufgaben kümmert.

Die Möglichkeit, Programme speicherresident werden zu lassen (TSR terminate and Stay Resident), gibt es schon seit DOS 1.0. In

Version 2.0 wurde das Verfahren programmtechnisch noch einfacher. Wenn ein Programm speicherresident wird, bleibt sein Speicherplatz belegt und andere Programme werden so geladen, daß sie das residente Programm nicht stören. DOS ist allerdings kein Multitasking-Betriebssystem wie UNIX oder VMS, die gleichzeitig gehen und Kaugummi kauen können. Auf PCs kann immer nur ein Programm zu einem Zeitpunkt laufen. Darum muß sich ein speicherresidentes Programm einen anderen Weg suchen, wie es dem Betriebssystem die Kontrolle entreißen kann.

In der PC-Familie werden solche Programme über einen "Interrupt" (Unterbrechung) aufgerufen. Genau das passiert auch. Das gerade laufende Programm wird kurzzeitig unterbrochen, der Computer durchsucht eine Tabelle von Adressen im Speicher, und die Kontrolle wird einer der Interruptnummer entsprechenden Routine übergeben. Ist die Bearbeitung der Routine beendet, erhält das unterbrochene Programm die Kontrolle zurück.

Der PC und DOS sind so konstruiert, daß fast alle Ein- und Ausgaben über Softwareinterrupts durchgeführt werden. Das befreit den Programmierer von unangenehmen Aufgaben wie die Umwandlung eines Tastendrucks in einen Buchstaben oder die Details zum Schreiben auf eine Diskette. Es ermöglicht aber auch einem Saboteur, mit vier Anweisungen eine Spur zu formatieren. Einige Programme nutzen die TSR-Methode und Interrupts auch vorteilhaft. Viele Benutzer kennen Hilfsprogramme von Borland wie SideKick, das geduldig im Speicher wartet, bis der Benutzer eine bestimmte Tastenkombination gedrückt hat. Das laufende Programm stoppt, und SideKick bietet dem Benutzer nützliche Funktionen wie Notizblock, Taschenrechner, Kalender und ASCII-Tabelle. Wenn eine andere Taste Sidekick beendet, wird das unterbrochene Programm fortgesetzt.

Nach jedem Tastendruck wird vom PC ein Interrupt 9 ausgelöst. SideKick und andere TSR-Programme ändern den Tastaturinterrupt auf ihre eigenen Routinen und prüfen die Eingabe auf eine bestimmte Tastenkombination. Wurde nicht die gesuchte Kombination gedrückt, wird die Kontrolle an die originale Tastaturroutine übergeben, deren Adresse sich das TSR-Programm gemerkt hatte.

Ein anderer Interrupt wird 18,2 Mal in der Sekunde erzeugt. Man nennt ihn den Timer-Interrupt (Zeitgeber). Der PC benutzt diesen Interrupt, um die Uhrzeit und das Datum aktuell zu halten. Der Timer-Interrupt ruft einen weiteren Interrupt auf (1C Hex.), der von anderen laufenden oder residenten Programmen benutzt werden kann. Einige Programme wie Microrim's CrossTalk benutzen diesen Interrupt, um den Zeitverbrauch einiger Verarbeitungsschritte zu messen. Sidekick benutzt diesen Interrupt um herauszufinden, ob ein anderes Programm den Tastaturinterrupt umgeleitet hat und ob ein laufender Interrupt unterbrochen werden kann. Es kann manchmal noch komplizierter werden als hier beschrieben. Kein Wunder, daß zu viele TSR-Programme das System schon mal zum Stolpern bringen können.

Ein Wurm kann einen dieser Interrupts zu unserem Nachteil nutzen. Er kann resident werden, den Timer-Interrupt abfragen und 65520 Mal warten, bis die griechischen Horden losgelassen werden. Das wäre genau eine Stunde nachdem die Tore von Troja durchfahren worden sind. Eine Stunde wartet das angreifende Programm, bevor es seine Untaten vollbringt. Wenn ein Trojanisches Pferd gestartet wird, ist sofort klar, welches Programm den Schaden verursacht hat. Ein Wurm kann in jedem Programm stecken, daß seit dem Einschalten des Systems gestartet wurde.

"Da Sie nun das technische Wissen haben ..."
Wir sezieren Viren

Ein selbstvervielfältigender Virus kann ein Trojanisches Pferd oder einen Wurm enthalten. Ein Virus zeichnet sich durch die Fähigkeit der Verbreitung durch Vermehrung aus. Ein Virus ist ein Computercode, der andere Programme oder Disketten sucht und Kopien von sich selbst anfertigt. Ein primärer Grund, daß Viren so selten sind, liegt in der Schwierigkeit, den Code zu erzeugen. Normale Hochsprachen wie BASIC, PASCAL und C sind nicht besonders zum Schreiben von Viren geeignet. Assembler ist wohl der einzige Weg, die komplizierten Routinen zu schreiben, die ein normales Programm in einen Virus-Träger verwandeln. Glücklicherweise sind gute Assemblerprogrammierer nicht so dicht gesät. Unglücklicherweise braucht es aber nur einen von ihnen, um einen sich schnell verbreitenden Virus zu schreiben, der zu einem großen Problem werden kann. Der (C)BRAIN-Virus, der Sie schon in Kapitel 3 kennengelernt haben, ist solch ein Fall. Er verbreitete sich von Pakistan rund um die Welt.

Viren können sich auf verschiedene Arten duplizieren und verbreiten. Der (C)BRAIN-Virus infiziert Urladersektoren. Diese Art Virus ändert den Startcode im Urladersektor einer Diskette. Wird ein PC durch Einschalten oder einen Reset (<Strg> <Alt> <Entf>) neu gestartet, wird als erstes der erste Sektor der Diskette in Laufwerk A: in den Speicher gelesen und die darin enthaltenen

Anweisungen ausgeführt. Normalerweise wird der Code im Urladersektor zum Laden der versteckten Datei IBMBIO.COM (oder IO.SYS) benutzt. Ist sie nicht vorhanden, wird eine Meldung ausgegeben. Der (C)BRAIN-Virus benutzt den Code, um sich selbst in den oberen Speicherbereich zu laden, den Computer zu überzeugen, daß er weniger Speicher als normal hat, den Disketten-Interrupt auf sich selbst zu verbiegen und die Datei IBMBIO.COM wie gewohnt zu laden. Jedesmal, wenn eine Diskette über den Interrupt angesprochen wird, prüft der (C)BRAIN-Virus, ob sie schon verseucht ist. Ist das nicht der Fall, modifiziert es den Urladersektor und hat damit die Diskette infiziert. So kann der Virus sich von Diskette zu Diskette ausbreiten.

Der (C)BRAIN-Virus hinterläßt außerdem noch eine Unterschrift. Der Kennsatz jeder Diskette wird in "(C)BRAIN" geändert. Außer dem Kennsatz und den sechs als fehlerhaft markierten Sektoren wird nichts zerstört. Festplatten können nicht infiziert werden, genausowenig Disketten, die nicht doppelseitig sind oder nicht neun Sektoren pro Spur aufweisen. Das ist das einzige Format, mit dem BRAIN arbeiten kann. Für andere Formate enthält er keinen Code.

Viren, die den Urladersektor infizieren, sind manchmal schwer zu entdecken. Der (C)BRAIN-Virus enthält Code, das den Urladersektor versteckt, indem alle Lesezugriffe auf diesen Sektor auf einen anderen Sektor umgeleitet werden, der den normalen Urladercode enthält. Sehr schlau gemacht!

Andere Virustypen hängen sich an eine der Systemdateien. Die zwei versteckten Dateien IBMBIO.COM und IBMDOS.COM (MS-DOS benutzt IO.SYS und DOS.SYS) und der Kommandointerpreter COMMAND.COM existieren auf jedem PC. Der sogenannte Lehigh-Virus infizierte COMMAND.COM, indem es sich in einen Bereich kopierte, der sonst nur Nullen enthält. Viele der Kommandos aktivierten den Virus, der dann nach anderen Disketten mit COMMAND.COM suchte und diese infizierte. Ein Zähler wurde vermindert, und bei Erreichen von Null wurde die Diskette gelöscht. Anders als (C)BRAIN, enthielt der Lehigh-Virus einen Wurm, der nach einer bestimmten Zeit ein Trojanisches Pferd startete.

Der Lehigh-Virus war nicht so ansteckend wie (C)BRAIN, obwohl es zerstörerischer war. Alle Disketten enthalten einen Urladersektor, aber normalerweise enthalten nur Startdisketten COMMAND.COM. Trotzdem löschte der Lehigh-Virus viele Disketten, bis es zur Strecke gebracht wurde.

Ein anderer Virustyp sind die Programminfizierer. Sie hängen sich selbst an alle ausführbaren Programme mit einer .COM- oder .EXE-Erweiterung. Für Viren ist es leichter, ein .COM-Programm zu infizieren, da es sich hierbei um ein genaues Abbild des Programms handelt. Eine .EXE-Datei enthält einen Kopf, der vom EXEC-Lader in COMMAND.COM nicht nur zum Laden des Programms, sondern auch zur Anpassung der Segmentoffsets benutzt wird. Ein Virus, der sich an eine .EXE-Datei hängt, muß die Kopfdaten verändern und genaue Kenntnis über die DOS-Struktur besitzen.

Oft wird gefragt: "Kann sich ein Virus an eine Datei wie ein 1-2-3-Arbeitsblatt oder eine dBASE III Datenbank hängen?" Die Antwort lautet: "Ja, aber warum sich darum sorgen?". Eine Datendatei wird niemals ausgeführt, sie enthält nur Daten, die in den Speicher geladen werden. Wenn die Daten niemals als Programm ausgeführt werden, besteht keine Gefahr, daß der Virus aktiv wird. Also, selbst wenn ein Virus sich an Datendateien zu schaffen macht, kann das niemals gefährlich werden. Selbst eine Programmdatei, die einen Virus enthält, ist eine Datendatei mit lauter Zahlen, bis sie ausgeführt wird.

Eine Warnung an professionelle Programmierer - versuchen Sie es niemals selbst

Wir wollen in diesem Abschnitt keine Anleitung geben, obwohl es Bücher über das Schreiben von Viren gibt. Für einen erfahrenen Assemblerprogrammierer kann es sehr leicht sein, einen Virus zu schreiben. Ein Computervirus fängt wie vieles bei "Null" an. Ein Programmierer schreibt ein Programm, das nur den Virus enthält. Dieses Programm wird vielleicht niemals den Computer verlassen, auf dem es geschrieben wurde. Nur die Resultate werden weitergegeben.

Der Student Mike RoChanel, der mit seinen Noten unzufrieden ist, will beweisen, daß er ein kompetenter Programmierer ist. Er entwirft sorgfältig folgenden Ablaufplan:

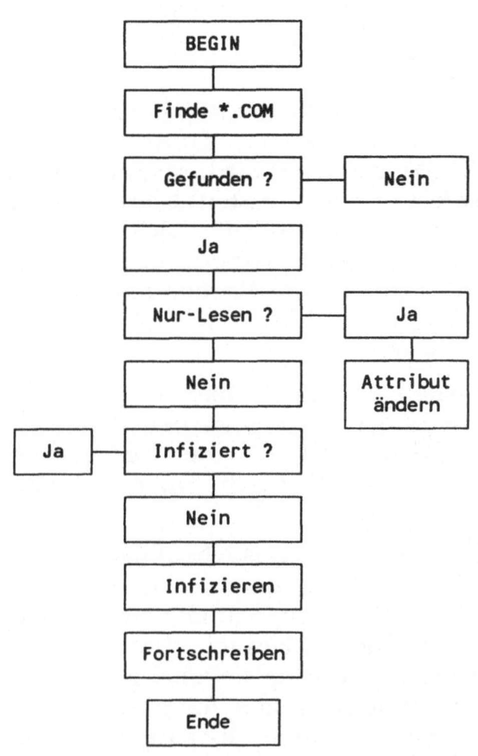

Nun beginnt er den gemeinen Code zu schreiben. Mit der praktischen DOS-Funktion "Erste Datei suchen" sucht er eine Datei mit der Erweiterung .COM. DOS gibt den Namen der ersten gefundenen Datei zurück, z.B. "MEINPROG.COM".

Das Attributbyte wird überprüft, um festzustellen, ob es sich nur um eine "Nur-Lese-Datei" handelt. Ist es so, wird das Attribut gespeichert und in Lesen/Schreiben umgewandelt. Das Datum und die Uhrzeit werden ebenfalls zwischengespeichert.

Nun lädt das Programm die Datei "MEINPROG.COM" in den Speicher wie eine Datendatei. Das Ende der Datei wird auf eine spezielle Markierung hin untersucht, die angibt, ob es infiziert ist. Ist dies der Fall, wird mit der nächsten .COM-Datei fortgefahren, bis alle bearbeitet sind.

Ist die Datei nicht infiziert, wird der Virus-Code angehängt und ein Sprung dorthin an den Anfang der Datei geschrieben. Dadurch wird der Virus-Code direkt nach Aufruf des Programms ausgeführt. Dann werden das Datum, die Uhrzeit und die Attribute wieder auf den alten Stand gebracht. Der einzige Unterschied ist eine andere Länge der neuen Datei. Datum, Uhrzeit und der Status bleiben gleich.

Der Virus-Code, der an MEINPROG.COM angehängt wurde, verfährt, wie oben beim Urvirus beschrieben. Wenn MEINPROG.COM gestartet wird, gelangt die Ausführung durch den Sprung sofort in den Virusteil. Dieser Code sucht wieder nach .COM-Programmen und dupliziert sich. Hat der Virus sein Werk vollendet, führt er einen Sprung in das ursprüngliche Programm aus. MEINPROG merkt vom Vorhandensein des Virus nichts und verhält sich völlig normal. Auch der Benutzer merkt nichts, wenn er MEINPROG startet.

Mike ist natürlich vorsichtig, daß auch die Speicherverwaltung korrekt durchgeführt wird und der Anfang von MEINPROG korrekt liegt. Dazu führt er eine Speicherverschiebung mittels eines Block-Move-Befehls durch. Diese Aufgaben übernimmt der angehängte Viruscode.

Die Möglichkeit zu zerstören ist ebenfalls im Code enthalten. Mike RoChanel hätte ein Programm schreiben können, das sich nur dupliziert und die Meldung "Gib mir eine 1 Prof" ausgibt. Er hätte auch alle Dateien löschen können, die älter als drei Monate sind. Der Programmierer kann im angehängten Code alles realisieren. Wenn der Code sich an immer mehr Dateien anhängt und diese Dateien auf andere Rechner übertragen werden, verbreitet sich der Virus und gibt ihm die Möglichkeit, weitere Male zuzuschlagen.

Alle Viren fangen als Urvirus bei Null an, aber sobald ein Programm infiziert ist, wird das Urvirus nicht mehr benötigt. Der Virus wird sich nun verbreiten, solange infizierte Programme ausgeführt werden. Mikes Virus ist ein klassischer .COM-Infizierer. Mit ein bißchen mehr Aufwand hätte er ein Programm schreiben können, daß .EXE-Dateien oder den Urladersektor infiziert. Es kann getan werden und es wird auch getan werden. Es braucht nur jemanden mit dem nötigen Know-How.

Die menschliche Natur

> "Wir haben den Feind getroffen und wir sind es selbst."
> -Pogo

Bei allen technischen Gesprächen über PC Zubehör ... Drucker, Plotter, Modeme, Tastaturen, Monitore u.s.w., ist es interessant zu beobachten, daß das wichtigste Zubehör zum PC, der *homo sapiens*, fast niemals erwähnt wird. Ohne eine richtige lebende Person, die die einfachste Operation - das Ding einzuschalten - durchführt, ist der PC nutzlos. Und, da der Mensch unberechenbar ist, stellt er das größte Risiko für die Installation dar.

Weil wir nicht in einen Computerladen gehen und einen kleinen kompakten Menschen zur Bedienung eines Computers kaufen können, beauftragen wir eine Arbeitsvermittlung und engagieren einen. In der Industrie können die Kosten (über mehrere Monate) für eine(n) einfache(n) Datenerfasser(in) genauso hoch sein, wie der Kauf eines gut ausgerüsteten PCs.

Die Bedeutung der Mensch-Maschine-Schnittstelle und die daraus entstehenden Risiken werden viel zu wenig beachtet. Es ist wichtig für die Sicherheit und für die Beziehung des Menschen zum Computer, diese "Schwachstelle" in unseren Systemen einmal näher zu betrachten. Das einfachste Beispiel dafür haben die meisten schon selbst einmal erfahren ... der Geist kann willig sein, aber das Fleisch ist schwach. Andererseits, Computer werden nie müde. Selbst ein antikes und quietschendes Festplattenlaufwerk läuft immer weiter.

Ein Mitarbeiter, der bei der Dateneingabe sieben Stunden am Tag vor derselben Bildschirmmaske verbringt, verliert bald die Lust an seiner Aufgabe. Jedesmal, wenn eine ausgefüllt ist, grinst eine brandneue leere Maske auf dem Bildschirm, und schreit nach mehr. Es werden Fehler gemacht und die Datenintegrität stellt einen Kompromiß dar. Ein Sicherheitsbeauftrager einer der größten Einzelhandelsketten nennt als seine Hauptaufgabe das Listen von "Dateneingabefehlern".

Autoren, die bis tief in die Nacht arbeiten, fangen an, typographische Fehler zu begehen. Wir vermuten, daß nach Feiertagen mehr Fehler in Tabellenkalkulationen gemacht werden, als an anderen Tagen. Die Arbeit am Computer nach dem Genuß von ein paar Cocktails kann für das Leben Ihrer Daten so gefährlich sein, wie das Rasen auf einer belebten Straße unter gleichen Umständen für Sie.

Die Natur eines Programms kann die Effektivität auch einschränken. Ein populäres Textverarbeitungsprogramm bietet dem Benutzer die Möglichkeit, die Bildschirmfarben zu ändern. Wir erinnern uns noch an den Anruf einer jungen Frau, die dauernd über "Computer-Kopfschmerzen" klagte und darauf bestand, daß der Text in Magenta auf Cyan Hintergrund dargestellt wird. Sie hatte ihre Anzeige so modifiziert, daß Fehlermeldungen in einer seltsamen Mischung von Gelb und Schwarz erschienen. Der Leser kann bestimmt nachvollziehen, daß man bei so einer Arbeitsumgebung Kopfschmerzen bekommt.

In den frühen Tagen der PCs boten die Bildschirme grünen Text auf schwarzem Hintergrund. Das fremde grüne Leuchten des Phosphors konnte durch verändern des Kontrast-Reglers so weit geändert werden, daß man von einem Blick eine Gänsehaut bekam. Der Bildschirm selbst war aus glänzendem Glas. Eine der besten ergonomischen Verbesserungen für die Bildschirmarbeit war die Entwicklung von monochromen Bildröhren mit Text in Amber auf schwarzem Hintergrund. Zusätzlich war der Bildschirm beschichtet, sodaß er nicht mehr spiegelte.

Die Experten der Ergonomie sahen in solchen Monitoren einen gewaltigen Schritt vorwärts. Aber die menschliche Natur trickste sie aus. Die meisten Benutzer wollten nicht durch ihren Monitor als "einfache Datenerfasser" abgestempelt werden und bevorzugten Farbmonitore, die sie als Profis ausweisen würden. Die Qualität des Monitors spielte dabei keine Rolle, und die war in der Anfangszeit noch sehr gering.

Das Herz der Datensicherheit stellt das Anfertigen von Sicherheitskopien dar. Im weiteren Verlauf des Buches werden wir die Möglichkeiten für gute Sicherheitskopien darstellen. Das beginnt bei dem DOS-Befehl "BACKUP" und endet bei hochentwickelten Bandlaufwerken.

Der Glaube an die Unsterblichkeit von Daten

Es ist eine menschliche Eigenschaft, an die eigene Unsterblichkeit zu glauben. Würden sonst Teenager über verkehrsreiche Straßen rennen, Menschen allen Alters Zigaretten rauchen oder ein paar Abenteuerlustige Fallschirmspringen?

Ein Computer ist in den Augen der meisten Menschen so zuverlässig wie das tägliche Aufgehen der Sonne.

Bei einer Präsentation vor einem extrem angesehenen Publikum stellte ein Sicherheits-Profi zwei Fragen: "Wie viele von Ihnen benutzen Raubkopien von Software?" und "Wie viele von Ihnen haben während der letzten 30 Tage eine Sicherheitskopie Ihres Systems angefertigt?" Die Raubkopierer übertrafen die Sicherheitskopierer um 25:1.

Ein falsches Verständnis von Sicherheit

Je länger jemand Daten sammelt, ohne einen Verlust erlitten zu haben, desto sicherer fühlt er sich. Das ist eben die Natur des Menschen. Früher, in den dunklen Tagen vor der sexuellen Revolution - und vielleicht immer noch -, gab es die verbreitete Idee, daß man beim "ersten Mal" nicht schwanger werden könnte. Der Aberglaube gehört aber zur menschlichen Natur. In den frühen 60er Jahren gab es viele Jugendliche, die sich mit solcher Logik die Zukunft verbauten.

Die Analogie ist sehr treffend. "Diesmal kann nichts passieren!" Genau wie niemand die Launen des menschlichen Körpers voraussagen kann, sind wir nicht in der Lage, die Ergebnisse einer vorher unbekannten oder ungetesteten Kombination von Technologien vorauszusehen.

Es kann jedem passieren ...
die Geschichte der Autorin

Die ersten Teile dieses Buches wurden auf einem älteren IBM PC geschrieben, der sowohl mit der externen Festplatte (nicht von IBM) als auch mit dem Diskettenlaufwerken Probleme machte. Jeder neue Abschnitt wurde auf eine Diskette geschrieben, die mit "BUCH!" markiert wurde. Nach einem Wochenende konnte die BUCH-Diskette nicht mehr gefunden werden. Beim Versuch sich zu erinnern, tauchte ein Kollege auf, der sich erinnerte. Ja, da waren Disketten auf dem Tisch. Ein Telefonanruf hinderte ihn jedoch, die Disketten an sich zu nehmen.

Die Nachforschungen gingen weiter, führten jedoch zu keinem Erfolg. Entmutigt und frustriert über den Verlust von so viel Arbeit, entschloß sich die Autorin anderen ihr Leid zu klagen, anstatt aufzugeben. Das war, wie sich herausstellte, ein weiser Entschluß. Ein anderer Programmierer, der sich der Wichtigkeit der Disketten bewußt war, nahm sie und schloß sie in den Safe, an eine (für ihn) sichtbare Stelle. Sie war für einen großgewachsenen Menschen gut einsehbar, nicht aber für die kleinere Autorin.

Wo war die Sicherheitskopie, die die Autorin sofort wieder ins Geschäft gebracht hätte? Es gab keine. "Das kann mir nicht passieren". Wurde dann eine Sicherheitskopie angefertigt? Natürlich nicht! Frustriert über die bereits verlorene Zeit, wurde die

Diskette in das Laufwerk des PCs geschoben und wütend mit dem Schreiben begonnen.

Der Bedarf einer Sicherheitskopie verschwand, und am Ende des Tages wurde eine neue Diskette genommen und das Kommando DISKCOPY eingegeben. Fremdartige Geräusche begleiteten den Prozeß und die verfluchte Meldung "nichtbehebbarer Lesefehler" erschien auf dem Bildschirm ... zweimal. Am Ende erschien die gemeinste Meldung von allen, "Achtung! Zieldiskette könnte unbrauchbar sein".

Nur eine Datei war fehlerhaft. Aber diese eine Datei enthielt die Arbeit der letzten acht Stunden. Mit einem neuen Satz Disketten bewaffnet und der Absicht, so etwas nie wieder passieren zu lassen, begannen wir mit unserer Arbeit, das fehlende Kapitel zu rekonstruieren. Vierhundert Zeilen nach Beginn des Projektes klingelte das Telefon. Beim Zuhören wurde der Monitor ausgeschaltet, damit man nicht in Versuchung geführt wird beim telefonieren weiterzutippen, was schon oft zu Fehlern geführt hatte. Während des Gesprächs begannen wir unter dem Tisch nach einer Kopie eines Manuals zu suchen. Viele von ihnen lagen auf einem Regal in der Nähe der externen Festplatte. Nach einem schnellen Griff hatten wir das Manual in der Hand und einen toten PC auf dem Tisch. Das Stromkabel war irgendwie lose und brauchte nur leicht berührt zu werden, damit es heraussprang. Die vierhundert Zeilen Text waren damit verschwunden.

Dieser Schlag hatte zwei Folgen. Wir waren in keiner Weise daran interessiert festzustellen, was als nächstes passieren würde. So installierten wir einen neuen PC, der schon mehrere Wochen verpackt herumstand, da niemand die Zeit für den Aufbau investieren wollte. Außerdem hätten hunderte Dateien von 360 KB Disketten auf die Festplatte oder die lustigen "riesigen Chips" mit 1,44 MB Kapazität kopiert werden müssen. Alle Unglücke hätten natürlich auch mit dem neuen Rechner und guten Sicherheitskopien passieren können.

Die zweite Folge? Nach vielen Jahren in blindem Glauben an die Unsterblichkeit des Computers und tausend gesprochenen und geschriebenen Worten über "BACKUP" kamen uns Gedanken wie "Predige nicht nur, handle auch danach!"

Obwohl wir niemals so weit gehen, die ganze Festplatte einmal am Tag auf Band zu spielen, haben wir einen Plan für Sicherheitskopien entwickelt und implementiert, um die harte Arbeit zu beschützen, die in das Schreiben gesteckt wurde. Die Stapeldatei, die unser Textverarbeitungsprogramm aufruft, wurde einfach modifiziert. Wir fügten eine Zeile zur Arbeitsersparnis (ein

Wechsel in das Unterverzeichnis mit den Texten) und eine Zeile zum Sichern der Arbeit hinzu. Es ist ganz einfach:

```
BACKUP C:*.TXT A:
```

Es wurde mit BACKUP und nicht mit COPY gearbeitet, da der gesamte Text des Buches mehr Platz benötigt, als auf einer einzelnen 1.44 MB-Diskette zur Verfügung steht. BACKUP gibt außerdem noch Meldungen aus, die den Benutzer erinnern, daß die richtige Diskette eingelegt ist.

Wir fügten noch zwei einfache Prozeduren hinzu. Mit einer konnte die Datei gesichert werden (und automatisch ein BACKUP durchgeführt werden), wenn das Telefon klingelt, oder jemand den Raum betritt. Die andere Prozedur bestand aus ein paar Zeilen Assemblercode, der die Meldung "BACKUP NOW!!" auf den Bildschirm brachte, wenn eine Datei für mehr als zehn Minuten geöffnet war.

Wir haben natürlich in unserem Plan noch viele Lücken für menschliche Fehler gelassen. Es gibt einfach keinen Weg, das System bis zur nächsten Sicherheitskopie zu blockieren. Eine kreative Phase könnte wichtiger sein. "Ich mache es in einer Minute...". Es besteht außerdem immer die Gefahr, daß man vergißt, die Diskette in Laufwerk A: zu wechseln und alte Daten überschreibt. Und natürlich "nur dieses eine Mal" schließen wir die Datei nicht, bevor wir den Hörer abnehmen.

Ein altes Sprichwort sagt: "Du weißt nicht, was du besitzt, bis du es verlierst". Jeder von uns braucht wohl eine solch dramatische Abfolge von Ereignissen, bis endlich daraus gelernt wird.

Das Töten unserer Daten durch uns selbst ist eine Sache, jemand anderem helfen es zu tun eine andere.

Wie man sich einen Virus einfängt

Stellen Sie sich folgendes Beispiel vor:

Frank Fürchterlich, Diplomingenieur, lebt mit seiner Frau Frieda und zwei Kindern, Fritz und Franziska in einer sauberen Vorstadt, die besonders durch ihre gepflegten Vorgärten auffällt. In allen Garagen befinden sich zwei Autos und in jedem Haushalt gibt es natürlich einen PC. Während seiner 20 Jahre bei MegaFirma ist Frank ständig aufgestiegen und befindet sich eindeutig auf dem aufsteigenden Ast. Er arbeitet immer eifriger und bringt jeden

Abend und am Wochenende Arbeit mit nach Hause, damit er im Wettbewerb mithalten kann.

Frieda ist sehr zufrieden mit den Kindern, und da sie sich in ihrer Rolle als Hausfrau etwas langweilt, geht sie wieder zur Schule und bildet sich auf dem Computersektor weiter. An einem Nachmittag am Wochenende, als Frieda noch an der Universität ist, benutzen Fritz und sein Freund Ben den Familiencomputer zum Spielen. Ben hatte ein Spiel von einem anderen Freund mitgebracht. Sie hatten großen Spaß beim Werfen von Atombomben auf große Städte der ganzen Welt (vielleicht lernten sie dabei etwas Geographie?).

Als sie Friedas Auto in der Einfahrt hören, legen sie das Spiel beiseite und täuschen sinnvolle Hausaufgaben vor. Frieda stürmt herein, wirft eine Casserolle in den Mikrowellenherd und setzte sich an den Computer, um ihr COBOL-Projekt zu beenden, bevor Tom nach Hause kommt.

Nach dem Abendessen räumt Frieda die Küche auf und kümmert sich um die Hausaufgaben der Kinder. Frank setzt sich an den PC, um ein extrem wichtiges Arbeitsblatt zu verfeinern, das sein Vorgesetzter am nächsten Morgen als erstes vorliegen haben will. Das klingt wie ein typischer Familienabend.

Aber es geschahen zwei Dinge, ohne daß Frank, Frieda oder die Kinder davon etwas wußten. Das Spiel, das Fritz und Ben gespielt hatten, anstatt ihre Hausaufgaben anzufertigen, barg einen Virus, der sich an die erste gestartete .COM-Datei heftet. Er infizierte die Festplatte und begann mit der Suche nach neuen Opfern. Frieda hatte sich bei der Arbeit an der Universität einen (C)BRAIN-Virus eingefangen, ohne daß sie es bemerkte. Der Virus aus dem Spiel hatte sich auf ihrer Diskette für die Reise in die Universität schon installiert. In diese feindlich gesinnte Umgebung legte Frank seine wichtige Diskette ein und begann zu arbeiten. Nach mehreren Stunden lehnte Frank sich zurück und kommunizierte mit einer lokalen Mailbox, um Post abzufragen.

Ben spielte unterdessen am eigenen PC wieder das Spiel, als seine Mutter, eine Bankangestellte, ihn vertrieb, um selbst zu arbeiten.

Am nächsten Tag ging Frieda mit einem besonderem Extra zur Universität. Bens Mutter überspielte ihren Bericht von einer infizierten Diskette auf den Textverarbeitungspool und Frank nahm seine Disketten mit zur Arbeit. Er legte sie in das Laufwerk A: und bereitete sich auf seine Arbeit vor. Mist! Der Computer ist noch nicht einmal eingeschaltet. Frank greift zum Schalter und startet den Computer. Doppelter Mist! Vergessen, die Diskette aus dem Laufwerk A: zu nehmen. Neustart. An diesem Punkt hatte sich der (C)BRAIN-Virus bereits im RAM versteckt und wurde durch den Neustart nicht gelöscht.

Wir wollen es Ihren Vorstellungen überlassen, den tödlichen Prozeß der beiden Viren zu verfolgen. Es kann passieren, es passiert und es wird passieren. Vielleicht nicht so krass und dramatisch wie geschildert, aber das Scenario ist klar. Es verhält sich wie der alte Trick mit einem Pfennig auf dem ersten Feld des Schachbretts. Zwei Pfennige auf dem zweiten Feld, vier Pfennige auf dem dritten Feld und so weiter.

Hätten die Ereignisse verhindert werden können? Ein klares JA!

Nur wenig hätte die beiden Kinder abhalten können, das Spiel auszuprobieren (Kinder bleiben Kinder). Wenn Friedas Universität die Regeln der Delaware-Universität befolgt hätte, wäre ihre Diskette vor dem Verlassen des Campus vom technischen Personal getestet worden.

Alternativ hätte sie auch PANDA's NOBRAIN benutzen können, bevor sie sie zu Hause benutzt.

Wenn Frank's PC eine Kennwort-Routine gehabt hätte, wäre er nicht mit der Diskette in Laufwerk A: gestartet worden. Der (C)BRAIN-Virus hätte keine Chance gehabt.

PHYSICAL oder QUICKPHYS auf dem PC zu Hause oder im Büro hätte die Veränderungen an .COM-Dateien sofort festgestellt. TSRMON hätte den Virus auf dem Weg ins RAM gestellt und die Ausführung des Spielprogramms verhindert. Als letztes hätte MONITOR der mutwilligen Zerstörung von Daten im Wege gestanden.

Dumme menschliche Fehler

Während das Schreiben von zerstörendem Code wohl der dümmste menschliche Trick ist, hat wohl jeder von uns die Fähigkeit in sich, Verwüstung in seinen Daten anzurichten oder seine Produktivität herabzusetzen.

Die junge Frau, die auf den Farben bei ihrer Textverarbeitung bestand, ist ein extremes Beispiel dafür. Ein anderes Beispiel könnte der Programmierer sein, der an seine Unsterblichkeit glaubt und tausende Zeilen unkommentierten Code schreibt. Beide wirken in der ein oder anderen Weise zerstörend. Die erste, indem sie ihre Produktivität senkt, der zweite, indem er anderen zumutet, sein Programm zu verstehen, sollte einmal das

Schlimmste passieren. Ein sehr zutreffendes Cartoon über die Computerindustrie zeigte eine weinende Witwe mit zwei kleinen Kindern an einem frischen Grab. Ein gut angezogener Herr mit einem Regenschirm (Regen gibt dem ganzen eine interessante Note) fragt, "Ich weiß, daß dies vielleicht nicht der richtige Augenblick ist, aber erwähnte er jemals den Quellcode?"

Über Jahre sammelten wir viele menschliche Tricks. Hier sind die Besten:

- Ein Bürovorsteher bestellte nicht nur magnetische Halter für Büroklammern, sondern auch magnetische Halter für Photokopien.

- Eine Sekretärin heftete immer ihre Ausdrucke an die Disketten.

- Eine Werbeagentur zeigte in einer Kampagne für bunte Büroklammern immer ein Stück Papier, das an eine Diskette geheftet war.

- Eine Sekretärin verstand nicht den Sinn von "Zeilenumbruch" und beendete jede Zeile mit einem Wagenrücklauf.

- Tausende haben Daten von einer Diskette gelesen und dann die Diskette vor dem Schließen der Dateien gewechselt. Damit wurden die Daten der zuletzt eingelegten Diskette zerstört.

- Ein Genie entwarf den Aufbau, in dem ein Schnelldrucker auf die Zentraleinheit gestellt wurde.

- Oft wird vergessen, eine Diskette mit einem Aufkleber zu versehen und zu beschriften. Eine solche Diskette schreit förmlich "Formatiere mich!"

- Lt. Col. Oliver North glaubte irrtümlicherweise, daß ein "DEL" seine Notizen und Nachrichten über die Hilfe an die Kontras aus seinem E-Mail System löschen würde.

Kapitel 7

Wann Ihnen Gefahren drohen

Umweltrisiken

Als ich noch ein Teenager war, verwendete ich das meiste meines Einkommens aus verschiedenen Arbeiten zum Aufbau einer riesigen Plattensammlung, die vorwiegend aus Singles bestand. Die Platten (und ihre Besitzerin) gingen auf eine Menge Parties. Eines Tages aber starb die Musik. Sechs Teenager und die Platten fuhren in einem von den Eltern geliehenen Auto zu einem Wochenendhaus an einen See. Die Platten waren auf der Ablage am hinteren Fenster gut verstaut, damit ihnen nichts passieren konnte.

Es war ein wundervoller sonniger Tag, und als wir am See ankamen, sprangen alle gleich aus dem Auto und auf die Wasserskis. Später, als wir gebräunt, hungrig und bereit für einen Boogie das Wasser verließen, waren die Platten nur noch eine Masse geschmolzenes Vinyl. Die Sonne, deren freundliche warme Strahlen immer als Mittel für einen guten Teint benutzt wurden, war zu einem Feind geworden.

Das Beispiel zeigt, daß Sonnenlicht, genau wie steigendes Wasser, Haustiere und andere Mächte Ihren Daten sehr schaden können.

Ein Freund veranstaltet jeden Winter einen besonderen Ausflug für seine Büroangestellten und einige Kollegen. Er mietet eine große Skihütte in den Bergen, rüstet sie mit Computern aus und verfrachtet die gesamte Mannschaft für zwei Wochen in das "Büro in den Bergen". Die Pflicht macht es aber erforderlich, daß er selbst während der Woche in der Stadt bleibt und das Geschäftliche weiterverfolgt. Als er an einem Freitag Abend mit seiner Frau und seinem Hund in der Hütte ankam, wurde er gleich in die Aktivitäten mit einbezogen. Einige Getränke sollten dabei den Einfluß der Minustemperaturen abwehren. Die Arbeit und seinen Aktenkoffer mit den Disketten für das nächste Projekt hatte er im Auto vergessen. Die Arbeit auf den tiefgefrorenen Disketten war weg.

Dann sind da noch die Kinder. Das freundliche Summen des Computers scheint Kinder anzuziehen. Manchmal suchen sie auch nur die Nähe der Person, die den Computer gerade benutzt. Alle, die zu Hause ein Büro haben, müssen aufpassen, daß ihre Daten nicht vor die Hunde (oder Katzen) gehen. Fließender Speichel, Haare oder Federn können in unsere Disketten und den Lüfter des Computers gelangen. Nehmen wir den Fall einer "Compu-Katze" an.

Unsere grau getigerte Compu-Katze war bei allen als "Willi die Desinteressierte" bekannt. Sie beherrschte drei Kunststücke: Essen, schlafen und wachsen. Willis bevorzugte Schlafstelle war oben auf dem Computer. Aufgrund seiner Lebensweise wurde Willi's Umfang größer und größer. Eines Tages, an den sich noch viele erinnern werden, nahm Willi seine Stellung auf dem Monitor ein, schloß die Augen und rutschte hinten herunter. Er wachte schnell auf, und auf seinem Weg nach unten verfing sie sich in jedem erreichbaren Computerkabel. Wir "Power-Benutzer" bei PANDA kümmern uns nicht um das Anschrauben von Steckern. SCHLECHTE Neuigkeiten für den Programmierer des Rechners, den sich Willi an dem Tag ausgesucht hatte.

Man sieht deutlich, daß die größten Gefahren oft von den am wenigsten erwarteten Quellen ausgehen.

Elektrizität und andere Ursachen

Denken Sie an ihr örtliches Elektrizitätswerk, dessen Erzeugnisse eine wichtige Komponente beim Benutzen eines PCs darstellen. Ohne Elektrizität würde der PC gar nichts tun. Da wir keinen Zugriff auf Notstrom haben, denn wir sind ja nicht die Regierung oder die Firma ERFOLG 1000, müssen wir uns auf das öffentliche "Herz" verlassen, das uns die wichtigste Komponente stetig und ohne Fehler liefert.

Zur Verteidigung unserer örtlichen Einrichtungen in Wilmington, Delaware, sei gesagt, daß ihre Versorgung immer gut und verläßlich war. Aber niemand kann einen Blitzeinschlag, einen Autounfall mit einer Umspannstation oder Ausfälle bei besonders heißem Wetter voraussagen.

Und nur eine kleine Änderung in der Spannung kann alle offenen Dateien auf Ihrem Computer zerstören. Einen der bösesten Tricks, die die Elektrizität einem Computer spielen kann, ist ein kurzzeitiger Ausfall der Stromversorgung. Sie werden sich an die Regel erinnern, nach dem Abschalten des Rechners mindestens 10 Sekunden bis zum nächsten Einschalten zu warten. Das hat einen guten Grund, die RAMs werden so komplett gelöscht. Beginnt der

PC mit dem Löschen, weil die Spannung kurz abgesunken ist und läuft dann weiter, ergibt das ein "RAM-Durcheinander". So entstehen niemals auf Uhren gesehene Zeiten und die verrücktesten Daten. Oft sind solche Spannungsabfälle nicht feststellbar und werden erst bemerkt, wenn der PC sonderbare Ausgaben liefert.

Es verbreitet sich das Gerücht, daß der Anruf bei einer Mailbox oder einer anderen Online-Dienstleistung einen Virus oder anderern zerstörenden Code über die Telefonleitung in den Rechner befördern kann. Ist dies ein bloßes Gerücht?

Wir haben ja schon öfter betont, daß Sie etwas "tun" müssen, um es "zu bekommen". Wir wollen in den folgenden Beispielen zeigen, was es bedeutet, für Sicherheit bzw. Unsicherheit zu sorgen.

Was ist sicher? Was ist es nicht?

Die Zugriffe auf Netzwerke, Mailboxen und andere Online-Dienstleistungen sind absolut sicher. Das Öffnen und Anschauen von Dateien ist absolut sicher. Selbst das Übertragen einer Datei ist gefahrlos.

Wo liegen aber nun die Gefahren? Denken Sie zurück an unsere Diskussion über die elementaren Dateiarten. Es gibt Dateien mit Daten und welche, die ausführbar sind. Eine Datendatei enthält einfach Informationen. Eine ausführbare Datei bewirkt etwas, aber nicht bevor Sie, der Benutzer, es sagen. (Wir haben immer noch einiges unter Kontrolle!). Theoretisch könnten Sie das übelste Trojanische Pferd kopieren oder herunterladen und es würde nichts passieren, bevor Sie die Anweisung zur Ausführung geben.

Die Gefahren liegen *nur* in der Ausführung eines Programms auf dem PC.

Netzwerke

Überall, wo mehr als drei Computer für den gleichen Zweck benutzt werden, gibt es den Bedarf, sie zu verbinden. Das "Turnschuh-Netz", bei dem die Benutzer Disketten von einem Rechner zum Anderen getragen haben, wird immer mehr durch lokale Netzwerke (Local Area Networks = LAN) verdrängt. Bei Mini- und Großcomputern ist das Terminal "dumm". Ein PC, der als Bildschirm an einem Großcomputer angeschlossen ist, führt keine Verarbeitung aus. Er kann nur Daten senden und empfangen.

Hinter den Netzwerken steht das Konzept der "verteilten Verarbeitung". Das bedeutet, daß die Daten von mehreren "intelligenten" Bildschirmen geteilt werden. Die eigentliche Arbeit wird in den einzelnen CPUs der PCs getan.

LANs sind leicht zu verstehen. Einzelne PCs sind mit einem großen PC, der File-Server genannt wird, verbunden. Dieser Hauptcomputer wird normalerweise nur dazu verwendet, die Ressourcen zu teilen. Bei kleineren Installationen kann der File-Server auch zum Arbeiten genutzt werden.

Daten und Programme werden vom File-Server in die PCs übertragen, wo die eigentliche Verarbeitung stattfindet. Die Resultate werden zum Server zurückübertragen. Jeder PC hat für die Übertragung eine Netzwerkkarte installiert. Zusätzlich ist noch spezielle Netzwerksoftware nötig, um den PC an den Server anzuschließen.

Die Hersteller von Netzwerksoftware gestalten ihre Betriebssysteme so, daß sie DOS-Kommandos verstehen und Ausgaben im gewohnten DOS-Format erzeugen. Ein DIR auf dem Server ergibt eine Übersicht, wie wir sie von der Festplatte gewohnt sind.

Netzwerke haben auch etwas bei den Groß-/Minicomputern abgeschaut. Es gibt Anmeldeprozeduren, und es werden bestimmte Zugriffsebenen gesetzt. Die Benutzung des Netzwerkes wird protokolliert.

Wir wollen uns damit beschäftigen, was passiert, wenn ein Virus oder anderer zerstörender Code ein Netzwerk befällt. Es unterscheidet sich nicht erheblich von den Welten der Groß- und Minicomputer. Zerstörender Code muß *ausgeführt* werden, damit er arbeiten kann. Der Code ist natürlich spezifisch für das Betriebssystem.

Ein Programmierer, der das Talent und die Möglichkeiten hat, kann ein Virus oder ein zerstörendes Programm für ein Netzwerkbetriebssystem schreiben. Dabei könnte unter anderem der Server angegriffen werden. Wenn das Netzwerk groß ist, könnte der Virus sich auf andere Server übertragen und eine Massenverseuchung verursachen, aber nur in den Servern, nicht in den PCs.

Es ist natürlich auch möglich, daß ein PC-Virus über das Netzwerk in die einzelnen PCs geladen wird. Wenn sich der Virus auf dem Server befindet, nimmt es nur Platz weg. Der Server würde es niemals ausführen.

Würde ein übles Programm "KILLPC.EXE" an alle Knoten im Netzwerk gesendet, müßte es von den Benutzern der PCs erst ausgeführt werden, bevor es Schaden anrichten könnte. Das Betriebssystem des Servers ist in keinem Fall gefährdet.

Die Sicherheits-Schichten und die Unterschiede zwischen Betriebssystemen ergeben eine hohe Sicherheit bei der Verbindung von Rechnern. Jeder Schaden würde sich "intern" abspielen. So lange die Benutzer vorsichtig sind und kein zerstörendes Programm ausführen, können die Aktionäre weiterhin ruhig schlafen.

Mailboxen und Online-Dienstleistungen

Diese beiden Dinge werden oft in einen Topf geworfen, darum hier eine richtige Darstellung. Die Gemeinsamkeiten: Auf beide wird durch einen einzelnen Computer über ein Modem zugegriffen. Der Unterschied: Mailboxen sind kostenlos, Online-Dienstleistungen kosten Gebühren.

Online-Dienstleistungen

Man kann sich Online-Dienstleistungen wie riesige Mailboxen vorstellen, mit einem riesigen Unterschied - Sie kosten dem Benutzer riesige Mengen Geld! Normalerweise hat ein System eine Struktur, in der der Benutzer Bereiche anwählen kann, die für ihn von besonderem Interesse sind.

Jede Interessengemeinschaft hat ihren eigenen SYSOP oder "Zauberer", wie DELPHI sie nennt. Der SYSOP ist für das Management seines Bereiches verantwortlich, einschließlich der angebotenen Software. Der SYSOP bekommt auch einen Anteil der eingenommenen Gebühren. Die Position des SYSOP in einer Online-Dienstleistung genießt auch ein gewisses Ansehen. Einige SYSOPS sind keine Unbekannten in der Industrie.

Diese Damen und Herren sind extrem vorsichtig, was die angebotene Software angeht. Ihr guter Ruf und ihr Einkommen hängen von der Qualität ihrer Arbeit ab. Es gibt sehr wenig Berichte über zerstörende Programme, die von einer Online-Dienstleistung kamen. Trotzdem bleibt die Verantwortung beim Benutzer, unabhängig vom Ursprung seiner Daten.

Um die Risiken - wenn es welche gibt - der Benutzung von Mailboxen und Online-Dienstleistungen zu untersuchen, müssen wir die verschiedenen Benutzerklassen und ihre Zugriffsgewohnheiten beschreiben. Zunächst beschäftigen wir uns mit Online-Dienstleistungen, zu denen CompuServe, MCI Mail, GEnie, DELPHI und BIX gehören. IBM und Sears haben kürzlich einen Service entwickelt, der den Namen PRODIGY trägt und teure kommerzielle Dienste für fast jeden erschwinglich macht.

Wer nicht sein eigenes E-Mail-System installiert hat, kann die Online-Dienstleistungen für den gleichen Zweck benutzen. Bei den meisten ist es möglich, auch FAX zu senden. Es können Flug-Buchungen durchgeführt, Bestellungen aufgegeben oder Interessengruppen angewählt werden. Wenn Sie eine Online-Dienstleistung anwählen, wird Ihr PC zu einem "dummen" Bildschirm, der an den großen Computer des Anbieters angeschlossen ist.

Ein Tag im Leben eines Modem

Nur zum Spaß wollen wir einen Tag beschreiben, wie er sich in unserem Büro abspielen könnte.

8:40   Lisa meldet sich bei DELPHI, BIX, CompuServe und MCI Mail an, um Meldungen abzurufen. Sie erhält bei DELPHI sieben Nachrichten, drei bei CompuServe und ein langes Dokument für dieses Buch von Pams Lektor bei MCI. Lisa überträgt die Nachrichten mit CrossTalk in eine einzige Datei, teilt sie mit einem Texteditor in Teile für verschiedene Adressaten auf, druckt sie aus und verteilt sie.

9:15   Randy sendet* drei Dateien mit CrossTalk an einen Kunden in New York.

9:18   Lisa benutzt MCI Mail, um FAX-Nachrichten an Kunden in Kalifornien, Michigan und London zu senden.

9:45   Dave benutzt Carbon Copy, um den PC eines Kunden von seiner Tastatur aus zu bedienen. Der Kunde berichtete von einer seltsamen Fehlfunktion in seiner Datenbank: Ein Feld wurde abgeschnitten. Dave konnte den Fehler so nachvollziehen, als wenn er am PC des Kunden in Florida sitzen würde.

10:15   Pam lädt ihre Antworten an ihren Lektor in MCI Mail. Dann ruft sie bei Mead Data Central's LEXIS an, um eine Recherche durchzuführen.

10:20   Andy ruft von einem Kunden aus an. Er hat eine wichtige Liste vergessen. Lisa sendet die Liste über MCI Mail an das FAX-Gerät des Kunden.

11:00   Lisa fragt neue Meldungen ab.

11:30   Pam schreibt Informationen über das nächste Treffen der lokalen PC-Gruppe in das gruppeneigene System. Sie ruft auch verschiedene Nachrichten ab und beantwortet sie.

12:00	Lisa gibt Antworten auf Nachrichten ein und geht zum Essen.
12:10	Pam meldet sich bei DOCKMASTER des National Computer Security Center's an, um die neuesten Nachrichten über Sicherheit und Viren abzurufen.
12:40	Randy und Dave schauen sich bei CompuServe die neuesten Schlagzeilen und die Börsenquoten an.
13:30	Ein Autor ruft an und sagt, daß sein Text fertig ist. Es werden Vereinbarungen getroffen, den Text nach 23:00 zu übertragen, denn dann sind die Telefongebühren am niedrigsten.
15:00	Lisa fragt wieder Nachrichten ab. Alles ruhig! Während sie bei CompuServe angemeldet ist, prüft sie die Flugbelegungen von Philadelphia nach Boston, um für eine Sicherheitskonferenz zu buchen.
15:50	Ein Freund ruft an. Er hat seine Kopie eines wichtigen Hilfsprogramms verloren. Können wir es ihm schicken? Nur ein Ortsgespräch und ein Dateitransfer*.
16:10	Randy stimmt nicht mit der Meinung in einer Zeitschrift überein. Er sendet seine Antwort an die Mailbox des Verlages.
16:50	Zeit für eine kleine Pause. Dave ruft bei DELPHI an und spielt FlipIt, DELPHIs Version von Othello, gegen die mächtigen VAXen von DELPHI. Danach sendet er korrigierte Programme an den Kunden in Florida.
17:01	Lisa versetzt einen Computer in Bereitschaft, Anrufe zu empfangen*. Vertragspartner können nun anrufen, um neue Arbeit von PANDA zu empfangen. Diese Menschen arbeiten zu Hause und senden ihre Arbeit, Fragen und Kommentare, sobald die Gebühren am Nachmittag niedriger werden.
19:00	Auf ihrem Computer zu Hause beantwortet Pam persönliche Nachrichten von Freunden in DELPHI. Ein Freund feiert die Adoption eines Kindes, ein anderer versucht sich an einen Liednamen aus den 60er Jahren zu erinnern. Pam sendet eine Nachricht an alle, daß sie Katzen zu verschenken hat. Die fünf kleinen Knäule, die mit ihren Schnürsenkeln spielen, sind nun alt genug für die Adoption. Sie sendet auch noch eine Nachricht an einen Autor, der Software sucht, mit der er Bildschirmausdrucke für Zeitungsartikel ausdrucken kann.

20:40   Pam liest eine Nachricht von XARK, die ihr den Namen
         des Hardcopy-Programms verrät und ihr mitteilt, wo sie
         es in DELPHI findet. Sie lädt die Software*, bevor sie mit
         34 anderen Spielern Trivia spielt.

23:00   Während ein Computer die tagsüber versprochenen
         Texte empfängt, begibt sich Pam erneut in die Trivia-
         Spielrunde. Zwischenzeitlich hat sie die Konferenz einer
         Science Fiction-Gruppe besucht, mit ein paar Freunden
         geplaudert und mit der Hardcopy-Software gespielt*.

23:45   Das Trivia-Spiel ist vorbei, und Pam unterhält sich mit
         MOMCAT über die Adoption der Kleinen.

24:00   Endlich Offline!

Offenbar nutzt die PANDA-Gruppe die Telekommunikation in
jeder erdenklichen Weise. Und zum größten Teil ist es auch unge-
fährlich. Trotzdem zählten wir (sahen Sie die Sterne?) mindestens
fünf verschiedene Stellen, an denen gefährlicher Code hätte
gesendet oder ausgeführt werden können!

Sehen Sie es sich nochmals an.

9:15   Drei Dateien werden an einen Kunden gesendet. Das
         waren ausführbare Programmdaten. Wäre auf Randy's
         Maschine ein Virus verborgen gewesen, den selbst DR.
         PANDA nicht finden konnte, hätten 500 PCs des Kunden
         verseucht werden können.

3:50   Schon wieder wird eine ausführbare Datei übertragen.

4:50   Weiterer ausführbarer Code wird an einen anderen
         Rechner übertragen.

17:01   Das System empfängt unzählige ausführbare Dateien von
         den Mitarbeitern. Früher oder später werden diese
         Dateien ausgeführt werden. Was wäre, wenn dort ein
         Virus verborgen wäre? Noch schlimmer wäre es, wenn er
         bereits zu einem Kunden geschickt worden wäre.

20:40   Pam lädt eine ausführbare Datei von einer anderen
         Quelle. Läßt sie es darauf ankommen?

23:00   Pam hat schon mit der neuen Datei gespielt. Hat sie es
         vorher mit LABTEST geprüft, oder ist bereits ein Virus
         in ihr System gesprungen?

Dieses Beispiel verdeutlicht die einfache Wahrheit über zerstörenden Code. Man muß ihn von irgendwoher bekommen und ihn
ausführen. Die meisten Online-Aktivitäten sind so sicher, wie wenn
sie ihrer Schwester einen Kuß geben. Vielleicht ein bißchen aufre-

gender! In Europa sind Online-Dienstleistungen wie "DELPHI" noch nicht so verbreitet wie in Amerika. Viele Hobbyisten benutzen jedoch häufig Mailboxen, um Informationen auszutauschen, Software abzurufen oder sich zu unterhalten.

Kleinere Mailboxen

Mailboxen bieten einige der Funktionen, die die größeren Online-Dienstleistungen auch bieten. Mailboxen werden oft von Gruppen und Vereinen betrieben, um Nachrichten und Programme auszutauschen. Andere Boxen werden privat als Hobby betrieben. In letzter Zeit gibt es auch vermehrt Boxen, die von Hard- und Softwareanbietern als technische Unterstützung betrieben werden.

Um eine Mailbox auf einem PC laufen zu lassen, benötigt man mehrere Dinge. Einen PC, ein Modem, einen Telefonanschluß, Mailbox-Software und viel Zeit. Die Zeit muß von jemandem aufgebracht werden, der im Jargon SYSOP (SYStem OPerator) genannt wird. Meistens ist eine Mailbox nur so gut wie ihr SYSOP.

Den Mailboxen wird seit kurzem nachgesagt, sie seien die öffentlichen Bäder des Personal Computing. Große Firmen warnen ihre Angestellten - oder verbieten ihnen sogar - die Benutzung von Mailboxen. Sicherheitsspezialisten empfehlen eingeschränkte und vorsichtige Benutzung.

Die meisten SYSOPs betreiben die Mailbox als Hobby und nutzen den Rechner nebenbei noch für andere Arbeiten. Eine Box zu pflegen und qualitativ gut zu erhalten, ist eine ernste Aufgabe. Die meisten SYSOPs, die wir länger kennen, sind sehr vorsichtig bei der Auswahl und Prüfung der angebotenen Software geworden. Letzten Endes kann ein falsches Programm nicht nur die eigene Maschine zerstören, sondern auch noch den Anrufern schaden. Am besten kennt man seinen SYSOP und seine Methoden, die Programme zu prüfen.

Wenn Sie von einem neuen Public-Domain-Programm in einer unbekannten Box hören, hinterlassen Sie eine Nachricht an den SYSOP, daß er mit ihnen Kontakt aufnimmt. So können Sie ihn persönlich über die Sicherheitsvorkehrungen befragen, bevor Sie das Programm herunterladen.

Da es keine Garantie gibt, daß ein schlechtes Programm auch als solches erkannt wird, sollten Sie einige Vorsichtsmaßnahmen ergreifen. Natürlich würden Sie nie ein Programm starten, das sie nicht selbst mit LABTEST durchgesehen haben und dessen Autor Sie nicht gesprochen haben.

Einige Mailboxen wurden bereits Ziel eines Virus-Angriffs. Ross Greenberg, der Autor der FLU-SHOT Anti-Virus-Programme, stellte eine Herausforderung, die viele angenommen haben:

"Für die Entwickler von Virus-Programmen: Höchstwahrscheinlich sind sie impotente Pubertäre, die nicht zu normalen sozialen Kontakten fähig sind und ihr Selbstwertgefühl durch diese terroristischen Angriffe heben wollen. Sie werden diese Aufgabe nie erfüllen (noch eine andere), da sie keine Werte besitzen. Eines Tages werden sie sich selbst und das, was sie in der Vergangenheit getan haben, anschauen und sich vor Ekel umbringen. Das ist eine gute Sache, denn dann sparen wir Steuergelder, die für eine Therapie dieser Schurken verschwendet würden.

Wenn sie eine *wirkliche* Herausforderung suchen, sollen sie versuchen, *meine* Festplatte in meiner Mailbox zu zerstören, statt unschuldigen Menschen zu schaden. Ich fordere sie heraus, ein Virus oder ein Trojanisches Pferd, das ich nicht entschärfen kann, in meine Mailbox zu laden. Ich habe Zweifel daran, daß diese Herausforderung angenommen wird: Der Charakter dieser Menschen verbietet ihnen, die anzugreifen, die sich wehren können. Es würde sowieso nur fünf Minuten dauern, ihre Erfindung unschädlich zu machen. Macht weiter ihr unnützen Schleimbeutel: Unterhaltet mich!"

Das waren seine provozierenden Worte. Ross sagt, er hat aufgehört, die Angriffe auf seine Box zu zählen. Er kann die, die der Sache nahe gekommen sind, an einer Hand abzählen.

Virus-Schreiber werden die von ihren Programmen zerstörten Daten niemals zu sehen bekommen. Oft werden sie noch nicht einmal davon Kenntnis haben, daß ein weiterer Angriff stattgefunden hat.

Die meisten Menschen wissen, daß Großmäuler sehr klein werden können, wenn man sich ihnen entgegenstellt. Nach der Ankündigung und dem Erscheinen der ersten hochentwickelten Antivirus/Trojan/Wurm-Programme, wurden die Viren-Schurken seltsam ruhig. Viele Experten glauben, daß diese Ruhe das Auge des Wirbelsturms ist. Wenn dieses Buch die Öffentlichkeit erreicht hat, weht der Wind vielleicht schon wieder.

Einige einfache Regeln

Als erstes, lassen Sie *niemals* ein aus einer Mailbox geladenes Programm laufen, ohne es mit LABTEST geprüft zu haben. Achten Sie beim ersten Durchlauf vor allem auf den Namen und die

Adresse des Autors. Sind diese Informationen nicht vorhanden, widerstehen Sie der Versuchung fortzufahren.

Wenn Sie wie viele von uns in Eile sind, rufen Sie den Autor kurz an und fragen Sie nach Datum, Länge und Textstellen in der Datei. Es ist natürlich sicherer, einen frankierten Rückumschlag mit einer Diskette an den Autor zu senden, damit er eine "saubere" Kopie schickt. Es wird als nette Geste betrachtet, wenn Sie ein paar Mark (10 - 20) für die Zeit und den Aufwand des Autors beilegen.

Sie können sich das Programm natürlich auch von einem Freund oder Kollegen, der es schon einige Zeit erfolgreich benutzt, "ausleihen" und die Mühen des Programmierers ignorieren. Zumindest sind Sie so einigermaßen sicher, daß nicht jemand an dem Programm herumgebastelt hat, bevor Sie es benutzen.

Nachdem Sie ein Programm mit LABTEST bearbeitet haben, wollen Sie es vielleicht in einer kontrollierten Umgebung laufen lassen. Obwohl wir uns später in diesem Buch sehr detailliert damit beschäftigen werden, sollen ein paar Standard-Vorgehensweisen genannt werden. Setzen Sie Ihr Systemdatum auf den nächsten Freitag den 13. und lassen Sie das Programm laufen. Sie können auch eine Stapeldatei schreiben, die das Programm mehrere Male aufruft.

Wie sicher ist eine Originalverpackung?

Eine "gehackte" Kopie eines bekannten originalen Programms sollte immer verdächtig sein. In den "guten alten Tagen", als einige der größten Softwarehersteller noch auf die Benutzung von "Schlüsseldisketten" bestanden, veränderten viele ehrbare Benutzer ihre Programme so, daß keine Schlüsseldiskette mehr nötig war. Der Grund dafür waren reine Effizienzfragen. Weniger ehrbare Benutzer führten die gleichen Veränderungen durch, um die Lizenzbestimmungen zu umgehen. Die Programmierfähigkeit, eine Schlüsseldiskette zu umgehen, kann auch für weniger freundliche Zwecke genutzt werden. Wir erinnern uns stolz an einen besonders guten "Hack", der es erlaubte, dBASE III im RAM-Laufwerk ablaufen zu lassen, wodurch die Ausführungsgeschwindigkeit exponentiell anstieg. Was wäre, wenn der Hacker zusätzlich einen RAM-Fresser eingebaut hätte, der nach Ablauf der dritten Index-Routine hungrig würde?

Man kann davon ausgehen, daß ein Hersteller dessen finanzielles Auskommen vom Erfolg und der Qualität seiner Software abhängt, niemals bewußt ein Virus, einen Wurm oder ein Trojanisches

Pferd an die Käufer weitergeben würde. Die *Originaldisketten* von zuverlässigen Herstellern können sicher als "sauber" angenommen werden.

Klatsch bringt Sicherheit

Innerhalb der Computergemeinde gibt es viel Klatsch und einige Experten, die immer als erste die neuste und beste Software haben. Ein "fehlerhaftes" Produkt würde sofort erkannt und sein Makel würde sofort bekannt gemacht, wahrscheinlich noch bevor die ersten Anzeigen in den Zeitschriften auftauchen. Dem Entwickler würde in der Fachpresse sofort die Haut abgezogen, bei wichtigen Herstellern wären noch weitere Medien eingeschaltet. Wo liegt der Nutzen für den Anwender? Die betroffene Software würde höchstwahrscheinlich nicht einmal in unsere Hände geraten, da der Großhandel erst die alten Versionen aus den Regalen haben will.

Es besteht natürlich immer die Gefahr, daß sie ein manipuliertes Produkt kaufen. Obwohl die Wahrscheinlichkeit klein ist, ist es ratsam, ein neues Paket immer auf "Fingerabdrücke" hin zu untersuchen. Die meisten großen Softwarehäuser lassen ihre Dokumentation außer Haus drucken. Die losen Seiten werden eingeschweißt und mit einer Anleitung zum Einheften ausgeliefert. Sind die Seiten bereits in einen Ringbinder eingeheftet (nicht spiralgebunden), so akzeptieren Sie das Paket erst, wenn Sie sicher wissen, daß es die Standard-Verpackung des Herstellers ist.

Kleine Softwareunternehmen und einfache braune Einbände

Eingeschweißte und elegante Anleitungen sind den Softwaregiganten vorbehalten. Viele kleine Firmen können den Overhead der Produktionskosten nicht aufbringen und tatsächlich liegt der Grund für den Tod vieler Unternehmen, die gute Software produzieren, in ihren Ausgaben für die Dokumentation. Manchmal wird bei einfacher Software mehr Geld für die Schmuckverpackung ausgegeben, als die Software selbst wert ist.

Wir beobachteten mit Mitleid, wie das Geschäft eines nahen Freundes zugrunde ging. Er hatte ein nützliches Hilfsprogramm geschrieben, das in Verbindung mit einer Industriestandard-Applikation benutzt wurde. Die Programmierung war elegant und die Nützlichkeit unumstritten. Es wurde erwartet, daß die Software ein Kassenschlager werden würde. Mit diesem Wissen und seinen hochgesteckten Erwartungen beauftragte die Firma eine sehr bekannte (und teure) Werbeagentur mit der Aufmachung und Fertigung der Dokumentation und einer Anzeigenkampagne. Als die Anzeigen erschienen (Zeitschriften haben zwei bis drei Monate

Vorlauf), war die Firma bereits an den immensen Kosten der Werbung und der Aufmachung eingegangen. Als die enorme Nachfrage begann, existierte schon keine Firma mehr, sie zu beantworten.

Hätte unser Freund seine Produktion besser selber in die Hand genommen und sich eine Basis für weitere Projekte verdient? Wir denken schon. Ohne ein Wunder wird der Markt niemals das Programm entdecken, das SO einen großen Unterschied in der Effizienz und Leistung bewirken kann. Bis sich jemand anders damit beschäftigt.

Gibt es Gefahren bei der Benutzung von Software kleinerer Firmen? Das hängt natürlich von der Firma ab. Viele der großen Softwaregiganten erzählen gerne von ihren bescheidenen Anfängen und sehen gleichzeitig von oben auf die kleinen Unternehmen herab.

Meistens geben sich kleine Unternehmen mit ihren Produkten sehr viel Mühe, da sie vom Verkauf stärker abhängig sind als große Unternehmen. Wenn eine kleine Softwarefirma eine Anzeige aufgibt, kann man ziemlich sicher sein, daß das Management der Firma lange und ausführlich darüber nachgedacht hat. Die Aufmachung des Produktes ist vielleicht nicht besonders aufwendig, aber bei der Entwicklung der Programme hat sich der Hersteller wahrscheinlich große Mühe gegeben.

Flohmarkt

An der Ostküste vergeht keine Woche, ohne eine große "Computer-Schau" in einem relativ kleinen Umkreis einiger Städte an der Ostküste. Es werden große Säle angemietet und Standplätze an Anbieter weitervermietet. Besucher, die meistens auf der Suche nach einem Schnäppchen sind, bezahlen ein Eintrittsgeld. Wir haben uns schon oft gedacht, daß der Organisator der Veranstaltung wohl den größten Gewinn erzielen wird.

Die meisten Anbieter stellen billige Hard- und Software aus. Berge von Computern, Druckern und Modems werden mit Handwagen hereingefahren und aufgebaut. Ein Imbiß kostet 5 DM, der mittlere Preis für eine Diskette mit Software beträgt 10 DM.

Obwohl es möglich ist, von einer solchen Veranstaltung zu profitieren, empfehlen wir Vorsicht, besonders bei der Hardware. Vor ein paar Jahren erstand ein Freund eine 40 MB-Festplatte bei einer sehr angesehenen Firma für den Spottpreis von 250 DM. Er freute sich, mit seinem Kauf einen älteren PC aufwerten zu können. Seine Freude wurde aber gedämpft, denn er mußte erst ein geeignetes Netzteil besorgen. Viele Wochen, drei Bestellungen und 300 DM später installierte er die Festplatte im Rechner, aber sie lief nicht. Die Telefonnummer des Verkäufers auf dem Flohmarkt befand sich seltsamerweise nicht auf der Rechnung, so rief er den Hersteller an. "Die Garantie von 30 Tagen ist abgelaufen und diese Art Festplatte wird von unserem Service auch nicht mehr unterstützt. Sie wird schon seit vier Jahren nicht mehr hergestellt, aber wir bieten ihnen im Austausch ein aktuelles Modell zum Händlerpreis von 900 DM an". Unser Freund hatte eine teure Lektion gelernt.

Oftmals ist auf den Flohmärkten auch bekannte Software zu bekommen. Wir sahen Word Perfect, dBASE, Lotus 1-2-3 und andere Pakete zum Verkauf angeboten. Wenn Sie in die Versuchung geraten, 50 % des Listenpreises zu sparen, prüfen Sie einige Dinge. Informieren Sie sich über die aktuelle Versionsnummer. Kaufen Sie keine Software, die mehr als eine Nummer vor der aktuellen Version zurückliegt. Meistens kann man sich vom Hersteller noch einen Upgrade auf die neuste Version für einen geringen Preis erwerben. Ein Upgrade von 1.0 auf 4.0 wird allerdings kaum möglich sein. Wenn die Software nicht originalverpackt ist, kaufen Sie sie nicht! Sie sollten außerdem darauf bestehen, daß die vollständigen Unterlagen zur Registrierung vorhanden sind. Wenn Sie beschließen, die Software zu kaufen, zahlen Sie niemals bar, sondern mit Scheck oder Kreditkarte, bis Sie die Packung geöffnet haben und sicher sein können, daß alles korrekt aussieht.

Seien Sie ein informierter Kunde! Nehmen Sie eine aktuelle Zeitschrift mit, damit Sie immer die aktuellen Preise und Versionsnummern nachschlagen können. Wenn Sie nach alledem ein Markenprogramm zu einem günstigen Preis entdecken, versuchen Sie zu handeln und zu feilschen. Ein letzter Tip noch. Überlegen Sie vorher, was sie als Verlust in Kauf nehmen können. Ein um zehn Prozent höherer Preis bedeutet nicht viel, wenn sie auf einer Zitrone sitzen und der freundliche Händler drei Staaten weit weg wohnt. Seien Sie darauf vorbereitet, daß man Ihnen sagt, ein Scheck sei das gleiche wie Bargeld. Bei Bargeld ist es nur schwieriger die Bezahlung zu stoppen, wenn ihr Drucker ein Blindgänger ist.

Weiche Ware

Hunderte, wenn nicht tausende Softwarehändler bieten "Freeware" oder "Public Domain"-Software auf Computermärkten oder per Post an. PANDA SYSTEMS bekommt regelmäßig einige Briefe von solchen Händlern. Zwei unserer Softwareprodukte sind versehentlich "entwischt" und werden von vielen Händlern angeboten. Interessanterweise wird in den meisten der Briefe nicht nach Erlaubnis gefragt, das Produkt verkaufen zu dürfen, sondern nur mitgeteilt, daß sie das Produkt so lange verkaufen werden, bis wir es untersagen. Wir antworten immer mit einer Belehrung über das Urheberrecht. Wir wissen nicht, was dann passiert, und wieviel Profit mit unseren Produkten gemacht wird, ohne zu fragen!

In den vorigen Abschnitten haben wir besonders betont, daß SYSOPs, und kleine Firmen viel Wert darauf legen, daß ihre Software "sauber" ist. Wenn Sie auf einem Flohmarkt sechs oder sieben Disketten zu 10 DM gekauft haben, würden Sie sich an jeden Verkäufer erinnern? Die meisten dieser Disketten enthalten nicht die Adresse des Herstellers, sondern nur den Titel des Programms. Wenn Sie beim Ausprobieren eines solchen Programms geschädigt würden, könnten Sie dann zurückschlagen? Selbst wenn Sie nur eine Diskette gekauft und den Namen und die Adresse des Anbieters hätten, würde ihn kümmern, daß das Programm Ihr System zerstört hat? Für eine Diskette im Werte von 10 DM oder den Inhalt einer (gesicherten) Festplatte würde man wahrscheinlich keinen Rechtsanwalt einschalten.

Wir wollen natürlich nicht behaupten, daß alle Verkäufer auf den Flohmärkten Schurken sind. Unsere Bekannten in diesem Geschäft sind gewissenhafte und vorsichtige Menschen (sie benutzen DR. PANDA!). Es bleibt aber die Tatsache, daß ein unvorsichtiger Mensch auf einem Flohmarkt leicht an "schlechten" Code gelangen kann.

Prüfen Sie Ihre Software mit LABTEST. Schreiben Sie an den Autor, um ihn um Daten oder eine saubere Kopie zu bitten. Und glauben Sie nicht, daß die bezahlten 10 DM sie davon befreien, eine Abgabe an den Autor zu bezahlen, wenn Sie die Software benutzen.

Kinder und Computer

Wenn Sie zu Ihrem Computer ein computer-kundiges Kind besitzen, erhöht sich die Wahrscheinlichkeit eines unerwünschten Eindringlings im System dramatisch.

Bei einer Umfrage unter jungen Computerfreunden entdeckten wir viele Raubkopien von Spielen. Die Favoriten waren, wen überrascht es, Spiele für Erwachsene. Einer der Befragten hatte sogar eine komplette Liste der Fragen, die die Benutzung eines besonders delikaten Programms durch Kinder verhindern sollten.

Der Handel mit Raubkopien bietet ein nahezu grenzenloses Potential für Katastrophen. Kinder benutzen oft den Heimcomputer, wenn die Eltern noch bei der Arbeit sind. In unseren High-Tech-Haushalten hat jedes Kind seinen eigenen Computer mit der Auflage, niemals einen fremden Rechner zu benutzen unter der Androhung der Todesstrafe oder des Entzugs der Telefonerlaubnis (schlimmer als der Tod). Aber wir wissen, daß der Tag kommen wird, wenn der Sechstklässler es nicht mehr aushält und das neuste Spiel der Schule auf Mutters VGA-Monitor mit Midi-Interface spielen will.

Wir unterstützen unsere Kinder bei der Benutzung von Computern, da die erlernten Fähigkeiten für' sie wichtig sind. Einige Spiele erfordern Fähigkeiten in Lesen, Buchstabieren, Schreiben und Logik, und wir wollen sie nicht verbieten.

Was können Mütter und Väter also tun? Wenn möglich, sollte der eigene Computer abgeschlossen und der Schlüssel in Gewahrsam behalten werden. Sie können auch eine Kennwort-Prozedur installieren (Fragen Sie nicht ihre Kinder, das Programm dazu zu schreiben, sonst haben sie nachher weniger Zugriff auf den Rechner als die Kinder). Bestehen Sie auf einer regelmäßigen Kontrolle der Diskettensammlung der Kinder. LABTEST kann auch hier eine große Hilfe sein. Machen Sie ihre Kinder auf die Gefahren des freien Softwaretausches aufmerksam. Sie können ihnen auch eine Moralpredigt über Softwareraub halten.

Technischer K.O.

Der technische K.O. ist ein Begriff aus dem Boxsport, er kann aber auch bei ihrem Computer zutreffen, wenn Sie Ihre Software durch Tausch bekommen.

Wir haben betrachtet, was unsere Kinder uns antun können, aber was ist mit unseren Freunden, Kollegen oder am schlimmsten dem Chef? Wenn Sie der Typ sind, der das Auto erst startet, wenn alle Insassen angeschnallt sind, werden sie in einem solchen Scenario vielleicht überleben.

Wenn Ihnen mit einem Lächeln und einem herzlichen "Hey, probier' mal aus!" eine Diskette überreicht wird, können Sie dann darauf bestehen, die Diskette mit den beschriebenen sorgfältigen Methoden zu untersuchen? Wir hoffen, daß es so ist.

Geben Sie die Kontrolle über Ihren PC nicht ab, wenn Sie es nicht vermeiden können. "Ich will nur kurz was ausdrucken" kann einen riesigen Schaden verursachen, wenn die Diskette mit der zu druckenden Datei einen COMMAND.COM-Virus enthält.

Safe Hex

Wenn Sie als einzige(r) die Tasten Ihres PCs bedienen, kann nichts passieren. Die Entscheidung ist ganz einfach. Sie sind vorsichtig, oder Sie sind es nicht.

"Nein!" zu sagen kann auch auf die Computersicherheit angewendet werden. Ihr PC und ihre Daten sind kostbare Hilfsmittel. Bewachen Sie sie gut.

Kapitel 8

Die Bedrohung erkennen

Was wir "wissen" hängt fast immer davon ab, was wir "gelernt" haben, und jeder in der Welt der Computer lernt noch dazu. Es ist eine Fähigkeit des Menschen, aus seinem Wissen Schlüsse zu ziehen und zu abstrahieren. Haben wir zu wenig Wissen, werden unsere Schlüsse vielleicht in eine falsche Richtung gehen.

Glücklicherweise ist die Geschwindigkeit des technologischen Fortschritts in der Welt der Computer so, daß niemand Angst davor haben muß, irgendwann einmal zu wenig Wissen zu haben. Wenn es Neuerungen gibt, können Sie jederzeit damit beginnen, hinzuzulernen.

Begegnungen zwischen Menschen und PCs

Die Publizität der Computerviren und anderer zerstörender Codes hat eine neue Einstellung der Benutzer bewirkt. Man muß sich zuerst klarmachen, daß die Beziehung zwischen Mensch und Computer noch am Anfang steht und vollständiges Vertrauen noch nicht hergestellt ist.

Jede Autorität hat die Erfahrung gemacht, daß Benutzer den Computer vermenschlichen. "Er läßt mich nicht", "Er hat einfach angehalten!" Ob diese Einstellung die Beziehung zum Computer vereinfacht, ist eine Diskussion wert. Jeff Garbers hat einmal gesagt:

> "Easy to use is easy to say."

Computer sind eigentlich unfreundliche Maschinen. Im innersten arbeiten sie mit den Zuständen "An" und "Aus". Sie besitzen keine beweglichen Teile, mit denen gespielt werden kann. Ein praktisch veranlagter Mensch, der es gewohnt ist, hier und da eine Schraube festzuziehen, wird absolut frustriert sein, wenn seine Fähigkeiten keinen Nutzen haben. Anwendungsprogramme (Textverarbeitung, Datenbankverwaltungen, Tabellenkalkulation u.s.w.) sind für den Benutzer verschlossen. Entweder arbeiten sie "richtig" oder nicht.

Und die Schnittstelle - der Weg der Kommunikation zwischen Mensch und Maschine - ist unerbittlich. Computer können nicht an den menschlichen Willen angepaßt werden.

Computer-Profis haben dem Computer zusätzlich noch einige menschliche Eigenschaften gegeben. Wir "füttern" die Maschine mit Daten. Wenn irgendetwas schiefläuft, hat sie die Daten "gefressen". Neulingen wird oft das Blinken der Lämpchen bei Ein-/Ausgabeoperationen als "denken" beschrieben.

Wir hegen schon lange eine Abneigung gegen die wohl bekannteste DOS-Fehlermeldung "Falscher Befehl oder Dateiname". Der Befehl kann für uns sinnvoll und richtig erscheinen. Das Kommando "Formatiere die #@%$ Diskette!" ist für uns klar. Der Computer benötigt aber eine für ihn verständliche Form: "FORMAT A:".

Das andere Extrem bieten einige Online-Dienstleistungen, die mit sanften Sprüchen antworten: "Entschuldigen Sie, in diesem Zusammenhang kann ich ihre Anforderung nicht bearbeiten." Wenig Komfort für den Preis von ungefähr zwei Mark für eine Minute Benutzungszeit.

Die Diskussion dieser Beziehung wäre nicht vollständig ohne einen Blick auf die Autoren von Handbüchern und Hilfe-Texten. Ein Ausflug in die Computer-Abteilung eines Buchgeschäftes zeigt Regale voll mit "Wie benutze ich es"-Publikationen. Je populärer das Produkt, desto mehr Bücher erscheinen darüber. Es gibt natürlich immer die Möglichkeit, daß der Erfolg dieser Bücher proportional zu der Anzahl der Raubkopien der Software ist, wahrscheinlicher ist jedoch, daß die mitgelieferte Dokumentation der Hersteller unvollständig und schwierig zu verstehen ist.

"Offizielle" Veröffentlichungen sind technisch geschrieben und ordnen die Beschreibungen von Befehlen in alphabetischer Ordnung, statt nach Funktionsgruppen. Eines der besten Bücher, das wir kennen, beschreibt, wie man dem guten alten Lotus 1-2-3 das Singen und Tanzen beibringen kann. Der Autor beschreibt in guten Beispiele relativ oft vorkommender Arbeitsschritte und nimmt den Leser dabei an die Hand. Auf dem Weg erklärt er gefährliche Fallen.

Die Gefahr dieses Verhältnisses ist, daß Menschen mit wenig Kontrolle über ihr Leben und ihre Umgebung, von den geheimnisvollen inneren Vorgängen der Maschinen kontrolliert werden.

In den frühen Tagen des Personal Computing, als die ersten AT-Maschinen mit wahnsinnigen 6 MHz Taktfrequenz und gigantischer 20 MB Festplatte den Markt sprengten, entstand durch einen

Fehler des Herstellers eine neue Einstellung. Bei der Eile des Herstellers, die neuen PCs schnell auf den Markt zu bringen, wurden die Festplatten von einem externen Lieferanten bezogen. Da die Gerüchteküche in der Computerszene besonders aktiv ist, war es eine Sache von Wochen nach Erscheinen der neuen Maschinen, daß bekannt wurde: "Die Festplatten sind SCHLECHT! Sie crashen!" Eine bekannte Zeitschrift sprach von einer Fehlerrate von 240 Prozent. Bei Benutzern und Managern lag die Frage nahe, "Was passiert, *wenn* eine Festplatte hinüber geht?" Eine Sorge eines jeden AT-Besitzers war: "Was tue ich, wenn meine Festplatte aufgibt?"

Von diesem Moment an wurde jeder Datenverlust den Festplatten in die Schuhe geschoben. Ein PC-Manager einer mittelgroßen Firma berichtete: "Mindestens drei Mal am Tag kam jemand in mein Büro und berichtete, daß seine Festplatte defekt sei". Der Klatsch und die Gerüchte hatten einen hohen Preis, was die Produktivität des Managers und der Benutzer angeht. In neun von zehn Fällen gab es für das Problem eine einfache Erklärung mit einer einfachen Lösung, die der Benutzer nach etwas Überlegen selber hätte finden können, wenn die Prophezeihung nicht immer anwesend gewesen wäre.

Glücklicherweise wurde das Problem vom Hersteller gelöst, und tausende der "schlechten" Platten schlafen in den Lagern. Heutzutage ist ein Festplattenfehler selten, aber nicht unbekannt.

Obwohl diese Probleme in der Welt der Computer bekannt war, haben sich die Titelseiten der großen Zeitschriften nie damit beschäftigt. Computerviren und andere Formen von zerstörendem Code sind schon bekannter, und fast jeder weiß etwas über die lauernden Gefahren. Die Rolle der Medien haben wir bereits in einem anderen Kapitel beschrieben, nun wollen wir uns mit der daraus entstehenden Bedrohung für die Produktivität beschäftigen.

Wenn "das Schlimmste" passiert

Ein Benutzer verliert durch einen Fehler Daten und schreit als erstes "VIRUS!". Vor ein paar Jahren hätte er "Festplattenfehler!" gerufen. Und nur kurz davor hätte er sich vielleicht am Kopf gekratzt und gewundert. Wir schieben die Schuld eben gerne jemand anderem in die Schuhe. Eine größere Bedrohung als die Realität stellt unsere Phantasie dar.

Viele Experten schätzen den Anteil der Viren-Alarme, die wirklich einen Virus oder anderen zerstörenden Code als Ursache haben, auf 10-50 Prozent. Die größte Bedrohung ist der Virus, das keiner ist. Die meisten Benutzer und Manager würden bereitwillig Zeit für die Maßnahmen zur Beseitigung des schädlichen Codes opfern. Was ist aber mit der Beseitigung eines Geistes oder der Suche nach einem nicht stattgefundenen Ereignis?

Was wäre, wenn folgende Meldung auf Ihrem Bildschirm erscheinen würde:

```
Hallo! Ich bin ein Computervirus. Ich lebe seit dem 01.01.1989 um 01:09:47
unerkannt in Ihrem Computer. Bevor ich Ihren Computer befiel, habe ich noch
432 andere Hausbesuche gemacht. Seit es mich gibt, habe ich 48 Disketten
infiziert, die mir über den Weg gelaufen sind.

Da ich Ihnen keinen Schaden zufügen will, gebe ich Ihnen die Chance, mich zu
finden. Wenn Sie es nicht schaffen, werde ich Ihre Festplatte zerstören. Sie
haben 24 Stunden.
```

Etwas ähnliches geschah in einer Forschungseinrichtung eines multinationalen Konzerns, wo hunderte Computer mit den neuesten LAN-Techniken vernetzt waren. Als ein Mitarbeiter ein "DIR" einer Diskette anzeigen ließ, bemerkte er eine Datei namens "VIRUS". Der Ausdruck von "VIRUS" ergab eine schreckliche Nachricht, die die Zerstörung der gesamten Anlage in wenigen Tagen voraussagte. Der Mitarbeiter verständigte natürlich sofort seinen Vorgesetzten und der tat wiederum das gleiche. Innerhalb einer Stunde lasen die obersten Sicherheitsexperten die Nachricht mit Schrecken. Was war zu tun? Was würden *Sie* tun?

Die einzig durchführbare - und sichere - Maßnahme, die in diesem Moment ergriffen werden konnte, war das ganze System sofort stillzulegen. Es wurden sofort Anti-Virus-Experten eingeschaltet und Kopien von VIRUS und komplette Sicherungskopien eingesandt. Mehrere Autoritäten bekamen das Material mit Express-Diensten über Nacht. Die Experten kamen zu dem Ergebnis, daß "VIRUS" nur eine einfache Textdatei war und keine Gefahr der Zerstörung bestand. Es passierte nichts in diesem Forschungszentrum, aber unzählige Ausfallstunden (Anzahl der Rechner x Stillstandszeit) waren im Interesse der Sicherheit zu verbuchen.

Die einfachste Erklärung für diesen Vorfall ist ein gelangweilter Mitarbeiter, der diesen Text eingetippt hat, ohne an die Folgen zu denken. Die Meldung wurde aber gelesen und die ganze Anlage lag fast zwei Tage still. Außerdem arbeiteten die Experten mit ihren gesamten Team an dem Problem.

Wir wollen nun betrachten, was passiert, wenn eine solche Meldung das nächste Mal entdeckt wird:

Wenn Angst zur Gewohnheit wird

Das Syndrom "des kleinen Jungen, der Wolf gerufen hat" kann auf verschiedenen Ebenen arbeiten. Das Gerede über die Täuschung wird natürlich alle Ebenen der Firma erreichen. Ein Sachbearbeiter, der eine solche Nachricht findet, wird glauben, es sei "diese" Nachricht, die das Tohuwabohu verursacht hat. Er wird sie dann einfach ignorieren und mit seiner Arbeit fortfahren. Wenn er seine Vorgesetzten verständigen würde, würden diese vielleicht zum gleichen Schluß kommen. Auch die Experten von außerhalb würden zögern, noch einmal diesen Aufwand für einen Scheinangriff aufzuwenden. Niemand will der Dumme sein, vor allem nicht mehr als einmal.

Stellen Sie sich nun jemanden vor, der dies durchblickt und ein wirklich virulentes Programm schreibt, das aussieht wie die "Täuschung".

Wie man sieht, sind die Handlungen in einer solchen Situation nicht immer klar. Die Autorin erinnert sich gut an den Tag, an dem sie in einem der belebtesten Bürogebäude New Yorks zu einem Treffen eingeladen war. Die Sitzung wurde plötzlich unterbrochen, und wir wurden aufgefordert, das Gebäude ordentlich zu verlassen, da eine Bombendrohung vorliegt. Wir befolgten die Anweisung und nach drei Stunden auf der Straße (mit unregelmäßigen Besuchen eines nahen Lokals zum Aufwärmen) wurde klar, daß die Arbeit für heute beendet sein würde. Bei der ersten passenden Gelegenheit wurde die Konferenz drei Tage später fortgesetzt, als wieder eine Unterbrechung stattfand und von einer erneuten Bombendrohung berichtete. Dieses Mal gingen wir direkt in das Lokal und beendeten unser Gespräch.

Stellen Sie sich einmal vor, daß auf eine Bombendrohung, selbst wenn sie zum zweiten Male innerhalb von 10 Tagen vorkommt, von den Verantwortlichen nicht sofort reagiert würde, da ihnen der Fehlalarm auf die Nerven geht. Wie kann das für Computer-Systeme anders sein? Der Zeitverlust, der auf der Straße stehenden Menschen ist ein ähnlicher Schaden, wie er durch einen stillstehenden Computer verursacht wird.

Bedrohungen - eine Ausweitung des Beispiels

Ein Schurke, der von dem "Fingerabdruck" eines vorgetäuschten Virus weiß, kann in einer Installation Verwüstung anrichten, wenn er mit der Gleichgültigkeit der Benutzer rechnet. Das Aussenden einer verborgenen ausführbaren Datei zusammen mit der "VIRUS"-Textdatei ist ein interessantes Konzept. Nehmen wir an, daß der Virus nur zählt, wie oft "VIRUS" von den Benutzern angezeigt oder gedruckt worden ist. Wenn der interne Zähler ein bestimmtes "n" überschritten hat, würde das unsichtbare Programm die Dateibelegungstabelle einer bestimmten Platte zerstören.

Die menschliche Natur, unsere liebste Variable, kommt hier wieder ins Spiel. Wenn das Management eine Anweisung herausgibt, alle Dateien namens "VIRUS" zu ignorieren, kann der Benutzer dem nachkommen oder nicht. Ein gewitztes Management würde vielleicht einen Befehl DEL VIRUS*.* in alle AUTOEXEC.BAT-Dateien aufnehmen lassen. Aber wäre das so schlau, wenn Techniker bei 20, 200 oder 2000 Maschinen eine Zeile hinzufügen müßten, obwohl bekannt ist, daß es sich nur um eine Textdatei handelt?

Und Sie können wetten, daß ein Urladersektor, den ein Insider auf Zerstörung hin verändert hat, den Namen VIRUS in wenigen Momenten im gesamten Netz geändert hätte.

Es gibt keine einfache Antwort

> "Nobody ever said it was ever going to be easy"

Wie entscheidet sich also der praktische Benutzer oder Manager? Es klingt vielleicht zu einfach, wenn man empfiehlt, die Entscheidung individuell zu treffen, aber welche Alternative hat man?

Es käme niemals in Frage, daß bei einer Bombendrohung Menschenleben in Gefahr gebracht würden, selbst wenn man mit 99,99% Sicherheit wüßte, daß es sich um einen Fehlalarm handelt. Wie wichtig sind Daten für das Leben eines einzelnen Benutzers oder einer Firma?

Wenn unser gedachter Benutzer (es kann eine Einzelperson oder ein riesiges Unternehmen sein) ein gutes System für Sicherheitskopien benutzt, wäre es einfach zu sagen, "OK ... zerschieße das aktuelle Laufwerk und lade die 'guten' Daten zurück". Bei einem gut organisierten Netz kann mit dieser Methode innerhalb von zwei bis drei Stunden alles gelaufen sein. Bei einer Workstation könnte die Zeit auf unter eine Stunde reduziert werden. Was ist aber, wenn der Virus schon tage- oder wochenlang auf der Lauer liegt?

Es gibt einfach keine allgemeingültige Antwort auf die hier gestellten Fragen.

Wer nimmt sich der Probleme an?

Einige Organisationen und Institutionen haben Anstrengungen unternommen, Daten über zerstörende Codes und Computer-Kriminalität zu sammeln. Das ist keine einfache Aufgabe. Andere, die eher die Presse bedienen wollten, haben Zahlen aus der Luft gegriffen und verbreitet. Diese Methode ist weit weniger zeitaufwendig.

Als dieses Buch geschrieben wurde, gab es noch keine staatliche Stelle für solche Informationen. Eine Organisation, die sich mit dieser Aufgabe beschäftigen wollte, würde mannigfaltigen Problemen gegenüberstehen. Keine Firma will, daß ihre Konkurrenz von den internen Abläufen und Schwächen etwas erfährt. Man kann sich kaum vorstellen, daß eine Bank den Verlust aller ihrer Kontensätze zugibt, sei es nur für die kurze Zeit, die für das Zurückspeichern der Sicherungskopie nötig ist. Noch unwahrscheinlicher sind Eingeständnisse der Regierung, daß sie vielleicht die Sozialdaten des letzten halben Jahres vermissen.

Wie schon berichtet, verbreiten sich Gerüchte in der Industrie mit einer Geschwindigkeit von 9600 Baud, wenn nicht sogar schneller. Obwohl die Angestellten keine Betriebsgeheimnisse verraten dürfen, treten immer wieder ein paar Worte nach außen. Aber Gerüchte bleiben Gerüchte und können nicht für statistische Daten herangezogen werden. Bevor nicht eine Methode für die Sammlung der Daten gefunden ist, bleibt eine Studie noch ungeschrieben.

Wie können umfangreiche und zuverlässige Daten für einen solchen Bericht gesammelt werden?

Die beste Möglichkeit - eine Idee

Es ist bekannt, daß das Management einer großen Personal Computer Anlage die besten Voraussetzungen für graue Haare und Magengeschwüre bietet. Viele PCs, die an Netzwerke oder als Terminal an Großrechnern angeschlossen sind, sind einfach zu finden und zu zählen. Die Spezialisten der Konzerne glauben jedoch, daß in jeder größeren Firma unzählige individuelle PCs in unbekannten Büros herumstehen. Bei vielen Firmen kommt dazu noch das Problem der dezentralen Bestellung. Die Finanzierung eines PCs kann durch den Angestellten oder die Abteilung auf viele verschiedene Wege durchgeführt werden.

Ein Freund, der eine große PC-Installation managt, sagte oft bitter: "Sie wissen, wo sich alle Fahrzeuge aufhalten, haben aber nicht die geringste Idee, wo ihre Computer stehen!"

Wir wollen das Management einen Moment mit ihren Problemen alleine lassen und uns einer Methode der Datenerhebung zuwenden. In Firmen, die E-Mail benutzen, könnte jedem Mitarbeiter ein Fragebogen gesendet werden. Im Idealfall wäre der Benutzer dann so lange gesperrt, bis er das Formular ausgefüllt hat. Wir glauben nicht, daß dieser Ansatz erfolgreich wäre. Wahrscheinlich wären die Angestellten auch nicht ehrlich, da die Umfrage nicht anonym durchgeführt werden kann.

"Geben Sie bitte alle Programme auf ihrem Computer an". Es ist zweifelhaft, ob viele so ehrlich sein würden und das von einem Freund geliehene Golfspiel oder die Raubkopie der Tabellenkalkulation angeben würden. Viele Firmen haben strenge Regeln, was den Besitz von nicht lizensierter Software angeht, und ein Benutzer müßte mit einer Strafe rechnen.

"Bitte geben Sie alle Datenverluste des letzten Jahres und die Gründe dafür an". Auch hier kann sich der Angesprochene wieder selbst hereinlegen, und es ist fraglich, ob die Antwort ehrlich sein würde.

Bei großen Firmen und der Regierung können Daten besser erhoben werden als bei den vielen kleinen Unternehmen und Privatleuten. Eine Umfrage unter den Mitgliedern der zehn größten Computer-Clubs in den USA stellt vielleicht eine repräsentative Stichprobe dar. Man weiß, daß die Wahrscheinlichkeit einer ehrlichen Antwort geringer als 10 Prozent ist. Die Beurteilung der Fragebögen könnte auch nur intuitiv durchgeführt werden.

Wie gegenwärtig ist das "VIRUS"-Problem?

Die Einstellungen von Experten in der Industrie reicht von Zerstörungen innerhalb von Tagen bis zum Alfred E. Neumann-Spruch "Was, ich soll mir Sorgen machen?".

Die Invasion des ARPAnet-Netzwerkes hat unzweifelhaft gezeigt, daß unerlaubter Code innerhalb kürzester Zeit die gesamte zivile und militärische Computerwelt befallen kann. Das IBM CHRISTMA.EXE-Programm lehrte, obwohl es nach der strengen Definition kein Virus war, die gleiche Lektion. Die dramatische Ausbreitung des (C)BRAIN-Virus an verschiedenen Universitäten zeigte, daß Viren und andere zerstörende Codes *real* sind.

Die Anzahl der Viren, die von der Anti-Virus-Industrie und Sicherheitsexperten gesammelt wurden, beläuft sich auf über 100. Die Liste "Das dreckige Dutzend" am Ende dieses Buches hätte besser "Die dreckigen 200 und mehr" genannt werden sollen. Sie existieren, sind real und sie zerstören. Es gibt unter den Mitgliedern der Sicherheitsindustrie ein Abkommen, Virus-Code nicht weiterzugeben und zu verbreiten. Andere liefern auf Wunsch Viren an interessierte Kunden.

Es wäre vernünftig, daß eine einmal eingesetzte Anti-Virus-Organisation alle zerstörenden Programme bekommt und verwahrt. Wir bei PANDA SYSTEMS wären froh, wenn unsere Schachtel mit Killer-Disketten an eine vertrauenswürdige Stelle weitergegeben werden könnte. Ankommende Viren könnten nach ihrem Herkunftsort registriert werden.

Wie wir im Kapitel über Sicherheitssysteme sehen werden, kann das Risiko für jeden Computer durch ein paar einfache Maßnahmen und ein bißchen Zeit drastisch gesenkt werden. Die Bedrohung von außen ist jedoch vorhanden und deutlich zu sehen. Sie sollte nicht heruntergespielt werden. Der Benutzer muß ein Verantwortungsgefühl entwickeln und sollte eine Situation erst analysieren, bevor er handelt.

Verantwortung der Benutzer und Händler

"It's not my job, Mom!"

Wir haben uns ausführlich mit der Beziehung zwischen Menschen und PC beschäftigt. Der gute alte PC führt nur das aus, was ihm befohlen wird. Das Problem ist, wer ihm seine Anweisungen gibt.

Wir müssen uns mit den Aufgaben der Entwickler, des Vertriebs, der Käufer und der Benutzer befassen. Was können wir von ihnen erwarten? Was sind unsere Aufgaben?

Harte Fakten über Software

Entsetzen packte die Computerwelt, als ein bekannter Hersteller tausende von eingeschweißten Disketten auslieferte, auf denen sich eine "Nachricht des Friedens" befand, die zur Begrüßung auf dem Bildschirm erschien. Es wurde immer wieder betont, daß kein Schaden entstehen könne, aber es handelte sich um einen Eindringling, der nicht dorthin gehörte. Die Firma, die die Disketten herstellte, ging ein und ihr Besitzer bankrott. Der Softwarehersteller kämpft hart, um verlorene Marktanteile zurückzugewinnen.

Bei einem anderen Vorfall wurden Hilfsprogramme (einschließlich Anti-Virus-Programme) auf CD-ROM geliefert. Die Firma war natürlich entsetzt, als sie entdeckten, daß ihr (exzellentes) Produkt einen Virus enthielt.

Was für Verantwortlichkeiten haben die Softwarelieferanten, um sicher zu sein, daß "saubere" Kopien geliefert werden? Was für Verantwortlichkeiten hat die Firma, die mit den Kopien beauftragt ist? Unsere Arbeitstheorie ist, daß zumindest der originale Quellcode einwandfrei ist. Sie werden sich wundern:

Bei der Benutzung von DR. PANDA's LABTEST Programm untersuchten wir eine frühe Version eines extrem erfolgreichen Textverarbeitungsprogramms. Im Programm war folgende Meldung versteckt (Dieser Text wurde einer Originaldiskette entnommen, wie sie vom Hersteller geliefert wurde):

```
***NON-COPY PROTECTED DISK***
This disk is not copy protected, you
can make backup copies of this program
only with the supplied utilities.
***INTERNAL SECURITY VIOLATION***
The trees of evil bears bitter fruit,
crime does not pay.
      THE SHADOW KNOWS
Trashing program disk.
```

```
***Nicht kopiergeschützte Diskette***
Diese Diskette ist nicht kopiergeschützt, Sie
können Sicherungskopien von diesem Programm
nur mit dem mitgelieferten Hilfsprogramm anfertigen.
***INTERNE SICHERHEITSÜBERSCHREITUNG***
Die Bäume des Bösen tragen bittere Früchte,
Verbrechen zahlen sich nicht aus.
      Der Schatten sieht alles
Ich zerstöre die Programmdiskette.
```

Wir haben niemals davon gehört, daß diese Nachricht auf einem Bildschirm erschien. War dieser Teil des Programms ein Witz des Programmierers, oder steckte wirklich etwas ernstes dahinter? Vielleicht machte niemand je eine unerlaubte Kopie. Wenn Sie in einem großen Industriebetrieb entscheiden müßten, ob dieses Programm eingesetzt wird, würden Sie ihr "OK" geben, weil es der Marktführer ist? Wenn Sie in einem Softwarehaus eine verantwortungsvolle Position hätten (z.B. Leiter der Qualitätssicherung), würde ein solches Programm *Ihr* Haus verlassen?

Würden Sie ein solches Programm auf Ihrem Computer laufen lassen?

Bei PANDA SYSTEMS wird neu eintreffende Software grundsätzlich mit LABTEST geprüft. Wir sind dabei tolerant gegenüber verborgenen Scherzen oder Widmungen, aber Meldungen, wie die oben beschriebene, werden von uns ernst genommen.

Sie bezahlen und bekommen Ihre Chance

Wir haben uns bereits mit der Beziehung zwischen Mensch und Maschine beschäftigt. Wie sieht es aber mit der Beziehung zwischen Käufer und Verkäufer aus? Neuen Produkten, ob es eingeschweißte Software oder ein brandneuer PC ist, wird immer ein gewisses Vertrauen entgegengebracht, daß sie "ordentlich" sind.

Ein Beispiel: Ein Mann ging in ein bekanntes Geschäft einer großen Stadt und wollte ein Modem kaufen und *sofort* mitnehmen. Nach mehreren Versuchen, das Modem in Gang zu bringen, stellte man fest, daß dieses Modem nicht funktioniert und will es austauschen. Der Verkäufer wollte die Rücknahme bei einem normal gekleideten "Laufburschen" nicht durchführen. So mußte der Herr mit Anzug und Krawatte selbst zum Geschäft zurückkehren. Der Verkäufer war von der guten Kleidung gleich überzeugt und der Umtausch wurde durchgeführt. Stellen Sie sich vor, daß der Mann das defekte Modem wieder ins Regal stellt und auf den nächsten Kunden wartet.

Der gleiche Verkäufer, dessen Schlampigkeit immer noch nicht so bekannt ist wie die niedrigen Preise, verkaufte einer jungen Frau einen tragbaren Computer. Ihr fielen schon bald häufig auftretende Paritätsfehler auf, die auf einen ernsten Fehler der Maschine hindeuteten. Mit dem "Tragbaren" unternahm sie eine zweistündige Reise in die Innenstadt, um Abhilfe zu schaffen. Der "Techniker" warf nur einen flüchtigen Blick auf den Rechner und fand alles in Ordnung. Das wurde "Service" genannt. Ein Anruf beim Hersteller wurde mit "Sprechen Sie mit Ihrem Händler" abgetan.

Das Geschäft ist auch bekannt dafür, daß sie "Demo"-Kopien von Software anfertigen und als neuwertig verkaufen. Es erfordert nicht viel Phantasie, sich vorzustellen, daß eine "Originaldiskette" ein kleines Extra enthält.

Ein anderer unseriöser Zeitgenosse entwickelte eine besonders elegante Methode. Er bestellte PC-Grundmodelle von bekannten Herstellern, deren Logo die Front zierte und fügte billige "fremde" Festplatten und Diskettenlaufwerke hinzu. Das ganze verkaufte er zum vollen Preis als Originalgeräte.

Wem vertrauen Sie?

Die Antwort müßte eigentlich "niemandem" lauten. Immer mehr Patienten in Krankenhäusern, die operiert werden sollen, besorgen ihren Blutbedarf, indem sie Freunde und Bekannte anrufen und sich nicht auf die Blutbank verlassen.

Was sind die ethischen Fragen, die sich ein Händler stellen sollte? Die rechtliche Seite dieser Frage wird in einem anderen Kapitel behandelt. Hier wollen wir die Frage unserer eigenen Erwartungen und Verantwortlichkeiten im Geschäftsleben betrachten.

Wenn wir 100.000 DM für ein besonderes Auto ausgeben, erwarten wir mehr Qualität und Zuverlässigkeit, als wenn wir für 1.000 DM einen Gebrauchtwagen kaufen. Beim Kauf einer Billig-Diskette für 50 Pfg. erwarten wir eine höhere Fehlerrate, als bei den teuren Markendisketten mit dem großen Namen. Wenn ein billiges T-Shirt beim ersten Waschen einläuft, wundert uns das überhaupt nicht. Eine Seidenbluse für 200 DM, die sich im Trockner auflöst, ist etwas anderes. Im allgemeinen haben wir die Meinung: "Man bekommt, was man dafür bezahlt."

Der Substandard Standard

In der Computerwelt muß man für die großen Namen meistens auch die höchsten Preise zahlen. Und die großen Käufer - die Vereinigten Staaten - fühlen sich wohl bei den "Großen". Die anderen Firmen, die sich den Rest des Marktes teilen, "halten nicht, was sie versprechen".

Für viele, die einen besseren oder preiswerteren Weg sehen, ist das Wort "Industriestandard" zur Frustration geworden. Frühe Produkte, die zum Industriestandard wurden, besitzen heute nur noch zum Teil ihre anfänglichen Vorzüge.

Ich verrate wohl keine Geheimnisse, wenn ich feststelle, daß IBM und Microsoft den PC-Standard von heute entwickelt haben. Wir glauben, daß uns auch IBM zustimmen würde, wenn wir sagen, daß alle IBM Produkte bei Tests wegen ihres Logos etwas besser abschneiden.

Bei einer Beurteilung von neuen 386-Maschinen wählten die Tester aufgrund vieler Kriterien ein Gerät aus der Mitte als Bestes aus. Unsere gesamte Gruppe teilte die Meinung der Tester und tatsächlich wurde dieses Buch auf diesem Computer geschrieben.

Die Entwicklungsmaschinen bei PANDA sind ohne Ausnahme original IBMs. Das liegt nicht am Vertrauen zum Hersteller, sondern ist eine Sache der Verantwortung gegenüber unseren Kunden. Sie sollen gut konstruierte, zuverlässige Software bekommen, die absolut dem Industriestandard entspricht.

Meiden Sie "Vertrauens-Fallen"

Ein Anti-Virus-Softwareentwickler gab sein Produkt zum Testen an eine Organisation. Das Testprotokoll und der Hardwareaufbau wurde von einem angesehenen Experten entworfen. Stellen Sie sich die Bestürzung vor, wenn das Produkt einfach nicht läuft. Warum läuft es nicht? Der Entwickler und sein Testlabor sind mit PC-Nachbauten ausgestattet. Die Software ist nie auf einer richtigen "blauen" Maschine gelaufen. Für den Entwickler wäre das natürlich ein Alptraum.

Ein Anti-Virus-Produkt muß in vielen Punkten mit den untersten Ebenen der Maschine arbeiten. Oft müssen Aufrufe des BIOS geprüft oder durchgeführt werden, und nur IBM hat das richtige IBM-BIOS. Ein BIOS auf einem Nachbau, das 100% kompatibel ist, wird alle IBM-Aufrufe ausführen, andersherum ist das jedoch nicht unbedingt gewährleistet.

Ein Kollegin, die auf wundervolle Bildschirmgraphik und computerunterstützes Lernen spezialisiert ist, antwortete "Klingt gut!", als ein Kunde seine neue Hardwarekonfiguration beschrieb. Alle Rechner seien Nachbauten mit den besten VGA-Monitoren. Sie unterschrieb den Vertrag und machte sich an die Arbeit. Ein kleiner Teil des Projektes erforderte die Arbeit mit einer Standardapplikation und einem Interface zum BIOS. Es lief auf diesen Nachbauten einfach nicht. Mehrere Telefonate mit dem Entwickler der Applikation, dem Hersteller des BIOS und dem Hersteller des Rechners blieben erfolglos. Das Projekt wurde abgebrochen.

Man kann leicht in "Vertrauens-Fallen" treten. Wir erwarten, daß unsere Ehepartner treu sind, daß die Kinder nicht lügen und daß das Auto jeden Morgen anspringt. Aber Ehen "funktionieren" nicht ohne viel Mühe, Kinder lernen nicht ehrlich zu sein, wenn sie nicht ein gutes Beispiel bekommen und Autos starten nicht ohne Benzin und regelmäßige Wartung. Wir haben gelernt, daß wir in solchen Situationen Verantwortung zeigen müssen. Wo ist da der Unterschied zu unseren Computern?

Hersteller von Nachbauten werben oft mit "100% IBM PC kompatibel". Es ist *nicht möglich*, in einem Nachbau das gleiche BIOS wie in original IBM Produkten zu finden. Versuchen Sie nur einmal IBM-PC BASIC auf einem Clone zu starten.

Softwaregarantie

Wer jemals eine Lizenzvereinbarung für Software gelesen hat, weiß, daß die Rechtsanwälte immer Arbeit haben werden, solange solche Dokumente geschrieben werden müssen. Software-Hersteller bieten als einzige Garantieleistung den Umtausch der Originaldisketten, wenn sie beschädigt sind. Das ist alles.

Die Soft- und Hardwareproduzenten sollen natürlich keine Gewähr für Dinge übernehmen, die sie nicht kontrollieren können, und speziell für die Dinge, die der Benutzer nach dem Auspacken damit anstellt. Die "menschlichen Tricks", von denen wir bereits sprachen, können mehr Schaden anrichten als schadhafte Software, die sofort zurückgerufen wird. Als Kunden haben wir uns aber an einige bestimmte Rechte und Erwartungen gewöhnt.

Wir erwarten natürlich mehr von teuren Produkten aus einem exklusiven Geschäft als von den Dingen, die wir beim K-Markt nebenan kaufen. Auch der Umtausch und Reparaturen werden bei Bloomingdales selbstverständlich freundlich und prompt erledigt, genau wie wir es erwarten. Bei einem Billig-Laden, wo Motoröl und Unterwäsche nebeneinanderstehen, geht man davon nicht aus.

Wie soll das bei Ihrem System funktionieren?

Unsere Erwartungen arbeiten sowohl für als auch gegen uns, wie die Autorin letzten Winter feststellte. An einem trüben, regnerischen Tag kauften wir im Großhandel einen Regenmantel aus Flanell und Vinyl für 40 DM (heruntergesetzt von 79.90 DM). Kurze Zeit später kauften wir noch einen langen Pelzmantel. Zur Weihnachtszeit waren die Taschen beider Mäntel eingerissen. Der Regenmantel wurde mit Klebeband repariert, der Pelz zur Reparatur zum Laden gebracht (Wir erwarteten nicht viel von einem 40 DM Regenmantel aber um so mehr von dem teuren Pelz). Als nun bei einem dritten Mantel das gleiche Problem auftrat, begannen wir, einen Zusammenhang zu suchen.

Einen Moment lang beschuldigten wir die Türgriffe des neuen Autos nach dem Motto "Es ist nicht mein Problem". Aber es war ein doppelter Trick bei der Sache. Da wir keine Zeit hatten, die verlorenen Handschuhe durch neue zu ersetzen, gingen wir mit den Händen in den Taschen durch die kalten Straßen. An der linken Hand hing dabei immer eine schwere Brieftasche.

Diese Lektion läßt sich leicht auf die Welt der Computer übertragen. Wenn wir ein neues Programm installieren und plötzlich geht alles schief, wird natürlich als erstes dieses Programm beschuldigt. Je mehr wir dafür gezahlt haben, desto mehr ärgern wir uns.

Als wir ein speicherresidentes Anti-Virus-Produkt testeten, benutzten wir einmal einen bekannten Standard-Texteditor für Notizen. Später, in der Testphase, benutzten wir die Möglichkeit, den Bildschirm zu teilen. Als wir das Fenster wieder schließen wollten, beanspruchten der Anti-Virus und der Editor die gleichen Speicherbereiche, und ungefähr 1.000 Zeilen Kommentar waren verloren. War es der Fehler des Anti-Virus, den Platz eines Industrie-Giganten zu beanspruchen? Oder war es mein Fehler, nicht aufgepaßt zu haben, wer was wann beansprucht? Es ist immer leicht, die Schuld auf andere zu schieben, aber schwierig zu sagen, "Ich hätte es erst prüfen können".

Es gibt viele Geschichten aus der Industrie über wichtige Präsentationen von neuer Software, die *das* große Geschäft versprachen und katastrophal verliefen, da die Software tot am Boden lag. Die Maschine beim Kunden hatte leider eine unbekannte und vorher nicht getestete Konfiguration.

Entwickler können die seltsamen und wunderbaren Konfigurationen der Benutzer nicht voraussehen. Aber sie können und müssen Software produzieren, die unter "normalen" Umständen zuverlässig läuft. Im Bereich der speicherresidenten Programme muß der Benutzer viel Verantwortung zeigen. Wenn Ihr System mit speicherresidenten Hilfsprogrammen vollgestopft ist und ein weiteres Programm den Rechner zum Absturz bringt, sollten sie zuerst einen Blick auf Ihre eigene Systemverwaltung werfen und nicht auf den Entwickler.

Jedem das Seine -
Verantwortungen werden aussortiert

Entwickler tragen die Verantwortung, daß sie "saubere" Software ohne zerstörenden Code oder ähnliche Dinge produzieren. Ihr Verantwortungsbereich sollte auf den Vervielfältigungsprozeß erweitert werden, damit ihr Produkt auch dort nicht verseucht werden kann. In den umfangreichen Lizenzvereinbarungen sollte auch die Haftung bei Schäden, die durch mangelnde Qualitätssicherung entsteht, eingeschlossen sein. Konsumenten können dies bewirken!

Es ist die Hoffnung vieler in der Softwareindustrie, daß jeder Entwickler einmal eine Qualitätssicherung durchführt und die Kosten dafür als Teil einer verantwortungsvollen Geschäftsführung sieht. Wir glauben, daß die Regierung der Vereinigten Staaten für ihre Softwareeinkäufe eine Qualitätsprüfung einführen wird. Nachzügler werden sich dann beeilen müssen, um bei den lukrativen Geschäften mit der Regierung konkurrenzfähig zu bleiben.

Die Konsumenten tragen den goldenen Schlüssel (und das Gold) zum Erfolg der Geschäftswelt. In der Computerwelt wird der Erfolg oft mehr durch "den guten Ruf" als durch einen Testbericht bestimmt.

Auf dem PC-Marktplatz waren die Stimmen schon immer laut und deutlich zu hören (eine neue Version war als "fehlerhaft" verschrien und wurde nicht gekauft). Es wird Zeit, daß die Computergemeinde in ihrem eigenen Interesse ihre Stimme erhebt. Boykottieren Sie Produkte, die keine Qualitätssicherung und Integritätsprüfung gegen zerstörenden Code bieten. Wir sind eigentlich erwachsen genug, unsere Machtmittel zu nutzen, die wir mit der Bestellung in der Hand haben. Aber es werden Bestellungen ausgefüllt und unterzeichnet. Es müßte nur eine Firma den Anfang machen und in die Unterlagen der Software schreiben: "Alle Kopien des Produktes sind garantiert frei von zerstörenden Codesegmenten. Als Versicherung gegen Schäden, die durch zerstörenden Code in der gelieferten Software entstehen, hinterlegt der Hersteller xxxxxxx DM".

Alle Benutzer, sowohl Privatpersonen als auch PC-Manager, müssen sich zusammenschließen, damit ein Verantwortungsgefühl für eine gute Benutzung von Computern entsteht. Probleme mit speicherresidenten Programmen sind bekannt. Es liegt aber in der Verantwortung des Benutzers, für das Zusammenspiel mit vorhandenen Programmen zu sorgen. Auch ein Verständnis der benutzten Programme liegt im Verantwortungsbereich des Anwenders.

Ein populäres Textverarbeitungssystem wird mit einer Stapeldatei zur Installierung geliefert, die den Benutzer von allen Arbeiten außer dem Wechseln der Disketten und dem Drücken der <ENTER>-Taste befreit. Das Installationsprogramm legt Unterverzeichnisse an, kopiert hier und da einige Dateien und modifiziert eine Stapeldatei, mit der das Programm nachher aufgerufen werden kann. Außerdem werden noch Änderungen in der Datei CONFIG.SYS durchgeführt.

CONFIG.SYS sagt dem System unter anderem, wieviele Dateien gleichzeitig geöffnet sein dürfen und wie groß der Pufferspeicher sein soll. Je größer das Programm, desto mehr Dateien und Puffer werden benötigt. Das Textverarbeitungsprogramm braucht viel mehr Kapazitäten, als bei DOS Standard sind. Andere Programme, wie Datenbanken, brauchen noch größere Werte.

Es ist eine Eigenart von DOS, beim Anlegen einer neuen Datei CONFIG.SYS zu prüfen, ob schon eine existiert, und wenn dies der Fall ist, die geschriebenen Daten hinten anzufügen. Eine weitere Eigenheit ist, daß die Dateien CONFIG.SYS und AUTOEXEC.BAT zeilenweise gelesen werden und die letzten Zeilen die Aktionen der vorhergehenden Zeilen wieder ändern können.

Einem Kunden, der bereits ein großes Datenbanksystem installiert hatte, passierte beim Installieren des Textverarbeitungsprogramms folgendes: Das Textprogramm lief bestens, aber die Datenbank streikte. Warum? Die Installation des Textprogramms reduzierte die Anzahl der offenen Dateien und Puffer auf ein Maß, das für die Datenbankanwendung zu niedrig war. In diesem speziellen Fall wurde Sabotage von einem externen Mitarbeiter angenommen, der abgeschoben wurde.

Es wurde die Entscheidung getroffen, alle Daten der Firma zu sichern, die Anwendungssoftware neu zu installieren und die Daten wieder einzuspielen. Die Möglichkeit eines Wurms oder eines anderen zerstörenden Codes ging allen durch den Kopf. Zum Ärger des Managements der Firma wurde das Problem von einem jungen Techniker bei der ersten Maschine, an der er saß, entdeckt. Der junge Mann bekam einen Anerkennung und einen Bonus. Hunderte Stunden Arbeit waren eingespart worden.

SET .VAR = Benutzer

Eine Übersetzung des in der Überschrift genannten Ausdrucks aus Ashton-Tate's dBASE-Syntax würde lauten "Die Variable ist der Benutzer!". Dasselbe Softwarepaket, von zwei verschiedenen Benutzern auf zwei verschiedenen PCs installiert, kann sich unterschiedlich verhalten. Das hängt davon ab, ob die Installationsanleitung genau befolgt wurde, wie das System konfiguriert ist und welche Anforderungen andere Programme an das System stellen.

Der PANDA-Taschenplan für Einkäufe, Produktivität und Sicherheit

Kaufen Sie nur bei angesehenen Händlern. Ein paar gesparte Pfennige nützen Ihnen nichts, wenn Ihr Händler keinen Service bietet oder irgendwann einmal nicht mehr da ist.

Senden Sie die Lizenzvereinbarungen und Garantiekarten ausgefüllt zurück. Viele Softwarehersteller bieten registrierten Benutzer besonderen Service.

Bestehen Sie beim Kauf auf ein Umtauschrecht innerhalb der ersten 30 Tage. Einige Hardwarekomponenten, wie Autos, sind wahre "Zitronen". Schnell treten bei ihnen ernsthafte Probleme auf, und ein Austausch ist immer besser als eine Reparatur. Sie werden außerdem feststellen, ob die gekaufte Komponente für Sie ausreicht oder ob Sie noch mehr Geschwindigkeit, Kapazität oder etwas anderes benötigen. Ein guter Händler sollte innerhalb einer vernünftigen Zeitspanne die Ware zurücknehmen. Ein Computerhersteller ist von seinen Produkten so überzeugt, daß er eine "Rückgabegarantie von 30 Tagen" bietet, bei der "keine Fragen gestellt werden".

Gelegenheiten. Sogar Billig-Versandfirmen und Hersteller bieten Mengenrabatte an. Wollen Sie größere Hardwareeinkäufe tätigen, vergessen Sie nicht Ihren Computerladen in der Nähe. Überlegen Sie sich die anzuschaffenden Dinge, suchen Sie sich in Zeitschriften die preiswertesten Angebote heraus und gehen Sie mit der Absicht in den Laden, nicht mehr als die herausgesuchten Preise zu bezahlen. Vielleicht verlassen Sie den Laden nach einem Geschäft zu *Ihrem* Preis. Es überrascht nicht, daß am Monatsende die beste Zeit für solche Unternehmungen ist.

Meiden Sie Service-Verträge. Oder Überlegen Sie es sich gut. Einer unserer Geschäftsfreunde ist der Überzeugung, daß Computer so preiswert und zuverlässig sind, daß es auf lange Sicht besser ist, mal einen wegzuwerfen, als einen Service-Vertrag abzuschließen. Bei den vielen Computern bei PANDA war zuletzt 1985 eine Reparatur nötig und die fiel glücklicherweise in die 30-Tage-Garantie.

Suchen Sie sich einen Bastler, bevor Sie ihn benötigen. Viele der besten Techniker, die bei großen Herstellern und Vertrieben ihr Handwerk gelernt haben, sind dem Ruf nach Selbständigkeit gefolgt und haben ein eigenes Geschäft eröffnet. Diese Menschen beschäftigen sich schon lange mit Computern und sind meistens Bastler aus Leidenschaft. Sie sind von Natur aus hilfsbereit und wesentlich preiswerter als die Reparaturannahme größerer Geschäfte.

Unser bevorzugter Bastler, der von einem Freund aufgetrieben wurde, als er Probleme hatte, hat den Namen Dave. Dave's Lager ist das umgebaute Erdgeschoß eines Hauses, das als letztes in einer Reihe von Bürogebäuden steht. Der Rest des Hauses beherbergt noch zwei kleine Firmen.

Wäre nicht überall High-Tech herumgestanden, hätten wir uns bei unserem ersten Besuch bei Dave in die Vergangenheit versetzt gefühlt. Seine ausgewaschenen Jeans, eine Nickelbrille, ein T-Shirt mit Bild von Grateful Dead und ein langer Pferdeschwanz paßten nicht so recht zu einer Umgebung, die wie die Reparaturwerkstatt eines Raumschiffs aussah.

Die Arbeit mit Dave versetzte uns noch weiter in die Vergangenheit, als Handwerker noch stolz, interessiert und ehrbar waren. Beim ersten Blick konnte er das Problem nicht finden und er empfahl einen Konkurrenten, der vielleicht eine bessere Idee haben könnte. Er fügt hinzu, daß er sich bei Bedarf näher mit dem Problem beschäftigen würde. Es bestand Bedarf.

Beim zweiten Versuch entdeckte Dave einen gebrochenen Anschluß eines RAM-Chips. Kein normales Problem und nicht leicht zu beheben. Er führte verschiedene Telefongespräche, um ein Ersatzteil zu beschaffen. Alle Hersteller mußten passen. Dave brachte nach vielen Telefongesprächen auf seine Rechnung die defekte Einheit zum Besitzer zurück und berechnete... nichts.

Nachdem Dave von seinen Bemühungen erzählte, wollte unser Freund wissen, warum er nichts berechnet hat. Dave antwortete mit einem Lächeln, daß er nur eine Rechnung schreibt, wenn er etwas repariert hat. Er gab außerdem zu, daß die meisten Aufträge so einfach und profitbringend sind, daß dieser eine Herausforderung für ihn war.

Suchen Sie sich einen Dave.

Wenn Sie kommerzielle Software kaufen, informieren Sie sich vorher. Sind Sie mit dem Paket und seinen Funktionen vertraut, dann können Sie beurteilen, was Sie letztlich bekommen und was nicht. Gehen Sie sicher, daß die Software auf Ihrem System läuft. Manchmal muß man eine neuere DOS-Version installieren, um die besonders anspruchsvollen Programme benutzen zu können. Obwohl die meisten PCs heute mit 640 KB RAM ausgestattet sind, könnte es bei einem älteren Modell erforderlich sein, den Hauptspeicher zu erweitern. Ein weiterer Aspekt ist der von der Software benötigte Plattenplatz. Gehen Sie sicher, daß alles harmonisch zusammenarbeiten wird. Einige Softwarehersteller bieten nur eingeschränkte Druckerunterstützung. Sind Sie bereit, viele Stunden mit der Abstimmung der Dinge zu verbringen?

Informieren Sie sich über die technische Unterstützung. Die Unterstützung nach dem Kauf ist so unterschiedlich wie die Produkte selbst. Ein Gigant bietet 60 Tage Unterstützung und danach nichts mehr. Keine gute Wahl! Ein anderer bietet 30 Tage kostenlose Hilfe und die Möglichkeit, gegen eine jährliche Gebühr einen Telefonservice in Anspruch nehmen zu können. Rechnen Sie nicht damit, daß ihr Händler Ihnen weiterhelfen kann. Die beschäftigen sich normalerweise nur mit dem Verkauf und nicht mit dem Service. Auf der anderen Seite bietet unser Lieferant einen guten technischen Service. Wir empfehlen, sich seinen eigenen Service aufzubauen, indem man Kontakte zu anderen Benutzern sucht, die das gleiche Produkt besitzen. Erfinden Sie das Rad nicht neu, sondern hören Sie sich um, ob nicht schon ein anderer einmal vor dem gleichen Problem gestanden hat.

Fertigen Sie Sicherheitskopien an.

Kapitel 9

Entwerfen Sie Ihr Sicherheitssystem

Die beste Art ein Vorhaben anzugehen, ist immer das Aufstellen einenes Planes, oder wie einige Spezialisten ausdrücken würden: "Plane Deine Arbeit und arbeite nach Deinem Plan". Sie mögen recht haben. In diesem Teil des Buches wollen wir die Hilfsmittel zum Aufstellen eines starken Planes zur Erstellung eines Sicherheitssystems besprechen. Wir werden dabei unter anderem auf die Risikoanalyse und die Kosten-Nutzen-Beziehung eingehen.

Spitzen Sie Ihren Bleistift - eine Sicherheits-Checkliste

Checklisten können sowohl bei der Analyse als auch bei der Planung eine große Hilfe sein. Sie sollten natürlich auch nicht als das einzig wahre Hilfsmittel gesehen werden, denn viele wichtige Aspekte über die Benutzung Ihres Computers können nicht einfach auf eine Zeile mit Ja/Nein-Antworten reduziert werden. Benutzen Sie die Checkliste in Anhang A, um sich der Bedeutung der folgenden Faktoren bewußt zu werden:

- Überlegungen zum Management
- Bewertung der Verwundbarkeit
- Personal
- Sicherheitskopien und Dokumentation
- Sicherheit der Örtlichkeit
- Umgebungseinflüsse
- Hardware-Sicherheit
- Software-Sicherheit
- Datenbank-Sicherheit und Datenmanagement
- Sicherheit der Datenkommunikation
- Kontroll- und Überwachungsfunktionen
- Versicherung
- Vorbeugende Maßnahmen

Bevor wir uns mit den Checklisten näher befassen, wollen wir kurz andeuten, was für Aspekte von ihnen behandelt werden. Für Leser, die nicht so gerne Erbsen zählen, seien diese Beschreibungen als Anregung gedacht.

Überlegungen zum Management. Vorgehen beim Einkauf, Datenhaltung, Benutzertraining und Förderung des Sicherheitsbewußtseins, Planung des Katastrophenfalles und Kontollfunktionen.

Bewertung der Verwundbarkeit. Was kann schiefgehen? Von Übernatürlichen Geschehnissen bis zu menschlichem Versagen.

Personal. Externes-, Internes- und technisches Personal. Was tun sie? Was könnten sie tun? Was können sie tun?

Sicherheitskopien und Dokumentation. Wie ernst nehmen Sie diese wichtigen Punkte?

Sicherheit der Örtlichkeit. Von der Wache am Tor über das Schloß an Ihrer Tür bis in Ihr Büro.

Umgebungseinflüsse. PCs brauchen eigentlich keine Klimaanlage, aber was geschieht, wenn es an einem Wochenende besonders heiß wird? Benutzen Sie eine Diskette als Untersetzer? Wo befindet sich überhaupt der nächste Feuerlöscher?

Hardware-Sicherheit. Sind Ihre PCs geneigt, mit fremden Personen spazieren zu gehen? Was passiert, wenn ein PC während einer wichtigen Aufgabe stirbt? Wissen Sie, wo sich alle Ihre PCs befinden?

Software-Sicherheit. Ist Ihre Software rechtlich geschützt? Was halten Sie von Sicherheitskopien? Benutzen Ihre Angestellten Raubkopien?

Datenbank-Sicherheit und Datenmanagement. Wissen Sie überhaupt, was Datenmanagement ist und warum es wichtig ist? Können Sie bei Eintreten einer Katastrophe Maßnahmen zur Rekonstruktion durchführen? Ist der Datenzugriff kontrolliert?

Sicherheit bei der Datenkommunikation. Wer benutzt Ihre Datenkommunikationseinrichtungen und wozu? Was passiert, wenn ihr Kommunikationssystem streikt?

Kontroll- und Überwachungsfunktionen. Wer kontrolliert bei Ihnen die Sicherheit? Was passiert, wenn Meldungen über Fehler oder Sicherheitsverstöße auftauchen? Gibt es bei Ihnen Arbeitsüberwachung?

Versicherung. Was deckt sie ab? Was ist ausgeschlossen? Ist sie noch aktuell?

Vorbeugende Maßnahmen. Eine Form von Selbst-Versicherung. Haben Sie diese wichtige Police?

Wir wollen nun betrachten, welche Punkte für welchen Anwenderbereich relevant sind. Wir unterscheiden zwischen Privat- und Hobby-Anwender (PRIVAT), geschäftliche Nutzung im kleineren Umfang (KLEIN) und großen Installationen (GROß):

	PRIVAT	KLEIN	GROß
Überlegungen zum Management	-	+	+
Bewertung der Verwundbarkeit	+	+	+
Personal	-	+	+
Sicherheitskopien und Dokumentation	+	+	+
Sicherheit der Örtlichkeit	+	+	+
Umgebungseinflüsse	+	+	+
Hardware-Sicherheit	+	+	+
Software-Sicherheit	+	+	+
Datenbank-Sicherheit und Datenmanagement	?	+	+
Sicherheit bei der Datenkommunikation	+	+	+
Kontroll- und Überwachungsfunktionen	?	+	+
Versicherung	+	+	+
Vorbeugende Maßnahmen	+	+	+

Geschäft bleibt immer noch Geschäft

Beim oben aufgeführten Vergleich ist der Privat-/Hobby-Benutzer nur von den Fragen des Management und des Personals ganz befreit und teilweise auch von der Datenbank-Sicherheit und den Kontrollfunktionen. In der Sekunde, in der Mutter und Vater beginnen, Daten über die finanzielle Lage der Familie mit dem PC zu verarbeiten, wird die Sache zum ernsthaften Geschäft. Wenn außer Ihnen auch noch Ihre Kinder, Ihre Putzfrau oder andere Menschen den Rechner benutzen, werden personelle Fragen aktuell. Wenn ein Hobby-Anwender seinen PC nur für ein oder zwei Spiele verwenden will, können ATARI und NINTENDO diese Aufgabe zu einem Bruchteil der Kosten erledigen.

Ob sie für einen PC in ihrem Arbeitsraum unter dem Dach verantwortlich sind oder für hunderttausende PCs auf den Schreibtischen eines Konzerns in der ganzen Welt, die Probleme bleiben die gleichen. Es sind die Antworten, die den Unterschied ausmachen.

Darum singen wir immer das alte Lied... Computersicherheit ist kein technisches Problem, sondern ein Managementproblem. Wenn die Antworten in der Technologie gefunden werden könnten, wären sie für alle gleich.

Computer sind immer noch persönlich

Die Computer-Hobbyisten und der PC-Koordinator einer großen Bank ziehen ihre Computer-Hosen auf die gleiche Weise an... ein Bein nach dem anderen. Sie arbeiten mit der gleichen Art von Maschine und sind den gleichen Problemen ausgesetzt.

Mit diesen Fragen und Konzepten im Hinterkopf lesen Sie bitte die folgenden Begebenheiten, die schon so verrückt sind, daß sie wahr sein müssen.

Die Sicherheitsdecke - eine Fallstudie

Vor einigen Jahren bat uns ein Abteilungsleiter eines großen Kunden zu einem Gespräch. Er wollte mit uns die Möglichkeit der Automatisierung einiger Prozesse besprechen, die noch "von Hand" durchgeführt wurden. Unsere Erfahrungen mit dem Industrie-Giganten waren gut. Unsere Projekte waren bisher immer pünktlich fertig geworden, lagen im Preisrahmen und waren benutzerfreundlich. Wir waren unter den Computerbenutzern der Firma als "HD Unternehmen" bekannt, HD steht dabei für "Hier drücken!". Unser Benutzerinterface war so einfach und bequem für den Anwender, daß es zu unserem wichtigsten Verkaufsaspekt wurde.

Beim ersten Treffen gab uns der Manager einen Überblick über das Problem/Projekt. Drei Fertigungsstandorte im Süden produzierten nicht nur Produkte erster Qualität, die auf normalen Wegen verkauft werden, sondern auch Produkte "2. Wahl". Sie entstanden meistens, wenn die Produktion umgestellt wurde, oder durch kleinere Fehler. Für die 2. Wahl gab es einen enorm starken Absatzmarkt, und die Aufgabe war es, den Preis für diese Produkte zu maximieren. Jeder Standort sollte per Telefon die Produktion von 2. Wahl Artikeln an die Zentrale durchgeben. Ein folgendes Telefax sollte das noch einmal bestätigen. Die Informationen und die technische Spezifikation sollte auf einem bestimmten Formular ausgefüllt werden.

Die Waren sollten dann einem oder mehreren Zwischenhändlern angeboten werden. Wenn einer der Zwischenhändler kaufen will, kann er über Telefon das bei der Auftragsannahme erledigen, die dann den Auftrag in den Zentralcomputer eingibt. In der Verkaufsabteilung sollte dann der Verkauf auf dem Formular des Artikels vermerkt werden.

Wenn man die Software betrachtet, hatten wir einen idealen Kunden. Ein passendes System, das die gestellte Aufgabe erfüllen könnte, existierte bereits und mußte nur noch installiert werden. Dazu war die Erstellung eines Datenbankprogramms nötig, das fünf Computer per Telefonleitung miteinander verbinden sollte.

Dieser Teil war einfach. Bei unserer Aufgabe durften wir nicht die Einstellung des Kunden zu Computern (Mißtrauen aufgrund von Angst) und die Natur der Daten vergessen. Würden Informationen verloren gehen, wäre unser Kunde zumindest zeitweise aus dem Geschäft. Es mußte außerdem verhindert werden, daß die Daten in die Hände der Konkurrenz gelangen könnten.

Der Softwareentwurf war schnell beendet und wurde an die Programmierer weitergegeben. Es waren eine Kennwortabfrage und verschiedene Integritätsprüfungen zwischen den Kommunikationsstellen vorgesehen. Die Datensicht für jede Stelle war auf das nötigste beschränkt worden. Die Produktionsstandorte sollte also z.B. keinen Zugriff auf die Preise eines Produktes bekommen. Die Auftragsannahme sollte nur beschränkten Datenzugriff haben und keine Daten ändern können, bis auf den Vermerk des Verkaufs.

Wir befaßten uns dann mit dem Entwurf des physischen Systems in der Zentrale (der Verkaufsabteilung). Ein physisches System enthält die Hardware und Standard-Anwendungssoftware. Die Firma bestellte zur damaligen Zeit PC/AT-Computer. Sie wurden mit einer relativ neuen DOS-Version ausgeliefert, die einige Fehler enthalten sollte, darum entschieden wir uns aus Sicherheitsgründen, eine ältere Version zu benutzen. Der Betrieb schrieb den Gebrauch einiger Softwarepakete vor, die "Industriestandard" waren. Die Benutzung von anderen Paketen brachte nur Ärger, denn sie wurden vom Benutzer-Service nicht unterstützt. Außerdem war es immer schwieriger, sie genehmigt zu bekommen.

Da wir uns der kritischen Natur der Haupt-Datenbank bewußt waren, gaben wir zusätzlich ein Bandlaufwerk für die Datensicherung mit an. Es wurde eine einfache Routine installiert, die alle Daten ohne Eingreifen des Benutzers abspeichert.

Schon nach zwei Wochen war das System installiert. Zwei Monate nach dem Beginn konnte das gesamte System und die Software übergeben werden.

Unser Kunde war sehr erfreut, aber da er sich mit der neuen Maschine immer noch ein bißchen unwohl fühlte und auch ein Gewohnheitsmensch war, führte er zusätzlich noch seine Formulare weiter. Dadurch konnte er kontrollieren, daß der Computer seine Arbeit richtig ausführte, und fand eine Bestätigung, daß die Arbeit nun leichter geworden war. Unser Kunde war in seiner Freizeit ein begeisterter Golfer und führte seine Formulare in einem Köfferchen mit auf den Golfplatz, wenn er zu "bestimmten Kunden" ging. Schließlich gab es für Golftaschen noch keine passenden Computer!

Die Dinge liefen gut und wir begannen so langsam, unseren Freund mit seinen Formularen aufzuziehen. Er aber lachte zuletzt, als er an einem Wochentag sein Büro aufschloß und nur noch gähnende Leere vorfand, wo zuvor sein Computer, sein Bandlaufwerk und sein Modem gestanden hatten. Auch der Schrank mit der Originalsoftware und den Sicherheitskopien stand offen und war leer, aber er hatte immer noch seine Formulare in seinem Koffer!

Der größte Zeitverlust entstand durch die Beschaffung der neuen Hardware und die Installation in seinem Büro. Wir lieferten die von uns angefertigte Software und die Daten wurden von den Formularen mit flinken Fingern eingetippt.

Man machte sich danach einige Zeit Sorgen, daß es sich um Industriespionage gehandelt hat. Diese Ängste legten sich, als im gleichen Bürokomplex eine Bande von Computerdieben entlarvt wurde. Unser Kunde zog aus diesem Vorfall seine Lehre, denn er hatte nicht daran gedacht, die Einrichtungen der Firma bewachen zu lassen.

Da er bei Abwesenheit seinen Computer und sein Modem nicht einschließen konnte (die meisten Kommunikationen zwischen Systemen finden nachts statt), tat er dies zumindest mit seinem Bandlaufwerk. Obwohl der Mann Computer eigentlich ignorierte, war ein findiger Ingenieur, der wußte, wie man die Datensicherung umgehen konnte, wenn man zu faul war, das Laufwerk aus dem verschlossenen Schrank zu holen und extra anzuschließen. Zuletzt umging er sogar die automatische Datensicherung automatisch!

Viele Monate vergingen, und der Kunde entschied, daß das System zuverlässig genug ist, daß die zusätzlichen Formulare nicht mehr nötig sind (mehr Zeit für das Golfspiel!). Bei den besorgten Beratern herrscht immer Freude, wenn der Auftrag erfolgreich abgeschlossen ist und sich wahres Vertrauen eingestellt hat. Die Freude war aber nur von kurzer Dauer.

Nach einigen Wochen wurde das Verkaufsbüro des Kunden innerhalb des Komplexes verlegt. Der Ring der Computerdiebe war aufgedeckt, die Fabriken produzierten weiterhin ihre Datensätze über fehlerhafte Waren und da die Formulare der Vergangenheit angehörten, hatte unser Kunde mehr Zeit für das Golfspiel.

Der Vorfall ereignete sich Anfang November nach einem ungewöhnlichen Kälteeinbruch. Die Maler waren mittlerweile fertig und es fehlten nur noch die Bilder und die eingerahmten Diplome an der Wand. Es war so kalt, daß die Heizung, die schon mehrere Monate außer Betrieb war, ansprang. Gleichzeitig fiel die Luftfeuchtigkeit, wie es an der Atlantikküste normal ist. Unser Kunde betrat sein Büro, setzte sich auf seinen neuen Bürosessel und schaltete seine Tastatur ein. Durch die trockene Luft, den neuen Teppich und seine Lederschuhe gab es eine elektrostatische Entladung, die direkt in den Rechner wanderte. Wie das Leben so spielt, wollte er vor dem Start in eine Woche Golfurlaub nur den Rechner ausschalten.

Als unser Held gut erholt und gebräunt wieder zurück in seinem Büro war, startete er seinen PC. In der Überzeugung, daß sein Assistent alle Daten von anderen Standorten empfangen hat, fragt er einen Bericht der Aktivitäten der vergangenen Woche ab. Müll, Unsinn und Schlimmeres erschien vor seinen Augen.

In Anbetracht des bevorstehenden Erntedank-Wochenendes wollten wir unser Geschäft gerade schließen, als wir seinen Notruf erhielten. Ruhig und besonnen führten wir ihn durch verschiedene Schritte der Fehlersuche. Es wurde deutlich, daß seine gesamte Datenbank mit den aktuellen und den 100000 Sätzen aus der Vergangenheit komplett zerstört war! Unser bester Mann im technischen Kundendienst, ein Mann von dem man sagt, er habe keinen Blutdruck, wurde sofort zum Telefon gerufen, um den Kunden durch die Rückladeprozedur vom Band zu führen. Durch das Telefon kam eine schreckliche Nachricht: Die letzte Sicherung war drei Monate alt.

Da wir an der Software noch arbeiteten, um die Dinge etwas schneller zu machen, besaßen wir eine Sicherungskopie, die gerade einen Monat alt war. Das war immerhin ein Anfang. Fehlende Daten versuchten wir, aus der Datenbank beim Kunden zu rekonstruieren.

Trotzdem wurden ungefähr 100 Mannstunden an jenem "Urlaubswochenende" gearbeitet. Als sie in den Fragmenten der Datenbank ein Muster entdeckten, wurde ein Programm geschrieben, um die Teile wieder zusammenzufügen.

Der Kunde war mit 98 Prozent seiner Daten am Montag wieder im Geschäft. Die Rechnung war astronomisch und wurde auf "Korrektur eines fehlerhaften End-Benutzer-Interfaces" ausgeschrieben, um das Gesicht unseres Kunden zu wahren.

Nun war es Zeit, die Sache zu überdenken. Offenbar war das Projekt eine Demonstration von Murphy's Gesetz, einschließlich dem Korollar: "Murphy war ein Optimist".

Wir gaben unserem fähigsten Programmierer die Aufgabe, eine Sicherungsroutine zu schreiben, die wirklich keiner mehr umgehen kann. Wir überzeugten den Kunden, eine "blinde Box" (Nur Rechner - keine Tastatur oder Monitor) anzuschaffen und diese in einen Abstellraum einzuschließen. Es bestand eine Verbindung zu seinem PC und nach jedem Kommunikationsvorgang wurde eine Sicherungskopie angefertigt. Wir setzten außerdem durch, daß Sicherungskopien auf einem Großrechner außerhalb der Firma angefertigt werden, bevor die Daten in die Box gehen. Der Abteilungsleiter und seine Sekretärin versprachen, daß sie die Sicherungen durchführen würden. Der letzte, der Abends das Büro verläßt, wechselt das Band im Sicherungslaufwerk und nimmt das "frische" mit nach Hause.

Um dem ganzen die Krone aufzusetzen, wurden alle Hardware-Komponenten an eine Wasserleitung unter dem Boden gekettet

und mit einem nicht zu entfernenden Emblem der Firma gekennzeichnet.

Das klingt vielleicht etwas extrem, aber es hat funktioniert, und es
gab seit drei Jahren keinen Datenverlust mehr.

Physische Sicherheit -
von Pferde- und Computerdieben.

Die physische Sicherheit von Maschinen und Speichermedien
hängt natürlich davon ab, wo sie sich befinden. Die Anliegen von
Hobbyisten und der Großindustrie sind die gleichen - ihr Eigentum zu behalten. Die Mittel und Wege, wie auch die Gefahren,
können sich stark unterscheiden.

Hauseinbrüche

Unzählige Computer sind Familienmitglieder und wohnen in
kleinen Städten, Vorstadtsiedlungen und Appartements in großen
Städten. Wie sie auch genutzt werden, als Spielmaschine, als
Beschäftigung für die Kinder oder als Heimbüro des Managers,
bilden sie immer einen Teil der Einrichtung und damit des Haus-
haltes.

So werden sie natürlich auch zum Ziel von Einbrechern, die uns
unser Eigentum wegnehmen. Der geschickte Dieb wird schnell
herausfinden, was sich im Haus schnell zu Geld machen läßt, und
diese Sachen mitnehmen. Bargeld, Stereoanlagen, Videorecorder
und Kameras gehören zu ihren Favoriten. Sie verschmähen aber
auch nicht das Familiensilber, Juwelen und Sammlungen, wenn sie
diese Dinge finden.

Und was ist mit Ihrem Computer? Unsere persönliche Meinung ist,
daß Einbrecher genauso viel Angst vor Computern haben, wie das
allgemeine Volk auch. Zum einen sind Computer für den
"Durchschnittsdieb" nicht so vertraut wie eine Stereoanlage oder
ein Videorecorder. Außerdem sind die Abnehmer der "heißen"
Waren eher auf Unterhaltung aus, als auf den Erwerb einer
Arbeitshilfe. Welcher Hehler würde Waren kaufen, die er schlecht
absetzen könnte?

Nach unseren Informationsquellen werden meistens solche
Computer gestohlen, die zum Spielen verwendet werden können,
wie Atari und Amiga.

Die Vorkehrungen, die für die Hauseinrichtung getroffen werden, sind meistens auch für den Computer anwendbar, es sei denn, man ist das Ziel einer Bande, die "auf Bestellung" arbeitet.

Es gibt Dinge, die die Aufmerksamkeit unerwünschter Eindringlinge erregt. Ob man sein antikes Silber ins Fenster legt, oder seine leeren Computerkartons mit dem "IBM"-Logo zum Müll an die Straße stellt, macht wenig Unterschied.

Sie sollten außerdem prüfen, ob ihre Hardware während Ihrer Abwesenheit gegen Diebstahl versichert ist. Es gibt keinen Schadenersatz für Ihre eigene Arbeit, aber der Ersatz von Computer, Drucker und Modem können den Schmerz etwas lindern.

Ziehen Sie ein paar einfache Ideen in Erwägung:

Schließen Sie Ihren Computer mit einer Fahrradkette fest. Es wird für Sie ein schrecklicher Anblick sein, aber auch für den Dieb! Vielleicht gefällt Ihnen die Konstruktion, die im Abschnitt über die Industrie beschrieben wird.

Nehmen Sie einen wasserfesten Stift oder ein Gravierwerkzeug, und schreiben Sie Ihren Namen und Adresse überall auf Ihre Computerausstattung. Machen Sie sie häßlich. Auch diese Maßnahme ist nicht schön, aber sie wird Diebe abschrecken. Geräte, die so präpariert sind, sind nahezu unmöglich weiterzuverkaufen.

Ein weiteres Plus ist die Mentalität des durchschnittlichen Computer-Käufers. Von Natur aus vorsichtig, würden nur wenige positiv auf "Hey Kumpel, möchtest Du einen billigen Computer kaufen?" reagieren. Der schwache Absatzmarkt ist ein guter Schutz.

Diebstahl in der Industrie

Computer sind die beliebtesten Objekte für den Bürodieb. Welches andere Teil in einem Büro ist so kompakt und hat einen so hohen Wert? Außerdem ist ein Computer schon fast in jedem Büro anzutreffen. Mittlerweile gibt es auch schon Hehler, die sich auf Computer spezialisiert haben. Weiterhin haben die kleinen Unternehmen nicht die Möglichkeit, Wachen zu beschäftigen oder eine Sicherung mit Code-Karten einzuführen, wie es die Großen praktizieren.

Ein Ring von Computerdieben läßt sich gut mit einer Autoknackerbande vergleichen. Ein "Kunde" gibt eine "Bestellung" auf, bevor der Diebstahl ausgeführt wird. In solchen Kreisen findet man sogar eine Art Management und Beschäftigte, die den eigentlichen Diebstahl durchführen.

Büros sind aus vielen Gründen weniger sicher als Privat-
wohnungen. Unsere Kinder haben die Anweisung, niemanden
hereinzulassen, den sie nicht kennen. Vorsichtige Erwachsene
bestehen z.B. beim Gasmann auf den offiziellen Ausweis. Vertreter
werden meistens abgewiesen. Wir sind sehr wählerisch, wer in
unser Heim eintreten darf.

Selbst wenn ihr Geschäft keinen öffentlichen Zulauf hat, überlegen
Sie, wieviele Menschen Zugang zu Ihrem Büro haben. Wir umge-
ben uns mit vielen Hilfsmitteln und Kleinigkeiten, die unsere
Effizienz verbessern sollen. Jedes dieser Dinge kommt mit einer
Verkaufsperson, einem Lieferanten, einem Techniker und allzuoft
mit dem Wartungsdienst.

Würden Sie skeptisch werden, wenn ein korrekt angezogener
Mann in Ihrem Büro erscheint und den Frankierautomaten
ablesen will? Wüßten Sie, ob die Post wirklich Mitarbeiter für die
Frankierautomaten einsetzt? Würden Sie sich wundern, wenn ein
Mann in Arbeitskleidung mit drei oder vier Leuchtstoffröhren in
der Hand herumläuft und nach oben sieht?

Solche Menschen, an deren Anblick man sich im täglichen
Arbeitsleben gewöhnt hat, sind fast unsichtbar. Diebe, die auskund-
schaften wollen, haben durch unsere Unaufmerksamkeit meistens
ein leichtes Spiel.

Das sind die Menschen, die wir sehen, aber was ist mit denen, die
wir nicht sehen? Viele Service- und Wartungsarbeiten finden
außerhalb der Bürostunden und an Wochenenden statt. Wenn
unsere Mülleimer geleert, die Fenster geputzt und unsere Büros
gestrichen werden müssen, soll der normale Arbeitsablauf so wenig
wie möglich gestört werden. So bekommen viele Menschen Zugang
zu unserem Arbeitsplatz, ohne daß wir es wissen.

Diebstahl auf Bestellung - ein Beispiel

Vor ein paar Jahren operierte in unserer Gegend ein gut organi-
sierter Ring von Computerdieben. Sie waren auf neueste Technologie spezialisiert und manchmal wurden brandneue Geräte schon
einige Stunden nach der Lieferung gestohlen. Ihr Einsatzgebiet
war auf ein einziges großes Gelände mit Büros beschränkt, das aus
zweigeschossigen Gebäuden bestand. Fast jedes Büro hatte eine
Fensterfront, die vom Boden bis zur Decke reichte. Die Anlage war
so geplant, daß man aus den meisten Fenstern auf Grünflächen
schaute. Eine Firma mietete die Hälfte der Gebäude für das Personal eines High-Tech-Unternehmensbereiches. Sie hatten hervorragende Sicherheitsvorkehrungen. Weitere zwei oder drei kleinere
Unternehmungen hatten jeweils ein Gebäude gemietet. Es gab

noch ein paar Ärzte und Zahnärzte, ein Reisebüro und mindestens einen Börsenmakler. Außerdem waren dort noch viele kleine computerorientierte Firmen angesiedelt.

Unsere Büros befanden sich im ersten Stock eines besonders begehrten Gebäudes. Unsere Fenster boten eine wunderschöne Aussicht auf eine Baumgruppe, die der Bulldozer verschont hatte. Da das Gebäude außerdem am Rande des Geländes lag, hatte man einen kurzen Weg zu den Parkplätzen.

Ich werde wohl niemals erfahren, wie der nagelneue Compaq 286 Portable gesehen wurde. Vielleicht, als ich ihn vom Parkplatz ins Büro getragen hatte. Vielleicht gab es auch einen Beobachter, der durch das Fenster im ersten Stock geschaut hatte. Mein Schreibtisch stand vor der Fensterfront, so daß ich die Jahreszeiten vorbeiziehen sehen konnte, wenn ich aufblickte.

Was ich weiß ist, daß während der zwei Stunden, in denen ich zum Essen nach Hause gefahren war und für eine Konferenz wieder zurückkehrte, ein Computer für 10000 DM abhanden gekommen war.

Glücklicherweise waren keine wichtigen Daten verloren gegangen, da der Rechner noch nicht richtig in Benutzung war. Die Polizei vermutete den Dieb "intern". Es gab nur ein paar Spuren: Ich hatte den Rechner in meiner Hast mit einem IBM-Kabel ans Stromnetz angeschlossen. Das Kabel wurde zurückgelassen. Sieben andere Computer, verschiedene Drucker und ein Modem blieben unberührt. Aber die zugehörige Tragetasche aus Nylon, die in einer Ecke eines Schrankes lag, war auch verschwunden. Ein Diebstahl auf Bestellung?

Während der nächsten vier Wochen verschwanden nicht weniger als 20 Computer vom Gelände, die meisten noch neu und in ihrer Originalverpackung. Die Sicherheitsvorkehrungen wurden in jeder Form verschärft, aber die Diebe machten weiter. Die Polizei war frustriert und die Betroffenen hatten Angst. Auch das Management der Anlage raufte sich die Haare.

Eine sorgfältig durchgeführte Aktion, bei der eine Falle gestellt wurde, zahlte sich aus. Der Sohn eines vertrauenswürdigen Servicepartners hatte heimlich den gesamten Schlüsselsatz zu jeder Tür auf dem Gelände kopiert, ohne daß sein Vater etwas davon gemerkt hatte. Der junge Mann wäre mit seinem Geschäft niemals so erfolgreich gewesen, wenn er nicht so große Ähnlichkeit mit seinem Bruder gehabt hätte. Dieser war nämlich die rechte Hand des Vaters und hatte Tag und Nacht Zugang zum Gelände. Da sein Bruder täglich mit den unterschiedlichsten Fahrzeugen das

Gelände befuhr, schöpften die Wachen bei ihm keinen Verdacht. Die Mitarbeiter der ansässigen Firmen hatten sich daran gewöhnt, das Servicepersonal zu übersehen.

Diese Geschichte verdeutlicht vielleicht das Risiko, dem Hardwarekomponenten im Geschäftsleben ausgesetzt sind und den Vergleich zu den Autodieben. Für einen Dieb ist ein neuer Porsche viel gewinnbringender als ein treuer Volkswagen Diesel von 1979. Bewachen Sie also Ihren neuesten '386 besser als den alten PC-1.

Offensive ist die beste Verteidigung. Gehen Sie sicher, daß Ihre Hardware entweder schwer zu stehlen oder schwer zu verkaufen ist. Es wird wahrscheinlich immer Menschen aus dem Untergrund geben, denen es egal ist, ob die Teile markiert sind oder nicht, aber sie werden dafür nur einen geringen Preis bekommen. Das richtige Geld wird mit gestohlenen Neuwaren gemacht.

Gefährliches Geschäftsleben

Vor nicht allzulanger Zeit besuchten wir einen Freund, um eine Einladung zum Essen einzulösen. Im Sekretariat war niemand und auf einem Stuhl stand ein brandneues Modell eines Laptop Computers, der noch mit dem Preisschild über 8000 DM versehen war. Zuerst spielten wir mit der Idee, den Computer zu verstecken und seine Reaktion zu beobachten, dann brachten wir ihm den Rechner und belehrten ihn über seinen Leichtsinn.

Bei einem großen Kunden in New York wurde nicht einer sondern gleich vier IBM PS/2 Modell 80 Computer (zum Verkaufspreis von über 20000 DM) gestohlen und zwar nicht alle zusammen, wie man vermuten könnte, sondern hintereinander. Der erste wurde geliefert und verschwand, während der Lieferant nach jemandem suchte, der den Lieferschein unterschreiben sollte. Ein Ersatzgerät wurde auf die gleiche Art gestohlen. Als noch zwei Rechner in gleicher Weise verschwanden, lag die Vermutung nahe, der Lieferant wäre dumm oder nachlässig. Als Nummer 5 eintraf, wurde er von einem extrem unglücklichen Manager persönlich in den 84. Stock gebracht. Nachdem der Rechner an seinem Platz im Büro der PC-Gruppe stand, brauchte der Manager erst einmal etwas zu essen, nahm seinen Mantel und verließ das Büro. Mit einem der nächsten Fahrstühle fuhr das neue Modell 80 mit einem "neuen Freund zum Essen".

Dies sind natürlich alles Schauergeschichten, deren Wert vor allem darin liegt, daß man den schlechtesten Fall vor Augen geführt bekommt. Genauso wie Schulbusunglücke selten auf den Titelseiten der Zeitungen erscheinen, sollten diese Ereignisse demonstrieren, was wirklich alles passieren kann.

Da die Busse hohen Sicherheitsanforderungen genügen, nur qualifizierte und sichere Fahrer engagiert werden und die Kinder von ihren Eltern zur Ordnung ermahnt werden, stellen äußere Gewalten (ein anderes Fahrzeug, daß den Bus rammt) und zufällige Fehler (ein betrunkener Fahrer oder ein Kind, daß einen Becher voll Bienen hinter dem Fahrersitz öffnet) die größten Gefahren dar.

Schützen Sie sich vor dem Teufel, den Sie kennen. Sie werden die meiste Zeit sicher sein.

Die Anweisungen des Doktors für den Schutz der Hardware

Markieren Sie alle neu erworbenen Hardwareteile gut sichtbar und permanent. SOFORT.

Füllen Sie alle Registrierungsunterlagen SOFORT aus, wenn ein neues Teil bestellt wird. Bewahren Sie eine Liste der Seriennummern an einem sicheren Ort auf.

Erlauben Sie keinem Lieferanten, einfach Ware "abzuladen", ohne daß ein Mitarbeiter die Annahme schriftlich bestätigt hat, sei es ein Karton Papier für 40 DM oder ein Drucker für 5000 DM.

Prüfen Sie jede Lieferung, bevor der Lieferant das Büro oder das Haus verläßt. Sie gehen damit sicher, daß Sie das bekommen haben, was Sie bestellt haben.

Markieren Sie die Kartons mit vielen Zeichnungen und Grafittiähnlichen Gemälde. Diese Aufgabe ist besonders für Kinder und verhinderte Cartoonisten geeignet.

Halten Sie Kontakt zu Geschäftsnachbarn und der örtlichen Polizei ... dann sind Sie informiert, ob verdächtige Aktivitäten stattfinden. Wenn Sie nicht fragen, wird es Ihnen niemand erzählen, vor allem nicht der Vermieter.

Gehen Sie sicher, daß die Versicherung für ihre Ausrüstung genügend hoch ist.

Der beste Fang für einen Dieb ist ein einfacher Fang. Je größer der Aufwand für ihn wird, desto wahrscheinlicher ist es, daß er sich nach einer anderen Gelegenheit umsieht.

Bindungskräfte - preiswerter Schutz

In fast jedem Zubehörkatalog für Büroartikel findet man eine Vorrichtung, die preiswert und effektiv ist. Sie besteht aus drei Befestigungsplatten, die am Monitor, der CPU und einem nicht beweglichen Objekt befestigt werden. Ein Stahlseil wird durch Ösen an den Platten gezogen und mit einem Sicherheitsschloß gesichert. Für weitere Komponenten können zusätzliche Befestigungen erworben werden. Die Grundausstattung ist schon ab 50 DM zu haben.

Solch angekettete Geräte können von einem Dieb natürlich auch gestohlen werden, wenn er mit einem Bolzenschneider ausgerüstet ist. Es könnte ihn aber auch überzeugen, daß er anderswo leichteres Spiel haben würde. Für elektronische Geräte gibt es natürlich auch Alarmanlagen. Wird der Computer bewegt, geht der Alarm los. Auch hier ist die Wirkung vor allem abschreckend.

Der Teufel in Frau Meier - Diebe stehlen fast alles

Wir glauben, daß die meisten Menschen von Natur aus nicht stehlen. Wenn wir aber einmal zurückblicken, wird kaum einer von uns feststellen, daß er nicht schon einmal Dinge anderer für eigene Zwecke benutzt hat. Meistens geschieht das völlig unbewußt und gedankenlos... ein Kugelschreiber aus dem Büro, der versehentlich in der Tasche mit nach Hause genommen wurde. Ein Block oder Notizbuch, das persönliche Daten enthält, könnte ebenfalls den Weg nach Hause finden. Einige wenige besorgen aus den Firmenvorräten Arbeitsmaterial für ihre Kinder und manche statten sogar ihr eigenes Büro zu Hause mit Material aus der Firma aus.

Je größer das Unternehmen ist, desto weniger fallen solche Verluste auf. "Veraltete" Geräte wie Schreibmaschinen können mitgenommen werden. Diese Geräte sind natürlich schon komplett abgeschrieben und sie haben in den Bücher keinen Wert mehr. Wer die Maschine mitnimmt, begeht, zumindest in der Theorie, keinen Diebstahl.

Das automatisierte Büro und die zunehmende Verbreitung von Personal Computern im Heimbereich haben den "Soft-Dieb" ins Leben gerufen. Es ist sicher billiger, Kopien der Software im Büro anzufertigen, als sie im Laden zu kaufen. Wenn sich jemand mit einem Softwarepaket bereits auskennt, wird die fehlende Bedienungsanleitung nicht stören. Ein Problem kann am nächsten Tag im Büro nachgeschlagen werden. Außerdem gibt es immer noch diese netten Photokopierer und schöne Ringbinder!

Solch ein Softwarediebstahl ist praktisch unmöglich aufzudecken. Es wäre risikoreicher, eine Packung mit neuen Disketten zu stehlen. Das die Sicherheitsabteilung der Firma ein Team aussendet, das alle Heimrechner auf Raubkopien hin untersucht, wäre zu sehr "Big Brother", als daß man sich davor fürchten müßte.

Datenschutz - der andere Teil der Sicherheit

Wenn das Familiensilber gestohlen wird, kann der materielle Wert ersetzt werden, aber nicht der Liebhaberwert. Die Kindertasse, die schon seit über drei Generationen weitergegeben wurde, kann nicht durch eine nagelneue ersetzt werden. Auch Großmutters Perlen und Mutters Verlobungsring haben Erinnerungswert.

Obwohl unsere Daten keine solche Bedeutung für uns haben, sind sie Resultat unserer aufgewendeten Zeit, unseres Wissens und unserer Kreativität. Sie können auch unsere finanzielle Sicherheit bedeuten. Im Geschäftsleben kann Spionage durch Datendiebstahl zu einem ernsten Problem werden.

Es spielt dabei keine Rolle, ob unsere Daten von einem Dieb, vom Elektrizitätswerk, von einem zerstörenden Code oder unseren eigenen Fehlern gestohlen wird, sie sind verloren. Die einzige Versicherung dagegen ist eine gute und aktuelle Sicherungskopie.

Die Entscheidung was und wie kopiert werden soll

Bevor man sich für eine Methode der Datensicherung entscheidet, müssen erst einmal die Faktoren Zeit und Kosten abgewogen werden.

Sie werden wohl niemals ein Unterverzeichnis mit Korrespondenz an entfernte Freunde sichern, aber bestimmt ein neues Textverarbeitungsprogramm, für das sie viel Geld bezahlt haben.

Ein Arbeitsblatt mit den Ausgaben für Weihnachtsgeschenke wird für sie ein geringerer Verlust sein, als die Daten für die Einkommensteuererklärung, die Sie über das Jahr eingegeben haben.

Für einen Programmierer, einen Autor, einen Rechtsanwalt oder einen Selbstständigen, der seine Abrechnungen über den Rechner anfertigt, könnte ein ernsthafter Datenverlust den professionellen Tod bedeuten. Bevor Sie die Methode der Datensicherung wählen, sollten Sie sich im klaren sein, daß eine unterlassene Datensicherung eine Art elektronisches Glücksspiel ist. Man muß wissen, was man sich leisten kann zu verlieren. Bei diesem Spiel können sie allerdings nichts gewinnen, nur ein Gleichstand ist möglich. Sogar bei einarmigen Banditen schneidet man besser ab.

Wir wollen uns nun die Methoden zur Datensicherung näher ansehen. Wir beginnen mit der preiswertesten und zeitaufwendigsten, dem guten alten DOS:

DOS BACKUP

Das DOS-BACKUP-Kommando führt genau das aus, was der Name schon sagt. Jeder, der sechs Buchstaben und <ENTER> eingeben kann, hält in seinen Händen den Schlüssel zur Unsterblichkeit seiner Daten. Mit ein paar zusätzlichen Zeichen kann der Benutzer sogar eine Auswahl treffen, was gesichert werden soll. DOS-BACKUP ist l-a-n-g-s-a-m. Die Sicherung einer 20 MB Platte auf einem Rechner der XT-Klasse benötigt 60 Disketten und mehr als eine Stunde Zeit. Mit wachsender Taktgeschwindigkeit des Computers und einer größeren Diskettenkapaziät können beide Werte vermindert werden. Aber mit jedem größeren Rechner wächst auch die Plattenkapazität (hier ist der Haken).

Der finanzielle Aufwand ist minimal. BACKUP wird mit DOS geliefert, und Sie brauchen nur noch eine genügende Anzahl Disketten zu kaufen. Der Zeitaufwand ist beachtlich. Er beträgt ungefähr 10 Prozent der Arbeitszeit eines Tages. Für diejenigen, die diese Methode benutzen wollen, noch ein paar Warnungen: Kaufen Sie nicht die billigsten Disketten. Investieren Sie in erstklassige Markenware. Lagern sie Ihre Sicherungskopien geordnet an einem sicheren Ort, der vor Hitze, Kälte und anderen Einflüssen geschützt ist.

Kommerzielle Sicherungsprogramme

Kommerzielle Produkte für die Datensicherung bieten eine hohe Geschwindigkeit und eine Menüführung zum Preis von unter 400 DM. Änliche Produkte bekommt man auch als Shareware, bei der man nur einen kleinen Betrag an den Autor zahlt. Es gelten eigentlich die gleichen Regeln wie beim DOS-BACKUP, nur der Zeitaufwand wird auf weniger als 25 Prozent reduziert. Manche Programme komprimieren die Daten, so daß auch weniger Disketten benötigt werden. Da selbst die besten Programme dieser Art recht preiswert sind, lohnt sich die Anschaffung, da sie die Arbeit wesentlich erleichtern. Wir empfehlen diese Methode eigentlich nur Hobbyisten, die viel Zeit und die Ruhe dazu haben. Leider ist es eine traurige Tatsache, daß viele Menschen einfach keine Datensicherung durchführen, selbst die mit den besten Absichten.

Bei den Treffen unsereres PC-Anwenderclubs fragen wir immer: "Wer hat seit dem letzen Treffen eine Datensicherung gemacht?" Die Antwort war ungefähr so, als wenn wir nach Freiwilligen für eine Zahnarztbehandlung gefragt hätten.

Die Datensicherung auf Bandkassetten

Die ideale Antwort für jedermann ist heutzutage die Datensicherung auf Bandkassetten, den sogenannten Streamern. Die komplette Sicherung einer 40 MB Festplatte kann in weniger als 5 Minuten durchgeführt werden. Jeder, der sich ein bißchen mit Stapeldateien auskennt, kann die Datensicherung so einbauen, daß sie nicht nur automatisch ausgeführt, sondern auch erzwungen wird. Die Kosten, die bisher viele abschreckte, ist kein Faktor mehr. Ein schneller Blick in die PC-Zeitschriften zeigt 40 MB Laufwerke von namhaften Herstellern für 800 DM.

Wenn Ihnen Ihre Arbeit und Ihre Zeit nicht 800 DM Wert sind, ist es unwahrscheinlich, daß Sie dieses Buch bezahlt, oder bereits tausende Mark für Hard- und Software ausgegeben hätten. Unser Rat: Nehmen Sie also Ihr Geld und kaufen Sie von Ihrem Händler solch ein Laufwerk!

Wenn Sie Ihren Rechner alleine benutzen, können Sie auch ein internes Laufwerk benutzen. Es nimmt keinen zusätzlichen Platz weg und ist immer da, wenn Sie es brauchen. Prüfen Sie nur, ob sie einen passenden Slot freihaben und ob Ihr Netzteil für den Betrieb des ausgewählten Bandlaufwerkes vorgesehen ist.

Bei mehreren Computern ist ein Bandlaufwerk pro Computer natürlich der Idealzustand. Der Kostenfaktor kann aber doch schon Kopfzerbrechen bereiten. Und daneben steht immer der "Effizienz-Experte", der das Peripheriegerät für 1.000 DM die meiste Zeit nutzlos herumstehen sieht. Eine Bandeinheit kann auch mit mehreren Computern benutzt werden, wenn in jeden Rechner eine entsprechende Karte eingebaut und das Laufwerk von Rechner zu Rechner getragen wird.

Mit dem Ansatz "eines für viele" beginnt wieder das Alte Leid: Die Zeit und der Aufwand, die Hardware zu transportieren wird gescheut. Selbst wenn ein Mitarbeiter den Auftrag hat, an allen Rechnern Datensicherung durchzuführen, wird er bestimmt immer dann an einem Rechner auftauchen, wenn der Benutzer gerade eine wichtige Arbeit durchführt.

[Pause, um ein Bandlaufwerk zu bestellen]

Prozeduren für die Datensicherung

Ihr Bandlaufwerk ist nun installiert und Sie haben auch schon die zugehörige Dokumentation gelesen. Sie haben außerdem nicht weniger als drei Kassetten zur Hand, um Ihre wichtigen Daten zu speichern. Zuerst formatieren Sie die Kassetten und beschriften sie. "1", "2" und "3" sind praktische Namen, aber auch "Larry", "Moe" und "Curly" ist in Ordnung, solange Sie sich an die Reihenfolge erinnern.

Als nächstes stellen Sie Ihren Plan auf. Ein Band soll immer beim Computer liegen, damit es für HEUTE verwendet werden kann. Das Band von gestern sollte auch nicht sehr weit weg sein, falls es einmal Schwierigkeiten gibt. Das Band von vorvorgestern (wird das Band von morgen sein) sollte an einem sicheren Ort aufbewahrt werden. Wenn Sie das Band "für morgen" nehmen, ersetzen Sie es durch das Band von gestern. Es ist ein einfaches Rotationsprinzip, daß einfacher auszuführen ist, als zu beschreiben. Im Prinzip gehen Sie hier genauso vor, wie Sie es mit Ihren Sicherungen auf Disketten getan haben.

Es gibt keinen Grund, warum nicht für jeden Wochentag eine eigene Kassette existieren sollte, solange alle Kassetten bis auf die heutige und die von gestern sicher verschlossen aufbewahrt werden. Nachdem Sie alle drei Kassetten einmal benutzt haben, erlaubt Ihre Software wahrscheinlich, nur die Dateien zu sichern, die sich seit dem letzten Mal geändert haben. Dadurch wird die benötigte Zeit auf ein Bruchteil reduziert.

Bandlaufwerke bieten in größeren Umgebungen noch einen praktischen Nutzen. Eine Standard-Softwarekonfiguration kann auf Band geschrieben werden und auf neuen Maschinen in kürzester Zeit installiert werden.

Am Horizont tauchen bereits WORM-Laufwerke (write once read many) auf. Diese neue Technologie benutzt CD-Platten (wie ein CD-Plattenspieler) für die Datenspeicherung.

Für besonders wichtige Sicherungen kann ein weiterer Schritt in Ihre Datensicherungs-Prozedur eingebaut werden. Wenn der Diebstahl Ihrer Daten für andere nutzbringend sein kann, sorgen Sie dafür, daß sie nicht lesbar sind. Eine Verschlüsselungsroutine kann von jedem Programmierer leicht geschrieben werden.

Dr. Panda's Rezept für die PC-Sicherheit

Markieren Sie alle Ihre Komponenten mit einem Gravierwerkzeug oder einem Permanentstift (Gravierwerkzeuge kosten ungefähr 20 DM Permanentstifte 2 DM). Wenn Sie die Originalverpackungen behalten wollen, was bei einem Transport nützlich ist, markieren Sie diese ebenfalls.

Verbinden Sie Ihren PC und die Peripherie mit Hilfe eines einfachen Kabel-Sicherungssystems (60 DM).

Vergessen Sie nicht einen Spannungwächter als Teil Ihrer Hardware (80 DM).

Prüfen Sie, ob Ihre Versicherung den Wert der Hardware abdeckt.

Schließen Sie, wenn nötig, eine zusätzliche Versicherung ab.

Bestellen Sie sofort ein Kassettenlaufwerk (800 DM) und mindestens drei Kassetten (100 DM). Bestellen Sie für die neuen Komponenten eine Erweiterung Ihrer Kabelsicherung.

Lassen Sie sich vier Stunden Zeit, um Ihr Kassettenrotationsprinzip einzurichten (4 x ? DM).

Führen Sie regelmäßige Datensicherungen durch.

Nehmen Sie sich Zeit.

Wenn Sie immer noch nicht glauben, daß die zusätzlichen Investitionen nötig sind, möchten wir Sie ernsthaft bitten, noch einmal nachzudenken. Ohne ein adäquates System für die Datensicherung ist ein Unglück vorprogrammiert ... entweder personell oder beruflich. Bei elektronischen Glücksspielen gibt es keinen Gewinner... nur Verlierer und einige wenige Glückliche, die ausgeglichen davonkommen.

Die Wahl eines sicheren Lagerplatzes für Daten

Wie wählt man einen diebstahl- und feuersicheren Lagerplatz aus?

Ein Möglichkeit ist ein kleiner Safe in Ihrem Büro oder bei Ihnen zu Hause. Besser noch sind Spezialsafes, die sich nur mit einem Schlüssel und einem Code öffnen lassen. Sie sind außerdem feuersicher (man muß dem Hersteller wohl glauben) und schwer zu transportieren.

Einfache Aufbewahrungsbehälter für Disketten lassen sich mit einer Nagelfeile und etwas Geduld leicht öffnen.

Ein Fach für Wertsachen bei einer Bank ist eine andere Möglichkeit, wenn Ihre Bank Fächer von ausreichender Größe für Ihr Speichermedium besitzt. Der größte Nachteil dieser Methode sind die Öffnungszeiten. Man hat nur an Wochentagen Zugriff auf sein Fach und dann auch nur tagsüber. Die Entfernung von Ihrem Arbeitsplatz zur Bank könnte auch unbequem sein. Außerdem sind Banken vorsichtig und werden nicht zulassen, daß Angestellte oder Boten Zugriff auf das Schließfach bekommen. Wer jedoch die Zeit hat und den Aufwand nicht scheut, kann seine wertvollen Daten bei der Bank lagern. Ein Freund von uns fertigt jeden Tag eine Datensicherung an, bringt seine Bänder aber nur einmal die Woche zur Bank.

Er schreibt ungefähr neun Stunden am Tag und produziert dabei ungefähr 10000 Worte - zwanzig Seiten. An guten Tagen produziert er sogar noch mehr. Sollte sein Haus in den Bergen einen Tag vor Abgabe der Sicherungskopie von Dieben oder einem Feuer heimgesucht werden (Gott bewahre!), wäre ungefähr ein Drittel eines Buches verloren. Die Bank bietet hier nicht die optimale Sicherheit.

In seinem Dorf in North Carolina gibt es aber keinen Tresor für kommerzielle Daten. In vielen größeren Städten gibt es mittlerweile Unternehmen, die die Lagerung von Daten in besonders aufwendigen Tresoren anbieten.

Das Daten-Hotel

Voll klimatisiert und 24 Stunden täglich geöffnet, erinnern die Daten-Hotels an Science Fiction Filme. Aufgrund einer Einladung von Sidney Craven, des Präsidenten von The Vault Ltd. (Der Safe) in unserer Heimatstadt Wilmington, Delaware, konnten wir die Einrichtung besuchen.

Das Gebäude von The Vault strahlt inmitten eines Einkaufszentrums in einem Vorort. Zuerst verfolgte Craven eigentlich eine andere Geschäftsidee.

Im kleinen Delaware leben verhältnismäßig viele Reiche und Superreiche. Diese wohlhabenden Leute neigen dazu, wertvolle Dinge zu besitzen. Die meisten von ihnen haben ihre Residenz in "Chateau Country", das ein gutes Stück vom Stadtkern entfernt liegt. Das Abholen oder Deponieren von Wertsachen konnte also sehr zeitaufwendig werden. Craven siedelte sein Unternehmen genau an der Straße vom "Chateau" zur Innenstadt an. Aus dem gleichen Grund war auch das Einkaufszentrum gebaut worden.

Es war eine großartige Idee, und The Vault wurde schnell ein Teil des Lebensstils der Reichen und der weniger Reichen. Zu diesem Zeitpunkt gab es in der Umgebung keine andere Möglichkeit für die Aufbewahrung von Wertsachen. Auch die Autorin bewahrte ihren Schmuck während des Urlaubs bei The Vault auf.

Leider deckten die Einnahmen nicht die enormen Kosten, die die Konstruktion eines sicheren Gebäudes geschluckt hatte. Hinzu kamen einige unglückliche Umstände, wie neue Gesetze, so daß viele neue Institute (z.B. die Chase Manhattan Bank) ansässig wurden. So schwenkte Craven um und lagerte nun die wertvollsten aller Besitztümer, Daten!

Er mußte nur einige physikalische Erfordernisse für die Datenlagerung hinzufügen. Zusätzliche Kontrollen, Regale für die Bänder und einen 24 Stunden Kurier-Service.

Heute sieht man die Transporter mit ihren Fahrern durch die ganze Stadt eilen und die neuesten Sicherungskopien einsammeln.

Die Eingangshalle von The Vault ist sehr geschmackvoll im Stil von alten Anwaltsfirmen eingerichtet. Man wird von einer attraktiven und freundlichen jungen Dame begrüßt, die hinter einer sehr sauberen Sicherheitsglasscheibe sitzt. Wenn der Zugang gewährt wird, öffnet sich eine Tür und man betritt einen Raum, der zuerst an eine Dekompressionskammer erinnert. Es kann immer nur eine Person durch diese Kammer geschleust werden und, bevor sich die Tür auf der anderen Seite öffnet, vergeht eine beträchtliche Zeit. Auf der rechten Seite befinden sich die Fächer für die Privatkunden. Links sieht man eine schön gestaltete riesige Tür eines Safes. Die Wände sind mit Gemälden von einheimischen Künstlern verziert. Der Teppich ist dick und die Möbel antik und poliert.

Auf der anderen Seite der Safetür befindet sich eine andere Welt. Der "Lagerraum", der in Robin Cook's Roman *Coma* beschrieben wird, kommt einem in den Sinn. Die Anlage ist so perfekt kontrolliert, daß man meint, man schwebe durch die Räume voller Bänder. Die Stille ist bedrückend. Selbst Tritte hört man kaum. Die Atmosphäre könnte als furchteinflößend bezeichnet werden.

Für kleinere Unternehmen wie PANDA erscheinen die Kosten für eine solche Lagerung natürlich sehr hoch, aber das Maß an Sicherheit kann kaum noch übertroffen werden. Wenn Ihnen solch eine Einrichtung zur Verfügung steht, nutzen Sie sie!

Zurück zum Geschäftsleben -
Probleme des Managements

Wenn die Anzahl der PCs und der Benutzer in einer Unternehmung anwächst, werden die Aufgaben oft vom "Besitzer" an andere weitergegeben: Sekretärinnen, Sachbearbeiter, Datentypisten und manchmal sogar Spezialisten, deren Aufgabe es ist, die Computer-Installation zu verwalten.

Es ist sehr wahrscheinlich, daß drei oder vier der Rechner über ein Netzwerk verbunden sind. In manchen Fällen besteht noch ein Anschluß an einen kleinen Minicomputer.

Während die Investitionen für Hardware und Software für einzelne PCs immer ungefähr gleich bleiben, wachsen die Kosten für Personal und Sicherheit exponentiell. Wir haben bestimmt schon von Mengenrabatten bei Computern gehört, bei Menschen gibt es ihn nicht. Je mehr Angestellte vorhanden sind, desto mehr Ebenen des Managements sind erforderlich.

Ein Schwachpunkt der PC-Betriebssysteme ist, was in der Fachsprache "Zugriffsebene" genannt wird. Um den Zugriff auf einen Minicomputer, einen Großcomputer, die meisten Netzwerke oder Mailboxen zu erhalten, bekommt jeder Benutzer ein Kennwort, an das eine Zugriffsebene gekoppelt ist.

Dinge wie Personaldaten und Lohnabrechnungen sollten den dafür zuständigen Personen vorbehalten sein. Die meisten Firmen wissen, warum sie die Produktionskosten vor den Verkäufern verbergen, und viele Briefe, Dokumente und Kalkulationen werden besser verschlossen, bevor noch jemand aus irgendeinem Grund auf falsche Gedanken kommt.

Die Freundlichkeit eines PCs geht in diesem Punkt zu weit. Wie ein kleines Mädchen, das mit jedem Fremden auf der Straße mitgeht, müssen wir unserem Rechner - und speziell den Daten - beibringen, in unserem Garten zu bleiben.

Wer den PC anschaltet, hat sofort Zugang zu allem, was er zu bieten hat. In der Sprache der Großcomputergemeinde heißt eine solche Zugangsberechtigung "Papst und darüber".

In einem Schreibbüro ist ein solcher Schutz vielleicht nicht nötig, aber wenn die Daten wichtiger werden, steigen die Kosten für zusätzliche Schutzmaßnahmen.

Kennwortschutz - "Joe Sent Me"

Eine preiswerte und nützliche Lösung ist die Installation einer kommerziellen Softwarelösung wie WATCHDOG von FISCHER International Systems Corporation. Es erfordert beim Starten des Rechners die Eingabe eines Kennwortes. Außerdem lassen sich Unterverzeichnisse vor bestimmten Benutzern schützen. Besonders, wenn mehrere Personen einen Rechner benutzen, ist solch ein Programm sinnvoll. Frühe Versionen von WATCHDOG konnten durch Starten des Systems von Laufwerk A: umgangen werden. In späteren Versionen wurde dieser Mangel jedoch behoben. Es besteht jedoch immer die Möglichkeit, daß sich ein gewitzter Hacker/Cracker seinen Weg durch den Kennwortschutz bahnt.

Mit genügend Ressourcen kann ein Unternehmen ein auf die eigenen Bedürfnisse zugeschnittenes Kennwort-Programm entwickeln. Dieses wäre dann auch schwerer zu knacken.

Auf der Hardwareseite könnte man für besonders empfindliche Daten tragbare Festplatten installieren. Sowohl die PS/2 Serie als auch einige kompatible besitzen eine "key lock" Hardware, die einen Kennwortschutz für den Zugang zum System bietet.

Risiken bei der Benutzung von Kennworten

Bei jedem dieser Ansätze gibt es Risiken. Der Benutzer, der seine Kennworte auf einem Zettel zur Hand hat (normalerweise in der Schublade mit den Stiften), lädt unerwünschte Gäste fast ein. Und da die meisten Menschen ein oder zweimal im Jahr in Urlaub sind, muß eine Vertretung Zugang zum Rechner haben und die Kennworte kennen. Dann gibt es immer noch das Risiko des gerade entlassenen Mitarbeiters, der in Wut zu seinem PC zurückkehrt und die gesamte Festplatte löscht.

Im letzten Fall sollte die letzte Datensicherung die Maschine schnell wieder zum Laufen bringen. Herumgeisternde Kennworte können immer einmal in falsche Hände geraten. Es dauert nur einen Moment, auf einem PC ein Kennwort zu ändern. Tun Sie es, bevor Ihnen jemand zuvor kommt.

Kennworte sollten sorgfältig ausgedacht werden. Die Liste der Test-Kennworte, die bei der ARPAnet-Invasion benutzt wurde, enthielt nur Zeichenketten. Einige waren Vornamen ("Bob", "Brenda", Brian", ..., sogar "Pam"), einige hatten Bezug zur Musik ("Bass", "Bassoon", "Beethoven"), einige kamen aus der Lebensmittelabteilung ("Banana", "Coffee", "Coke", "Cookie"), auch Tiere wurden versucht ("Elephant", "Gnu", "Wombat") und letztlich auch noch Gemüsearten und Mineralien ("Emerald").

Eine Sammlung der besten von den schlechtesten Kennworten zeigt wieder einmal die menschliche Natur: "aaa", "alles", "verzweifelt", "idiotensicher", "Hacker", "Hallo", "Hilfe", "Zufall", "Einfach", "Unbekannt" und "Zap". Unsere Favoriten sind "Kennwort" und "Password".

Die besten Kennworte sind einfach zu merken, schwer herauszufinden und werden regelmäßig geändert. Kombinationen aus Ziffern und Buchstaben sollten bevorzugt werden.

Das Kennwort-Protokoll wird wichtiger, wenn Angestellte mit ihren PCs an Netzwerke oder an Großrechner angeschlossen sind. Das ist natürlich eher eine Frage des Datenschutzes als des Schutzes vor Viren, da Viren immer *betriebssystemspezifisch* sind. Ein Virus auf einer PC-/MS-DOS-Maschine kann im Netz verbreitet sein, kann aber vom Netzwerkbetriebssystem nicht ausgeführt werden. Auch ein Großrechner ist nicht gefährdet.

Neue Überlegungen zu PCs im Geschäftsleben

Michael Reimer von FoundationWare glaubt, daß eine Zeit gekommen ist, in der über PCs im Geschäftsleben noch einmal nachgedacht werden sollte. Er glaubt auch, daß das "zweibeinige Virus" die größte Gefahr für jede Installation darstellt.

Mikes' Argumente sind gut gewählt. Wenn ein PC geschäftlich genutzt wird, wird er zum Geschäftscomputer (GC) und zu einem Aktivposten des Unternehmens, der dem Management noch Probleme bereiten wird.

Die Antworten sind jedoch unabhängig davon, ob sich um einen GC oder einen PC handelt:

- Regelmäßige Datensicherung
- Pläne über Vorgehensweisen bei Notfällen
- Risikoanalysen
- Ausbildung der Benutzer
- Einführung von Sicherheitssystemen

Was hat eine Mutter (oder eine Firma) zu tun?

Der größte Kostenfaktor in einer Unternehmung sind immer die Arbeitskräfte. Wenn man sie verärgert oder provoziert, suchen sie sich eine andere Stelle und nehmen die Erfahrung und das Wissen mit, für das Sie gezahlt haben. Machen Sie das Personal zum Teil der Lösung und nicht des Problems. Computer-Viren sind ein Problem des *Managements* und nicht der *Technik*. Die Verbreitung eines Virus ist ein Risiko, das verwaltet werden muß. Die Zerstörung von Daten ist eine Gefahr, die es zu *verhindern* gilt.

Gemeinsame Probleme

Jungen Müttern wird oft gesagt, "Kleine Kinder, kleine Probleme... große Kinder, große Probleme". Dieser Spruch gilt auch im Geschäftsleben. So wie Kinder für die Eltern, ist die Arbeit einer kleinen oder großen Firma ein kostbarer Besitz. Mit der wachsenden Zahl der Aufgaben für Computer wachsen auch unsere Probleme. Und wenn wir selbst wachsen, so auch die Probleme.

Die erste Übereinstimmung gibt es in der lebenswichtigen Natur der eingegebenen, gespeicherten und berechneten Daten. Der Laden an der Ecke, der Anwalt und der Programmierer arbeiten alleine, aber ihre Daten sind für sie aber so wichtig, wie die Daten eines großen Konzerns. Der Schutz gegen Datenverluste ist lebenswichtig.

Sicherheitsmanagement - erste Version

Der kleine Mann hat gegenüber der großen Industriegiganten jedoch den Vorteil, daß er alle Fäden in einer Hand hält. Es gibt keine Auseinandersetzungen mit der Bürokratie, keine ausgedehnten Studien, keine Diskussionen mit Managern und keinen Ärger mit der Finanzabteilung, wenn etwas bestellt werden soll. Die Einzelperson oder der kleine Geschäftsmann trifft eine Entscheidung und führt sie aus.

Die Sicherheit in kleinen Installationen ist fast immer einfacher zu managen. Mit klein sind in diesem Fall das kleine Geschäft oder der Heimanwender gemeint, wo der Besitzer des (der) Computer(s) gleichzeitig der Sicherheitsbeauftragte ist. Probleme werden schneller erkannt, analysiert, gelöst und implementiert. Ein Vorgang, der hier fünf Minuten dauert, kann in der Großindustrie oder der Regierung Tage, Wochen oder Monate benötigen.

Ein weiteres Plus der Kleinen ist, daß fast ohne Ausnahme alle Operationen auf PC-Basis laufen. Der PC ist der Standard der Informationsverarbeitung und Probleme mit Prozeduren, Protokollen, wie sie beim Management der Großrechner auftauchen, sind in dieser Welt völlig unbekannt. Sie leben ohne die zusätzliche Last des Lobgesangs der Manager: "Es war am Anfang so, es ist so und es wird immer so bleiben..."

Wir sollten unsere Ressourcen sorgfältig mit einem Auge auf das Wachstum bewachen. Je größer unser Besitz an Informationen wird, sei es die Preisentwicklung im Hard- und Softwarebereich, desto besser können wir Entscheidungen fällen. Je schneller wir reagieren können, desto flexibler sind wir.

Man darf nicht vergessen, daß ein einzelner Computer die Daten für ein ganzes Unternehmen enthält. Das Unternehmen stellt die Grundlage für Nahrung, Kleidung, Sicherheit und - mit wachsendem Erfolg - "Extras" dar und zwar nicht nur für die Unternehmerfamilie, sondern auch für die Familien der Angestellten. Die Auswirkungen eines Datenverlustes bei einem solchen Rechner sind viel größer (100 Prozent), als der Verlust der Daten eines PCs von 20000 (0.001 Prozent). Die Wahrscheinlichkeit, daß die Daten des einen PCs von 20000 wieder hergestellt werden können, ist wesentlich größer.

Was ist unsere Arbeit wert?

Der Verlust einer Stunde Arbeit, besonders wenn es sich um kreative Arbeit handelt, die nur schlecht rekonstruiert werden kann, ist teuer. Schreiben ist oftmals eine Sache, die beim ersten Mal am besten funktioniert. Eine Wiederholung ist nach der Erfahrung vieler Autoren nur ein blasses Bild des nicht mehr Vorhandenen. Der Verlust von sechs Monaten Arbeit kann schon kaum noch neu erarbeitet werden. Die Rekonstruktion eines Arbeitsblattes oder einer Datenbank, wo alle Bestandteile in der einen oder anderen Form vorliegen, ist höchstens ermüdend.

Der Text dieses Buches, ungefähr 150.000 Worte (1,5 MB Informationen) kann auf eine einzelne Diskette abgespeichert werden. Aber Sie können wetten, daß er auf *viele* Disketten gespeichert wurde, und das *oft*! Ein anderes Beispiel sind Schüler, die ihre Ausarbeitungen und Referate mit dem Computer schreiben. Das Projekt wird erst einmal bis zur letzten Minute aufgeschoben und Notizen werden auf Butterbrotpapier angefertigt. Die Eingabe des Textes erfolgt dann in der Nacht vor dem Abgabetermin. Ein Datenverlust durch ein defektes Speichermedium, einen falschen Tastendruck, einen Fehler im Stromnetz oder die Katze, die eine Cola über die Tastatur kippt, stellen für die Jüngsten eine immense Katastrophe dar. Der Vorsitzende einer angesehenen Tagesschule erklärte, daß "der Computer" bei der Vernichtung von Hausaufgaben Katzen, Hunde, Mülleimer, Putzfrauen und jüngere Geschwister abgelöst hat.

Die beschriebene Arbeitseinstellung wird zur Entäuschung der Manager oftmals beibehalten, wenn die Kinder einmal in das Berufsleben eintreten.

Größere Unternehmen - größere Probleme

Mehr als ein männlicher Manager hat noch mehr Haare verloren, weil eine kleine Aushilfs-Sekretärin sagte, "ES funktioniert einfach nicht". Zur Verteidigung dieser jungen Frauen sei gesagt, daß es wirklich ein harter Job ist. Wie konnte sie wissen, daß das 100 seitige Textverarbeitungsprojekt, das in zwei Stunden fertig sein sollte, von ihrer Vorgängerin "JDW#2736" genannt worden ist? Kein Wunder, daß ES nicht funktioniert.

Die enormen Kosten für Computerunterstützung in großen Firmen entstehen durch eine mangelnde Homogenität zwischen Benutzer und Maschine. Niemand würde uns abkaufen, "Die Katze hat meinen Badeanzug gefressen". Eine Antwort wie "Der Computer hat die Daten gefressen", glaubt fast jeder. Das ist eine uralte Entschuldigung. Und genauso, wie es einem "abgekauft" wird, wird es auch verkauft, und das zu einem hohen Preis. Ist eine Hierarchie des Computer-Managements einmal aufgebaut, *muß* es nach Definition, *managen*. Wenn eine Firma einen so hohen Punkt erreicht hat, entstehen gleichzeitig Phänomene wie die Wichtigkeit des Waschraumschlüssels für leitende Angestellte. Der Schlüssel wird genauestens bewacht, denn er stellt ein Zeichen der Macht dar. An anderer Stelle sind uns schon einmal die Datenerfasser begegnet, die ergonomische Monitore ablehnten, weil ihre Benutzung das Image des "niederen Angestellten" bedeutete. Betrachten Sie die Fallstudien im nächsten Kapitel (Kapitel 10) als Beispiele, wie sich der Ethos im Computerzeitalter ausbreitet.

"Fremde" Gefahren für die Software

Dieses Buch beschäftigt sich hauptsächlich mit der Benutzung und dem Schutz von Personal Computern. Die Rolle des PC als Terminal an einem größeren Rechner oder als Knoten in einem Netzwerk gehört in den Aufgabenbereich von Sicherheitsexperten für Systeme. Die Gefahren in einem großen System kommen immer "von innen", während es bei PCs immer externe Gefahren sind.

Die Dinge, die heutzutage am meisten Staub aufwirbeln, sind die Biester mit dem zerstörenden Code: Viren, Würmer und Trojanische Pferde. Wir hoffen, daß unsere Angestellten zu Hause bleiben, wenn sie unter einem Bazillus leiden, damit sie nicht andere an der Arbeitsstelle anstecken. Leider sind Bazillen schon ansteckend, bevor die ersten Symptome auftreten. Man weiß nicht, daß man es hat, bevor man es hat.

In einem anderen Kapitel haben wir bereits besprochen, woher man zerstörenden Code bekommen kann und wie wahrscheinlich es ist, "sich einen einzufangen". Ein sauberes System holt sich kein Virus aus der Luft. Wir wissen, daß ein Träger von außerhalb dazu nötig ist.

Viele Unternehmen haben sich eine "schnelle Lösung" ausgedacht und für jeden Mitarbeiter Verträge herausgegeben, in dem er sich verpflichtet, keine "fremde" Software mitzubringen. In diesem Fall werden - zumindest theoretisch - nur interne Probleme auftauchen, z.B. wenn ein Mitarbeiter an einem Rechner einen Virus schreibt und weitergibt. Solch ein Ansatz wäre nicht zu kontrollieren und würde dem Unternehmen nur schaden.

Viele Mitarbeiter nehmen nach Dienstschluß Arbeit mit nach Hause. Mit einem Heimcomputer und dem Konzept des papierlosen Büros ist es viel wahrscheinlicher, daß Disketten mit Arbeitsblättern für den Feierabend mitgenommen werden, als Berge grün-gestreiftes Papier. Heutzutage ist es möglich, einen wichtigen Bericht in einer Nachtschicht zu Hause zu beenden. Viele Computer-Spezialisten neigen dazu, ein Problem so lange zu verfolgen, bis die Lösung gefunden ist. Solche Heimarbeit ist von Vorteil für den Angestellten und das Unternehmen.

Andere Mitarbeiter versuchen, ihre Fähigkeiten in Abendkursen zu verbessern. Es überrascht nicht, daß Computer-Kurse besondert gut besucht sind. Viele dieser Menschen, die sich oftmals einen Weg zu einem besseren Job suchen, besitzen keinen eigenen Computer und sind auf den Rechner auf dem Campus (oft ein weiter Weg) oder in der Firma angewiesen. In der Mittagszeit erledigen sie dann Ihre Hausaufgaben für die Abendschule.

Es ist schwer vorstellbar, diesen Menschen die Heimarbeit oder die Hausaufgaben zu verbieten. Gleichzeitig sind es genau diese Menschen, die die größte Gefahr für eine PC-Installation darstellen.

Verbindungen

"Wenn Sie Ihren Computer mit einem anderen verbinden, wird gleichzeitig eine Verbindung zu allen Computern aufgebaut, mit denen er je verbunden war."

-Dennis Miller, Saturday Night Live

Hätte Ronald Reagan nicht die Auszeichnung als "Großer Kommunikator" bekommen, würde sie bestimmt dem PC verliehen. Mit der wachsenden Zahl der PCs und ihrer Benutzer werden auch die Kommunikationswege zwischen ihnen immer vielfältiger. Wir wollen uns nun mit der Verbindung zwischen den Maschinen befassen und zeigen wo die Gefahren liegen.

In Amerika wurde die Nützlichkeit eines PCs als Teil eines größeren Computer-Verbundes schnell entdeckt. Der PC wurde nicht nur wie vorgesehen als Arbeitsplatzrechner eingesetzt, er konnte auch ein Terminal am Großrechner ersetzen.

Ein Terminal dient nur als Fenster zum Großrechner und führt keine eigenen Verarbeitungen aus. Ist ein PC an einen Großrechner angeschlossen, kann er auch noch anderweitig genutzt werden.

E-Mail

Die ersten drei Vorteile des PC beginnen mit "K", Kosten, Kontrolle und Kommunikation. Wird der PC mit einem Großcomputer verbunden, wird er Teil eines bekannten Systems, und damit leicht zu managen. Der Standort des PCs ist bekannt und Benutzer müssen sich mit einer Kennwort-Prozedur den Zugang zum System verschaffen. Jede Benutzung wird wird verzeichnet und ein Mißbrauch kann zurückverfolgt werden.

Ein großer Vorteil ist die Möglichkeit, elektronische Post, (E-Mail) zwischen den Benutzern zu versenden. Endlich brauchen kurze Nachrichten nicht mehr diktiert, getippt, per Post versandt und zugestellt werden. Die einzigen Einschränkungen bei E-Mail sind die Geschwindigkeit, mit der der Absender tippt, und die Häufigkeit, mit der der Empfänger seinen elektronischen Briefkasten leert.

Vor der elektronischen Post war die Niederschrift von Notizen und Mitteilungen eine Sache für sich, mit vielen strengen Regeln. Sekretärinnen mußten die korrekte Form eines Briefes lernen, und korrekte Grammatik wurde erwartet. Ein sehr kostenintensiver Prozeß.

Die Benutzer von E-Mail kümmern sich wenig um die Form. Was zählt, ist die Funktion. Der größte Vorzug ist die Geschwindigkeit. Experten behaupten, daß der Empfänger eines E-Mail Briefen höchstwahrscheinlich sofort eine Antwort schreiben wird. Unter E-Mail-Benutzern ist es üblich, Tipp- und Grammatikfehler zu ignorieren. Das Ergebnis? Die Kommunikation per E-Mail ist schneller, bringt die Dinge auf den Punkt und ist weniger verschleiert als traditionelle Post.

E-Mail hat aber auch ein paar Nachteile. Einer wurde von Oliver North entdeckt und hatte internationale Konsequenzen (Vergleichen Sie "Dumme menschliche Fehler" in Kapitel 6). Ein anderes Problem wurde durch den Virus CHRISTMA.EXE aufgezeigt. Große Computer gingen in ihre Silizium-Knie, als tausende Nachrichten den Datenverkehr bis über die Kapazität der Rechner anwachsen ließen.

Ein Anschluß an einen Großrechner soll die Möglichkeit der Dateneingabe bzw. des Datenzugriffs bieten. Was passiert, wenn jemand sich entschließt, Ihnen einen "Virus" zu schicken?

Behalten Sie zwei Dinge im Auge: Wenn ein Benutzer im "Terminal-Modus" an einen Großrechner angeschlossen ist, ist er nichts anderes als ein Benutzer des Großcomputers. Der PC ist kein Personal Computer mit einem eigenen Betriebssystem mehr. Er emuliert nur ein Terminal. Der Zugang zum Großrechner wird durch den Zugriffsschutz auf eine Ebene beschränkt. Eine Person könnte den schadlichen Code nur abladen, wenn seine Zugriffsberechtigung es zuließe. Das ist jedoch wieder ein Management-Problem, kein technisches.

Der einzige Weg, durch einen Virus oder anderen zerstörenden Code Schaden zu erleiden ist, unabhängig davon, ob der PC als PC oder als Terminal arbeitet, das Programm *ablaufen zu lassen*. Das Lesen von E-Mail oder das Empfangen von Programmen kann und wird kein Programm ausführen. Im Falle des CHRISTMA.EXE wurden die Benutzer durch die Aufforderung "Das Anschauen dieser Datei bringt keine Freude. Tippen Sie einfach CHRISTMAS!" verführt, es zu starten. Und sie starteten es!

Bei den meisten großen Firmen ist vertraglich festgelegt, daß keine Programme zwischen den Mitarbeitern per E-Mail versendet werden dürfen. Wenn Sie in Ihrem elektronischen Briefkasten ein ausführbares Programm empfangen haben, sei es von einem Freund oder einem Unbekannten, behandeln Sie es mit Vorsicht.

Ein Vertrauensmißbrauch

Wir wollen ein Beispiel erzählen, das zeigt, was alles passieren kann. Ein Mann arbeitete einmal für einen großen Computer-Hersteller. Er war ein talentierter Programmierer, hatte aber nur wenig Erfahrungen im Umgang mit Menschen. Eigentlich war er sogar völlig unbeliebt. Andere Programmierer der Firma begannen für den internen Gebrauch "Hilfsprogramme" zu entwickeln, die zerstörend waren. Sie gaben sie unter dem Namen des unbeliebten Kollegen heraus. Andere Angestellte wußten nichts über die Spannungen zwischen den Programmierern. Die Benutzung eines Programms aus einer Quelle, der man "vertrauen" konnte, brachte ein Unglück.

Prüfen Sie vor der Benutzung eines Programms immer die Vertrauenswürdigkeit der Quelle. Stellen Sie sich einmal das folgende wirklich erschreckende Scenario vor: Am Montag Morgen findet jeder in seiner E-Mail eine Nachricht: "Laden Sie sofort DEADVIR.EXE und installieren Sie es. Es ist unser neuer Standard-Schutz gegen Viren." Die Meldung trägt einen Absender, der auf die Sicherheitsabteilung schließen läßt. Wer würde da noch Fragen stellen? Jedermann sollte aber.

Wenn DEADVIR.EXE ein Trojanisches Pferd ist, könnte durch die Installation ein großer Teil der Festplatten des Unternehmens gelöscht werden, bevor auch nur an die Frühstückspause gedacht wird. Wenn der junge Robert Morris ARPAnet verseuchen konnte, warum sollte nicht auch ein unzufriedener Mitarbeiter eine solche Meldung mit dem entsprechenden Programm versenden?

Ein Test in der Realität

Als mehr oder weniger harmloser Witz und als Experiment war unsere folgende Aktion gedacht. Eines Abends gesellten wir uns zur DELPHI Trivia-Spielgruppe und schrieben ein Makro (eine Methode, mehrere Tastendrücke unter einem Kürzel abzuspeichern), das eine Testnachricht schrieb. Sie lautete:

```
VAX Stack error!!! Reboot Immediately!!!
```

(VAX Stapel-Fehler!!! Bitte sofort neu starten!!!). Die 40 regulären Trivia-Spieler - mit Ausnahme eines 14-jährigen - erkannten, daß die Meldung nur ein Streich war. Sehr gut!

Dr. Panda's Tips für Software aus Mailboxen

Erinnern Sie sich, es besteht nur eine Gefahr, wenn Sie ein Programm ausführen.

Empfangen Sie Programme aus anderen Quellen nur auf Diskette, so daß sie isoliert getestet werden können.

Lernen Sie Ihren SYSOP und Ihre Quellen kennen. Meiden Sie Programme, deren Autor als "Dorn W. Stickle" angegeben ist. Dieser einmal respektierte Name wurde von vielen Autoren zerörender Codes angenommen.

Desinfizieren Sie Ihre neuen Programme mit LABTEST und MONITOR. Wir werden Ihnen diesen Vorgang in Kapitel 15 genau erklären.

Wenn in einer Box oder einem anderen Service ein neues Programm erscheint, warten Sie noch ein paar Wochen, bevor Sie es in Ihren Rechner übertragen. Überlassen sie das Risiko lieber jemandem, der unvorsichtiger ist!

Besprechen Sie entweder persönlich oder Online die **Probleme** der zerstörenden Programme und Sicherheitsfragen **mit anderen Anwendern.**

Wenn Sie Shareware-Programme benutzen, die Ihnen gefallen, lassen Sie dem Autor oder der Autorin den erbetenen Geldbetrag zukommen!

Kapitel 10

Fallstudien - Die Wahrheit ist verrückter als alles Erfundene

Die folgenden Fallstudien wurden im Laufe vieler Jahre Beratungstätigkeit gesammelt und beinhalten auch einige Geschichten von anderen Beratern. Einige berühren auch nicht das Thema des Diebstahls oder der Zerstörung von Daten und Hardware. Wir haben bereits gelernt, daß das wichtigste Betriebsmittel die Menschen sind, die mit den Maschinen arbeiten. Darum sind die Fragen des Managements für das Gesamtbild der Sicherheit besonders wichtig.

Der Fall des Computer-Einbruchs

Wir erinnern uns an eine Geschichte, in der zwei Polizeibeamte jemanden beschatteten, der des Einbruchs verdächtigt wurde. Als sie endlich genügend Beweise für einen Durchsuchungsbefehl zusammen hatten, betraten sie die Wohnung des Verdächtigen und *fanden einen Computer*! Auf der Seite des Rechners befand sich ein Aufkleber eines örtlichen Computerladens.

Die Beamten beschlossen, den Rechner mitzunehmen, um nach dem rechtmäßigen Besitzer zu suchen und die Beweise für einen Haftbefehl zu sammeln. Im Computerladen wurden die Unterlagen geprüft und festgestellt, daß der Verdächtige der Eigentümer des Rechners war.

Niedergeschlagen wollten die Polizisten den Rechner zurückbringen, als einer den Ladenbesitzer fragte, "Wissen Sie, wie man dieses Ding bedient?" Der Mann schaltete das Gerät kurzerhand an und nach einigen Augenblicken brachte er ein Arbeitsblatt zum Vorschein, auf dem viele Einbrüche mit Adresse und Erlös verzeichnet waren!

Die Zeiten ändern sich, und die Menschen, die heute noch eine Stereoanlage zum Leben brauchen und es vorziehen, einen "Freundschaftspreis" zu zahlen, werden vielleicht auch ihren Computer aus einer solchen Quelle beziehen.

Ein Einstieg mit Hindernissen

In der Nähe gibt es einen kleinen Familienbetrieb, der Rasenmäher und Schneepflüge verkauft und wartet. Zum Geschäft gehören der Großvater, der Vater und zwei Söhne, die ihre vier Familien mit den Einkünften gut ernähren können. Sie sind, wie ihre Produkte schon andeuten, Männer für alle Jahreszeiten.

Ihre Produkte sind "erste Qualität" und ihr Service ist bemerkenswert. Sie kennen die meisten ihrer Kunden nicht nur beim Namen, sondern auch anhand ihrer Geräte. Vor nicht allzulanger Zeit beschloß einer der Söhne, einen Computer für die täglichen Geschäftstätigkeiten anzuschaffen.

Das Geschäft ging gut. Der gebotene Service war so gut, daß die verkauften Geräte ihre eigentliche Lebenserwartung bei weitem übertrafen, mit dem Ergebnis, daß die dreifache Menge an Ersatzteillisten bereitgehalten werden mußte. Die Familie war sehr stolz darauf, jeden Fehler "auf der Stelle" zu beseitigen. Kein "Ich werde das Ersatzteil bestellen, kommen Sie in zwei Wochen wieder". Ein Programm für die Inventur war lebenswichtig geworden.

Auch eine Rechnungsschreibung wurde benötigt. Alten Kunden wurde für ein kleines Ersatzteil am Ende des Monats eine handgeschriebene Rechnung ausgestellt, wenn sich jemand daran erinnerte. Gefälligkeiten kosteten echtes Geld. Ein anderer Bereich, der kontrolliert werden mußte, war die Selbstbedienung der Familienmitglieder aus der Kasse. Manchmal wurden 10 oder 20 DM ausgeliehen, mit dem Versprechen, sie zu ersetzen.

Auch die für Reparaturen aufgewendete Arbeitszeit mußte besser verwaltet werden, und das Problem nicht abgeholter Geräte sollte bewältigt werden.

An einem "guten" Tag im Frühling konnten beispielsweise 20 bis 30 Rasenmäher verkauft werden. Diese Geräte mußten natürlich nachbestellt und mit Benzin aufgefüllt werden. Der Preis für das Benzin wurden gesondert verrechnet, da eine Tankfüllung kostenlos war. Eine Menge Aufgaben für einen Computer.

Auf Anraten eines Freundes bestellte einer der Söhne ein Gerät bei einem Freund des Freundes, daß keinem Standard entsprach. Mit der Überzeugung, daß das neue Wundergerät außer Rasenmähen alles erledigen würde, wurden einige tausend Dollars über den Tisch geschoben.

Schon nach einigen Tagen entdeckte die Familie, daß der Computer nach dem Anschalten nur ein kleines Licht aufleuchten ließ. Er tat gar nichts. Keine Lagerhaltung, kein erhobener Zeigefinger, wenn ein Familienmitglied in die Kasse greift und keine Rechnungen oder Benachrichtigungen an Kunden.

Zufällig war der Nachbar als Computer-Experte bekannt und wurde um Rat gebeten. Er betrat das kleine Büro, wo der PC installiert war. Da stand er: Ein unbekanntes Modell "X". Nach dem Anschalten stellte der Experte schnell fest, daß die Familie noch nicht einmal ein Betriebssystem besaß. "Haben Sie irgendwelche Software dafür?" "Software?"

An dem schönen Sommertag wurde es im Büro der Familie tiefer Winter, als die Wahrheit ans Tageslicht kam. Ehrbare Geschäftsleute, die darauf achten, niemandem den falschen Rasenmäher zu verkaufen, war ein "falscher" Computer angedreht worden.

Glücklicherweise konnten der Freund und sein Freund mit genügendem Druck zur Rücknahme des Gerätes bewegt werden. Vom zurückerhaltenen Geld wurde ein "normales" Gerät und die entsprechende Software bestellt.

Nach dem langwierigen Prozeß der Dateneingabe sah alles schon sehr vielversprechend aus. Der Computer hatte zwar keinen Roboterarm, der beim Griff in die Kasse einschreiten konnte, aber er hatte die Möglichkeit, am Ende des Tages zu fragen: "Wo sind die fehlenden 20 DM?"

Klingt großartig? Nicht ganz. Bei der Reparatur von Maschinen werden die Hände dreckig und die Luft wird von seltsamen Partikeln und von Rauch durchsetzt. Es dauerte nicht lange, bis die verkrustete Tastatur "Stop" rief. Nicht viel länger dauerte es, bis die Disketten, die immer auf dem Tisch lagen, mit einem Schmutzfilm überzogen und unlesbar geworden waren.

Ein Gerät für die Luftreinigung, bessere Lagerung der Disketten und eine sehr geschickte und saubere Schwiegertochter für die Dateneingabe lösten die Probleme. Mit der Schwiegertochter kam aber auch der erste Enkel, der allen ans Herz gewachsen war. Während seine Mutter am Computer saß, fuhr der Kleine mit seinem Dreirad durch den Laden und den Ausstellungsraum, um die Mutter nicht zu stören. Dort konnten Urgroßvater, Großvater, Vater und Onkel Tom auf ihn aufpassen. Niemand bemerkte jedoch, daß sich ein Rad seines Dreirades im Stromkabel des Computers verheddert hatte. Ob der Kleine das Stromkabel versehentlich herausgerissen hat, oder ob er es nur entwirren wollte, ist nicht bekannt. Was wir wissen ist, daß die gesamte Kundendatei verloren ging und nicht mehr gerettet werden konnte.

Viele Leser werden nun sagen: "Sie hätten wissen müssen, daß eine Datensicherung nötig ist. Sie hätten auch wissen müssen, daß Schmiere und Dreck einem Computer schaden können und daß ein Stromkabel so zu verlegen ist, daß ein kleines Kind nicht darüberlaufen kann. Das ist keine Art, ein Geschäft zu führen!"

Es aber eine Tatsache, daß genausoviele Rechner in den Händen von Privatpersonen und kleinen Unternehmen sind, wie von den großen Firmen verwaltet werden. Letztere können viel Geld für Spezialisten ausgeben, während der kleine Anwender meisten auf sich alleine gestellt ist.

Mittelständische Unternehmen - auf der Suche nach der Identität

Es scheint, als hätten die mittelständischen Unternehmen die schwierigsten Probleme des Computer-Managements. Kleine Firmen vertrauen ganz auf PCs. Große Unternehmen sind zwar auch schon auf den PC gekommen, haben aber immer noch ihren bewährten Großrechner. Mittelgroße Firmen hingegen sind immer noch auf der Suche nach ihrer Computer-Identität. Vor der Zeit der PCs waren sie auf Minicomputer oder gemietete Rechenzeit eines Großrechners angewiesen. Eine "EDV-Abteilung" umfaßte gewöhnlich einen Manager der mittleren Ebene, zwei oder drei Operator und einen kräftigen jungen Mann, der Papierkartons herumtrug. Die meisten Aufgaben waren finanzieller Natur und die Software war "von der Stange" und nur ein bißchen an die Bedürfnisse des Unternehmens angepaßt. Die Benutzung eines Minis war eine schwerfällige Sache und die Entwicklung maßgeschneideter Software war unerschwinglich.

Es war eine Wohltat, wenn eine solche Firma den ersten PC bestellte und mit ihm tausende Jahresverträge verwalten konnte, eine Arbeit, die vorher mühsam von Hand durchgeführt wurde. Ein junger Angestellter, der einen besonderen Sinn für die Arbeitsweise von Computern hatte, verstand schnell die Tricks des Datenbankentwurfs und den Aufbau eines Arbeitsblattes und erhöhte die Produktivität seiner Abteilung exponentiell. Man sagt, daß in mittelständischen Betrieben jeder jeden kennt. Eine Neuigkeit kann sich in einer solchen Umgebung fast mit Lichtgeschwindigkeit ausbreiten.

Schon bald klopften andere Manager an die Türe des jungen Angestellten und wollten "etwas auf den Computer bringen". Er ging nicht nur darauf ein, sondern empfand es als eine willkommene Herausforderung, denn jedes Projekt vertiefte sein Wissen. Wie bei vielen Firmen dieser Größe gab es auch hier gewisse Wettbewerbssituationen und Eifersucht zwischen den Abteilungen. Auch Konflikte zwischen Managern und leitenden Angestellten waren nicht ungewöhnlich.

Die Neuigkeiten über die Wunder des jungen Zauberers lösten auf vielen Ebenen Bestürzung aus. Mehr als einmal betonte sein Abteilungsleiter, daß er sich nur um seine Aufgaben zu kümmern hätte und nicht die wertvolle Zeit der Abteilung für andere Probleme verwenden solle. Andere Abteilungsleiter wurden nun neidisch, denn es schien, als wenn eine Abteilung eine besondere Position erhielt. Sie hatten Angst, in den Augen ihrer Vorgesetzten weniger geschickt und fähig zu erscheinen, als der Manager mit dem PC. Der "Computer-Manager", der weitaus mehr von Management als von Computern verstand, fühlte sich bedroht. Ein Berg von PC-Anforderungen füllte den Schreibtisch des Vize-Präsidenten für Finanzierungsfragen.

Der wußte natürlich gar nichts über Personal Computer, was in der damaligen Zeit nicht ungewöhnlich war. Er war außerdem ein Sklave seines Stolzes, was für seine direkten Mitarbeiter wenig angenehm war. Er konnte sich nicht irren, und ebensowenig konnte er zugeben, daß er etwas nicht wußte. Seine Lösung: Der Computer-Manager sollte für alle Abteilungen *genau den gleichen* Rechner kaufen.

Bei der Lieferung wurden alle Kartons zunächst im Computerraum abgestellt. Die Abteilungsleiter und ihre Angestellten diskutierten, wem der Abteilungs-Computer "gehören" würde und wo er aufgestellt werden sollte. Seltsamerweise kümmerten sie sich nicht um die zukünftigen Aufgaben des Gerätes und wer es bedienen sollte.

Letzten Endes wurden die Geräte ausgepackt und an verschiedenen Stellen im Bürogebäude aufgestellt. Bei der Wahl des Standortes wurde darauf geachtet, daß kein Computer den Anschein erweckte, er sei "persönliches Eigentum" eines Mitarbeiters. Der Computer-Manager machte sich mit einem Schraubenzieher und einer Bedienungsanleitung an die Arbeit, die Rechner zu installieren. Nun stand in jeder Abteilung ein Computer! Keine Probleme mehr mit den Rivalitäten. Vorerst nicht.

Die erste Stufe der folgenden Probleme war lächerlich. Ein Computer ohne Betriebssystem arbeitet nicht besonders viel. Viele für intelligent gehaltene Erwachsene standen um jeden Rechner und sahen:

```
The IBM Personal Computer Basic
Version C1.10 Copyright IBM Corp 1981
62940 Bytes free
Ok
```

Sie warteten darauf, daß etwas passiert. Es tat sich natürlich nichts, denn der Bildschirm zeigte deutlich "Ok".

Der Vize-Präsident tat einen für ihn erwähnenswerten Schritt. Er rief den einzigen PC-Benutzer des Unternehmens zu einer Besprechung in sein Büro. Der Ton des Gesprächs war nicht gerade freundlich und dem Angestellten wurde vorgeworfen, er hätte unkorrekte Informationen geliefert und falsche Hoffnungen geweckt. Die vorsichtigen Fragen des jungen Mannes nach der Verantwortung des Computer-Managers und des Lieferanten der Rechner wurden beiseite geschoben. Verwirrt bot er an, sich um eine der neuen Maschinen zu kümmern. Sein Angebot wurde widerwillig angenommen, als wenn er einen Korb voll Schlangen angeboten hätte. Es wurde außerdem die Forderung gestellt, daß er diese Tätigkeit außerhalb der Arbeitszeit durchzuführen hat.

Der verärgerte junge Mann verließ das Büro und ging die Aufgabe mit gemischten Gefühlen an. Als unser Freund an einem der Rechner saß, begann er in Schubläden, Aktenschränken und unter dem Tisch zu suchen. "Brauchen Sie etwas bestimmtes?" "Oh, nur eine DOS-Diskette. Ohne die läuft der Computer nicht."

Ein andere Vize-Präsident, der ein freundlicher Gentleman der alten Schule war, nahm die Sache in die Hand und bestellte alle Betroffenen in sein Büro, in dem angeblich in einer antiken Statue eine Getränkebar versteckt sein soll. Nachdem er in seiner großzügigen Art festgestellt hatte, daß jeder mit Getränken versorgt ist, fragte er: "Ich verstehe das nicht. Würde es ihnen etwas ausmachen, mir alles einmal zu erklären?"

Es war noch nie leicht, den Zusammenhang zwischen Hard- und Software klarzumachen, aber der junge "Guru" brachte es nach langer Rede mit vielen Pausen fertig. Nach der zweiten Getränkerunde stürmte der andere Vize-Präsident aus dem Büro und drohte dem Computer-Manager und dem Lieferanten Konsequenzen an. Der Rest der Anwesenden lauschte gespannt, als weitere Konzepte erklärt wurden. Unter anderem wurde klar, daß ein Computer in der Verkaufsabteilung völlig anders arbeiten konnte als einer in der Forschung.

Mit der Zeit bekam unser Freund immer mehr Verantwortung für die Benutzung der PCs in der Firma. Seine inoffiziellen Aufgaben umfaßten die Auswahl von Software, die Entwicklung von Anwendungen, Ausbildung und Unterstützung. Es gab interessante Wendungen. Eine Chef-Sekretärin, die nun als Datentypistin eingesetzt wurde, stieg auf, weil sie wußte, wie man Computer "programmiert". Als am Ende 20 Personal Computer in der Firma benutzt wurden und über Modem mit Banken und Datenbanken im ganzen Land kommunizierten, war es für den jungen Angestellten an der Zeit, zu fragen, ob nicht eine Beförderung angebracht sei. Ein gleicher Status wie der "Computer-Manager" hielt er für angemessen. Der Vize-Präsident der Finanzen, der immer noch an sein verlorenes Gesicht dachte, wies den Antrag ab.

Seine Reaktion blieb nicht unbeantwortet. Ein Kündigungsschreiben mit der üblichen Frist von zwei Wochen ließ nicht lange auf sich warten. Zur Überraschung aller, wurde er als "Berater" mit einem hohen Stundenlohn für zwei Monate weiterbeschäftigt, bis drei "Computer-Spezialisten" eingearbeitet sein würden. Und es ist keine Überraschung, daß der Auslöser für die Anschaffung des ersten PCs nun eine der größten Beratungsfirmen für PCs an der Ostküste leitet.

Wiederverkauf von Software

Softwarelizenzen legen fest, daß eine Kopie eines Programms nur für eine Maschine benutzt wird. Mit anderen Worten braucht jeder PC, auf dem das Softwarepaket laufen soll, seine eigenen Originaldisketten und eine Dokumentation. Viele große Unternehmen kennen diese Regeln und beachten sie sehr genau. Vorgehensweisen und Prozeduren, die die Effizienz steigern sollen, können manchmal auch Nachteile haben.

Eine große Versicherungsgesellschaft beschloß, von ihren alten Textsystemen auf eine PC-Lösung umzusteigen. Es wurden Computer und hunderte Pakete des Textverarbeitungsprogramms bestellt. Techniker schwärmten durch das Gebäude, um die neuen Geräte aufzustellen und die Software zu installieren. Armeen von Sekretärinnen wurden in einem nahen Ausbildungszentrum mit dem neuen Produkt vertraut gemacht. Die Techniker hatten, im Interesse der Geschwindigkeit, eine "Master"-Diskette angefertigt und trugen diese von Rechner zu Rechner. Mit einem schnellen Hilfsprogramm konnten sie in kürzester Zeit immer die benötigten Programme von der Diskette auf die Festplatten überspielen. Die Ausbildung der Sekretärinnen war erfolgreich verlaufen und der Abteilungsleiter, unsicher über die Qualität der mitgelieferten Dokumentation, bestellte für jeden Schreibtisch ein Buch über die Bedienung des Programms.

Berge von nicht geöffneten Softwarepaketen (Verkaufspreis 900 DM) lagen in Abstellräumen herum, bis sie die Aufmerksamkeit eines Arbeiters erregten. Der gesamte Bestand wurde zu einem schnell ausgehandelten Preis an einen Billighändler verkauft. Nun konnte der Prozeß des Abtransportierens beginnen. Der Arbeiter erweckte kein Aufsehen, da er immer einen schwer beladenen Handwagen mit sich führte. Die Geschichte blieb unentdeckt, bis die Herstellerfirma der Software Registrierkarten erhielt, die eindeutig Seriennummern der an die Versicherungsfirma gelieferten Produkte enthielten.

Wenn die Firma zwei Leute damit beauftragt hätte, die Pakete zu öffnen und die Anleitungen mit "Das gehört uns!" zu beschriften, wäre das Wiederverkaufen der Software nicht möglich gewesen. Man hätte auch die Disketten (es waren 6) aus der Packung nehmen und neu formatiert weiterbenutzen können.

Ein anderes Problem, das besonders bei größeren Organisationen auftritt, ist die fehlende Buchführung für Computerausstattung. Viele Konzerne besitzen ein Lager mit Laptops oder anderen tragbaren PCs und stellen sie den Mitarbeitern zur Verfügung. Außer einem Formular, das im Sekretariat ausgefüllt werden muß, gibt es keine Kontrolle über die Benutzung der Geräte. Ein kurzer Blick in die Schränke der kleinsten Abteilungen ergibt Mengen an Computerzubehör. Dort liegen Kabel, Drucker, Modeme u.s.w. Einen Schutz gegen Mißbrauch gibt es nicht.

Einer unser weniger geschätzten Bekannten, ein Funktionär eines wichtigen Unternehmens, wurde Leiter einer Gruppe, die mit "Rechnungswesen" bezeichnet wurde und für einen Zweig eines angeschlossenen Konzerns arbeitete. Die Aufgabe der Gruppe ist durch den Titel treffend beschrieben. Unser Bekannter schaute von oben auf seinen arbeitenden Untergebenen und nannte sie "Zahlenfresser". Seine Interessen lagen vor allem darin, vor den übergeordneten Ebenen unfehlbar zu wirken. Natürlich gehörte zu seinem Image auch ein Computer. Sein Motto hätte "Aufstieg durch Überarbeitung" lauten können.

Er fiel dabei mehrmals auf die Nase. Als Leser eines "Kleider machen Leute" Buches besorgte er sich einen teuren Anzug, der mehr dem Geschmack des Autors entsprach als dem des Managements. Ein Freund von ihm schlug sich vor den Kopf, als er ihm angeberisch erzählte, daß er bei einer wichtigen Sitzung als einziger einen Anzug aus Naturfasern getragen hatte. Das die Firma des Helden vor allem mit Kunstfasern sehr erfolgreich war, störte ihn nicht.

Seine überlegend wirkende Umgebung bestand aus zwei Teilen. Neben einem nobel eingerichteten Büro mit schicken Teppichen und teuren Kunstwerken, mußte er natürlich auch einen Computer in seinem Wirkungsbereich haben. Das zeigte, wie seine teure Garderobe, daß er ein Mann für alle Fälle war, nicht nur im Management, sondern auch in der Technologie.

Eines Tages stürmte einige Minuten vor der wichtigsten Präsentation des Jahres ein Management-Assistent mit einer Diskette in der Hand in sein Büro und sagte, "Schnell, der Betrag für den Gewinn muß noch geändert werden".

Fehlanzeige. Der Computer, der als Teil des Erscheinungsbildes genutzt wurde, hatte nicht einmal ein Stromkabel.

Dieser Fall zeigt nicht nur, wie lebenswichtig ein PC für einen Manager sein kann, er macht vor allem klar, wie unvorsichtig große Unternehmen bei ihren Investitionen sind.

Die starke Beziehung zwischen Persönlichkeiten und Problemen können auch Schwierigkeiten im Sicherheitsbereich auslösen. Was würde ein Sicherheitsbeauftragter tun, wenn ihm zu Ohren kommt, daß der Vizepräsident sich mit Raubkopien von Spielen beschäftigt? Das soll nicht heißen, daß irgend jemand im Unternehmen die Sicherheitsbestimmungen mißachten darf. Es ist nur ein verzwickteres Problem.

Für das Aufstellen von einfachen Sicherheitsrichtlinien bedarf es keines teuer bezahlten Fachmanns. Ein gewisser Überblick reicht, um die Sicherheit von Computern und Software zu gewährleisten. Was Probleme macht, ist das Management.

Die elementarste Grundregel der Datensicherheit ist (alle zusammen:) DATENSICHERUNG! Selbst mit schnellen Bandlaufwerken wird wichtigeren Aufgaben zuviel Zeit gestohlen. Und umso wichtiger sich Anwender halten, desto unwahrscheinlicher ist es, daß sie sich für die Zeit einer Datensicherung unterbrechen lassen werden. Bei der Weiterbildung kann man ähnliche Effekte feststellen. Angestellte mit weniger Verantwortung benutzen Kurse oft nur dazu, dem Alltagstrott zu entfliehen. Mit steigendem Einkommen nimmt oft auch die Motivation bei der Weiterbildung zu.

Ein fehlgeschlagener Versuch

Alles aufwendige und langweilige wird sehr gerne ignoriert. In einer Abteilung eines Chemie-Unternehmens sollten die PCs ein "freundlicheres Gesicht" bekommen, und auf allen Rechnern wurde eine "DOS-Shell" (Benutzeroberfläche) installiert. Die Shell erschien nach dem Einschalten des Gerätes. Sie gab ein freundliches "Hallo!" von sich und bot dem Benutzer ein übersichtliches Menü an. Einer der besonderen Punkte war eine Stapeldatei für die Formatierung, mit der ein Benutzer seine Festplatte nicht zerstören konnte. Nur ein Punkt wurde von der Abteilungsleitung nicht bedacht. Fast jeder Benutzer hatte sich bereits ein Jahr an den PC gewöhnt, und die Shell stellte sich der gewohnten Arbeitsweise in den Weg. Die meisten empfanden sie als störend, und wer sich auskannte, entfernte sie von seinem Rechner. Wie sich herausstellte, war die Lebensdauer der Shell sehr kurz. Binnen zweier Monate war sie von allen Rechnern verschwunden. Nur einige neue Angestellte, die sie als "normal" empfanden, vermißten etwas.

Cross-Training

Beim Cross-Training wird dem Benutzer mit Erfahrung beigebracht, wie er sein Wissen bei anderen Applikationen einsetzt. Auch das Cross-Training wirft einige Probleme auf. Eines der ersten Textverarbeitungssysteme für PCs, MultiMate, war einigermaßen erfolgreich, weil es sich genauso wie ein System auf Wang-Großrechnern verhielt, mit dem viele schon gearbeitet hatten. Ein Cross-Training von Wang auf MultiMate war im allgemeinen sehr einfach und machte den Lehrern und den Schülern viel Freude. Eine größere Umstellung kann aber sehr schwierig werden, wie eine große Anwaltskanzlei in Washington erfuhr.

Die Anwaltskanzlei war schon früh automatisiert und besaß ein Textverarbeitungsprogramm auf einem Großrechner. Die Geräte wurden aber langsam alt und anfällig für Reparaturen. Es war an der Zeit, in die Welt der PCs umzusteigen und nicht nur die alte Maschine mit dem Textverarbeitungsprogramm, sondern auch alle Schreibmaschinen durch PCs zu ersetzen. Es wurden passende Rechner und Software bestellt. Eine Fremdfirma übernahm die Ausbildung und erstellte einen Plan für die schrittweise Einführung der neuen Technik. Insgesamt konnte man es als gelungenen Plan einer Büroautomation betrachten.

Der erste Hinweis, daß nicht alles in Ordnung war, kam schnell. Dreizehn der ungefähr 50 für Textverarbeitung angestellten Personen kündigten und gingen zu anderen Firmen, die immer noch die alte Technik in Benutzung hatten. Einige Sekretärinnen von sogenannten Senioren, weigerten sich, ihre Schreibmaschine abzugeben und auf ihr Recht zu verzichten, längere Briefe ins Schreibbüro zu leiten. Da ihre Chefs einflußreich waren, wurde schon bald eine Konferenz der Senior-Partner einberufen. Der Bürovorsteher, der Administrator, der Leiter der Textverarbeitung und der Berater der Büroautomation wurden zum Gespräch gebeten.

Flußdiagramme, Kostenanalysen und High-Tech-Erklärungen interessierten die Herren wenig. Sie wollten kein "Warum" und "Wofür", sondern daß ihr Unternehmen produktiv arbeitet. Wieder traten die Probleme im Bereich des Managements auf und nicht bei der Technik.

Das Planungsteam zog sich zur Beratung zurück. Bei ihrer Arbeit hatten sie mehrere Entscheidungen falsch getroffen. Der größte Fehler war, obwohl das Projekt vom Management abgesegnet war, die Mitarbeiter vor vollendete Tatsachen zu stellen. Hätten sie die neue Lösung der Textverarbeitungsgruppe "verkauft", wäre der Ausfall vielleicht geringer ausgefallen.

Ein anderer Fehler war die Annahme, daß die Sekretärinnen erfreut wären, als erste mit der neuen Technik arbeiten zu dürfen. Die Ursache war vielleicht die junge Zusammensetzung und die technische Orientierung des Planungsteams. Damit sollen die Sekretärinnen nicht als alte grauhaarige Damen abgestempelt werden. Ohne Intelligenz, gute Umgangsformen und einer Kombination aus Charme und Professionalität wird man nicht Sekretärin in einer weit oben angesiedelten Firma. Chef-Sekretärinnen bekommen oft das doppelte Gehalt eines Gesellschafters der Firma und sind vielleicht drei bis viermal so wertvoll.

Trotzdem haben auch diese Musterangestellten eine einfache menschliche Schwäche... den Widerwillen, etwas zu ändern. Je länger man etwas auf eine Art schon gewöhnt ist, desto schwieriger ist die Umstellung.

Glücklicherweise befanden sich im Planungsteam einige Amateur-Psychologen. Nach längeren Beratungen beschlossen sie, die ersten Computer bei den neuesten, am einfachsten zu überzeugenden Sekretärinnen aufzustellen. Man nahm außerdem an, daß die neueren Sektretärinnen auch jüngere Chefs haben. Diese wären vielleicht leichter von der neuen Technik zu überzeugen. Gleichzeitig wurden den wichtigen Persönlichkeiten bei gemeinsamen Mittagessen die Vorteile des Projektes erklärt.

Der neue Plan konnte einige Erfolge vorweisen. Die "untersten" Sekretärinnen waren die ersten mit neuer Technik. Sie waren stolz darauf und tauschten untereinander eifrig die neuesten "Tricks" aus. Sie sahen schnell den Vorteil, nur ein Wort zu ändern, statt einen langen Brief am Freitag Nachmittag um 17:00 Uhr neu tippen zu müssen. Sie waren sehr enthusiastisch.

Bald fragten die jungen Anwälte bei der Gruppe für Automation an, ob PCs auch für andere Zwecke eingesetzt werden könnten. Sehr oft bestellten sie einen PC für ihren eigenen Schreibtisch!

Die PCs wurden jeweils in Gruppen zu zehn Stück geliefert. Nachdem 20 von 100 Rechner bereits an ihren Plätzen standen, waren schon 70 weitere Rechner bestellt.

Wenn wir überzeugende Sicherheitsprozeduren einführen wollen, deren Notwendigkeit nicht unbedingt sofort einsehbar ist, müssen wir mit noch größerem Widerstand rechnen.

Persönlicher COMPUTER oder PERSÖNLICHER Computer?

Ist ein PC an einem Arbeitsplatz als erstes "persönlich" oder zuerst ein "Computer"? Wenn ein PC oder ein Peripheriegerät geteilt wird, wird das Wort "persönlich" zum Problem des Managements.

Die Aufgaben des Managements kann in zwei Hälften aufgeteilt werden. "Persönlich" und "Computer". Der Computer-Teil ist einfach, der "persönliche" Teil nicht.

Kapitel 11

Die rechtliche Seite

Wir leben in einer Gesellschaft, in der man oft schon wegen Kleinigkeiten vor Gericht zieht. Bei den Prozessen von Robert Morris Jr. wegen seines ARPAnet-Einbruchs und dem Fall von Robert Burleson wurde eine Menge neuer Fragen aufgeworfen.

Den meisten von uns ist nur wenig bewußt, daß es Gesetze zur Behandlung von Computerkriminalität gibt, und auch die vorhandenen Urheberrechte sind nur wenigen bekannt. Es ist nur natürlich zu fragen, welche Rechte man hat, wenn jemand unsere Daten zerstört. Wir müssen unsere Verpflichtungen kennen, die wir haben, wenn wir Daten von anderen bekommen und diese mit unserem Computer verarbeiten.

Niemand von uns will ein Gesetz brechen, aber wir mißachten fast täglich einige. Wer fährt nicht schon mal bei Gelb über die Ampel, obwohl er hätte bremsen können, oder wer geht nicht schon mal bei Rot über die Fußgängerampel? Folgende Gesetze sind für uns interessant:

- Strafgesetzbuch: Hier werden Tatbestände behandelt wie das Ausspähen von Daten, der Computerbetrug, die Fälschung von Daten, die Täuschung und die Sabotage.
- Bürgerliches Gesetzbuch: Wichtig sind für uns die Grundpflichten des Verkäufers und des Käufers (§433), die Schadensersatzpflicht (§823, §829), die Haftung des Aufsichtspflichtigen (§832) und die Haftung mehrerer (§840).
- Urheberrechtsgesetz. Was dürfen wir mit unserer Software machen, was ist gegen das Gesetz? "Das Urheberrechtsgesetz schützt den Urheber in seinen geistigen und persönlichen Beziehungen zum Werk und in der Nutzung des Werkes".
- Arbeitsrecht.
- Gesetz über den unlauteren Wettbewerb.
- Handelsgesetz.
- Patentgesetz.

- Produkthaftungsgesetz. Das 1990 in Kraft tretende neue Produkthaftungsgesetz schützt den Kunden besser als bisher. Der Hersteller haftet künftig für alle durch einen Fehler seines Produktes entstehenden Schäden.

Dieses Buch ist kein Rechtsberater

Dieses Kapitel entstand in Zusammenarbeit mit Jim Cappio, einem Juristen von der Wall Street, und Ben Reich, der als Anwalt in Philadelphia tätig ist. Wir wollen hier aber keine Beratung in rechtlichen Fragen geben. Nur Informationen. Eine richtige Rechtsberatung können Sie NUR in Zusammenarbeit mit einem Rechtsanwalt bekommen, der Ihre Lage genau kennt. Die aufgeführten Beispiele sind auch nur als solche zu verstehen und basieren auf einfachen Rechtsprinzipien. In einer speziellen Situation oder Lage könnte eine ganz andere Vorgehensweise notwendig sein.

Denken Sie wie ein Jurist

Wir wollen uns zunächst an einem kleinen Beispiel ansehen, daß die Rechtslage oft nicht eindeutig ist und eine individuelle Entscheidung nötig wird.

Ein Team von Programmierern hat herausgefunden, wie man alle Großrechner eines kommerziellen Datenbankservice lahmlegen kann, *nachdem* alle ausführbaren Dateien mit einem Trojanischen Pferd infiziert wurden, das beim Start durch den Anwender sofort die gesamte Platte löscht. Dieses Team wäre für einen Softwareentwickler tätig und hat die Tat mit Wissen der Geschäftsleitung begangen. Letzten Endes hätte das Team auch noch die neueste Version von MOS (Magic Operating System) mit einem zerstörenden Programm infiziert, das nach 1000 Anwendungen des Hilfsprogramms REPRO aktiviert wird, bis zum 1. Januar 2001 wartet und dann die Festplatte löscht.

Sie, der Benutzer, könnten Ihre Daten sofort verlieren, sobald Sie das Trojanische Pferd aktivieren oder vom Virus im Betriebssystem getroffen werden.

Den Juristen unter Ihnen läuft bei diesem Fall wahrscheinlich schon das Wasser im Munde zusammen. Für die restlichen Leser wollen wir die Beschreibung einfach halten, wenn das überhaupt möglich ist.

Hier sind die wichtigsten Fragen:

Welche Verbrechen sind begangen worden? Nach dem Gesetz ist die Zerstörung von Daten ein Verbrechen. Bei unserem Beispiel wurden gleich mehrere Verbrechen begangen: Die Zerstörung von Benutzerdaten durch das Trojanische Pferd, die Zerstörung der Firmendaten und der Virus im Betriebssystem.

Wer hat das Verbrechen begangen? Ein schnelles (und teilweise falsches) Urteil würde die Programmierer beschuldigen. Da aber die Vorgesetzten verantwortlich sind, müßte eigentlich die Softwarefirma beschuldigt werden. Die Arbeitnehmer und Arbeiten, die von ihnen mit Wissen der Vorgesetzten durchgeführt wurden, unterliegen dem Verantwortungsbereich der Geschäftsführung.

Wer klagt nun wen an? Wir glauben (und wir betonen *glauben*), daß die Softwarefirma seine Angestellten auf Schadensersatz verklagen kann, denn auch Burleson wurde damals zu einer Zahlung von 12000 Dollar verurteilt. Wir glauben außerdem, daß die Datenbankfirma leer ausgehen wird. Warum? Weil Ihr System die Änderungen nicht entdeckt und abgefangen hat. Auch ein Einbruch in das große System hätte bemerkt werden müssen. Wir glauben auch, daß die Kunden der Datenbankbetreiber diese verklagen können, da ihnen etwas geliefert wurde, was nicht vertragsmäßig vereinbart war. Wenn das Betriebssystem MOS 4.4 im Jahre 2001 noch im Einsatz ist und die Daten der Benutzer löscht, können Sie vielleicht gegen die Softwarefirma vorgehen.

Wir könnten jetzt noch ausgiebig über juristische Fragen diskutieren, wollen es aber dabei bewenden lassen.

Präzendenzfälle

"Präzedenz" bedeutet soviel wie "beispielhaft". Vor Gericht versuchen wir unsere Fälle zu vereinfachen, indem wir Präzedenzfälle zur Hand nehmen und sagen: "Sehen Sie sich diesen Fall an, damals ist so entschieden worden. Bei uns liegt der gleiche Sachverhalt vor, und Sie sollten nicht anders entscheiden." Natürlich wissen die Staatsanwälte, welche Präzedenzfälle in Frage kommen und bereiten sich entsprechend vor, indem sie sich Argumente überlegen und selbst auch passende Fälle heraussuchen, die für die Anklage besser ausgegangen sind.

Wenn man in Berufung geht

Wenn Sie den örtlichen Computerladen verklagen, weil dort schlechte Ware verkauft wird, wird Ihr Fall vor einer niederen Instanz behandelt werden. Wenn Sie verlieren, können Sie entweder Ihre Wunden lecken oder in Berufung gehen. Normalerweise wird der Fall dann an die nächsthöhere Instanz weitergereicht.

Eine Berufung kann nur auf dem Gesetz basieren, nicht auf einem Sachverhalt. Diese wurden bereits im ersten Verfahren festgestellt. Wenn es keine weiteren Zeugenaussagen gibt, beschränken sich weitere Verhandlungen auf den Streit zwischen den Anwälten und auf die Frage, ob der Richter der unteren Instanz richtig geurteilt hat.

Meistens entstehen aus Fällen, die in Berufung gegangen sind später die Präzedenzfälle.

Wir wollen nun diese Dinge beiseite legen und uns mit konkreterem beschäftigen.

Vom "Copyright"

Wenn Sie in die erste Umschlagseite dieses Buches schauen, werden Sie etwas entdecken, was als "Urheberrechtsvermerk" bekannt ist. Er lautet: "Copyright (c) 1989 Pamela Kane." Was man nicht sieht, ist der dahinterstehende Vertrag zwischen der Autorin und Bantam, der dem Verlag die Rechte überträgt.

Auch Software steht unter dem Schutz des Urheberrechtsgesetzes. Wenn beispielsweise PANDA SYSTEMS entdecken würde, daß MistSoft ein Anti-Virus-Produkt vertreibt, das größere Stücke unseres Codes enthält (der urheberrechtlich geschützt ist), könnten wir die Firma verklagen.

Kopier-Piraten

Das erste, was ein Computeranwender lernt, ist das Anfertigen von Sicherheitskopien von wichtiger Software. Gleichzeitig lernen sie auch, wie man Kopien anfertigt, die auf anderen Rechnern benutzt oder an Freunde weitergegeben werden können. Dieser Vorgang ist außerdem wesentlich einfacher, als das Kopieren eines 400 Seiten Buches an einem heißen Photokopierer.

Wir wollen Software "kaufen"

Wenn wir in den Softwareladen um die Ecke gehen oder bei einem Versand ein neues Programm bestellen, schließen wir mit dem Verkäufer einen Vertrag. Wenn das erworbene Programm die versprochene Leistung nicht erfüllen kann, können wir es umtauschen. Was ist aber, wenn das Programm einen Schaden anrichtet? Der Verbraucher ist in diesem Falle durch das Produkthaftungsgesetz geschützt. Nach diesem Gesetz ist der Hersteller verpflichtet einen durch das Produkt entstandenen Schaden zu ersetzen. Als Endverbraucher werden wir unsere Forderungen natürlich an die Stelle richten, bei der wir das Programm gekauft haben. Dieser wird die Forderungen weitergeben, bis sie beim Hersteller angelangt sind. Wird die Kette zum Hersteller unterbrochen, z.B. weil das Unternehmen nicht mehr existiert, haftet der letzte Händler. So können wir also auch beruhigt importierte Software aus den USA kaufen, denn zumindest der Importeur muß letztenendes haften. Der Schutz des Verbrauchers geht so weit, daß die Haftung nicht durch die allgemeinen Geschäftsbedingungen ausgeschloßen werden kann. Der Haftunszeitraum beträgt sogar 10 Jahre.

Die harten Fakten

Unsere Diskussion beschränkt sich bisher darauf, was passiert, wenn Ihre Daten zerstört werden. Wir können hier nicht - und wollen nicht - darüber sprechen, was passiert, wenn Sie, einer Ihrer Angehörigen oder Ihr Kreditrahmen durch einen Computerfehler zerstört werden. Dies ist eine andere Diskussion, die Sie besser mit Ihrem Anwalt führen. Vergessen Sie nicht, daß die andere Partei immer nur für den wirklich entstandenen Schaden aufkommt. Wenn Sie eine aktuelle Datensicherung besitzen, ist der Verlust minimal.

Was ist, wenn Sie selbst etwas anstellen?

Nehmen wir an, Sie wären Besitzer eines kleinen Unternehmens, das mit Computern Lohnabrechnungen und andere Buchführungsaufgaben ausführt. Ihre Klienten liefern täglich neue Daten per Modem, und Sie bearbeiten sie, liefern Auswertungen, Gehalts- und Lohnabrechnungen.

Eines Tages passiert das Schlimmste. Ihr Computer dreht durch und vernichtet die kompletten Daten der Kunden. Mit aktuellen Datensicherungen kann die Arbeit nach kurzer Zeit natürlich

weitergehen. Wenn Ihr Personal aber keine Datensicherung ange-
fertigt hat? Bereiten Sie sich darauf vor, den Anwälten Ihrer
Kunden unter unangenehmen Umständen gegenüberzustehen.
Man nennt so etwas Fahrlässigkeit.

Was wäre, wenn einer Ihrer Angestellten ein talentierter Amateur-
Programmierer mit bösartigen Neigungen wäre? Sie kennen sein
Talent, nicht aber seine Neigungen. Sie erlauben ihm freund-
licherweise, die Bürocomputer für seine Zwecke zu benutzen.
Ohne Ihr Wissen erstellt er ein zerstörendes Programm, daß durch
die Telefonleitung alle Kundenrechner befällt und dort Daten
löscht. Auch hier müßten Sie sich auf rechtliche Folgen gefaßt
machen.

Happy Hour

Jetzt, wo wir uns bewußt sind, wie wichtig die Sicherheit ist, ist es
unwahrscheinlich, daß wir uns wegen verlorener Daten in einem
Rechtsstreit wiederfinden. Unsere sorgfältig angefertigten Datensicherungen, unsere verbesserten Vorsichtsmaßnahmen und die
Bemühungen der Hersteller, möglichst einwandfreie Produkte
auszuliefern, haben uns einen Schritt nach vorne gebracht, den
Datenverlust vorzubeugen.

Softwareentwickler und Anbieter von Dienstleistungen sollten sich
natürlich Ihrer Verantwortung bewußt sein und sich versichern.

Teil III

Die Dr. Panda Hilfsprogramme

Kapitel 12

Schützen Sie Ihr System mit DR. PANDA

In diesem Kapitel wollen wir Ihnen das Konzept der beiliegenden Software vorstellen. Das Kapitel wird Ihnen helfen, einen individuellen Plan für den Schutz Ihrer wertvollen Daten aufzustellen.

Das Konzept von PANDA

Bei PANDA SYSTEMS wird seit 1984 Software entwickelt, wobei besonders Wert auf eine komfortable Benutzerführung gelegt wird. Da die Anforderungen verschiedener Benutzer unterschiedlich sein können, wurden die Hilfsprogramme so flexibel entworfen, daß sie den verschiedenen Sicherheitsansprüchen angepaßt werden können.

Es ist auch möglich, daß bei großen Installationen verschiedene Sicherheitsstufen benötigt werden. Beim Einzelbenutzer hängen die Anforderungen von den Aufgaben ab, die mit dem Rechner erledigt werden.

Die folgende Liste zeigt in absteigender Reihenfolge die Gefahren, vor denen Sie sich schützen sollten:

1. Sich selbst

2. Jedem anderen, der mit Ihrem PC arbeitet

3. Programmfehlern

4. Trojanischen Pferden

5. Wurm-Programmen

6. Viren

Wenn die DR. PANDA Hilfsprogramme in entsprechender Kombination eingesetzt, bieten sie nicht nur Schutz vor gefährlichen Programmen, sie helfen auch im Falle von Benutzerfehlern und falschen Alarmen. Die Programme sind so ausgelegt, daß Ihnen möglichst viele Entscheidungen abgenommen werden. Dieses ist ein wichtiger Punkt, denn zu viele Fehlalarme. können bewirken, daß ein richtiger Alarm einmal ignoriert wird.

Wir bei PANDA glauben, daß man zwischen der Verbreitung eines
Virus und dem durch ein zerstörendes Programm angerichteten
Schaden unterscheiden muß. Es ist besser, sich gegen die Zerstörung des Dateisystems zu schützen, als gegen die Verbreitung von
zerstörendem Code. Beide Ereignisse können geprüft und festgestellt werden, aber die Zerstörung muß unbedingt verhindert
werden. Der Virus kann auch losschlagen, obwohl Sie Ihre Daten
für sicher halten.

Es war ein Teil des ursprünglichen Plans, eine Reihe von Hilfsprogrammen für verschiedene Zwecke zu erstellen. Wir glauben, daß
ein einziges Programm mit vielen Möglichkeiten schwer zu verstehen und zu installieren ist. Unser modulares Konzept erlaubte
uns, aus den ursprünglichen Programmen LABTEST, MONITOR
und PHYSICAL ein komplettes Paket Hilfsprogramme zu
erstellen, die diesem Buch beiliegen. Für Sie bringt das den
Vorteil, daß Sie die Programme entsprechend Ihren
Anforderungen einsetzen und nach Belieben die Konfiguration
auch nachträglich ändern können.

Zwei Arten von Hilfsprogrammen - schützen und erkennen

Die Hilfsprogramme teilen sich in zwei Gruppen auf, die wir
SCHUTZ und ERKENNUNG nennen. Natürlich enthalten die
Programm zum Schützen auch Teile, die erkennen, sonst würden
sie nicht funktionieren. Die Einteilung wurde nach der Benutzung
der Programme vorgenommen. Für viele Benutzer werden die
Schutzprogramme vollkommen ausreichen. Auf der anderen Seite
werden viele Kopien von DR. PANDA nur zum Erkennen genutzt,
so z.B. in großen Firmen, die alle eintreffende Software prüfen.

DR. PANDA's Arztkoffer - Programme zum Schutz

MONITOR   Stoppt ein böswilliges Programm, bevor es Schaden
anrichten kann.

TSRMON   Verhindert den Zugriff auf den Speicher. Profis
können bestimmen, ob fortgefahren werden soll.

TSRMONEZ   Eine vereinfachte Version von TSRMON.

PHYSICAL   Stellt fest, ob Änderungen, die auf die Anwesenheit
von zerstörendem Code hindeuten, an Programmen
oder versteckten Dateien vorgenommen wurden. Es

<table>
<tr><td></td><td>werden alle Programme in allen Verzeichnissen geprüft.</td></tr>
<tr><td>QUIKPHYS</td><td>Eine kleinere Version von PHYSICAL, die nur in einem Verzeichnis arbeitet.</td></tr>
<tr><td>PINSTALL</td><td>Installationsprogramm für PHYSICAL und QUIKPHYS.</td></tr>
<tr><td>PHYSED</td><td>Ein Editor zum Bearbeiten von PHYSICAL Datendateien.</td></tr>
<tr><td>GOPANDA</td><td>Ein Programm, das die Installation der PANDA-Hilfsprogramme durchführt.</td></tr>
</table>

DR. PANDA's Arztkoffer - Programme zum Erkennen

<table>
<tr><td>NOBRAIN</td><td>Wird benutzt, um eine Diskette auf den (C)BRAIN-Virus hin zu untersuchen.</td></tr>
<tr><td>LABTEST</td><td>Prüft neue Programme, bevor sie gestartet werden können.</td></tr>
<tr><td>DRHOOK</td><td>Zeigt die Benutzung des Speichers durch aktive Programme.</td></tr>
</table>

Die Arbeit mit DR. PANDA - Mittel zum Schutz

"Operation gelungen, Patient tot."

Es hilft einem PC-Anwender wenig, wenn er weiß, "warum" ein Virus, anderer zerstörender Code oder ein Eingabefehler seine wichtigen Daten zerstört hat. Selbst die Identifizierung eines Virus ist nur ein kleiner Sieg, wenn die Daten bereits gelöscht sind (Natürlich haben Sie eine Sicherheitskopie, so daß Sie eigentlich nur ein bißchen Zeit verlieren). Wir wollen uns zunächst noch einmal damit beschäftigen, was Ihren Daten zustoßen kann, welche Spuren dabei hinterlassen werden und wie DR. PANDA helfen kann.

Die Zerstörung von Daten. Bei DOS gibt es nur drei Wege, dieses zu bewerkstelligen (Das Elektrizitätswerk hat seine eigene Methode). Die Formatierung eines Laufwerks (logisches Formatieren eines Laufwerks und virtuelles Formatieren der Festplatte), die Zerstörung des ersten Teils der Dateizuordnungstabelle (FAT) und die Zerstörung des Urladersektors.

MONITOR verhindert, daß diese Dinge passieren! Wenn MONITOR mit der Standardeinstellung installiert ist, wird ein Programm, daß Ihren Daten Schaden zufügen will, ohne Rücksicht abgebrochen. MONITOR kann auch so aufgerufen werden, daß jeder Schreib-/Lese-/Prüflesezugriff mit genauen technischen Informationen angezeigt wird.

VIRUS-Code, der sich in den Hauptspeicher schleichen will. Jedes Programm, das nicht ausdrücklich die Erlaubnis erhalten hat, wird abgebrochen, wenn es versucht, speicherresident zu bleiben.

TSRMON und TSRMONEZ sind Ihre Abwehr gegen solche hinterhältigen Speicherfresser. TSRMONEZ wird den Übeltäter sofort abbrechen, TRSMON hingegen erlaubt auch, daß nach der Unterbrechung fortgefahren wird. TSRMON benötigt zusätzlich eine kleine Datei mit den Dateinamen der zugelassenen Programme.

Änderungen an vorhandenen Programmen deuten auf die Anwesenheit von VIRUS-Code hin. Damit ein neuer - und zerstörender - Code auf Ihrem Rechner arbeiten kann, muß er sich entweder an ein bestehendes Programm anhängen oder als neue Datei in Erscheinung treten.

PHYSICAL wird jede Datei entdecken, die als harmloses Programm getarnt ist und in Ihr System eindringen will. PHYSICAL prüft außerdem noch die versteckten Dateien und weitere von Ihnen angegebene Dateien. Lassen Sie niemals ein Programm laufen, ohne es vorher zu prüfen. Benutzen Sie QUIKPHYS, um Programmdateien vor und nach der Ausführung zu testen. PHYSICAL's Warnsystem wird nicht verhindern, daß sich zerstörender Code ausbreitet, aber Änderungen bemerken, bevor die zerstörende Wirkung eingetreten ist.

PHYSICAL kann mit Hilfe des Programms PINSTALL auf drei verschiedene Arten installiert werden. Welche für Sie angemessen ist, müssen Sie selbst entscheiden.

Klinische Diagnose mit DR. PANDA - Mittel zum Erkennen

Die Hilfsprogramme enthalten mächtige Werkzeuge, um Disketten und Programme vor der Inbetriebnahme und bei Virus-Alarm zu untersuchen.

Programmprüfung. LABTEST prüft eine Programmdatei, ohne sie über das Betriebssystem auszuführen. Damit wird bösartigem Code keine Gelegenheit gegeben, Schaden anzurichten. Verdächtige Programmaufrufe werden angezeigt und alle Textstücke, die in der Programmdatei enthalten sind, werden für eine anschließende Prüfung aufbereitet. MONITOR kann so installiert werden, daß jede Schreib-/Lese-/Prüflesefunktion mit den gesamten technischen Informationen angezeigt wird.

Systemprüfung. NOBRAIN führt neben der Beseitigung von (C)BRAIN-Infektionen auch noch eine Prüfung des Hauptspeichers durch, um dort versteckten BRAIN-Viren auf die Schliche zu kommen.

Kontrolle des Hauptspeichers. DRHOOK ist ein Hilfsprogramm, daß die Belegung des Hauptspeichers übersichtlich darstellt.

Das Personal - zusätzliche Programme

PINSTALL installiert die Programme PHYSICAL und QUIKPHYS nach Ihren Wünschen. Die Installation der Programme kann nachträglich noch geändert werden.

PHYSED erlaubt Ihnen, die Liste der von PHYSICAL zu prüfenden Dateien zu ändern, ohne den Installationsprozeß noch einmal durchzuführen.

GOPANDA ist eine Stapeldatei, die automatisch das PANDA Unterverzeichnis auf Ihrer Festplatte anlegt, alle PANDA-Hilfsprogramme in dieses Verzeichnis kopiert und PHYSICAL installiert.

Das ganze medizinische Team -
wie sie zusammenarbeiten

MONITOR, TSRMON und PHYSICAL arbeiten die ganze Zeit über im Hintergrund. PHYSICAL wird beim Neustart des Rechners oder durch die Benutzereingabe

PHYSICAL <ENTER>

in der Kommandozeile aufgerufen. Der Aufruf von QUIKPHYS steht, wenn es installiert ist, in einer Stapeldatei, um Programmdateien vor und nach der Ausführung zu testen. MONITOR und TSRMON warten ruhig in einer Ecke des Speichers auf verdächtige Aktivitäten.

Diese Programme brauchen dann nicht weiter beachtet zu werden, es sei denn, Sie wollen neue Programme von PHYSICAL testen lassen oder weitere Einträge zur Liste der erlaubten residenten Programme hinzufügen.

LABTEST und NOBRAIN verlangen die Aufmerksamkeit des Benutzers. Die "Schnittstelle" wurde so gestaltet, daß die Programme so einfach wie möglich zu benutzen sind. DRHOOK ist ein sehr spezielles Hilfsmittel, das der Durchschnittsbenutzer nicht aus der Schublade ziehen wird. Es zeigt eine komplette Liste der Gerätetreiberketten und der Speicherbelegung.

Kapitel 13

Installation der Schutzprogramme

Unser wichtigstes Vorhaben ist der Schutz unserer wertvollen Daten. Darum fertigen wir Sicherungskopien an und benutzen Software, die helfen soll, böse Dinge zu verhindern. Wir hoffen natürlich, daß wir niemals Daten verlieren werden. In diesem Kapitel wird die Installation der Programme zum Schutz Ihrer Daten beschrieben.

Voraussetzungen für die Installation

Außer einer originalen DOS-Diskette benötigt DR. PANDA nicht viel. Die DOS-Version sollte 2.0 oder neuer sein. Der Hauptspeicher sollte eine Größe von mindestens 256 KB haben. Eine Festplatte ist keine Voraussetzung, wird aber empfohlen.

Die Installation der Grundsoftware kann in drei Schritten durchgeführt werden:

- Kopieren Sie die Dateien MONITOR.COM und TSRMONEZ.COM auf Ihre Festplatte.

- Starten Sie das Programm PINSTALL, um die Programme PHYSICAL, QUIKPHYS und die zugehörigen Dateien auf der Festplatte zu installieren.

- Erweitern Sie Ihre AUTOEXEC.BAT-Datei um die drei Programmnamen.

Sogar die gleichzeitige Installation auf sehr vielen Rechnern ist eine Kleinigkeit, sofern alle Maschinen gleiche Voraussetzungen bieten. Viele Firmen benutzen Standard-Softwarepakete wie Lotus 1-2-3, Word Perfect oder dBASE. Auch verschiedene DOS-Versionen stören nicht, da ein /SYS-Transfer einer neuen Version Teil des Installationsprozesses sein kann. Es kann auf einer Maschine eine "Hauptinstallation" durchgeführt werden, die auf alle anderen Rechner kopiert wird.

In jedem Fall sollte die Installation des gesamten Paketes nicht länger als fünf Minuten dauern.

GOPANDA.BAT

Zu Ihrer Bequemlichkeit haben wir noch eine Stapeldatei namens GOPANDA hinzugefügt. Sie erstellt automatisch das Unterverzeichnis PANDA auf der Festplatte C:, kopiert alle DR. PANDA-Dateien in dieses Unterverzeichnis und versetzt das Programm PHYSICAL in den Grundzustand. WICHTIG: Damit die Installation komplett wird, müssen Sie noch die Programmnamen manuell in Ihre AUTOEXEC.BAT-Datei schreiben, *bevor* Sie GOPANDA aufrufen.

Erste Schritte

Wir wollen mit einigen sehr einfachen Grundoperationen beginnen: Wir erklären die Befehls-Konventionen in diesem Teil des Buches und wie man einen "sauberen" Systemstart durchführt. Ein "sauberer" Systemstart ist wichtig, wenn es um PC-Sicherheit und Fehlersuche geht. Hier wird er benutzt, um sicherzugehen, daß Sie Sicherheitskopien von einigen wichtigen Programmen besitzen.

Einfache Regeln für Kommandos

Beachten Sie, daß **KOMMANDOS** immer fettgedruckt werden. Variablen werden fettgedruckt und zusätzlich in **[ECKIGE KLAMMERN]** eingeschlossen. Ein Wagenrücklauf und andere Funktionstasten werden durch **<ENTER>**, **<ALT>**, **<F1>** u.s.w. angegeben. Geben Sie nicht das Wort ein, sondern drücken Sie nur die eine Taste! Es werden grundsätzlich die Bezeichnungen der neuen MF/2-Tastatur verwendet. Die entsprechenden Tastenbezeichnungen der älteren PCs finden Sie in Tabelle 13.1.

Suchen Sie Ihre DOS-Diskette

Suchen Sie nach Ihrer originalen DOS-Diskette. Sie benötigen sie für die Installation von PHYSICAL und um die DR. PANDA-Diskette und Ihren Installationsprozeß vor der Zerstörung durch ein hinterhältiges Programm zu schützen. Wenn Sie die DOS-Diskette nicht finden können, wird Ihnen in Kapitel 16 erklärt, wie Sie sich eine neue erstellen können. Außerdem benötigen Sie noch zwei NEUE Disketten, frisch aus der Packung.

Neue Tastatur	Alte Tastatur
Shift	Shift
Strg	Ctrl
Alt	Alt
Druck	PrtSc
Esc	Esc
Entf	Del
Einf	Ins
Bild↑	Pg Up
Bild↓	Pg Dn
Pos1	Home
Ende	End
Enter	Enter
Rollen	Scroll Lock
Num	Num Lock
Pause	---
F1-F10	F1-F10
F11-F12	---

Tabelle 13.1 Entsprechung der Tastenbezeichnungen bei Verwendung verschiedener Tastaturen.

PANDA's Rezept für sichere Software

Da Sie sich schon jetzt einige Zeit für dieses Projekt nehmen, können Sie auch die zusätzliche Zeit opfern, um WIRKLICH sicher zu sein. Nehmen Sie die Originaldisketten Ihrer Software zur Hand und vergleichen Sie die Dateien auf den Disketten mit denen auf Ihrer Festplatte. Dazu können Sie das DOS-Kommando COMP verwenden. Dieser Arbeitsschritt wird in Kapitel 16 genau beschrieben. Weitergehende detaillierte Beschreibungen finden Sie im DOS-Handbuch.

An dieser Stelle ist ein bißchen Verfolgungswahn angebracht. Wenn ein zerstörendes Programm bereits eine Ihrer Dateien geändert hat, wird PHYSICAL es als Referenz benutzen.

Gehen Sie sicher, daß Sie die richtige DOS-Version benutzen!

Problem: Sie wissen vielleicht nicht, welche DOS-Version auf Ihrem PC benutzt wird.

Lösung: Geben Sie hinter dem DOS-Prompt **VER <ENTER>** ein. Der DOS-Prompt ist normalerweise ein Buchstabe wie C: oder A:, der am linken Bildschirmrand erscheint. Wenn Sie das System von Ihrer Festplatte gestartet haben, sehen Sie möglicherweise folgende Ausgabe:

```
C: oder C:>
```

Wenn sie von einer Diskette gestartet haben sieht es vielleicht so aus:

`A:` oder `A:>`

Der Cursor zeigt an, daß von Ihnen eine Antwort erwartet wird. Geben Sie die Buchstaben VER ein, und drücken Sie anschließend die Enter- oder Return-Taste:

VER <ENTER>

Die Ausgabe bei einem IBM-Rechner sollte ungefähr so aussehen:

`IBM Personal Computer DOS Version 3.30`

Bei einem Kompatiblen sieht die Meldung etwas anders aus:

`MS-DOS Version 3.30`

Dieses waren Beispiele für DOS 3.3. Wenn Sie ältere Versionen benutzen, müssen Sie mit anderen Zahlen rechnen. Alles ab 2.0 ist absolut ausreichend.

Mit diesen Beispielen haben wir zwei Dinge erreicht: Wir haben für die Laien unter Ihnen Eingabekonventionen gelernt und herausgefunden, welche DOS-Diskette Sie suchen müssen!

Wie man sicher beginnt - von Null an!

Außer Ihrem PC sollten Sie nun folgende Dinge zur Hand haben.

- Die originale DOS-Diskette (der richtigen Version)
- Die DR. PANDA-Diskette
- Zwei (2) brandneue Disketten

Wir wollen nun einige wichtige Arbeitsschritte beschreiben, die zunächst im Überblick dargestellt werden (bitte nicht sofort mit der Arbeit beginnen).

Nach einem "sauberen" Neustart mit der orginalen DOS-Diskette in Laufwerk A:, formatieren Sie die zwei neuen Disketten und kopieren die DR. PANDA-Programme darauf. Der Grund für den sauberen Neustart: Wenn bereits ein Virus in Ihrem PC lauert, kann er die DOS-Diskette oder die DR. PANDA-Diskette, die Sie angefertigt haben, nicht angreifen. Sie sollten die folgende Prozedur jedesmal durchführen, wenn Sie Sicherheitskopien neuer Software anfertigen.

Anfertigen von Sicherungsdisketten

1. Gehen Sie sicher, daß Sie sich in der DOS-Kommandoebene befinden (erkennbar am DOS-Prompt), und schalten Sie Ihren PC aus. Das kann am PC selbst oder an einem Sammelschalter geschehen.

2. Warten Sie 20 Sekunden (Damit gehen Sie sicher, daß Ihr Hauptspeicher wirklich gelöscht wird). Legen Sie während des Wartens die originale DOS-Diskette in Laufwerk A: ein und schließen Sie es.

3. Schalten Sie Ihren PC wieder ein. Warten Sie, bis der Neustart von der Diskette abgeschlossen ist und der DOS-Prompt A: erscheint.

4. Nehmen Sie die DOS-Diskette aus Laufwerk A:.

5. Legen Sie eine der neuen Disketten in Laufwerk A: ein.

6. Geben Sie **FORMAT A: <ENTER>** ein. Warten Sie, bis die Formatierung beendet und das Licht am Laufwerk mindestens 10 Sekunden wieder verloschen ist.

7. Nehmen Sie die formatierte Diskette aus dem Laufwerk und legen Sie die zweite neue Diskette ein.

8. Beantworten Sie die Frage "Noch eine Diskette formatieren (J/N):" mit **J <ENTER>** und befolgen Sie die Anweisungen.

9. Nehmen Sie die zweite formatierte Diskette aus dem Laufwerk, und antworten Sie auf die Frage nach einer weiteren Diskette mit **N <ENTER>**.

10. Versehen Sie die neuen Disketten mit Aufklebern. Auf dem einen sollte "DOS" stehen, auf dem anderen "DR. PANDA". Beschriften Sie die Aufkleber immer, BEVOR Sie sie auf eine Diskette kleben, da diese sonst beschädigt werden könnte.

11. Kopieren Sie die DOS-Diskette auf die neu formatierte und beschriftete Diskette "DOS". Wenn Sie zwei Diskettenlaufwerke besitzen, legen Sie die DOS-Diskette in Laufwerk A:, die neu formatierte Diskette in Laufwerk B: und geben Sie ein:

DISKCOPY A: B: <ENTER>

Wenn Sie nur ein Laufwerk besitzen, geben Sie **DISKCOPY A: A: <ENTER>** ein. Befolgen Sie die Anweisungen zum Wechseln der Disketten. Wenn der Kopiervorgang beendet ist, nehmen Sie beide Disketten heraus und kleben Sie einen Schreibschutzaufkleber auf die neue Kopie. Bringen Sie das Original wieder an seinen sicheren Platz.

12. Kopieren Sie die DR. PANDA-Diskette, wie oben für die DOS-Diskette beschrieben. Versehen Sie die DR. PANDA-Diskette mit einem Schreibschutzaufkleber und legen Sie sie weit, weit weg.

Das war's!

Bemerkung: Sie werden vielleicht wissen, daß das DOS-DISKCOPY-Kommando auch automatisch formatiert. Wir wollten jedoch sichergehen, daß Sie mit der "sauberen Formatierung" vertraut sind, die sicherstellt, daß keine Kopien vom infizierten Code angesteckt werden können.

Die Installation des PANDA-Schutzes auf einer Festplatte

Sie werden mit folgenden Programmfamilien arbeiten:

MONITOR (verhindert die Zerstörung von Daten)

TSRMON (kontrolliert speicherresidente Programme)

PHYSICAL (stellt Änderungen an bestehenden Dateien fest)

Wir nennen sie "Familien", da jedes Programm auf verschiedenen Stufen installiert und Ihren Anforderungen angepaßt werden kann.

Die Schutz-Programme

Das Programm MONITOR, das eine Zerstörung des Urladersektors oder der Dateizuordnungstabelle verhindert, sollte am Anfang in der Grundversion installiert werden. Das geschieht einfach durch Kopieren der Datei MONITOR.COM auf die Festplatte und durch Hinzufügen des Programmnamens zur AUTOEXEC.BAT-Stapeldatei. Wenn Sie nun mit "Clean-Room"-Prozeduren oder der Fehlersuche beginnen, stehen Ihnen die Funktionen von MONITOR schon zur Verfügung.

Die zusätzlichen Funktionen von MONITOR werden durch etwas aktiviert, was man einen Schalter nennt. Ein Schrägstrich gefolgt von einem Buchstaben - oder manchmal auch einer Zahl - ist ein Schalter. Zum Beispiel weist /W MONITOR an, jeden Schreibzugriff zu melden. Bei /R werden alle Lesezugriffe und bei /V alle Prüfungslesezugriffe ausgegeben. Mit /P wird MONITOR in einen Zustand versetzt, in dem es dem Profi-Benutzer erlaubt ist, eine

Operation wahlweise fortzusetzen, die ohne diesen Schalter abgebrochen würde.

Bei TSRMON und TSRMONEZ muß man sich entscheiden. TSRMONEZ stellt die einfachste Installation dar. Beide Programme kontrollieren das Verhalten von Programmen im Speicher. Mit "EZ" wird jedes Programm abgewiesen, das nicht in der AUTOEXEC.BAT-Datei resident geladen wurde. Mit TSRMON haben Sie mehr Freiheiten. Sie können eine Liste mit bis zu zehn "geprüften" residenten Programmen erstellen, die von der Kommandozeile aus geladen werden dürfen. Diese Datei, die Sie mit COPY CON, EDLIN oder dem ASCII-Modus eines Textverarbeitungsprogrammes erstellen können, muß den Namen TSRMON.DAT erhalten. Dateien, die in TSRMON.DAT aufgeführt sind, müssen nicht als Teil von AUTOEXEC.BAT geladen werden. Sie können jederzeit aufgerufen werden. TSRMON erlaubt Ihnen auch, bei einem ihm unbekannten Programm fortzufahren, ohne die Datendatei ändern zu müssen.

Beide Methoden haben Vorteile. "EZ" bietet eine sichere Kontrolle über residente Programme. TSRMON läßt mehr Freiheiten und erlaubt die Auswahl von residenten Programmen bei der Arbeit.

PHYSICAL und die kleinere Version QUIKPHYS werden durch das Programm PINSTALL erzeugt. Wenn Sie ein Unterverzeichnis für die DR. PANDA-Hilfsprogramme angelegt haben, sind PHYSICAL und QUIKPHYS noch nicht dort zu finden. Sie werden erst beim Installieren erzeugt und an ihre Aufgaben angepaßt. PINSTALL erstellt noch eine weitere wichtige Datei, PHYSICAL.@@@, die von PHYSICAL und QUIKPHYS benutzt wird. Mit dem Programm PHYSED kann diese Datei nachträglich verändert werden.

Wie DR. PANDA auf einer Festplatte installiert wird

1. Erstellen Sie zunächst ein Unterverzeichnis, das alle PANDA-Hilfsprogramme enthält. Dieses Verzeichnis sollte sich auf Ihrer Festplatte (normalerweise C:) befinden und kann beispielsweise PANDA genannt werden. Die weiter unten beschriebene Stapeldatei GOPANDA führt diesen Arbeitsschritt automatisch aus.

2. Erweitern Sie die AUTOEXEC.BAT-Datei Ihres PCs um die Dateinamen MONITOR, PHYSICAL und TSRMONEZ. In der Datei AUTOEXEC.BAT sollte außerdem ein Pfad-Kommando enthalten sein, das dem System mitteilt, wo es die PANDA-Programme finden kann (z.B. PATH=C:\PANDA). Dieser Arbeitsschritt muß manuell ausgeführt werden.

3. Starten Sie als letztes das Programm PINSTALL, um PHYSICAL, die zugehörige Datendatei und QUIKPHYS zu erzeugen und zu installieren. Mit der Stapeldatei GOPANDA.BAT wird PHYSICAL automatisch eingerichtet. Wenn PHYSICAL so installiert wurde, werden nur die wichtigen Systemdateien überwacht.

Einfache Installation mit GOPANDA

Zuerst müssen Sie die Datei AUTOEXEC.BAT um die Programmnamen und das PATH-Kommando erweitert haben. Danach können Sie durch Aufruf der Stapeldatei GOPANDA.BAT automatisch das Unterverzeichnis PANDA erstellen und die wichtigsten Hilfsprogramme hineinkopieren. Legen Sie einfach Ihre DR. PANDA-Diskette in Laufwerk A: ein und tippen Sie

A:GOPANDA <ENTER>

Befolgen Sie dann einfach die Anweisungen auf dem Bildschirm. Das Unterverzeichnis PANDA wird nun angelegt und die "Basisversion" von DR. PANDA erzeugt. Nachdem Sie auf den folgenden Seiten mehr über die Hilfsprogramme gelernt haben, können Sie gegebenenfalls die Installation Ihren eigenen Bedürfnissen anpassen.

WICHTIG: DR. PANDA wurde für die Benutzung von Laufwerk C: entwickelt. Wenn Sie Ihre Festplatte partitioniert haben oder ungewöhnliche Laufwerksbezeichner benutzen, stellen Sie sicher, daß sie das "C:" entsprechende Laufwerk Ihrer Konfiguration benutzen.

Ein Kurzlehrgang über AUTOEXEC.BAT

AUTOEXEC.BAT ist eine Stapeldatei, die sich auf Ihrer Startdiskette bzw. Festplatte befindet und direkt nach dem Laden der Systemdateien ausgeführt wird. Mit einem Texteditor wie EDLIN oder dem ASCII-Modus eines Textverarbeitungsprogramms kann man seine eigene AUTOEXEC.BAT-Datei anlegen. Mit Hilfe dieser Stapeldatei können Ihrem PC die ersten Befehle gegeben werden, die ihn beispielsweise anweisen, wo er nach Dateien zu suchen hat, welche TSR-Hilfsprogramme zu laden sind und welche Programme automatisch ausgeführt werden sollen. Eine einfache AUTOEXEC.BAT-Datei könnte wie folgt aussehen:

```
echo off
cls
path=c:\;c:\dos
c:\util\sk
prompt $p$g
```

Mit "echo off" wird dem System gesagt, daß die gerade ausgeführten Befehle der Stapeldatei nicht angezeigt werden sollen. "cls"
löscht den Bildschirm. Mit dem "path"-Kommando wird festgelegt,
in welchen Verzeichnissen nach den externen DOS-Befehlen und
anderen Programmen gesucht werden soll. Die Zeile "c:\util\sk"
lädt das populäre Hilfsprogramm Sidekick aus dem Unterverzeichnis *util* resident in den Speicher. Mit dem abschließenden
"prompt"-Befehl wird die Form des DOS-Promptes festgelegt.

Wenn die AUTOEXEC.BAT-Datei für die Benutzung der PANDA-
Hilfsprogramme modifiziert wird, erhält sie folgendes Aussehen:

```
echo off
cls
path=c:\;c:\dos;c:\panda
c:\util\sk
physical
monitor
tsrmonez
prompt $p$g
```

Achten Sie darauf, daß die zugelassenen residenten Programme *vor*
TSRMONEZ geladen werden, denn sonst würde TSRMONEZ ver-
bieten, daß sie resident im Speicher verbleiben. Residente
Hilfsprogramm sind beispielsweise Sidekick, PHYSICAL und
MONITOR.

Weitere Informationen zu Stapeldateien im allgemeinen und
AUTOEXEC.BAT im speziellen finden Sie in Ihrem DOS-Handbuch, einem anderen Buch über DOS oder bei einem "Experten".

Die Installation und Benutzung von MONITOR

MONITOR kann nicht falsch bedient werden. Wenn es auf Basis-
stufe installiert ist, ist es für Sie unsichtbar. Sollte jedoch eine der
vier zerstörenden Aktivitäten stattfinden, bricht es das laufende
Programm ab. Wenn Sie nur ein Hilfsprogramm benutzen, sollte
das Monitor sein. MONITOR ist SEHR geschickt! Es ist mit allen
Übeltaten vertraut, die Ihrem PC schaden könnten.

Die Installation auf der Festplatte

Wenn Sie GOPANDA benutzt haben, ist MONITOR bereits installiert. Sonst müssen Sie nur MONITOR auf Ihre Festplatte kopieren (in das Unterverzeichnis PANDA). Fügen Sie den Aufruf von MONITOR in AUTOEXEC.BAT ein, und starten Sie Ihr System neu, damit der Schutz aktiviert wird. Sie können Monitor natürlich auch durch Eingabe von

MONITOR <ENTER>

in der Kommandozeile aktivieren. Wir empfehlen, daß der Aufruf von MONITOR beim Starten des Systems erfolgt.

Die Installation auf Diskette

Monitor muß bei jedem Neustart des Rechners neu aufgerufen werden. Legen Sie nach dem Starten eine PANDA-Diskette in Laufwerk A: und tippen Sie:

A:MONITOR <ENTER>

Einfacher ist es, MONITOR.COM auf Ihre DOS-Diskette zu kopieren und den Aufruf in die Datei AUTOEXEC.BAT einzufügen. Wenn Ihre DOS-Diskette fast voll ist, laden Sie MONITOR von der DR. PANDA-Diskette.

Das ist alles.

WARNUNG!! MONITOR ist so auf dem Posten, daß Sie nicht einmal eine Diskette formatieren können, wenn es aktiv ist. Um dennoch eine Diskette zu formatieren, müssen Sie MONITOR kurzzeitig ausschalten. Tippen Sie:

MONITOR X <ENTER>

Ist die Formatierung abgeschlossen, aktivieren Sie Monitor wieder mit

MONITOR <ENTER>

Eine Methode für eine sichere Stapeldatei zur Formatierung finden Sie in Kapitel 16.

MONITOR für Profis

Für Profis bietet MONITOR noch einige Alarmglocken und Piepser. Mit Hilfe von "Schaltern" können Sie das Programm Ihren

Anforderungen anpassen. Die meisten Benutzer werden die zusätzlichen Möglichkeiten für besondere Zwecke nutzen.

Möglichkeiten der Installation sind: MONITOR/W, MONITOR/R, MONITOR/V, MONITOR/P und alle Kombinationen.

Merken Sie sich, daß die Schalter Abkürzungen sind:

/W = Write (Schreiben)

/R = Read (Lesen)

/V = Verify (Prüfen)

/P = Professionell

Wenn Sie über alles informiert werden wollen, müßten Sie folgende Kommandozeile eingeben:

MONITOR /W /R /V

Sind Sie nur an Schreibzugriffen interessiert, reicht:

MONITOR /W

Wenn Sie bei der Ausführung eines Programms einmal das Lämpchen am Laufwerk beobachten, werden Sie bemerken, wie intensiv der PC mit Schreib-/Leseoperationen beschäftigt ist. Wenn Sie die Schalter /R und /W benutzen, benötigen Sie einiges an Geduld, denn MONITOR wird jeden Zugriff melden und anhalten. Der Schalter /V wird vor allem zur Fehlersuche benötigt. Diese Techniken werden in Kapitel 16 genau beschrieben.

Der Schalter /P (Professionell) versetzt MONITOR in einen erweiterten Grundzustand. Wenn eine Fehlersituation eintritt, haben Sie die Möglichkeit, die Programmausführung fortzusetzen. Außerdem werden noch zusätzliche Informationen angezeigt. Überlegen Sie genau, bevor Sie mit "YES" bestätigen!

```
                      MONITOR

           Stop on request to  FORMAT
               CALL TECH SUPPORT

           TASK HALTED --- Press Any Key
           Software may make several tries.
           Press any key until box clears.
```

Abbildung 13.2

```
                    ┌─────────────────────────────────┐
                    │              MONITOR            │
                    ├─────────────────────────────────┤
                    │         *** WARNING ***         │
                    │   DATA IS ABOUT TO BE WRITTEN TO │
                    │             BOOT  SECT           │
                    │   TASK HALTED --- Press Any Key  │
                    │  Software may make several tries.│
                    │  Press any key until box clears. │
                    └─────────────────────────────────┘
```

Abbildung 13.3

MONITOR bei der Arbeit

Monitor ist ein speicherresidentes Programm (TSR), das über Int 13H laufende Aufrufe der BIOS-Laufwerksroutinen abfängt. Wenn Monitor einen Aufruf feststellt, der Daten zerstören könnte, hören Sie eine Sirene, und eine Meldung erscheint.

Wenn Sie versehentlich eine Diskette formatieren wollen während MONITOR aktiv ist, erscheint die Meldung aus Abbildung 13.2.

Bei einer Anforderung, den Urladersektor zu beschreiben, würde die Meldung aus Abbildung 13.3 erscheinen.

Beim Versuch, die Dateizuordnungstabelle zu überschreiben, würde Sie die Meldung aus Abbildung 13.4 warnen.

```
                    ┌─────────────────────────────────┐
                    │              MONITOR            │
                    ├─────────────────────────────────┤
                    │         *** WARNING ***         │
                    │   DATA IS ABOUT TO BE WRITTEN TO │
                    │                FAT               │
                    │   TASK HALTED --- Press Any Key  │
                    │  Software may make several tries.│
                    │  Press any key until box clears. │
                    └─────────────────────────────────┘
```

Abbildung 13.4

Sie werden schon bemerkt haben, daß jede Meldung den Satz "Software may make several tries." (Software könnte mehrere Versuche durchführen) enthält. Die meisten Programm mögen es nicht, unterbrochen zu werden und haben einen eingebauten Mechanismus, einen Zugriff mehrmals zu versuchen. Seien Sie geduldig... und denken Sie daran, daß Ihnen nichts passieren kann.

Über die Sirene

Wir hoffen, daß Sie sie niemals hören werden, aber wir haben sie aus gutem Grunde eingebaut. Viele von uns sind an einige Dinge schon so gewöhnt, daß sie schon fast automatisch darauf reagieren. Wir wollen, daß die Meldung nicht ÜBERSEHEN wird! Wenn Sie MONITOR mit einem der Schalter /W, /R, /V und/oder /P installiert haben, werden Sie viel häufiger Meldungen auf dem Bildschirm erhalten (Abbildung 13.5).

Diese Meldungen geben folgende Informationen:

Die Art des Aufrufs (READ, WRITE, FORMAT, VERIFY)

Der Bereich, der angesprochen wird (PARTITION, BOOT, FAT, ROOT DIR oder DATA).

Das Laufwerk (DRIVE; Disketten A, B u.s.w. Festplatte H1, H2 u.s.w.)

Der Kopf (HEAD; Dezimalangabe)

Die Spur (TRACK; Dezimalangabe)

Der Sektor (SECTOR; Dezimalangabe)

Die ANZAHL der Sektoren (NUMBER)

Der Datenbereich aus dem die Daten eingelesen werden, bzw. in den die Daten geschrieben werden (SEG:OFF; Adresse).

```
                    MONITOR

          Stop on request to   READ
                  DATA AREA
          Drive Head Track Sector Number
            H1    2    425    26      1
          Data Address   1311:0010
          <Esc> to Fail   <Enter> to Proceed
```

Abbildung 13.5

Diese Informationen geben Auskunft über die Absichten des aufrufenden Programms. Sie können nun selbst entscheiden, ob Sie mit **<ENTER>** das Risiko eines Datenverlustes eingehen wollen, oder

lieber mit **<ESC>** abbrechen, wenn ein Programm den Urladersektor oder die FAT beschreiben will.

Die Installation und Benutzung
von TSRMON und TSRMONEZ

Angreifende Programme wollen oft in das System schlüpfen, indem
sie versuchen, zu terminieren und dabei resident zu bleiben (TSR
= Terminate and Stay Resident). Viele TSR-Programme sind sehr
nützlich. Einige können aber auch verhängnisvoll sein. Überzeugen Sie sich, daß nur die gewünschten in Ihrem PC heimisch
werden!

TSR-Programme sind schwer zu kontrollieren, denn sie können
sich gegenseitig überlagern, streiten sich um den Speicher und
können, wenn man sie nicht im Griff hat, sogar Schaden anrichten.
Da überrascht es nicht, daß zur Kontrolle der TSR-Programme ein
TSR-Programm eingesetzt wird.

TSRMONEZ (Standard)

Dieses Programm ist so einfach, wie es nur sein kann. Folgendes
passiert: Wenn Ihr PC nach Beendigung der Stapeldatei
AUTOEXEC.BAT alle vorgesehenen TSR-Programme geladen hat,
werden weitere von TSRMONEZ mit "Nein!" abgewiesen. Das ist
nicht besonders ausgeklügelt, verhindert aber das Eindringen
eines Programms mit bösen Absichten in Ihr System.

Der einfachste Weg, TSRMONEZ zu installieren, ist die Basis-
installation, bei der es in das Unterverzeichnis PANDA kopiert
wird und sein Name in AUTOEXEC.BAT ergänzt wird. Jedes
Programm, das nun versucht, resident zu bleiben, wird abgewiesen.

TSRMONEZ kann auch eine Datei mit erlaubten TSRs verarbeiten, wie schon bei der Installation von TSRMON beschrieben.
Das kann nützlich sein, wenn Ihre Anwendungen beim Aufruf
automatisch TSR-Programme laden. Ein gutes Beispiel dafür ist
das DOS-Kommando PRINT, das von vielen Textverarbeitungsprogrammen verwendet wird.

Die Installation von TSRMONEZ auf Diskette

Kopieren Sie, wie bei MONITOR, die Datei TSRMONEZ.COM auf
Ihre Startdiskette, und ergänzen Sie in der Stapeldatei
AUTOEXEC.BAT den Programmnamen. Wenn Ihre Startdiskette

fast voll ist, müssen Sie TSRMONEZ von der DR. PANDA-Diskette starten.

TSRMON (zusätzlicher Schutz und mehr Arbeit für Sie)

TSRMON arbeitet etwas anders. Es wird nicht zugelassenen Programmen verbieten, resident zu bleiben, bricht aber das laufende Programm nicht ab. Sie brauchen auch nicht alle benötigten TSRs in der Datei AUTOEXEC.BAT zu laden (Manchmal ist es nützlich, ein oder zwei TSRs für besondere Aufgaben zur Hand zu haben). Wenn ein verdächtiges Programm sich im Speicher ausbreiten will, wird Ihnen wird die Frage gestellt, ob Sie abbrechen oder fortfahren wollen. Auch die Installation von TSRMON ist etwas schwieriger, da eine zusätzliche Datei für die Prüfungen benötigt wird. Sie müssen entscheiden, welche TSR-Programme Sie zulassen wollen, und in der Dokumentation den vollen Programmnamen nachsehen (SK.COM, FAKEY.COM u.s.w.). Mit dieser Aufstellung können Sie die Datei der zugelassenen TSRs erstellen.

Der einfachste Weg die Datei TSRMON.DAT zu erzeugen, ist die Benutzung des DOS-Kommandos **COPY CON [dateiname.erw]**. COPY CON ist eine Abkürzung für "Copy from CONsole", was soviel wie "kopiere von der Tastatur" bedeutet. Sie können natürlich auch EDLIN oder Ihr Textverarbeitungsprogramm im ASCII-Modus verwenden. Wenn Sie nur zwei TSRs zulassen wollen (z.B. SideKick und Bearfoot), würde Ihre Eingabe folgendermaßen aussehen:

```
COPY CON C:\TSRMON.DAT <ENTER>
SK.COM <ENTER>
BEARFOOT.EXE <ENTER>
^Z <ENTER>
```

Das Zeichen ^Z kann durch Drücken der Taste **<F6>**, gefolgt von **<ENTER>** erzeugt werden. In der Datei TSRMON.DAT können bis zu zehn Programmnamen aufgenommen werden, ihre Ordnung spielt dabei keine Rolle. Vergessen Sie nicht, die TSRs, die von Ihren Anwendungen geladen werden, wie PRINT. Die Installation von TSRMON im Überblick:

Festplatteninstallation von TSRMON

1. Erstellen Sie die Datei TSRMON.DAT im Unterverzeichnis PANDA.

2. Kopieren Sie TSRMON.COM in das Unterverzeichnis PANDA.

3. Ergänzen Sie AUTOEXEC.BAT um die Zeile "TSRMON /F TSRMON.DAT". Vergessen Sie nicht das "/F", das TSRMON

veranlaßt, die Datendatei zu benutzen. Wenn Sie GOPANDA benutzt haben, löschen Sie TSRMONEZ, wenn Sie TSRMON hinzufügen.

Bemerkung: sie können TSRMON.DAT beliebig benennen. Wichtig ist nur, daß sie den richtigen Dateinamen hinter "/F" angeben, damit das Programm nach der richtigen Datei sucht!

4. Führen Sie mit **<STRG><ALT><ENTF>** einen Warmstart durch, und schon arbeitet TSRMON!

```
TSR MONITOR  Ver 4.1b
(C) Copyright 1988,1989 PANDA SYSTEMS
All Rights Reserved

TSRs Already Loaded
Segment    Length       Usage           File Name/Hooked Interrupts
-----------------------------------------------------------------------------
09C7       0B8A0        MEMORY          DOS ->02 08 0A 0B 0C 0D 0E 19 1B 29 67
1552       00E40        PROGRAM         COMMAND.COM ->22 23 24 2E
163B       00400        ENVIRONMENT     COMMAND.COM
167C       00050        ENVIRONMENT     C:\SYST\DOS\KEYB.COM
1682       01560        PROGRAM         C:\SYST\DOS\KEYB.COM ->09 2F
20D6       00900        PROGRAM         N/A ->21 27
```

Abbildung 13.6

TSRMONEZ und TSRMON bei der Arbeit

Wenn TSRMONEZ ein Programm entdeckt, das nicht in AUTOEXEC.BAT geladen wurde und versucht resident zu bleiben, bricht es die Ausführung ab und zeigt folgende Meldung:

```
C:\PANDA\DATEINAME.ERW ATTEMPTED TO TERMINATE AND STAY RESIDEMT. ATTEMPT
DENIED BY TSR MONITOR.
```

Wir empfehlen, das Programm nochmals zu starten. Wenn die gleiche Meldung wieder erscheint, ist es Zeit "Hilfe" zu rufen.

Wenn TSRMON ein Programm abfängt, das nicht in der Datei TSRMON.DAT enthalten ist, wird die gleiche Meldung angezeigt. TSRMON listet ALLE Programme auf, die sich bereits im Speicher befinden. Bevor Sie einem Programm den Zugang gewähren, denken Sie gut nach und seien sie sicher, daß Sie dem Programm vertrauen können. Wenn Sie auch nur einen Hauch von einem Zweifel haben, brechen Sie ab. Sie können es später immer noch laden.

```
                    ┌─────────────────────────────────────┐
                    │        MONITOR   ver 4.1b           │
                    │   Copyright (C) 1985,1987,1988      │
                    │       All Rights Reserved           │
                    │          PANDA SYSTEMS              │
                    │         WILMINGTON,  DE             │
                    └─────────────────────────────────────┘

     MONITOR is now installed to intercept format calls and writes to the
     Boot Record of any drive, and bad writes to the File Allocation Table
     of the first hard drive (if present).

     To enable additional MONITOR functions, retype the word MONITOR and add
     the letter designator(s) following the word "MONITOR".

              R - READ    W-WRITE    V-VERIFY
          P - Professional Level (more information displayed)
              Example:    MONITOR WV <Enter>

     To disable MONITOR type: MONITOR X <Enter>

 MONITOR installation complete.
 D:\PANDA\MONITOR.COM REQUESTS TERMINATE AND STAY RESIDENT THROUGH INT 27
 INTERRUPTS CHANGED: 13
 Go Ahead?  <Y/N>_
```

Abbildung 13.7

Ein Beispiel. Wenn Sie versuchen, MONITOR zu laden, während
TSRMON aktiv ist, wird auf Ihrem Bildschirm der Text aus Abbildung 13.7 erscheinen. Es scheint, als wenn das Programm bereits
geladen wurde, dies ist jedoch nicht der Fall. Sie müssen zwischen
"Y" für "Ja" und "N" für "Nein" wählen.

Um seine TSRs richtig zu laden, benötigt man die kombinierten
Fähigkeiten eines Dirgenten und eines Fluglotsen. Laden Sie ein
nicht geprüftes TSR-Programm, könnte das bereits zu einem
Systemabsturz führen, ob TSRMON aktiv ist oder nicht!

Installation und Benutzung von
PHYSICAL und QUIKPHYS

PHYSICAL und QUIKPHYS sind ausgefeilte Programme, die
dafür sorgen, daß sich Ihre Programmdateien nicht verändern.
Viren ändern gerne alte, zuverlässige Dateien in neue mit bösem
Charakter. Die PHYSICAL-Hilfsprogramme sind die schwierigsten

Programme des Paketes, können aber von jedem bewältigt werden, der seine Tastatur bedienen kann.

Wenn Sie sich das Inhaltsverzeichnis der DR. PANDA-Diskette ansehen, werden Sie weder PHYSICAL noch QUIKPHYS finden. Die Datei PINSTALL erzeugt sie und zusätzlich eine Datei namens PHYSICAL.@@@, die zur Prüfung benötigt wird.

Wenn Sie GOPANDA benutzt haben, werden Sie bemerken, daß alle Dateien bereits in Ihrem PANDA-Unterverzeichnis erzeugt wurden. In dieser Konfiguration ist PHYSICAL mit Standard-einstellung eingerichtet worden (s.u.). Sie können PHYSICAL auf anderen Stufen jederzeit neu installieren, indem Sie PINSTALL verwenden (QUIKPHYS wird gleichzeitig erzeugt). Bevor Sie damit beginnen, müssen Sie entscheiden, welche Dateien von PHYSICAL geprüft werden sollen und wie Sie PHYSICAL benennen wollen. Wir empfehlen eine Umbenennung, damit es nicht absichtlich gelöscht werden kann und Programme mit bösen Absichten in Ihr System eindringen können.

Vor dem Start des Installationsprogramms sollten Sie außerdem den Aufruf von "PHYSICAL" in der Datei AUTOEXEC.BAT einge-fügt haben, sonst wird die Änderung in AUTOEXEC.BAT von PHYSICAL bemerkt und Alarm geschlagen. Der Aufruf von PHYSICAL sollte außerdem vor dem Aufruf von Netzwerk- und Menüsoftware und vor einigen TSRs stehen. Vielleicht müssen Sie etwas experimentieren.

Wichtig für die Arbeit von PHYSICAL und QUIKPHYS ist die Datei PHYSICAL.@@@, die von PINSTALL erstellt wird. Wenn Sie später Ihre Konfiguration einmal ändern wollen, können Sie dazu PHYSED benutzen.

Die einzelnen Installationsmöglichkeiten sind:

STANDARD - Prüft COMMAND.COM, die beiden Systemdateien und sucht nach weiteren versteckten Dateien.

PROGRAMME - Prüft die vier Punkte aus STANDARD und zusätzlich Dateien mit der Erweiterung .EXE, .COM, .SYS, .OVL und AUTOEXEC.BAT.

ERWEITERT - Zusätzlich zu den oben aufgeführten Dateien werden zusätzlich angegebene Dateien geprüft. Die DOS-Gruppenzeichen (? und *) können benutzt werden.

Die Philosophie von PHYSICAL

Je mehr Programme geprüft werden müssen, desto länger braucht PHYSICAL dafür. Bei den meisten PCs fällt die Zeit für die Prüfung der Standarddateien nicht ins Gewicht. Eine ältere, langsamere Maschine könnte für die Prüfung vieler ausführbarer Dateien jedoch eine ganze Weile brauchen.

Viele Anwender schalten Ihren PC niemals aus, und wie schnell vergißt man, ein Programm wie PHYSICAL ablaufen zu lassen. Darum gibt es QUIKPHYS.

QUIKPHYS prüft die Integrität von Dateien in einem einzelnen Unterverzeichnis und spart dadurch Zeit. Wenn Sie bereits Stapeldateien für den Aufruf von Programmen geschrieben haben, fügen Sie den Aufruf von QUIKPHYS vor und nach dem Programmaufruf hinzu. Von nun an werden Ihre Programmdateien stets kontrolliert.

Installation auf der Festplatte

Legen Sie die DOS-Diskette und die DR. PANDA-Diskette bereit. PINSTALL ist ein einfacher, menügesteuerter Prozeß.

1. Schalten Sie Ihren PC für mindestens 20 Sekunden aus.

2. Legen Sie die DOS-Diskette in Laufwerk A: ein und schalten Sie wieder ein. Warten Sie, bis der Rechner gestartet ist.

3. Nehmen Sie die DOS-Diskette heraus und legen Sie die DR. PANDA-Diskette in Laufwerk A: ein.

4. Geben Sie hinter dem DOS-Prompt A: ein:
   PINSTALL <ENTER>
   Das Menü von PINSTALL erscheint (Abbildung 13.8).

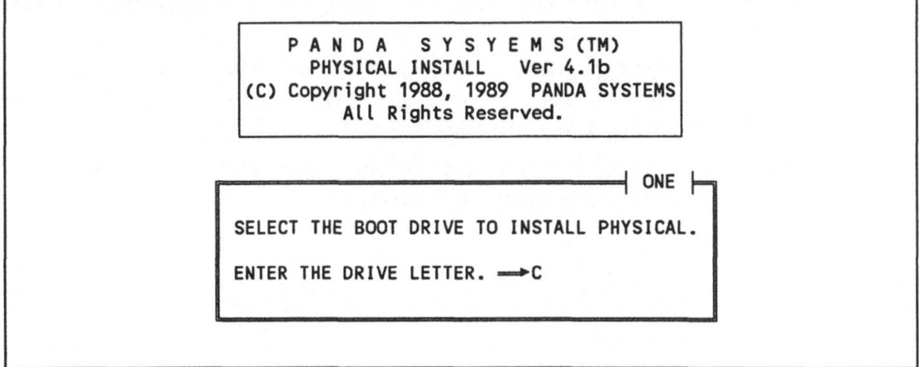

Abbildung 13.8

5. Geben Sie den Kennbuchstaben des Laufwerks ein, von dem Sie normalerweise starten (meistens C).

   C <ENTER>

6. Sie werden aufgefordert, die DR. PANDA-Diskette zu entnehmen und die DOS-Diskette einzulegen. Nun können Sie, wenn Sie wollen, noch abbrechen! Wenn Sie **<ENTER>** drücken, wird mit der Installation fortgefahren, bei **<STRG>-D** oder **<ESC>** wird abgebrochen. PINSTALL prüft nun die Datei COMMAND.COM und die versteckten Systemdateien (Abbildung 13.9).

   Wenn Sie eine Festplatte benutzen, könnte Ihnen mitgeteilt werden, daß der von Ihnen benutzte Urladersektor nicht mit dem auf der Diskette in A: übereinstimmt. Dann werden Sie gefragt, ob der Urladersektor auf Laufwerk C: zur Prüfung benutzt werden soll.

7. Nun werden Sie nach dem Namen der PHYSICAL-Datei gefragt (Abbildung 13.10). Jeder DOS-Dateiname ist möglich. Wenn Sie PHYSICAL.EXE als Namen möchten, brauchen Sie nur **<Enter>** zu drücken. Wir wollen aber sichergehen:

   [IHREWAHL] <ENTER>

   Nun können Sie die Installation für minimalen Schutz mit **<ESC>** abbrechen.

8. Wählen Sie die Sicherheitsstufe, die Sie wünschen.

   OPTION 1 - Einfacher Schutz

   OPTION 2 - Schutz für alle Dateien aus OPTION 1 und zusätzlich für .COM-, .EXE-, .SYS-, .OVL-Dateien und AUTOEXEC.BAT.

   OPTION 3 erlaubt zusätzlich die Eingabe von weiteren Dateinamen.

   Wenn Sie fertig sind, drücken Sie **<ESC>**. Dateigruppenzeichen sind erlaubt. Wenn Sie z.B. Ihren Basic-Quellcode schützen wollen, könnten Sie "*.BAS" eingeben.

   Nicht zu empfehlen ist der Schutz von sich oft ändernden Dateien, wie Texten oder Datendateien.

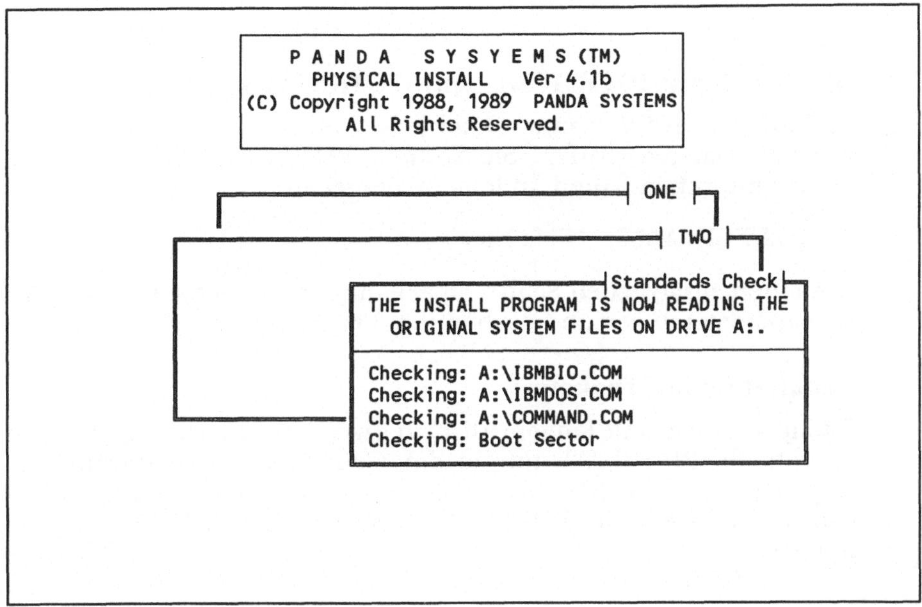

Abbildung 13.9

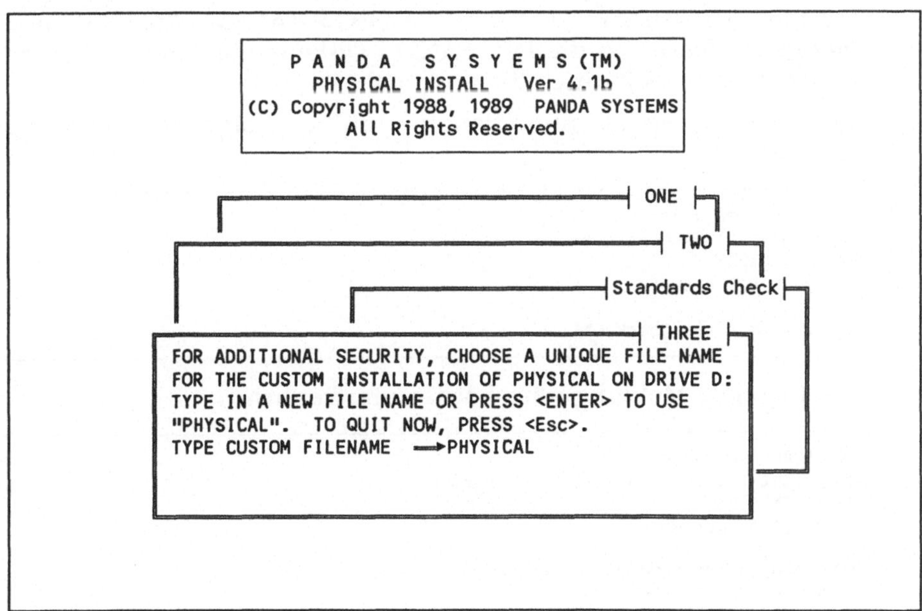

Abbildung 13.10

Die Arbeit mit PHYSICAL und QUIKPHYS

PHYSICAL wird von nun an bei jedem Starten des PCs alle angegebenen Dateien prüfen. Sie können PHYSICAL natürlich auch
zwischendurch aufrufen, indem Sie eingeben:

[DATEINAME] <ENTER>

Um einen zusätzlichen Schutz zu erhalten, können Sie QUIKPHYS
in Stapeldateien vor und nach einem Programmaufruf einfügen.

Installation auf Diskette

Damit Sie nicht mit langem Diskettenwechseln beschäftigt sind, ist
es sinnvoll, PHYSICAL nur in der Grundversion zu installieren.
Kopieren Sie dazu PHYSICAL auf Ihre Startdiskette. Wenn diese
voll ist, müssen Sie PHYSICAL von der DR. PANDA-Diskette
starten.

PHYSICAL bei der Arbeit

Starten Sie Ihren PC mit **<STRG><ALT><ENTF>** neu
(vergessen Sie nicht, die DR. PANDA-Diskette aus Laufwerk A: zu
nehmen) und beobachten Sie was passiert.

Bei einer Standardinstallation müßte folgende Meldung
erscheinen:

```
PHYSICAL  Ver 4.1b
Copyright (C) 1988  All rights reserved.
PANDA SYSTEMS
Wilmington, Delaware

All System Files Check OK!
```

Die folgende Meldung wäre höchst unerfreulich:

```
PHYSICAL  Ver 4.1b
Copyright (C) 1988  All rights reserved.
PANDA SYSTEMS
Wilmington, Delaware

*** WARNING *** COMMAND.COM has been changed.
PRESS ANY KEY TO CONTINUE
```

Was würden Sie bei Auftreten einer solchen Meldung unternehmen? Schalten Sie sofort und wirklich sofort Ihren PC aus. Starten Sie von einer originalen DOS-Diskette in Laufwerk A: und kopieren Sie COMMAND.COM von A: auf die Festplatte. Dann beginnt die Suche nach der Ursache.

Beim Ablauf des Systemtests werden die versteckten Dateien angezeigt. Achten Sie darauf, ob Änderungen angezeigt werden oder zusätzliche versteckte Dateien auftauchen.

```
PHYSICAL  Ver 4.1b
Copyright (C) 1988  All rights reserved.
PANDA SYSTEMS
Wilmington, Delaware

All System Files Check OK!

Hidden Files.  Be Alert for any suspicious names:
\IBMBIO.COM
\IBMDOS.COM
\DOS\VIRUS.COM
PRESS ANY KEY TO CONTINUE
```

In diesem Beispiel sollte der Dateiname VIRUS.COM einen Alarm auslösen, daß etwas nicht in Ordnung ist.

Als nächstes liest PHYSICAL die Datei PHYSICAL.@@@ ein und prüft alle angegebenen Dateien. In diesem Schritt werden nur die Dateien bearbeitet, die bei der Installation mit PINSTALL angegeben wurden. Wenn PHYSICAL.@@@ nicht existiert, wird dieser Schritt nicht ausgeführt.

```
PHYSICAL  Ver 4.1b
Copyright (C) 1988  All rights reserved.
PANDA SYSTEMS
Wilmington, Delaware

All System Files Check OK!

Hidden Files.  Be Alert for any suspicious names:
\IBMBIO.COM
\IBMDOS.COM
\DOS\VIRUS.COM

Checking Other Files:
File Checks OK   C:\DOS\ASSIGN.COM
File Checks OK   C:\DOS\BACKUP.COM
File Checks OK   C:\DOS\CHKDSK.COM
File Checks OK   C:\DOS\FORMAT.COM
File Checks OK   C:\DOS\KEYBGR.COM
File Checks OK   C:\DOS\LABEL.COM
*** WARNING ***  C:\PANDA\MONITOR.COM
PRESS ANY KEY TO CONTINUE
```

Hoppla! Im obigen Beispiel sind alle Dateien "OK" bis auf MONITOR.COM im Unterverzeichnis PANDA. In diesem Fall deutet das nicht auf einen Virus hin, sondern hat seine Ursache darin, daß die Programmierer Änderungen an MONITOR.COM vorgenommen haben.

Der "Fingerabdruck" der neuen Version stimmte nicht mit dem Vergleichsabdruck überein. Wenn Sie selber nicht programmieren, kann eine Änderung in einem Programm einem Virus zuzuschreiben sein. Außerdem können einige Programme, wie der Norton-Editor NE.COM sich selbst rekonfigurieren. Jede Änderung im Programm würde von PHYSICAL entdeckt.

Wir wollen uns nun anschauen, wie es aussieht, wenn ein COM-infizierendes Programm losgelassen wurde:

```
PHYSICAL  Ver 4.1b
Copyright (C) 1988  All rights reserved.
PANDA SYSTEMS
Wilmington, Delaware

All System Files Check OK!

Hidden Files.  Be Alert for any suspicious names:
\IBMBIO.COM
\IBMDOS.COM
\DOS\VIRUS.COM

Checking Other Files:
File Checks OK  C:\DOS\ASSIGN.COM
*** WARNING *** C:\DOS\BACKUP.COM
PRESS ANY KEY TO CONTINUE
*** WARNING *** C:\DOS\CHKDSK.COM
PRESS ANY KEY TO CONTINUE
*** WARNING *** C:\DOS\FORMAT.COM
PRESS ANY KEY TO CONTINUE
*** WARNING *** C:\DOS\GRAFTABL.COM
PRESS ANY KEY TO CONTINUE
*** WARNING *** C:\DOS\GRAPHICS.COM
PRESS ANY KEY TO CONTINUE
*** WARNING *** C:\DOS\KEYBGR.COM
PRESS ANY KEY TO CONTINUE
File Checks OK  C:\DOS\LABEL.COM
File Checks OK  C:\PANDA\MONITOR.COM
PRESS ANY KEY TO CONTINUE
```

Schauen Sie, wieviele Dateien sich im Unterverzeichnis \DOS geändert haben. Sie werden es sich schon gedacht haben, ein Programm, daß .COM-Dateien infiziert, treibt sein Unwesen. Wenn es nicht gestoppt wird, wird es jede Datei in diesem Unterverzeichnis befallen.

Wenn Sie einen schnellen PC besitzen, kann es sein, das die von PHYSICAL ausgegebenen Informationen oben aus dem Bildschirm herausrollen. Die Ausgabe wird *nur* angehalten, wenn sich eine Datei verändert hat. Wenn Sie das Rollen anhalten wollen, müssen Sie die Tasten **<STRG>** und **<S>** gleichzeitig drücken (auf einem PS/2 genügt **<Pause>**). Bei erneutem Drücken von **<STRG>** und **<S>** wird mit der Ausgabe fortgefahren.

Alle nicht sofort erklärbaren Veränderungen an Dateien sollten verfolgt werden! Benutzen Sie Ihren PC nicht weiter für normale Aufgaben, bis Sie herausgefunden haben, was schiefgelaufen ist.

Die Benutzung des Editors PHYSED.EXE

Fortgeschrittene Benutzer verändern ihre Softwareinstallationen regelmäßig. Selbst bei sehr einfachen Installationen kommt von Zeit zu Zeit einmal Software dazu. Obwohl PINSTALL nicht schwer zu benutzen ist, erfordert es doch einiges an Zeit. Änderungen können leichter mit PHYSED durchgeführt werden.

Um PHYSED zu benutzen, benötigen Sie nur den Dateinamen der .@@@-Datei, die Sie mit PINSTALL angelegt haben. Außerdem müssen Sie wissen, wo sie sich auf dem Rechner befindet, wenn es nicht das Unterverzeichnis PANDA ist. Um PHYSED zu starten, geben Sie folgende Kommandozeile ein:

PHYSED [DATENDATEINAME] <ENTER>

Die Erweiterung "@@@" ist bei PHYSICAL und QUIKPHYS festgelegt und braucht nicht mit eingegeben zu werden. Selbst wenn Sie den Dateinamen oder das Verzeichnis vergessen haben, brauchen Sie sich keine Sorgen zu machen. Wenn Sie PHYSED ohne Angabe eines Dateinamens gestartet haben, werden Sie nach dem Pfad und dem Namen gefragt. Ihnen werden dabei alle Dateien mit der Endung "@@@", die sich auf dem Laufwerk befinden, angezeigt. Wählen Sie die Richtige aus, geben Sie ihren Namen ein und drücken Sie **<ENTER>**.

Als nächstes erscheint das PHYSED-Menü (Abbildung 13.11). Sie können zwischen "Edit" (= ändern), "Add" (= hinzufügen) und "Quit" (= Ende) auswählen, indem Sie das helle Feld mit den Pfeiltasten auf den gewünschten Menüpunkt bewegen und **<ENTER>** drücken. Sie können auch den Anfangsbuchstaben des Menüpunkts auf der Tastatur betätigen, z.B. "E" für Edit.

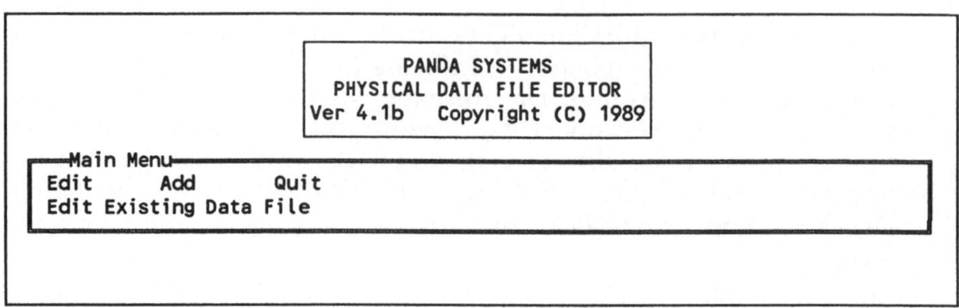

Abbildung 13.11

Die Funktionen von PHYSED

Der Änderungsmodus (Edit)

Im Edit-Modus werden Ihnen alle Dateien mit Namen angezeigt, die von PHYSICAL und QUIKPHYS geprüft werden (Abbildung 13.12). Jede Datei wird mit den in der @@@-Datei gespeicherten Daten geprüft. Dieser Vorgang wird Ihnen in einem Fenster auf dem Bildschirm mitgeteilt. In der Statusspalte wird das Ergebnis der Prüfung angezeigt.

```
                    PANDA SYSTEMS
              PHYSICAL DATA FILE EDITOR
              Ver 4.1b   Copyright (C) 1989

 NUM | FILES CURRENTLY CHECKED BY PHYSICAL            | STATUS
   1 | C:\DOS\COUNTRY.SYS                             | GOOD
   2 | C:\DOS\DISPLAY.SYS                             | GOOD
   3 | C:\DOS\DRIVER.SYS                              | GOOD
   4 | C:\DOS\KEYBOARD.SYS                            | GOOD
   5 | C:\DOS\PRINTER.SYS                             | GOOD
   6 | C:\DOS\VDISK.SYS                               | GOOD
   7 | C:\DOS\UTIL\QUIKMEM1.SYS                       | GOOD
   8 | C:\DOS\UTIL\QUIKMEM2.SYS                       | GOOD
   9 | C:\DOS\UTIL\EMM.SYS                            | GOOD
  10 | C:\DW3\CONFIG.SYS                              | GOOD
  11 | C:\DBASE\DBASE.OVL                             | GOOD
  12 | C:\DBASE\DBASEINL.OVL                          | GOOD
  13 | C:\REPORTS.OVL                                 | GOOD
  14 | C:\AUTOEXEC.BAT                                | GOOD
  15 | C:\PANDA\AUTOEXEC.BAT                          | GOOD

     <R>Recalculate Check    <D>Delete from Check    <Esc>End
```

Abbildung 13.12

Ist der Vergleich positiv ausgefallen, wird in der Statusspalte "GOOD" angezeigt. Das bedeutet, daß die Datei sich nicht verändert hat, seit PINSTALL benutzt wurde. Wenn PHYSED eine Datei nicht öffnen kann, wird das mit "MISSING" protokolliert. Das bedeutet, daß die Datei aus dem Unterverzeichnis gelöscht wurde, wo PHYSED sie erwartet. Vielleicht haben Sie sie in ein anderes Verzeichnis kopiert oder gelöscht. Vielleicht ist sie auch einem Schädling zum Opfer gefallen. Auch PHYSICAL und QUIKPHYS werden nach dieser Datei suchen und "MISSING" ausgeben.

Wenn eine Datei geändert wurde und der Vergleich negativ ausfällt, wird in der Statusspalte ein "BAD" erscheinen. Das muß nicht heißen, daß die Datei zerstört wurde. Vielleicht haben Sie nur eine neue Version installiert oder die Datei absichtlich geändert. Wenn Sie beispielsweise zuerst PHYSICAL installiert und nachher die Datei AUTOEXEC.BAT um den Aufruf von PHYSICAL erweitert haben, wird das mit "BAD" beurteilt.

Wie man den Edit-Modus benutzt

Der Markierungsbalken kann mit den Cursortasten (Pfeiltasten) bewegt werden. Wenn Sie keine Tastatur mit getrennten Cursorblock besitzen, sollte die **<Num>**-Taste ausgeschaltet sein, bevor Sie versuchen, den Balken zu bewegen. Mit den Tasten **<Bild↑>** und **<Bild↓>** können Sie einen Bildschirm nach vorne bzw. zurückblättern. Mit den Tasten **<Ende>** und **<Pos1>** können Sie das Ende und den Anfang der Datei direkt anspringen.

Dateien, die ihr "GOOD" bekommen haben, brauchen nicht weiter beachtet zu werden. Ihre Fingerabdrücke stimmen mit denen in der PHYSICAL-Datei noch überein. Wenn Sie eine solche Datei löschen wollen, können Sie das durch Eingabe von **D** für Delete durchführen.

Einträge, die mit "MISSING" gekennzeichnet sind, können aus der Liste entfernt werden, wenn Sie sicher sind, daß Sie sie gelöscht haben. Sind Sie sich nicht ganz sicher, verlassen Sie PHYSED und beginnen Sie zu suchen. Sie können auch **<Druck>** drücken und später prüfen.

Wenn Einträge mit "BAD" gekennzeichnet sind, bewahren Sie Ruhe! Die Änderungen hätten schon längst von PHYSICAL erkannt werden müssen. Wenn Sie *wissen*, daß Sie die Datei geändert haben, geben Sie **R** für "Recalculate" ein. Der spezifische Fingerabdruck der Datei wird neu berechnet und abgespeichert. Wenn Sie nicht ganz sicher sind, prüfen Sie vor der Neuberechnung.

Wenn Sie eine neue Datei hinzugefügt haben

Wenn eine weitere Datei von PHYSICAL geprüft werden soll, muß sie in der Datei PHYSICAL.@@@ ergänzt werden. Rufen Sie PHYSED auf, geben Sie **A** für Add (Hinzufügen) und den Dateinamen ein. Nun wird der Eintrag für die neue Datei automatisch berechnet und in der .@@@-Datei ergänzt.

Kapitel 14

Installation und Benutzung der Erkennungsprogramme

Die klinischen Hilfsmittel

Sie sind nun vor der Zerstörung Ihrer Daten geschützt, denn Sie haben Programme installiert, die Aktivitäten zerstörender Programme bemerken und Sie warnen. Nun ist es Zeit, daß wir uns mit den Programmen beschäftigen, die uns bei der Untersuchung neuer Programme oder Disketten helfen.

Warum man neue Programme prüfen muß

Wie wir gesehen haben, kann sogar eingeschweißte Originalsoftware ungewollte Nachrichten oder Viren enthalten. Es ist ratsam, jedes neue Programm zu testen, bevor es den Zugang zum System bekommt. Der sich wild verbreitende (C)BRAIN-Virus sollte uns alle vorsichtig werden lassen!

Warum man alte Programme prüfen muß

Wenn Sie vermuten, daß Sie angegriffen werden, können Sie Ihre Chancen verbessern, wenn Sie wissen wo, wann und warum das der Fall ist. Die klinischen Hilfsmittel unterstützen Sie in Ihrem Kampf, obwohl Sie besser benutzt werden, bevor ein Schaden entsteht.

Die klinischen Waffen

LABTEST

Mit LABTEST können Programme genau untersucht werden, bevor sie über das Betriebssystem angesprochen werden. Sie

erinnern sich sicher: Nur Programme, die AUSGEFÜHRT werden,
können Ihnen schaden! Ein wirklich geschickter Programmierer
eines Virus-Programmes kennt die Beschränkungen von DOS und
wird sie umgehen. LABTEST fängt die meisten von ihnen. Ein einfacher Weg Daten zu zerstören ist, sie einfach zu überschreiben.
LABTEST wird Ihnen mitteilen, wenn ein Programm so etwas im
Schilde führt.

Wir haben auch schon gelernt, daß die meisten Schreiber von
Viren ein oder zwei Meldungen hinterlassen. LABTEST ermöglicht Ihnen, die in einem Programm enthaltenen Meldungen anzu-
schauen, bevor Sie es starten!

NOBRAIN

Der (C)BRAIN-Virus scheint keine Grenzen zu kennen. Er war vor
allem an Universitäten sehr verbreitet und pflanzte sich über das
"Turnschuh-Netzwerk" der Studenten aus. NOBRAIN stellt fest, ob
der (C)BRAIN-Virus im System anwesend ist und wird Ihnen
sagen, ob Sie ihn entfernen müssen (durch einen Neustart).
Infizierte Disketten können NUR gesäubert werden, wenn
(C)BRAIN nicht aktiv ist.

Bemerkung: (C)BRAIN wurde für IBM-PCs und kompatible
Rechner entwickelt. In seiner Originalform befällt es nur 360 KB-
Disketten und NUR PCs mit einem Standard-BIOS. Einige
"Nachbauten" enthalten ein BIOS, das von Drittherstellern geliefert wird. Wenn Sie eine Meldung bekommen, daß der BRAIN-
Virus aktiv ist, überprüfen Sie, ob Sie ein Standard-BIOS
benutzen. Bei einem Nichtstandard-BIOS kann es vorkommen,
daß die Meldung erscheint, obwohl der Virus gar nicht anwesend
ist. Die Version des BIOS wird oft beim Systemstart angezeigt.

DRHOOK

DRHOOK ist nicht einfach zu erklären. Es ist ein extrem ausge-
klügeltes System für die Anzeige von Systemdaten und für die
Fehlersuche. Wenn Sie den Ausdruck "Gerätetreiberkette" noch nie
gehört haben und nicht mit DOS-DEBUG umgehen können, ist
DRHOOK nichts für Sie.

Installation auf der Festplatte

Wenn Sie die Erkennungsprogramme noch nicht in Ihr PANDA-
Unterverzeichnis kopiert haben, führen Sie folgende Schritte
durch:

1. Wechseln Sie in das PANDA-Unterverzeichnis.

2. Legen Sie die PANDA-Diskette in Laufwerk A: ein und tippen Sie:

   COPY LABTEST.EXE C:\ <ENTER>

   und

   COPY NOBRAIN.EXE C:\ <ENTER>

   und

   COPY DRHOOK.EXE C:\ <ENTER>

3. Legen Sie die PANDA-Diskette an einen sicheren Ort. Wir werden sie nun vorerst nicht brauchen.

Installation auf Diskette

Wie bei den Schutzprogrammen, können auch diese Hilfsprogramme auf Ihre Startdiskette kopiert werden. Wenn diese fast voll ist, starten Sie sie einfach von der PANDA-Diskette.

Die Benutzung von NOBRAIN

Da die meisten neuen Programme und Daten Ihren PC erreichen über Disketten, ist es besser, vorsichtig zu sein. Der (C)BRAIN-Virus ist meisten nur lästig, aber wir können trotzdem gerne darauf verzichten.

Da NOBRAIN eigentlich als eigenständiges Programm entwickelt wurde, mußten wir es so ändern, daß es unter der strengen Aufsicht der anderen Schutzprogramme laufen kann. Wenn Sie mit dem PC vertraut sind, geben Sie vor der Prüfung einer neuen Diskette mit NOBRAIN folgendes Kommando ein:

MONITOR X <ENTER>

Prüfen Sie jede neue Diskette noch bevor Sie sich ihr Inhaltsverzeichnis mit DIR ansehen mit

NOBRAIN A: <ENTER>

NOBRAIN prüft zuerst Ihre Festplatte und dann die Diskette. Wenn (C)BRAIN entdeckt wird, wird es sofort gelöscht. In jedem Fall werden Sie vom Ausgang des Tests unterrichtet.

In Abbildung 14.1 sehen Sie die Ausgabe, wenn NOBRAIN gestartet wird.

```
C:nobrain
NOBRAIN    Ver 4.1b
(C) Copyright 1988
PANDA SYSTEMS
WILMINGTON, DE
All rights reserved.

PLACE "BRAIN" INFECTED DISK IN DRIVE A:
PRESS ANY KEY - <Esc> TO QUIT
```

Abbildung 14.1

Wenn die Diskette in Laufwerk A: vom (C)BRAIN befallen ist, teilt Ihnen NOBRAIN dies mit und löscht den Virus (Abbildung 14.2).

```
C:nobrain
NOBRAIN    Ver 4.1b
(C) Copyright 1988
PANDA SYSTEMS
WILMINGTON, DE
All rights reserved.

PLACE "BRAIN" INFECTED DISK IN DRIVE A:
PRESS ANY KEY - <Esc> TO QUIT

THE "BRAIN" VIRUS HAS BEEN REMOVED FROM DISK!

PLACE "BRAIN" INFECTED DISK IN DRIVE A:
PRESS ANY KEY - <Esc> TO QUIT
```

Abbildung 14.2

Wenn es Anzeichen dafür gibt, daß sich der (C)BRAIN-Virus bereits im Speicher versteckt hält, wird die Meldung aus Abbildung 14.3 angezeigt.

```
C:nobrain
     *** WARNING ***
THE "BRAIN" VIRUS MAY BE ACTIVE.
TURN COMPUTER OFF AT THE SWITCH
START COMPUTER WITH A NON-INFECTED FLOPPY.
```

Abbildung 14.3

Das Ausschalten des Rechners wirft den Eindringling aus dem Speicher. Wenn Sie nun endlich "BRAINfrei" sind, erscheint folgende Meldung:

```
DISK NOT INFECTED WITH "BRAIN" VIRUS.
```

Wenn wir die Arbeit mit NOBRAIN beendet haben, können wir MONITOR wieder aktivieren:

MONITOR <ENTER>

Weitere Methoden für die Benutzung von NOBRAIN finden Sie im Kapitel 16.

Alles was Sie schon immer über (C)BRAIN wissen wollten

In seiner ursprünglichen Form befiel der (C)BRAIN-Virus nur 360 KB-Disketten. Früher entfernte man den Virus, indem man die Diskette wegwarf oder neu formatierte. Bei beiden Methoden wurde nicht nur der Virus vernichtet, sondern auch die Daten auf der Diskette.

Der Urladersektor einer Diskette wird vom (C)BRAIN-Virus so geändert, daß er beim Systemstart automatisch eingelesen wird und sich an das obere Ende des Speichers laden kann. Der BIOS-Interrupt für Diskettenzugriffe (INT 0x13) wird so verändert, daß er auf den BRAIN-Code zeigt. Jeder Zugriff auf einen Urladersektor wird nun abgefangen. Der Virus speichert den originalen Urladersektor in einem anderen Sektor ab, den er zuvor in der Dateizuordnungstabelle (FAT) als unbrauchbar gekennzeichnet hat. Jeder Zugriff auf den Urladersektor wird auf den umgespeicherten "guten" Urladersektor umgeleitet. Weitere 5 Sektoren werden vom BRAIN als "BAD" markiert und dazu benutzt, sich selbst dort zu speichern.

Wird eine Diskette in Laufwerk A: eingelegt und eine Taste gedrückt, prüft NOBRAIN, ob sie infiziert ist. Liegt kein Befall vor, erscheint die folgende Meldung:

```
DISK NOT INFECTED WITH "BRAIN" VIRUS.
```

Wenn sich der Virus auf der Diskette befindet, wird NOBRAIN ihn sofort entfernen. Die folgende Meldung bestätigt das:

```
THE "BRAIN" VIRUS HAS BEEN REMOVED FROM DISK!
```

Die Diskette kann entnommen werden und weitere Disketten können folgen. NOBRAIN fragt solange nach weiteren Disketten, bis Sie **<ESC>** drücken.

Fehlermeldungen

Wenn der (C)BRAIN-Virus aus irgendeinem Grund nicht entfernt werden kann, können ein oder mehrere der folgenden Fehlermeldungen auftauchen:

```
NO GOOD BOOT RECORD ON DISK
ERROR READING DISK
ERROR WRITING DISK
UNABLE TO RESTORE "BAD" SECTORS
DISK IN A: HAS NOT BEEN RECOVERED
```

Wenn eine dieser Meldungen erscheint, könnte die Diskette defekt sein. Bevor man sie jedoch wegwirft, sollte man versuchen, mit dem COPY-Kommando von DOS möglichst viele Dateien auf eine intakte Diskette zu retten. Der (C)BRAIN-Virus wird dabei nicht mitkopiert. BENUTZEN SIE NICHT "DISKCOPY"!!! DISKCOPY fertigt eine exakte Kopie der Diskette an und kopiert damit auch den Virus.

Zur Warnung

NOBRAIN ist inkompatibel zu MONITOR. NOBRAIN wurde in Assembler geschrieben und benutzt direkte Aufrufe des Disketten-BIOS über Int 0x13. LABTEST kann Ihnen die Stellen im Programm zeigen.

Mit Int 0x13 schreibt NOBRAIN den originalen Urladersektor wieder an seine korrekte Position. MONITOR wird dies jedoch verhindern. Darum muß MONITOR vor der Benutzung von NOBRAIN abgeschaltet werden.

NOBRAIN kann nur mit doppelseitigen 5 1/4 Zoll Disketten mit doppelter Dichte in Laufwerk A: benutzt werden. PS/2-Rechner mit einem 3 1/2 Zoll Laufwerk als A: und einem externen 5 1/4 Zoll Laufwerk als B: können nicht benutzt werden, um BRAIN-Viren mit NOBRAIN zu entfernen. Da NOBRAIN keine DOS-Aufrufe benutzt, wird das ASSIGN-Kommando nicht funktionieren.

LABTEST - ein Überblick

Prüfen Sie jedes neue Programm mit LABTEST, bevor Sie ihm den Zugang zu Ihrem System erlauben. Für den Test benötigen Sie nur den vollen Dateinamen der zu prüfenden Datei. Geben Sie ein:

LABTEST [DATEINAME.ERW] <ENTER>

Wenn das getestete Programm DOS umgehen oder einen Sektor absolut schreiben will, erscheint eine Meldung. Jeder absolute Schreibvorgang auf einen Sektor kann verheerende Folgen haben (was ist, wenn dort wichtige Daten gespeichert sind?) und das Programm sollte beiseite gelegt oder einem Experten gezeigt werden. BENUTZEN SIE SOLCH EIN PROGRAMM NICHT.

Als nächstes wird Ihnen LABTEST die im Programm enthaltenen Zeichenketten anzeigen. Einige werden keinen Sinn ergeben, andere sind verständlich. Alle Meldungen und Nachrichten, die bei Ablauf des Programmes auf dem Bildschirm erscheinen würden, sind mit aufgeführt. Sie müssen nun selbst entscheiden, ob eine der Textzeilen auf eine mögliche Gefahr hinweist.

LABTEST bei der Arbeit

LABTEST analysiert ein Programm, bevor es ausgeführt wird. Geben Sie einfach LABTEST gefolgt vom Namen der zu untersuchenden Datei ein. In den folgenden Beispielen haben wir das DOS-Programm FORMAT.COM benutzt.

LABTEST \DOS\FORMAT.COM <ENTER>

```
                L A B T E S T   Ver 4.1b
            (C) Copyright 1988, 1989 PANDA SYSTEMS
            WILMINGTON, DEL  All Rights Reserved



    Name of file to be checked.   Enter [d:][\path\]filename.ext
```

Abbildung 14.4

Wenn Sie den Dateinamen nicht mit angeben, werden Sie auf dem Begrüßungsbild von LABTEST danach gefragt (Abbildung 14.4).

Nun teilt Ihnen LABTEST mit, daß es arbeitet (Abbildung 14.5).

```
              L A B T E S T   Ver 4.1b
        (C) Copyright 1988, 1989 PANDA SYSTEMS
        WILMINGTON, DEL  All Rights Reserved



                    ANALYZING FILE
                C:\SYST\DOS\FORMAT.COM
                      PLEASE WAIT
                   TOTAL BLOCKS:11
                   READING BLOCK:5
```

Abbildung 14.5

Danach werden Warnungsmeldungen mit direkten Aufrufen des BIOS angezeigt (Abbildung 14.6).

```
                    LABTEST   WARNINGS
                  C:\SYST\DOS\FORMAT.COM


                    *** W A R N I N G ***
    This program may use BIOS disk calls at the following locations:
       0:2A2B    0:2A67    0:2AC0    0:2C54    0:2D5E


                    *** W A R N I N G ***
    This program may read/write absolute sectors at the following locations:
       0:11E1    0:120F    0:15D0    0:16D9    0:1707





            F1-HELP   F10-SEE PROGRAM MESSAGES
```

Abbildung 14.6

Wenn Sie sich gut auskennen, können Sie nun mit DEBUG weitere Nachforschungen anstellen:

```
-u2a2b
23CA:2A2B CD13            INT     13
23CA:2A2D 7269            JB      2A98
23CA:2A2F E88500          CALL    2AB7
23CA:2A32 72DD            JB      2A11
23CA:2A34 2E              CS:
23CA:2A35 833E037C08      CMP     WORD PTR [7C03],+08
23CA:2A3A 7406            JZ      2A42
23CA:2A3C 2E              CS:
23CA:2A3D C606647D02      MOV     BYTE PTR [7D64],02
23CA:2A42 BB0000          MOV     BX,0000
23CA:2A45 2E              CS:
23CA:2A46 8B0E037C        MOV     CX,[7C03]
23CA:2A4A 51              PUSH    CX
```

Als nächstes werden alle Zeichenketten angezeigt, die in der Datei enthalten sind. Einige davon sind nicht besonders sinnvoll (Abbildung 14.7).

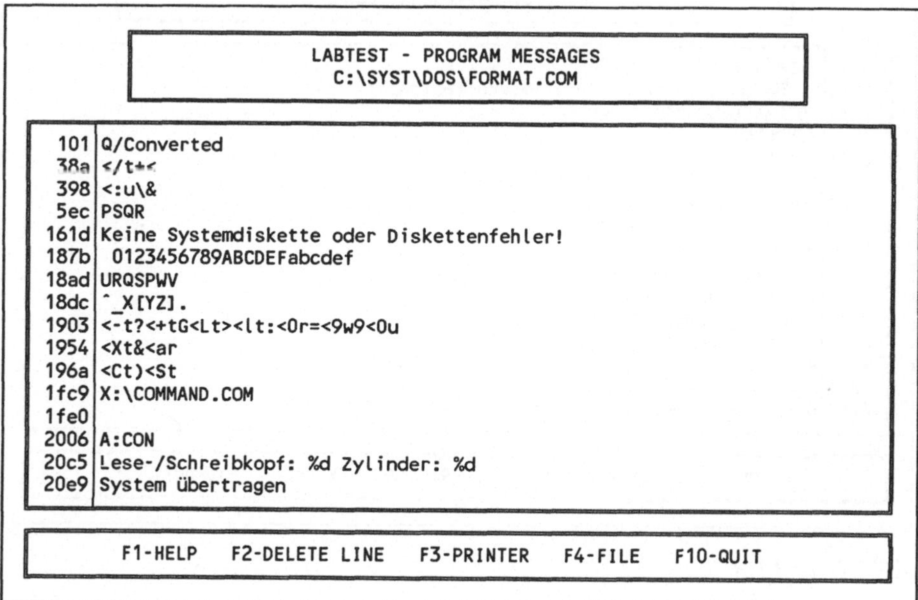

Abbildung 14.7

Hier kann wieder mit den Cursortasten gerollt und mit **<Bild↓>** und **<Bild↑>** geblättert werden. Sie werden in Zeile 161d eine

bekannte Meldung finden: "Keine Systemdiskette oder Disketten-
fehler!". Man kann sich diese Meldung auch mit DEBUG ansehen:

```
-d161d
23CA:1610                                              4B 65 69            Kei
23CA:1620  6E 65 20 53 79 73 74 65-6D 64 69 73 6B 65 74 74   ne Systemdiskett
23CA:1630  65 20 6F 64 65 72 20 44-69 73 6B 65 74 74 65 6E   e oder Disketten
23CA:1640  66 65 68 6C 65 72 21 0D-0A 00 A0 C3 03 A2 1E 13   fehler!.........
23CA:1650  A2 28 13 B9 06 00 8D 16-1E 13 B4 3C CD 21 8B D8   .(.........<.!..
23CA:1660  B9 00 58 1E 0E 1F 8D 16-F5 12 B4 40 CD 21 1F B4   ..X........a.!..
23CA:1670  3E CD 21 B9 06 00 8D 16-28 13 B4 3C CD 21 8B D8   >.!.....(..<.!..
23CA:1680  B9 00 76 8D 16 F5 12 B4-40 CD 21 B4 3E CD 21 33   ..v.....a.!.>.!3
23CA:1690  D2 B8 00 76 E8 79 F0 33-D2 B8 00 58 E8            ...v.y.3...X.
```

Um die nicht brauchbaren Texte aus der Liste zu entfernen, wurde
eine Funktion zum Löschen eingebaut. Positionieren Sie den
Cursor auf die zu löschende Zeile und drücken Sie <F2>
(Abbildung 14.8).

```
+--------------------------------------------------------------+
|        +-------------------------------------------+         |
|        |         LABTEST - PROGRAM MESSAGES        |         |
|        |         C:\SYST\DOS\FORMAT.COM             |         |
|        +-------------------------------------------+         |
|                                                              |
|    +---+-----------------------------------------------+     |
|    |101| Q/Converted                                   |     |
|    |161d| Keine Systemdiskette oder Diskettenfehler!   |     |
|    |187b|  0123456789ABCDEFabcdef                       |     |
|    |1fc9| X:\COMMAND.COM                                |     |
|    |2006| A:CON                                         |     |
|    |20c5| Lese-/Schreibkopf: %d Zylinder: %d           |     |
|    |20e9| System übertragen                            |     |
|    |2110| Formatierung beendet!                        |     |
|    |2136| Neue Diskette in Laufwerk %c: einlegen!      |     |
|    |215f| Wenn bereit, RETURN-Taste betätigen!         |     |
|    |2186| ACHTUNG! ALLE DATEN IN DEM                    |     |
|    |21a2| PLATTENLAUFWERK %c: WERDEN GELÖSCHT           |     |
|    |21c8| Formatierung fortsetzen?  (J/N):             |     |
|    |21ea| Noch eine Diskette formatieren?  (J/N):      |     |
|    |2213| DOS-Diskette in Laufwerk %c: einlegen!       |     |
|    |2262| Diskette wieder in Laufwerk %c: einlegen!    |     |
|    +---+-----------------------------------------------+     |
|                                                              |
|    +--------------------------------------------------+      |
|    |  F1-HELP   F2-DELETE LINE   F3-PRINTER   F4-FILE   F10-QUIT |
|    +--------------------------------------------------+      |
+--------------------------------------------------------------+
```

Abbildung 14.8

Um Hilfetexte angezeigt zu bekommen, können Sie **jederzeit**
<F1> drücken (Abbildung 14.9).

```
 ┌─────────────────────────────────────────────────────────────┐
 │        ┌────────────────────────────────────────┐            │
 │        │        LABTEST - PROGRAM MESSAGES       │            │
 │        │         C:\SYST\DOS\FORMAT.COM           │            │
 │        └────────────────────────────────────────┘            │
 │                                                               │
 │ ┌──────────────────────────────────────────────────────────┐ │
 │ │  101 │Q/Converted                                         │ │
 │ │ 161d │Keine Systemdiskette oder Diskettenfehler!          │ │
 │ │ 187b │ 0 ┌────────────────────────────────────────────┐   │ │
 │ │ 1fc9 │X: │          LABTEST  --   HELP                 │   │ │
 │ │ 2006 │A: │                                            │   │ │
 │ │ 20c5 │Le │F2-DELETE   :Deletes hilighted line from display. │
 │ │ 20e9 │Sy │F3-PRINTER :Send LABTEST output to printer.  │   │ │
 │ │ 2110 │Fo │F4-FILE     :Send LABTEST output to a disk file. │ │
 │ │ 2136 │Ne │F10-Quit    :Return to DOS and leave LABTEST. │   │ │
 │ │ 215f │We │To move hilight use arrow keys and <Home><End><PgUp><PgDn>. │
 │ │ 2186 │AC │          PRESS <Esc> TO END HELP            │   │ │
 │ │ 21a2 │PL └────────────────────────────────────────────┘   │ │
 │ │ 21c8 │Formatierung fortsetzen?  (J/N):                    │ │
 │ │ 21ea │Noch eine Diskette formatieren?  (J/N):             │ │
 │ │ 2213 │DOS-Diskette in Laufwerk %c: einlegen!              │ │
 │ │ 2262 │Diskette wieder in Laufwerk %c: einlegen!           │ │
 │ └──────────────────────────────────────────────────────────┘ │
 │                                                               │
 │ ┌──────────────────────────────────────────────────────────┐ │
 │ │  F1-HELP   F2-DELETE LINE   F3-PRINTER   F4-FILE   F10-QUIT │ │
 │ └──────────────────────────────────────────────────────────┘ │
 └─────────────────────────────────────────────────────────────┘
```

Abbildung 14.9

DRHOOK

DRHOOK ist ein Hilfsmittel zur Analyse für den fortgeschrittenen
PC-Benutzer. DRHOOK zeigt Informationen über die Gerätetreiberkette und die DOS-Speicherbelegung an. Wenn Sie nicht
wissen, was ein Gerätetreiber ist, können Sie getrost im nächsten
Kapitel weiterlesen.

DRHOOK bei der Arbeit

DRHOOK kann durch Eingabe von

DRHOOK <ENTER>

aufgerufen werden.

Der zuerst angezeigt Bildschirm zeigt die aktuelle Speicherbelegung Ihres PCs. Abbildung 14.10 gibt ein Beispiel dafür, wie so
etwas aussieht.

```
                      ┌─────────────────────────────────────┐
                      │          PANDA SYSTEMS              │
                      │       DR HOOK    Ver 4.1b           │
                      └─────────────────────────────────────┘
                                 DOS MEMORY USAGE

 ┌────────┬────────┬────────────┬─────────────┬───────────────────────┐
 │ MEMORY │ LENGTH │ PROGRAM    │ TYPE OF     │ HOOKED INTERRUPT      │
 │ SEGMNT │ IN BYTES│ NAME      │ SEGMENT     │ VECTORS               │
 ├────────┼────────┼────────────┼─────────────┼───────────────────────┤
 │ 09C7   │ 47264  │ SYSTEM     │ MEMORY      │ 02 08 0A 0B 0C 0D 0E» │
 │ 1552   │ 3648   │ COMMAND.COM│ PROGRAM     │ 22 24 2E              │
 │ 1637   │ 48     │            │ UNALLOCATED │                       │
 │ 163B   │ 1024   │ COMMAND.COM│ ENVIRONMENT │                       │
 │ 167C   │ 80     │ KEYB.COM   │ ENVIRONMENT │                       │
 │ 1682   │ 5472   │ KEYB.COM   │ PROGRAM     │ 09 2F                 │
 │ 17D9   │ 160    │ PZP.COM    │ ENVIRONMENT │                       │
 │ 17E4   │ 32000  │ PZP.COM    │ PROGRAM     │ 05 1C 21              │
 └────────┴────────┴────────────┴─────────────┴───────────────────────┘

        ┌──────────────────────────────────────────────────────┐
        │ Next Program Load Address       :  1FC0:0000         │
        │ Total System Memory            :655360 bytes         │
        │ Total Memory Used              :130048 bytes         │
        │ Memory Available For Next Program:525312 bytes       │
        └──────────────────────────────────────────────────────┘

          F1=HELP   F2=See Device Chain   F10=Quit to DOS
```

Abbildung 14.10

Auffinden der Gerätetreiberkette

DRHOOK öffnet mit einem Dateikontrollblock über Int 0x21
Funktion 0x0f das NUL-Gerät. Ab DOS-Version 2 wird dabei die
Segmentadresse des NUL-Gerätetreibers ab Offset 0x28 in den
Dateikontrollblock eingetragen. Wenn man in diesem Segment
nach der Zeichenkette "NUL" sucht, erhält man den Anfang der
Gerätetreiberkette. Da das NUL-Gerät immer am Anfang der Kette
steht, braucht DRHOOK nur noch der Kette folgen, und die
Informationen anzuzeigen. Jeder Eintrag in der Kette enthält die
folgenden Daten:

Offset	Länge	Inhalt
0	4 Bytes	Zeiger auf das nächste Gerät
4	2 Bytes	Attribut
6	2 Bytes	Einsprungadresse der Strategieroutine
8	2 Bytes	Einsprungadresse der Interruptroutine
A	8 Bytes	Anzahl der Einheiten oder Gerätename

Auffinden der Speicherbelegungskette

DRHOOK benutzt die undokumentierte DOS-Funktion 0x52, um den Anfang der Speicherbelegungskette zu finden. Die Kopfdaten jedes Speicherblocks umfassen folgende Informationen:

Offset	Länge	Inhalt
0	1 Byte	Signatur
1	2 Bytes	Belegtes Segment
3	2 Bytes	Länge in Paragraphen

Vorausgesetzt wird, daß der erste Block von DOS und der nächste Block von COMMAND.COM belegt werden. Ab diesem Punkt kann DRHOOK die Programmsegmentpräfixe (PSPs) der belegenden Programme untersuchen. Wenn das belegende Segment ein PSP ist, handelt es sich um ein TSR-Programm. Wenn der Umgebungszeiger auf das Segment zeigt, handelt es sich um einen Umgebungsblock. Wenn weder PSP noch die Umgebung das Segment für sich beanspruchen, wird angenommen, daß das Segment dem Programm als Speicher zugewiesen ist.

Wenn der Zeiger auf das Umgebungssegment im PSP vom Programm nicht verändert wurde, kann der Programmname aus den Umgebungsdaten ausgelesen werden (DOS Version 3+).

Informationen über Gerätetreiber

DRHOOK zeigt folgende Informationen über die Gerätetreiberkette an:

- Die Adresse des Gerätetreibers im Format SEGMENT:OFFSET. An dieser Stelle im Speicher beginnen die Informationen über den Gerätetreiber.

- Die Adresse der STRATEGIEROUTINE des Gerätetreibers. Über diese Adresse gibt DOS Informationen an den Gerätetreiber. Die Routine muß einen Speicherbereich für die Sicherung der von DOS übergebenen Parameter bereithalten.

- Die Adresse der INTERRUPTROUTINE des Gerätetreibers. Diese Adresse wird von DOS aufgerufen, wenn die Paramter bereits an die Strategieroutine übergeben worden sind. Der Aufruf der Interruptroutine folgt direkt auf den Aufruf der Strategieroutine.

- Der GERÄTETYP kann entweder BLOCK (Block) oder ZEICHEN (Character) sein. Zeichengeräte verarbeiten Informationen zeichenweise, während Blockgeräte immer Blöcke von

Zeichen auf einmal bearbeiten. Bekannte Blockgeräte sind
Disketten- und Festplattenlaufwerke.

- Die ANZAHL DER EINHEITEN / NAME. Wenn es sich um ein
  Blockgerät handelt (Attribut-Bit 15 = 0), gibt dieses Feld die
  Anzahl der angeschlossenen Einheiten an. Wenn es sich um ein
  Zeichengerät handelt, enthält dieses Feld einen 8-Byte langen
  Gerätenamen.

- Das ATTRIBUTWORT des Gerätetreibers. Dieses Wort (2 Byte)
  enthält Informationen über das Gerät.

BIT 15	0 = Blockgerät
	1 = Zeichengerät
BIT 14	1 = Unterstützt Ein-/Ausgabekontrolle für Geräte
BIT 13	1 = Unterstützt IBM-/MS-DOS Disketten
BIT 12	1 = Netzwerkgerät (DOS 3.0+)
BIT 11	1 = Unterstützt Medienwechsel
BIT 10	Reserviert
BIT 9	Reserviert
BIT 8	Reserviert
BIT 7	Reserviert
Bit 6	1 = Unterstützt generische Ein-/Ausgabe (DOS 3.3+)
BIT 5	Reserviert
BIT 4	1 = Konsole
BIT 3	1 = Uhr
BIT 2	1 = NUL-Gerät
BIT 1	1 = STDOUT (Standardausgabe)
BIT 0	1 = STDIN (Standardeingabe)

DRHOOK gibt das Attributwort als vierstellige Hexadezimalzahl
aus. Um die Zahlenumwandlung zu erleichtern, können Sie die
folgende Tabelle benutzen:

0	0000	4	0100	8	1000	C	1100
1	0001	5	0101	9	1001	D	1101
2	0010	6	0110	A	1010	E	1110
3	0011	7	0111	B	1011	F	1111

Die folgende Abbildung zeigt eine typische Ausgabe von
DRHOOK. Auf dem Bildschirm sind die Gerätetreiberinforma-
tionen angezeigt. Wenn es mehr Geräte gibt, als angezeigt werden,
erscheint das Wort "more" mit einer Richtungsangabe. Mit den
Pfeiltasten kann durch die Auflistung gerollt werden (Abbildung
14.11).

```
┌─────────────────────────────────────────────────────────────┐
│              ┌───────────────────────────────┐              │
│              │        PANDA SYSTEMS          │              │
│              │      DR HOOK    Ver 4.1b       │              │
│              └───────────────────────────────┘              │
│                  DOS DEVICE DRIVER CHAIN                     │
```

DRIVER ADDRESS	STRATEGY OFFSET	INTERRUPT OFFSET	DEVICE TYPE	DEVICE NAME/NUM	ATTRIBUTE WORD
027A:0048	15B6	15BC	CHARACTER	NUL	8004
0FE7:0000	0247	0252	CHARACTER	CON	8003
0A17:0000	33A7	33B0	CHARACTER	EMMXXXX0	8000
09D3:0000	00B0	00BB	BLOCK	1 UNIT	0800
09C7:0000	000F	001A	BLOCK	1 UNIT	0840
0070:016E	05DC	05E7	CHARACTER	CON	8013
0070:0180	05DC	05ED	CHARACTER	AUX	8000
0070:0192	05DC	060A	CHARACTER	PRN	A040
0070:01A4	05DC	0630	CHARACTER	CLOCK$	8008
0070:01B6	05DC	0636	BLOCK	4 UNITS	0840
0070:01CA	05DC	05ED	CHARACTER	COM1	8000
0070:01DC	05DC	0610	CHARACTER	LPT1	A040
0070:01EE	05DC	0618	CHARACTER	LPT2	A040
0070:0200	05DC	0620	CHARACTER	LPT3	A040

more ↓   more ↓

```
              F1=HELP   F3=See TSRs   F10=Quit to DOS
```

Abbildung 14.11

Die Anzeige der Speicherzuweisungsdaten

DRHOOK zeigt die Segmentadressen aller von DOS belegten
Segmente an, mit Ausnahme der von DRHOOK selbst belegten.
Die von DRHOOK belegten Segmente (Umgebung, Programm
und Speicher) werden zu den nicht belegten hinzugezählt, um den
Zustand des Speichers ohne laufende Programme zu zeigen.

- Die SPEICHERSEGMENT-Adresse zeigt auf den Anfang des
  Segmentes mit Offset 0. Dabei handelt es sich um das belegte
  Segment selbst und nicht um den Speicherkontrollblock (MCB),
  der 16 Byte lang ist (ein Paragraph) und sich ein Segment *vor*
  dem belegten Block befindet. Jedem Programm wird eine DOS
  Prozeß-ID (PID) zugewiesen, die auf die Segmentadresse des
  zugehörigen PSPs verweist. Jedesmal, wenn das Programm
  Speicher anfordert, fügt DOS die PID in den MCB des zugewie-
  senen Speicherblocks ein. Wenn ein Speicherblock wieder freigegeben wird, setzt DOS die PID im MCB auf 0, womit der
  Block wieder als unbenutzt gekennzeichnet ist.

- LÄNGE in Byte. DOS belegt für Programme immer nur Spei-
  chereinheiten mit einer Länge von 16 Byte (einem Para-

graphen). Die Länge eines Speicherblocks wird in Paragraphen gezählt und im MCB gespeichert. DRHOOK wandelt diesen Wert in eine Dezimalzahl um, damit er leichter lesbar ist.

- Der PROGRAMMNAME ist der Dateiname des belegenden Programms, wenn er zur Verfügung steht. Neuere DOS-Versionen speichern den Dateinamen eines Programms am Ende des Umgebungssegmentes ab. Wurde das Umgebungssegment vom Programm nicht freigegeben, kann der Dateiname angezeigt werden. Wurde das Umgebungssegment freigegeben, (bei PANDA TSR-Hilfsprogrammen üblich), wird "Unknown" (Unbekannt)" statt des Dateinamens angezeigt.

- Der SEGMENTTYP. Wenn die PID im MCB mit der Segmentadresse übereinstimmt, handelt es sich um ein Programmsegment. Ist dies nicht der Fall, wird der PSP geprüft, um festzustellen, ob es sich um ein Umgebungssegment handelt. Wenn beides nicht zutrifft, handelt es sich wahrscheinlich um Speicher, der vom Programm angefordert wurde.

- BENUTZTE INTERRUPTVEKTOREN. Die Interruptvektorentabelle (IVT) wird für jedes Segment durchsucht, um festzustellen, ob irgendwelche Interruptvektoren benutzt werden. Dabei werden nur die Interrupts 0 bis 0x7F geprüft, da die meisten darüberliegenden Vektoren von BASIC belegt und nach Beendigung nicht freigegeben werden. Wenn vor dem Aufruf von DRHOOK einmal BASIC gelaufen hat, würden alle Interrupts von 0x80 bis 0xFF auf freie Segmente oder andere Programme zeigen. Die Interruptnummern werden in Hex ausgegeben.

- Die LADEADRESSE DES NÄCHSTEN PROGRAMMS gibt das Segment an, in das DOS das nächste aus der Kommandozeile gestartete Programm legen wird. Diese Adresse ist momentan noch die Adresse des PSPs von DRHOOK.

- GESAMTER SPEICHER gibt die Anzahl des Bytes an, die für DOS-Programme noch zur Verfügung stehen. Dieser Wert muß nicht mit dem installierten Speicher des Rechners übereinstimmen.

- BELEGTER SPEICHER gibt die Anzahl der Bytes an, die von DOS und anderen TSRs belegt werden. Dieser Wert errechnet sich aus der PSP-Adresse von DRHOOK, die mit 16 multipliziert und um die Anzahl der freien Speicherblöcke vermindert wird.

- SPEICHER, DER DEM NÄCHSTEN PROGRAMM ZUR VERFÜGUNG STEHT. Da der gesamte Speicher in viele kleine

Blöcke aufgeteilt sein kann, kann es vorkommen, daß DOS für ein großes Programm keinen zusammenhängenden Block mit ausreichender Größe findet.

Hier ein typischer Bildschirm, wie er von DRHOOK auf einem gut ausgelastetem PC angezeigt wird (Abbildung 14.12).

```
                        PANDA SYSTEMS
                        DR HOOK   Ver 4.1b

                       DOS MEMORY USAGE

 MEMORY | LENGTH  | PROGRAM      | TYPE OF      | HOOKED INTERRUPT
 SEGMNT | IN BYTES| NAME         | SEGMENT      | VECTORS

  09C9     29088    SYSTEM         MEMORY         02 0E 15 19 1B 29
  10E4      3376    COMMAND.COM    PROGRAM        22 24 2E
  11B8        48                   UNALLOCATED
  11BC       320    COMMAND.COM    ENVIRONMENT
  11D1       176    CED.COM        ENVIRONMENT
  11D1     16304    CED.COM        PROGRAM
  11DD       160    SK.COM         ENVIRONMENT
  15D9         0                   UNALLOCATED
more                                                                 more
  ↓                                                                   ↓

        Next Program Load Address        :  26A7:0000
        Total System Memory              :654336 bytes
        Total Memory Used                :158320 bytes
        Memory Available For Next Program:496016 bytes

        F1=HELP   F2=See Device Chain   F10=Quit to DOS
```

Abbildung 14.12

- CED ist ein DOS-Kommandozeileneditor, der zusätzlichen Komfort für die Arbeit mit COMMAND.COM bietet. Dieses Hilfsprogramm belegt eigentlich Int 0x21, aber ein nachher geladenes TSR-Programm hat den Vektor übernommen. SK.COM ist Borland's SideKick, das mehrere Vektoren benutzt.

Blättern in den Informationen

Werden mehr Vektoren belegt, als auf den Bildschirm passen, erscheint rechts ein kleiner Pfeil, der anzeigt, daß mit den Cursortasten nach links und rechts gerollt werden kann. Sind mehr Segmente belegt, als auf den Bildschirm passen, erscheint die Anzeige "more" mit einem Richtungspfeil. Bei Betätigung der Cursortasten für die entsprechende Richtung wird der Bildschirminhalt verschoben.

Es gibt auch Hilfe

Mit der Taste **<F1>** können kontextsensitive Hilfestellungen
angefordert werden. Da der Hilfetext eine verkürzte Version des
gerade gelesenen Textes ist, dürften Sie Ihn eigentlich nicht mehr
benötigen.

Kapitel 15

Wie Sie Ihr Sicherheitssystem aufbauen

Dieses Kapitel beschäftigt sich mit etwas, was nicht von Software kontrolliert werden kann, die Interaktion zwischen Maschine, Software und Benutzer. Wenn auf einem PC - selbst wenn er dem besten Antiviren-Entwickler gehört - ungewohnte Dinge passieren, löst das oft Panik aus. Manche Datenverluste entstehen erst, weil man es versäumt hat, den Ernstfall zu üben.

Die Rolle von DR. PANDA

DR. PANDA ist nur ein Teil eines größeren Sicherheitsplans. Die Installation der Software und die Benutzung der beschriebenen Prozeduren erhöht Ihre Sicherheit und Ihren Schutz vor externen Angreifern. Denken Sie daran, daß nur Sie verantwortlich sind und die größte Gefahr immer noch der "zweibeinige Virus" ist.

Sichere Verhaltensweisen

Es gibt einige Dinge, die sich jeder Benutzer von Computern angewöhnen sollte.

- Wenn Sie Ihren Computer niemals ausstellen, sollten Sie am Ende Ihrer Arbeit den Rechner abschließen und den Monitor ausschalten.

- Wenn das Telefon klingelt oder jemand Ihren Arbeitsbereich betritt, schalten Sie zumindest den Monitor aus. Am besten schließen Sie alle Dateien, mit denen Sie gerade arbeiten. Durch diese Maßnahmen geben Sie der Versuchung, mit verringerter Aufmerksamkeit weiterzuarbeiten, keine Chance. Wenn Ihre Arbeit vertraulich ist, sollten Sie sicher gehen, sie vor einem zufälligen Beobachter zu verbergen.

- Wenn Sie in der Nähe Ihres Computers essen, trinken oder rauchen müssen, nehmen Sie sich eine Minute Zeit, um einen sicheren Platz für das Essen, die Tasse Kaffee und den Aschenbecher auszuwählen. Diese Dinge sollten so weit wie möglich vom Computer entfernt sein. Wir haben schon viele Leute beobachtet, die eine Tasse Kaffee auf der linken Seite abgestellt haben, sie mit der linken Hand nehmen und über der Tastatur in die rechte Hand nehmen. Nachdem sie einen Schluck getrunken haben, führen sie die Tasse den gleichen Weg zurück. Viele Büros haben einen spürbaren Luftzug. Stellen Sie den Aschenbecher so auf, daß er nicht in der Windrichtung steht.

- Beschriften Sie alle Disketten. Eine Diskette ohne Beschriftung schreit förmlich "Formatiere mich!". Legen Sie immer mindestens eine frisch formatierte Diskette bereit, denn wenn Sie eine brauchen, dann brauchen Sie sie *sofort*!

- DATENSICHERUNG - Vergessen Sie nicht, Ihre Sicherungsdisketten oder -bänder nach einem Rotationsprinzip zu benutzen.

- Vergessen Sie nicht das CHKDSK-Kommando in Ihre AUTOEXEC.BAT-Datei aufzunehmen. Wenn Sie einer von denen sind, die ihren PC niemals ausschalten, geben Sie von Zeit zu Zeit manuell CHKDSK ein.

- Sorgen Sie für Ihren PC. Lassen Sie den Lüfter nicht verstauben, und drehen Sie manchmal die Tastatur um, um den Dreck zwischen den Tasten auszuschütteln.

- Vergessen Sie den Satz, "Nur dieses eine Mal". Lassen Sie den schlampigen Angewohnheiten erst gar keine Chance. Man gewöhnt sich so schnell an sie.

Eine Erklärung für Fehlermeldungen

Meistens bemerken Sie durch eine Fehlermeldung auf dem Bildschirm, daß etwas schiefgelaufen ist.

Obwohl Fehlermeldungen eigentlich zu unserer Information da sind, können sie einem auch ganz schön Angst einjagen!

Wir wollen uns einmal die fürchterlichste Nachricht ansehen, die uns begegnen kann:

```
General Failure  [Verarbeitung abgebrochen]
```

Selbst den Gurus bei Microsoft würde bei dieser Meldung nichts anderes einfallen, als (a) noch einen Versuch zu wagen und dann (b) professionelle Hilfe zu rufen.

Jede Fehlermeldung kann für Aufregung sorgen, wenn Sie vorher noch nie aufgetaucht ist.

Woher Fehlermeldungen kommen (außer von Fehlern)

Fehlermeldungen können entweder von DOS oder vom gerade laufenden Anwendungsprogramm kommen. Um herauszufinden, was die Meldung bedeutet und warum sie erschienen ist, muß man im Benutzerhandbuch nachschlagen. Wer eine Raubkopie benutzt, ist hierbei natürlich im Nachteil. Man sollte außerdem daran denken, daß ein Andwendungsprogramm ein völlig anderes Programm aufrufen kann (dBASE kann beispielsweise CrossTalk aufrufen).

DOS-Fehlermeldungen haben ein festgelegtes Format. Sie sind knapp gehalten und enden nicht mit einem Satzzeichen. Die Fehlermeldungen der meisten Anwendungsprogramme sind informativer und benutzerfreundlicher. Eine ruhige Art, das Problem einer Fehlermeldung anzugehen, ist, sich in die Handbücher zu vertiefen und ihre Bedeutung herauszufinden. Gleichzeitig findet man oft auch Hilfestellungen, wie man fortfahren sollte. Die meisten von uns fangen in ihrer Aufregung jedoch an, wie wild auf die Tasten einzuhämmern, um die Situation zu bewältigen. So ist die menschliche Natur.

NO WAIT-STATE - die Gefahr, daß man die Geduld verliert

Wir sind daran gewöhnt, daß der Computer sofort antwortet. Wenn die Aktivitäten länger als erwartet dauern, setzt langsam Angst ein. Eine andere Gefahr besteht darin, dem Computer eine langwierige Aufgabe zu geben, obwohl man aber eigentlich keine Zeit hat zu warten. Das kann aus Gedankenlosigkeit oder aus Versehen passieren.

Programme, die gefahrlos während der Verarbeitung unterbrochen werden können, ohne die Daten zu gefährden, bieten auch die Möglichkeit der Unterbrechung an. Die <Strg><BREAK>-Funktion ist ein gutes Beispiel dafür. Die meisten Textverarbeitungsprogramme erlauben die Unterbrechung von Druckausgaben durch eine Menüauswahl. Wenn keine "Stop"-Möglichkeit angeboten wird, hat das seinen Grund: Daten werden im RAM hin und her geschoben und eine Unterbrechung würde sie vernichten. Beispiele für Operationen, die möglichst nicht unterbrochen werden sollten, sind:

Seitenumbruch und Suche/Ersetze-Funktionen in Textverarbeitungsprogrammen

Neuberechnung eines Arbeitsblattes einer Tabellenkalkulation

Indexerstellung bei Datenbanken

Es ist wichtig, daß man von wichtigen Daten Sicherheitskopien anfertigt, bevor man sie dem flüchtigen Hauptspeicher übergibt. Die Textverarbeitung, mit der dieses Buch erstellt wurde, bietet einige hervorragende Funktionen, aber auch einiges, was besser gelöst sein könnte. Wenn große Bereiche des Dokumentes verschoben oder gelöscht werden, wird der vorher belegte Speicherplatz so lange "festgehalten", bis der Benutzer die Funktion "Compress (Verdichten)" aufruft. Diese Funktion ist sowohl Speicher wie auch E/A-aufwendig. Der abschließende Compress der ersten Version dieses Buches vernichtete ungefähr 20000 Worte. Glücklicherweise gab es Sicherungskopien, eine neben dem PC, eine auf Laufwerk D:, eine im Daten-Hotel und eine weitere anderswo außerhalb des Firmengeländes.

Sie glauben, Ihre Daten sind bedroht?

Wenn Sie daran glauben, ist Ihre Angst vielleicht direkt proportional zu dem Wert der von Ihnen nicht gesicherten Daten. Wenn Ihre aktuelle Sicherungskopie in Reichweite liegt und Sie Kopien von allen Originalen besitzen, haben Sie nichts zu befürchten. Sie werden höchstens eine gewisse Zeit benötigen, die Daten wieder herzustellen.

Warnsignale

Die folgenden Ereignisse können durch einen Virus ausgelöst werden, aber auch andere Ursachen haben:

- Eine bekannte Operation benötigt exponentiell mehr Zeit als bisher.
- Die Tastatur ist gesperrt.
- Dateien sind durcheinander gebracht worden.
- Programme funktionieren nicht mehr richtig.
- Dateien sind verändert worden oder fehlen.
- Die Dateistruktur wurde verändert.
- Ungewöhnliche Zugriffe auf Disketten.
- Vollständiges Aussetzen der Festplatte.

Glücklicherweise kann man sich auf die Meldungen von DR. PANDA mehr verlassen, als auf diese Anzeichen.

Der erste Schritt bei der Fehlersuche umfaßt drei Fragen: "Was ist passiert?", "Was habe ich (oder jemand anders) getan?" und "Was ist anders?"

Mit diesen Fragen würde wahrscheinlich das Problem einer verlorenen Datei gelöst werden, nicht aber das einer streikenden Festplatte. Das Versagen eines Laufwerks ist meistens ein Hardwareproblem. Eine verlorene Datei ist meistens das Ergebnis eines irgendwo ausgeführten Befehls. Wir wollen die oben aufgeführten Ereignisse näher untersuchen, um das Problem herauszufinden, seine Ursache festzustellen und es zu beheben.

- **Eine bekannte Operation benötigt exponentiell mehr Zeit als bisher.** Selbst kleine Verzögerungen können schon störend sein. Die Methode, mit der DOS Daten schreibt, führt über längere Zeit dazu, daß die Daten über die gesamte Platte/Diskette verstreut liegen. Darum wird zum Auffinden immer mehr Zeit verbraucht. Benutzen Sie ein Standard-Hilfsprogramm, das die Daten in eine brauchbare Anordnung bringt. PC Tools und Disk Optimizer können für diese Aufgabe verwendet werden.

Das beste, was man unternehmen kann, wenn eine Aktion scheinbar ewig dauert, ist einfach abzuwarten, bis sie zu Ende ist. Ein Datentransfer mit Fehlerprüfung kann über gestörte Leitungen vier- bis fünfmal so lange dauern wie über "saubere" Leitungen. Natürlich kann eine "endlose" Verarbeitung auch durch eigene Schuld entstehen, z.B. durch eine Endlosschleife in einem Makro. Wenn Sie nicht warten können, warten wollen oder sicher sind, daß Sie lang genug gewartet haben, bleibt nur noch das Abschalten des PCs. Wenn Sie dann noch Dateien offen hatten, sind diese dann möglicherweise verloren. Nehmen Sie Ihre Sicherungskopie, und versuchen Sie es nochmals.

Wenn beim zweiten Versuch alles normal verläuft, machen Sie sich nicht zuviele Sorgen. In der Welt der PCs gibt es viele unerklärte Phänomene. Tritt der gleiche Effekt wieder auf, müssen Sie feststellen, warum. Ihre Suche sollte beim ablaufenden Programm beginnen. Wenn es sich um ein kommerzielles Produkt handelt, benutzen Sie DOS COMP, um das Programm mit dem auf der Originaldiskette zu vergleichen. Wenn Sie das Programm selber geschrieben haben, benutzen Sie eine Hilfe wie MONITOR, um festzustellen, wo der Fehler liegt. Sie können auch eine ältere Version Ihres Programms zur Hand nehmen.

- **Die Tastatur ist gesperrt.** Dieser Fall ist etwas unangenehm, denn Sie haben keine Möglichkeit mehr, der CPU Mitteilungen zu machen. Wenn Sie bei jedem Tastendruck ein gemeines "Piep" hören, wissen Sie, daß Sie ausgeschlossen sind.

  Wir empfehlen erst einmal Ruhe zu bewahren. Manchmal regeln sich die Dinge im Rechner erst nach langer Zeit wieder, so daß Tastendrücke angenommen werden. Warten Sie fünf Minuten und probieren Sie es noch einmal. Wenn Sie immer noch ausgeschlossen sind, ist es Zeit für den großen roten Schalter. Schalten Sie Ihren PC aus und nehmen Sie Ihre Sicherungskopie zur Hand, wenn sie mit Daten gearbeitet haben. Versuchen Sie genau die gleiche Operation noch einmal durchzuführen, bevor Sie "Hilfe" rufen.

  Manchmal kann man sich auch aussperren, wenn man ein nicht vorhandenes Peripheriegerät, z.B. einen Drucker anspricht. Der Computer sucht nach dem Gerät und kann dabei keine anderen Aktivitäten durchführen. Diese Situation kann auf zwei Arten eintreten. Entweder ist der Drucker einfach nicht vorhanden, oder er ist ausgeschaltet. Ein **<Druck>** wird Ihren PC verrückt machen. Schaltet man den Drucker an, ist das Problem schon gelöst. Sonst müssen Sie einen Neustart durchführen. Es gibt ein kleines Public Domain-Programm, daß nach Betätigung von **<Druck>** eine Sicherheitsabfrage durchführt. Vielleicht schaffen Sie es sich an.

  Ein anderer Weg, den Computer zu verwirren, ist, ihn nach dem *falschen* Drucker zu fragen. Serielle Drucker erhalten ihre Informationen über die serielle Schnittstelle. Parallele Drucker erhalten ihre Daten über die Druckerschnittstellen (LPT1, LPT2). Der Computer muß natürlich denken, er würde eine Druckerschnittstelle bedienen. Darum muß bei seriellen Druckern auch das MODE-Kommando eingesetzt werden. Die Qualität Ihrer Software entscheidet, ob Ihnen eine Fehlermeldung angezeigt wird, oder ob Sie neu starten müssen.

  "C"-Programmierer berichten, daß es nicht schwierig ist, versehentlich Daten an die Tastatur zu senden. Man hat dann keine andere Wahl als den Neustart.

- **Dateien sind durcheinander gebracht worden.** Furchtbar anzusehen, aber leicht durch eine Sicherungskopie wiederherzustellen. Dieser Fehler tritt meistens auf, wenn Probleme bei der

Stromversorgung die Daten im RAM zufällig verändert haben. Seltener ist der Fall, daß ein residentes Programm in Konflikt mit dem verwendeten Speicherbereich gekommen ist. Wenn Sie ein neues TSR-Programm eingesetzt haben, könnte das die Ursache sein. Starten Sie Ihren Rechner ohne das neue Programm, und versuchen Sie die Arbeitsschritte nochmals.

- **Programme funktionieren nicht mehr richtig.** PHYSICAL und QUIKPHYS sollten darauf aufpassen, daß sich Ihre Programme nicht verändern. Wenn sie sich nicht verändert haben (mit COMP überprüft), müssen Sie nach einem anderen Grund suchen. Überprüfen Sie, ob die Werte für FILES und BUFFERS in der Datei CONFIG.SYS für Ihre Anwendungen ausreichen. Prüfen Sie auch die Datei AUTOEXEC.BAT auf Änderungen. Wenn das Programm neu für Sie ist, beschäftigen Sie sich mit den Handbüchern, RTBF (Read The Book First).

- **Dateien sind verändert worden oder fehlen.** DOS bietet uns einen besonder einfachen Weg, eine Datei mit dem COPY-Kommando zu verändern. Wenn Sie auf einer Diskette eine kleine Datei namens "WICHTIG.TXT" gespeichert haben und sich auf Ihrer Festplatte eine riesige Datei mit gleichem Namen befindet, könnten Sie ein Opfer werden. Es würde wie folgt passieren:

   COPY A:WICHTIG.TXT C:

   DOS wird nicht einen Muckser machen. Es wird die Datei von A: *über* die Datei auf Laufwerk C: schreiben. Benutzer, die oft das COPY-Kommando benutzen und viele Dateien gleich benennen, stolpern oft über dieses Phänomen. Viele Anwendungspakete bieten Kopierprogramme, die einen solchen Konflikt entdecken. DOS kümmert sich nicht darum.

   Wenn Dateien verschwunden sind, muß man als erstes herausfinden, wohin sie gegangen sind. Eine Un-erase-Hilfsprogramm kann dabei Hilfestellung geben (Norton Utilities, Mace Utilities, PCTools). Eine gelöschte Datei befindet sich immer noch auf der Platte/Diskette, bis DOS diesen Platz benötigt. Die Chance, eine gelöschte Datei zu retten, sinkt also mit der weiteren Benutzung des externen Speichers. Wenn fehlende Dateien wieder hergestellt worden (oder vom Backup zurückgeladen) sind, sollte man als nächstes auf eine Wiederholung des Vorfalls achten.

- **Die Dateistruktur wurde verändert.** PHYSICAL achtet auf Änderungen in der verborgenen Dateistruktur. Sie sollten von Zeit zu Zeit einmal Ihre Festplatte durchsehen. Wenn Sie heute

2 MB frei haben, wo gestern noch 10 MB waren, wird es Zeit, den Übeltäter zu suchen. Wenn ein unbekanntes Unterverzeichnis oder eine unbekannte Datei auftaucht, sollten Sie näher hinsehen, aber nicht in Panik geraten.

- **Ungewöhnliche Zugriffe auf Disketten.** Solch ein Vorgang bedeutet meistens Ärger. Wenn Sie bemerken, daß das Diskettenlaufwerk läuft, obwohl Sie nur mit der Festplatte arbeiten, sollten Sie der Sache nachgehen. Prüfen Sie die Unterverzeichnisse, in denen sich die gerade benutzte Anwendung befindet. Schalten Sie zur Sicherheit den PC aus, um den Speicher zu löschen. Halten Sie Ausschau nach einem Virus.

- **Vollständiges Aussetzen der Festplatte.** Starten Sie als erstes den PC von einer DOS-Diskette in Laufwerk A:. Geben Sie dann **C: <ENTER>** ein. Wenn auf das Laufwerk C: so nicht zugegriffen werden kann, sollten Sie einen Reparaturservice in Anspruch nehmen. Wenn die Festplatte antwortet, nehmen Sie die DOS-Diskette aus Laufwerk A:, und versuchen Sie noch einmal zu starten. Vielleicht kommen Sie trotzdem nicht um eine Reparatur herum.

WICHTIG: Wenn der PC während eines Zugriffs auf ein Laufwerk ausgeschaltet wird, geraten die Bytes durcheinander. Sie sollten als nächstes eine Prüfung mit CHKDSK durchführen. Wenn Sie dies nicht machen, können noch verrücktere Dinge geschehen.

Die Suche nach dem Täter

Wir hoffen, daß DR. PANDA niemals die Anwesenheit eines Virus auf Ihrem Rechner feststellen wird. Was aber, wenn es doch passiert? Sind Sie ein Abenteurer, der die Aufregung des Ereignisses genießt? Oder wollen Sie nur, daß dieses verdammte Ding endlich wieder arbeitet? Wir empfehlen, der verdächtigen Angelegenheit auf jeden Fall auf den Grund zu gehen. Vor allem wenn zwischen PCs viel Kommunikation betrieben wird, sollte dieses durchgeführt werden. Zu Beginn führen Sie einige einfache Prüfungen durch:

- Beginnen Sie mit Ihren Nachforschungen immer nach dem Start von einer DOS-Diskette in Laufwerk A:. Achten Sie darauf, daß die Warneinrichten aus CONFIG.SYS und AUTOEXEC.BAT nun *nicht* aktiv sind.

- Benutzen Sie ein Hilfsprogramm, um die Dateien jedes Unterverzeichnisses nach Datum und Zeit zu sortieren. Jedes Datum vor dem 01/01/80 ist eine eindeutige Warnung. Dateien mit einem Datum in der Zukunft sollten überprüft werden. Suchen Sie nach "00" in Daten und Uhrzeiten. Zeiten größer als 23:59:59 sollten ebenfalls bemerkt werden.

- Sortierung nach der Dateigröße. Achten Sie auf besonders große Dateien und solche mit der Länge Null.

- Sortierung nach dem Dateinamen. Wenn bei einer Datei mit der Endung .EXE eine gleichnamige .COM-Datei existiert, bedeutet das ernsthaften Ärger. Es ist festgelegt, daß .COM-Dateien bevorzugt werden. Suchen Sie auch nach seltsamen Dateinamen.

- Sortierung nach der Erweiterung. Beim ersten Durchsehen haben Sie vielleicht noch etwas übersehen, was nun deutlicher wird. Der Dateiname DBASE.KIL kann sich leicht unter harmlosen Dateinamen verstecken.

- Ein Inhaltsverzeichnis kann mit einem DOS-Kommando auf den Drucker oder eine Datei umgeleitet werden. Ein ausgedrucktes Inhaltsverzeichnis kann nützlich sein, wenn man es mit einem Verzeichnis eines anderen PC vergleichen will. Um ein Inhaltsverzeichnis auf eine Datei umzuleiten geben Sie ein:

DIR >DATEINAME.TXT

Umleitung auf den Drucker:

DIR >LPT1

- Vergleichen Sie die ausführbaren Dateien mit denen in der Datei PHYSICAL.DAT. Eine nicht aufgeführte Datei ist verdächtig.

Aufräumarbeiten

Diese Aufgabe besteht aus zwei Teilen. Zuerst muß der infizierte PC gesäubert werden. Das ist einfach. Danach muß man versuchen, alle Ableger des zerstörenden Codes auf Disketten und anderen PCs zu finden.

Zuerst benötigen Sie das Programm FDISK, das mit DOS geliefert wird. Mit diesem Programm kann die Festplatte virtuell formatiert werden. Wenn Sie ganz sicher gehen wollen, können Sie vor der Formatierung das Hilfsprogramm WIPEDISK der Norton Utilities benutzen.

Wenn FDISK fertig ist, können Sie damit beginnen, die gesamte Software wieder zu installieren. Benutzen Sie aber nur

Originalsoftware, da der Virus auch auf Ihren Sicherungskopien lauern könnte.

Erstellen Sie als nächstes die Dateien AUTOEXEC.BAT und CONFIG.SYS.

Wenn Ihre Programme wieder einsatzbereit sind, können Sie die Daten dazuspielen. Benutzen Sie zum Kopieren nur das COPY-Kommando von DOS.

Installieren Sie als letztes die DR. PANDA Hilfsprogramme.

Prüfen der Disketten

Es wird Zeit, einen Blick auf das Diskettenarchiv zu werfen, denn der Virus könnte sich auch dort breitgemacht haben. Sie sollten sich Zeit dazu nehmen und sehr vorsichtig sein. Falls Sie sich auskennen, sollten Sie den Festplattencontroller entfernen. In dieser "sauberen" Umgebung können Sie die folgenden Arbeiten durchführen. Sprechen Sie *auf keinen Fall* irgendeine Datei auf der Festplatte an!

Wir wollen nun die Datendateien von möglicherweise *infizierten* Disketten auf *sichere* Disketten kopieren. Als erstes brauchen Sie sichere Disketten. Die "alten" Disketten können nach dem Kopieren neu formatiert werden. Wir wollen für unsere Zwecke mit einer Zehnerpackung neuer Disketten beginnen. Nachdem Sie von Laufwerk A: gestartet haben, können Sie sie formatieren. Dann kann der Spaß beginnen.

Suchen Sie in den Verzeichnissen aller Disketten nach Datendateien, die Sie übertragen wollen (nur Daten!). Vielleicht kann Ihnen ein Hilfsprogramm dabei helfen. Wir empfehlen, das Inhaltsverzeichnis auszudrucken.

Kopieren Sie nun die Dateien einzeln oder mit Dateigruppenzeichen (? und *). Überprüfen Sie, daß nicht versehentlich eine Programmdatei mitkopiert wurde. Mit zwei Diskettenlaufwerken ist dieser Arbeitsschritt langwierig und ermüdend. Mit einem Diskettenlaufwerk ist es kaum durchzuführen. Benutzen Sie in diesem Fall ein speziell eingerichtetes Unterverzeichnis auf der Festplatte zur Zwischenspeicherung.

Die alten Disketten müssen neu formatiert werden (Sie dürfen nicht einmal an DEL *.* denken) und können danach wieder benutzt werden. Wenn Sie die Disketten nicht sofort formatieren, sollten Sie sie eindeutig kennzeichnen, am besten mit einem großen roten Aufkleber, damit Sie auch später noch erkennen, daß die Disketten vielleicht infiziert sind. Das ausgedruckte Inhaltsverzeichnis können Sie dazulegen, damit Sie auch später noch den Inhalt der Diskette parat haben.

Wenn Sie Forscherdrang besitzen, können Sie die Diskette mit CHKDSK auf versteckte Dateien prüfen, Programme mit LABTEST untersuchen und viel Zeit damit verbringen.

Die Verantwortung nach Auftreten eines Virus

Wenn sie einen Virus auf einen anderen PC übertragen, könnte er das nächste Mal wieder bei Ihnen landen. Es ist natürlich besser, wenn Sie das angreifende Programm isoliert haben und die Merkmale seiner Anwesenheit kennen. Beeilen Sie sich nicht, Ihren PC wieder in Gang zu bringen, sonst fallen Sie vielleicht auf einen falschen Virus-Alarm herein.

Wenn Sie wirklich ein zerstörendes Programm entdecken, informieren Sie andere davon. Vielleicht berichten Sie in der lokalen Mailbox. Wenn Sie Programme in eine Mailbox geladen haben, sollten Sie dem SYSOP sofort eine Nachricht zukommen lassen.

Haben Sie Programmdisketten an andere weitergegeben, sollten Sie sie warnen. Wenn Ihr Rechner in einem Netzwerk arbeitet oder Ihre Disketten in einem Netzwerk benutzt wurden, geben Sie sofort dem Netzwerkmanager Bescheid.

Es ist verständlich, daß diese Aufgabe für jeden unangenehm ist, aber stellen Sie sich die Folgen vor, vor allem für Leute, die beruflich mit Computern zu tun haben. Wenn wir von dem Vorfall wüßten, aber die Kunden und den Chef nicht informieren würden, könnte das für uns sogar rechtliche Folgen haben.

Und falls Sie einen Virus finden, vernichten Sie Ihn bitte! Wenn Sie mit einem vertrauenswürdigen Sicherheitsexperten zusammenarbeiten, können Sie ihm die Datei geben, aber niemand anderem.

Grundlagen der Vorbeugung

Die gesamte Antivirus-Software der Welt kann nicht mehr helfen, wenn bereits ein Virus in Ihrem System lauert. Alle guten Ratschläge nützen nichts, wenn sie nicht befolgt werden. Gute Software haben Sie bereits, nun folgen die guten Ratschläge.

1. Fertigen Sie eine Datensicherung Ihrer Festplatte an. Eine komplette Sicherung.

2. Nehmen Sie alle originalen Disketten zur Hand (oder die Sicherungskopien, wenn Sie nach dem Kauf welche angefertigt haben).

    [Optional] Geben Sie die Ausgabe von TREE auf Ihrem Drucker aus. Drucken Sie den Inhalt des Wurzelverzeichnisses und jedes Unterverzeichnisses. Wenn Sie die Listen nach der Erweiterung sortieren lassen, können Sie die .EXE und .COM-Dateien auf einen Blick sehen.

3. Vergleichen Sie die Dateien auf Ihrer Festplatte mit denen auf den Originaldisketten (mit dem DOS-Kommando COMP). Wenn sich die Dateien unterscheiden, kopieren Sie die von der Originaldiskette auf die Platte.

4. Prüfen Sie mit dem CHKDSK-Kommando die verborgenen Dateien. Die zwei Systemdateien werden immer vorhanden sein (DOS und BIOS/IO). Wenn die Platte/Diskette einen Kennsatz besitzt, kommt eine dritte versteckte Datei hinzu. Außer bei sehr alten Softwareversionen (sehen Sie im Handbuch nach) sollte es keine weiteren versteckten Dateien geben.

5. Sortieren Sie die Verzeichnisse Ihrer Platte nach dem Dateidatum, um festzustellen, welche Dateien veraltet sind und gelöscht werden können. Sie können sie auf neu formatierte Disketten kopieren oder sie einfach mit DEL löschen.

6. Denken Sie an Ihre Verantwortung und löschen Sie alle Raubkopien. Sie werden sich viel besser fühlen. Löschen Sie auch Shareware-Programme, die Sie nicht benutzen. Senden Sie den Autoren der Shareware-Programme, die Sie benutzen 20 DM, wenn Sie es noch nicht getan haben. Nun fühlen Sie sich noch besser!

7. Bringen Sie Ihren PC wieder in Schwung, indem Sie ein Hilfsprogramm zur Reorganisierung der Festplattenstruktur einsetzen.

8. Schalten Sie nun den PC für einige Säuberungsarbeiten aus. Reinigen Sie den Bildschirm, die Tastatur und den Drucker. Entfernen Sie grobe Staubflocken aus dem Lüfter. Ein Handstaubsauger kann dabei gute Dienste leisten. Wenn Ihr Computer einen Schlüsselschalter besitzt, suchen Sie die Schlüssel heraus.

9. Prüfen Sie die Verkabelung Ihres Rechners. Abschrauben, herausziehen, hineinstecken und wieder festschrauben. Ordnen Sie die Kabel, und achten Sie darauf, daß sie nicht im

Fußbereich herumliegen. Prüfen Sie, ob die Stecker für die Stromversorgung richtig eingesteckt sind.

10. Schalten Sie Ihren PC wieder ein, und installieren Sie die DR. PANDA Hilfsprogramme. In den Kapiteln 13 und 14 sind die nötigen Arbeitsschritte ausführlich beschrieben. Erweitern Sie die Datei AUTOEXEC.BAT um den CHKDSK-Befehl. Markieren Sie wichtige Dateien mit dem Befehl ATTRIB als "Nur-Lese-Dateien" (In Kapitel 16 ist die Benutzung von ATTRIB beschrieben).

11. Nun sollten Sie alle nicht beschrifteten Disketten durchsehen, beschriften und sie an einem vernünftigen Ort lagern.

Der Aufbau eines "Clean Room"

Benutzen Sie einen qualitativ guten Stromfilter.

Schränken Sie die Zugänglichkeit Ihres PC ein. Wenn Sie keinen Schlüssel (PC/AT) und kein Passwort (PS/2) besitzen, installieren Sie eine Paßwortroutine, selbst wenn sie sehr einfach ist.

Seien Sie vorsichtig, wenn Sie Ihre Fernübertragungssoftware im automatischen Antwortmodus belassen. Gehen Sie sicher, daß Sie eine aktuelle Sicherungskopie besitzen und daß nur auf die wichtigsten Verzeichnisse zugegriffen werden kann, bevor Sie den Antwortmodus einschalten.

Vielleicht entscheiden Sie sich für eine "Rückruf"-Strategie, die sicherstellt, daß Sie nur mit vertrauensvollen Rechnern Kontakt aufnehmen. Das Verfahren läuft wie folgt ab. Ein externer Rechner ruft Ihren Computer an. Ihr Computer bekommt dies mitgeteilt und ruft den anderen Computer unter einer *vorher festgelegten* Nummer zurück. Mit dieser Methode verhindern Sie, daß Hacker durch Probieren in Ihren Rechner eindringen und darin herumstöbern.

Nur bei größeren Anlagen ist es erschwinglich, daß die eintreffende Software geprüft wird. In den meisten Situationen liegt es bei einem selbst. Das Wichtigste ist, die Prüfungen auch wirklich durchzuführen. Prüfen Sie jedes neue Programm mit LABTEST, bevor Sie es auf die Festplatte kopieren oder es von Diskette ausführen.

Die Prüfung eines Programms auf Herz und Niere

Sie haben gerade ein neues Programm auf einer Diskette bekommen. Nachdem Sie die Diskette mit NOBRAIN geprüft haben muß das Programm folgende Tests über sich ergehen lassen:

- Wenn Sie keine Festplatte besitzen, starten Sie den Rechner von der originalen DOS-Diskette (oder einer sauberen Kopie). Die besten Voraussetzungen zum Testen haben Sie, wenn Sie nur zwei Diskettenlaufwerke besitzen. Sehr günstig ist auch ein abgeklemmter Festplattenadapter. In Kapitel 16 wird noch die Methode der Umleitung von Laufwerk C: auf die Festplatte beschrieben.

- Legen Sie die DR. PANDA Diskette in Laufwerk A: ein und geben Sie ein:

    LABTEST <ENTER>

- Wenn Sie von LABTEST nach dem Dateinamen gefragt werden, nehmen sie die DR. PANDA Diskette aus dem Laufwerk und legen Sie die Diskette mit den zu prüfenden Programmen ein. Geben Sie nun den Programmnamen ein:

    TESTPROG.COM <ENTER>

- Bearbeiten Sie die Datei mit LABTEST.

- Nehmen Sie die Diskette heraus und legen Sie die DR. PANDA-Diskette wieder ein. Ihre Eingabe:

    MONITOR <ENTER>

Sie können natürlich auch einige der Schalter setzen, um Schreib- und Lesezugriffe angezeigt zu bekommen. Laden Sie nun TSRMON:

    TSRMON <ENTER>

Nun können Programme nicht mehr unbemerkt im Speicher bleiben. Wenn ein TSR-Programm getestet werden soll, können Sie es "durchlassen", denn Sie werden von TSRMON danach gefragt, ob fortgefahren werden soll.

- Legen Sie nun die Programmdiskette wieder ein.

- Starten Sie das zu testende Programm mit

    [TESTPROGRAMM] <ENTER>

- Lehnen Sie sich zurück und genießen Sie die Show! Wenn alles korrekt erscheint, können weitere Testmethoden hinzugezogen werden. Wenn irgendetwas verdächtig wirkt, rufen Sie "Hilfe" und legen Sie die Diskette an einen SEHR sicheren Ort.

Wenn in Ihrem neuen Programm ein Trojanisches Pferd verborgen wäre, hätte es sich bereits gezeigt. Was ist, wenn ein schleimiger Wurm darin wartet? Auch ein Virus könnte sich noch versteckt halten. Hier werden die fortgeschrittenen Testmethoden benötigt.

- Tippen Sie hinter dem DOS-Prompt:

  DATE <ENTER>

  Wenn Sie nach dem Datum gefragt werden, geben Sie den nächsten Freitag den 13. ein, und lassen Sie das Programm noch einmal laufen. Prüfen Sie die folgenden Freitage, die auf den 13. fallen, bis Ihre Finger müde werde oder der Kalender keine Auskunft mehr gibt. Prüfen Sie vor allem die Freitage im Jahr 2000 und 2001.

- Führen Sie eine ähnliche Versuchsreihe für den 1. April durch. Auch der 1. Januar und der 25. Dezember könnten interessant sein. Wie man dazu ein einfaches Makro schreibt, ist in Kapitel 16 beschrieben.

- An diesem Punkt haben Sie das Programm schon viele Male ausgeführt. Wenn ein Virus nach der n-ten Ausführung aktiv wird, hätten Sie ihn vielleicht schon entdeckt. Wie Sie wissen, reicht es, das Programm zu starten und wieder zu beenden. Weitere n Versuche können auch von einem einfachen Makro erledigt werden (wieder in Kapitel 16).

Nun können Sie sich relativ sicher sein, daß Ihr neues Programm einwandfrei ist. Wenn Sie es nicht bei einer offiziellen Verkaufsstelle bezogen haben, haben Sie sicher schon den Autor kontaktiert und die Dateigröße und das Datum verglichen. Am besten ist es, wenn Sie das Programm direkt vom Autor bezogen haben.

Nun ist es Zeit, das neue Programm auf die Festplatte zu kopieren.

- Fertigen Sie JETZT eine Datensicherung der Festplatte an.

- Starten Sie den Rechner neu, und kopieren Sie die Datei an die gewünschte Stelle.

- Nehmen Sie das Programm mit PHYSED in die Prüfliste für PHYSICAL auf.

- Legen Sie in Laufwerk A: eine unwichtige Diskette ein.

- Starten Sie das Programm. Führen Sie anschließend PHYSICAL oder QUIKPHYS aus. Wiederholen Sie diesen Vorgang ungefähr zehn Mal.

- Achten Sie bei der Ausführung des Programms auf Zugriffe auf Laufwerk A:. Wenn welche durchgeführt werden, finden Sie heraus warum (Das ist ein Job für Experten!).

Wenn Sie sich die Zeit für alle Tests genommen haben, gönnen Sie sich eine Belohnung. Sie sind ein guter und vorsichtiger Benutzer. Es bleibt natürlich immer noch die Möglichkeit, daß sich ein Eindringling eingeschlichen hat, denn niemand kann einen hundertprozentigen Schutz garantieren. Immerhin hätten 99.94 Prozent der zerstörenden Programme bis hierher ihren wahren Charakter gezeigt.

Und vergessen Sie bitte nicht die oberste Regel der Datensicherheit - DATENSICHERUNG!

Höhere Sicherheitsstufen

Die Lösungen von heute funktionieren morgen vielleicht nicht mehr. Wer weiß, welche bösen Dinge in einigen Köpfen verborgen sind. Wenn Sie dazugelernt haben und den PC mehr und mehr benutzen, beurteilen Sie die Sicherheitsanforderungen für Ihr System von neuem. Wiegen Sie sich vor allem nicht in falscher Sicherheit. Vor allem die goldene Regel der Datensicherheit sollten Sie sich zu Herzen nehmen: DATENSICHERUNG, DATENSICHERUNG, DATENSICHERUNG.

Kapitel 16

Tips, Tricks und weitere Anwendungen

In diesem Kapitel wollen wir nun alle Versprechen einlösen ("Weitere ausführliche Erklärungen finden Sie in Kapitel 16"). Wir haben diese Themen hier zusammengefaßt, damit sie schnell nachgeschlagen werden können.

Sie haben Ihre originale DOS-Diskette "verloren"

Wir wären naiv zu glauben, daß alle PC-Besitzer auch DOS-Besitzer sind. Jeder Besitzer eines PCs *hat* DOS, aber nicht alle *besitzen* die aktuelle Version. Obwohl wir das Anfertigen von Raubkopien verurteilen, wissen wir, daß Sie aus vielen Gründen vielleicht keine originale DOS-Diskette haben. Da das Programm PINSTALL eine DOS-Diskette in Laufwerk A: benötigt, werden wir nun beschreiben, wie Sie eine anfertigen können.

Wenn Sie keine Festplatte besitzen, benutzen Sie eine Diskette, um den Rechner zu starten. Das ist Ihre DOS-Diskette, Sie brauchen den nächsten Abschnitt nicht zu lesen.

Wenn Sie eine Festplatte besitzen und Ihren PC immer von ihr starten, müssen Sie sich eine DOS-Diskette anfertigen. Das ist nicht schwer.

Legen Sie in Laufwerk A: eine neue oder unbenutzte Diskette ein. Da die Diskette gelöscht wird, sollten keine noch benötigten Daten mehr darauf sein. Wenn das Programm MONITOR aktiv ist, müssen Sie es mit dem Parameter "X" ausschalten, damit es die Formatierung der Diskette erlaubt.

MONITOR X <ENTER>

Irgendwo auf Ihrer Festplatte befindet sich das Programm FORMAT.COM. Wechseln Sie nun durch Eingabe von "**CHDIR **", gefolgt von dem Pfadnamen, in dem FORMAT.COM steht, in das entsprechende Verzeichnis. Wenn es sich z.B. im Unterverzeichnis DOS befindet, geben Sie ein:

CHDIR \\DOS <ENTER>

Wenn sich FORMAT.COM in einem Verzeichnis befindet, das im letzten PATH-Kommando angegeben wurde, brauchen Sie sich um den Verzeichniswechsel keine Sorgen zu machen.

Um besonders sicher zu gehen, können Sie A: als Standardlaufwerk bestimmen. Geben Sie dazu "**A:**" gefolgt von **<ENTER>** ein. Geben Sie nun das Kommando zur Formatierung der Diskette:

FORMAT A: /S <ENTER>

Wenn Sie die Meldung "Falscher Befehl oder Dateiname" bekommen, haben Sie nicht in das richtige Verzeichnis gewechselt. Wenn die Meldung "Festplatte wirklich formatieren?" oder "Achtung! Alle Daten auf der Festplatte werden gelöscht." erhalten, haben Sie den falschen Laufwerksbuchstaben angegeben. Brechen Sie die Formatierung *sofort* mit **<STRG><Break>** oder **<STRG><C>** ab.

Das Formatierungsprogramm wird Sie vor Beginn des eigentlichen Formatierungsprozesses noch nach einem Tastendruck fragen. Lesen Sie die erscheinende Meldung sorgfältig. Es wird das zu formatierende Laufwerk ausgegeben. Überprüfen Sie, ob es das richtige ist. Werden Sie bei der Benutzung von FORMAT nicht nachlässig. Durch dieses Programm sind wahrscheinlich schon mehr Daten verloren gegangen, als durch Viren.

Wenn FORMAT die Arbeit beendet hat und Sie nach einer weiteren Diskette fragt, antworten Sie mit "N". Lassen Sie ein Inhaltsverzeichnis von A: ausgeben. Wenn COMMAND.COM enthalten ist, sind Sie fertig. Ist es nicht enthalten, müssen Sie es mit der folgenden Anweisung von der Festplatte auf A: kopieren:

COPY C:\COMMAND.COM A: <ENTER>

Sie haben nun eine nicht-originale DOS-Diskette, die Sie für PINSTALL verwenden können.

Formatierung einer Diskette, wenn MONITOR installiert ist

Eine von MONITORs Eigenschaften ist, jeden Formatierungsversuch in irgendeinem Laufwerk zu verhindern. Das kann natürlich frustrierend sein, wenn Sie eine Diskette absichtlich formatieren wollen. Ihre Festplatte soll aber die ganze Zeit über vor einer Formatierung geschützt sein.

Wir bieten Ihnen eine einfache Stapeldatei an, mit der Sie Disketten in Laufwerk A: formatieren können. Die ungewollte Formatierung von Laufwerk C: ist damit nicht mehr möglich. Wir führen zunächst eine Umbenennung von FORMAT.COM durch und schreiben eine kurze Stapeldatei, die MONITOR ausschaltet, die Diskette formatiert und MONITOR wieder einschaltet. Sie müssen die folgenden Zeilen über Ihre Tastatur eingeben:

```
REN FORMAT.COM [IHREWAHL].COM <ENTER>
COPY CON FORMAT.BAT <ENTER>
ECHO OFF
CLS
MONITOR X <ENTER>
[IHREWAHL] A:
MONITOR <ENTER>
^Z <ENTER>
```

Die Stapeldatei kann natürlich auch mit EDLIN, einem anderen Texteditor oder Ihrem Textverarbeitungssystem eingegeben werden.

Ungewöhnliche Konfigurationen

Wenn Sie in Ihrem System eine Wechselplatte benutzen und sowohl auf dem Startlaufwerk als auch auf der Wechselplatte die Datei AUTOEXEC.BAT existiert, sehen Sie bitte in der Dokumentation nach, wo Sie DR. PANDA installieren müssen.

Wenn nicht Laufwerk C: und/oder Laufwerk A: zum Systemstart benutzt werden, sollte die Installation sorgfältig getestet werden. Auch hier empfiehlt es sich, in der Dokumentation nachzuschlagen.

Die Freude an EDLIN

Einer der besten Ratschläge, der uns je gegeben wurde war: "Lernen Sie EDLIN. Sie können sicher sein, ihn auf jedem Rechner zu finden". Wir nahmen uns diesen Ratschlag zu Herzen und, obwohl wir andere Texteditoren bevorzugen, kommen wir von Zeit zu Zeit wieder auf unseren guten alten Freund zurück. Die komplette Anleitung zu EDLIN finden Sie in Ihrem DOS-Handbuch. Hier wollen wir nur die wichtigsten Befehle erklären, die für die Eingabe einer Stapeldatei ausreichen.

Um EDLIN aufzurufen, geben Sie einfach **EDLIN <ENTER>** ein.
Sie können sich einen oder zwei Arbeitsschritte sparen, wenn Sie
beim Aufruf den Dateinamen der zu bearbeitenden oder der zu
erzeugenden Datei gleich mit angeben:

EDLIN MEINDAT.BAT <ENTER>

Geben Sie immer die Erweiterung (in diesem Fall .BAT) mit ein.
Es erscheint die Meldung

```
NEUE DATEI!
```

Die Meldung ist nicht besonders informativ, aber auch nicht
schwierig zu verstehen. Geben Sie **i** **<ENTER>** ein, und Sie
bekommen die erste Zeile mit Nummer, die nur auf Ihre Eingabe
wartet. Wenn Sie die erste Zeile eingegeben haben, drücken Sie
<ENTER>. Die zweite Zeile erscheint. Fahren Sie so fort, bis Sie
alle Zeilen eingegeben haben. Tippen Sie in der nun erscheinenden Zeile ^Z und **e** **<ENTER>** nach dem folgenden "*". Das
ganze sieht dann so aus:

```
NEUE DATEI!
*i
        1:*ECHO OFF
        2:*CLS
        3:*MONITOR X
        4:*FORMAT A:
        5:*MONITOR
        6:*^Z
*e
```

Wenn Sie einen Fehler gemacht haben, geben Sie am Besten ^Z
und **q** **<ENTER>** hinter dem "*" ein. Sie werden gefragt, ob sie
das Programm abbrechen wollen. Geben Sie **y** **<ENTER>** ein, und
beginnen Sie von vorn.

Ob Sie es glauben oder nicht, das bißchen EDLIN reicht, um die
hier beschriebenen Stapeldateien einzugeben.

Die Stapeldatei für NOBRAIN

Wie wir schon festgestellt haben, ist MONITOR immer auf dem
Posten. Um NOBRAIN zu benutzen, müssen wir MONITOR zuerst
aus dem Weg schaffen. Wie schon in Kapitel 14 beschrieben, schal-

ten wir zunächst MONITOR aus, lassen NOBRAIN laufen und schalten MONITOR wieder ein:

MONITOR X <ENTER>
NOBRAIN A: <ENTER>
MONITOR <ENTER>

Für einige Anwendungen, vor allem bei Endbenutzern, ist es sinnvoll, die Prozedur in eine Stapeldatei zu schreiben, damit man den ganzen Vorgang mit einem Befehl aufrufen kann.

Als Dateinamen für die Stapeldatei haben wir "CHKFLOP" gewählt. Geben Sie folgendes ein:

EDLIN CHKFLOP.BAT <ENTER>

Die mit EDLIN einzugebenden Zeilen sähen so aus:

```
1:*ECHO OFF
2:*CLS
3:*MONITOR X
4:*NOBRAIN
5:*MONITOR
6:*^Z
```

Testen der Installation

Die DR. PANDA Hilfsprogramme wurden während des Entwicklungsprozesses dauernd getestet und werden auf tausenden von PCs in der ganzen Welt eingesetzt, ohne daß je von Problemen berichtet wurde. Trotzdem kann man heutzutage nicht vorsichtig genug sein. Wir haben bemerkt, daß viele Benutzer lieber ihre eigenen Tests durchführen. Um Ihnen Arbeit abzunehmen, haben wir hier einige Vorschläge für Tests:

Nehmen Sie eine leere Diskette und ein TSR-Programm zur Hand, daß Sie sonst nicht verwenden. Wir empfehlen nicht, einen lebenden Virus, einen Wurm oder andere zerstörende Programme zu benutzen. Es ist sicherer, nur zu simulieren!

- Starten Sie Ihren PC und gehen Sie sicher, daß alle DR. PANDA Hilfsprogramme aktiv sind und PHYSICAL bereits gelaufen ist.

- Legen Sie die leere Diskette in Laufwerk A: und tippen Sie:

FORMAT A: <ENTER>

MONITOR sollte sich nun zwischen Ihrem Kommando und der Diskette stellen! Wenn MONITOR die Formatierung nicht verhindert, haben Sie vielleicht den Namen in AUTOEXEC.BAT falsch geschrieben oder MONITOR nicht korrekt auf die Festplatte kopiert. Geben Sie **MONITOR <ENTER>** ein, und versuchen Sie es noch einmal.

- Nehmen Sie die leere Diskette heraus, und legen Sie die Diskette mit dem TSR-Programm ein. Geben Sie das entsprechende Kommando zum Starten des Programms:

[PROGRAMMNAME] <ENTER>

Wenn sich TSRMON nicht meldet, sollten Sie den Dateinamen in AUTOEXEC.BAT prüfen und nachsehen, ob TSRMON und/oder TSRMONEZ auf der Festplatte korrekt installiert sind.

- Um PHYSICAL zu testen, muß es mindestens auf 2. Stufe installiert sein, d.h. die Dateien mit der Endung .COM, .EXE, .SYS, .OVL und AUTOEXEC.BAT werden geprüft. Wir wollen Ihnen hier keine Anleitung geben, wie man COMMAND.COM ändert! (Wenn Sie wissen wie man das macht, haben Sie sowieso fortgeschrittenere Tests als die hier beschriebenen.)

Das Einfachste ist es, einfach AUTOEXEC.BAT um einen Wagenrücklauf zu erweitern. Starten Sie dann PHYSICAL:

<PHYSICAL> <ENTER>

Selbst wenn Sie die Änderung nicht gleich rückgängig machen, beeinträchtigt sie die Funktionalität von AUTOEXEC.BAT nicht. Bis Sie die Änderung zurücknehmen oder die geänderte Version mit PHYSED als "good" eintragen, werden Sie bei jedem Systemstart eine Fehlermeldung bekommen.

Wenn Sie Ihren Test besonders ausführlich machen wollen, können Sie kleine Textdateien mit den Endungen .COM, .EXE, .OVL und .SYS erstellen. Die Änderung eines einzelnen Zeichens sollte eine Warnung von PHYSICAL nach sich ziehen.

Es gibt immer einige, die es versuchen - DR. PANDA wird ausgetrickst

Wir sind uns bewußt, daß es einige gibt, die diese Software gekauft haben, um einen Weg zu finden, sie zu umgehen. Wenn Sie solche Absichten haben, können wir Ihnen sagen, daß mit genügend Zeit und Geld alles machbar ist. Wenn Sie die Zeit opfern und einen Rechner nur für diese Art Experimente benutzen wollen, fangen Sie an. Wir fragen uns nur, was Sie davon haben werden.

Jeder, der dieses Buch gelesen und einen SICHERHEITSPLAN aufgestellt hat, wird Ihre schändlichen Änderungen bemerken, bevor sie Schaden anrichten können. Trotzdem respektieren wir bei PANDA besondere Programmierleistungen und würden Ihre Bemühungen gerne persönlich beurteilen.

Senden Sie sie uns zu!

Eine Bemerkung zu TSRMON

In der Dokumentation in Kapitel 13 gaben wir den Namen der Datei mit den zugelassenen TSR-Programmen als TSRMON.DAT an. Der Dateiname kann aber beliebig gewählt werden, solange beim Aufruf von TSRMON in der Datei AUTOEXEC.BAT der Schalter /F angegeben wird:

TSRMON /F BELIEBIG.ALL

Obwohl wir nicht glauben, daß ein Programm mit bösen Absichten nach einer Datei namens TSRMON.DAT sucht, gibt Ihnen ein anderer Dateiname noch mehr Sicherheit.

Unterverzeichnisse und Pfad-Kommandos

Eine gute Verwaltung Ihrer Festplatte ist sehr wichtig. Nichts ist für einen Profi ärgerlicher - und auch für andere schwieriger zu handhaben - als ein Stammverzeichnis, das mit Tonnen von Programmen zugeschüttet ist. Das Stammverzeichnis sollte nur die Dateien COMMAND.COM, AUTOEXEC.BAT, CONFIG.SYS, wichtige Gerätetreiber und Unterverzeichnisse enthalten. Das Verzeichnis von DR. PANDA's PC sieht wie folgt aus:

```
Volume in drive C is PANDA 1C
Directory of C:\

123             <DIR>        1-17-89     2:07p
BATS            <DIR>        1-16-89    10:46p
CC              <DIR>        1-18-89    12:51a
DOS             <DIR>        1-14-89     7:51a
DW3             <DIR>        1-16-89    10:40p
LOG             <DIR>        1-16-89    11:03p
XTALK           <DIR>        1-18-89    12:51a
DBASE           <DIR>        1-29-89    10:58p
WRITER          <DIR>        3-05-89    12:29a
SYS5            <DIR>        1-29-89    11:12p
AUTOEXEC BAT       126       3-05-89    11:39a
COMMAND  COM     25308       7-18-88    12:00a
CONFIG   SYS        82       1-17-89     9:39p
ANSI     SYS      1678       3-17-87    12:00p

14 File(s) 11489280 bytes free
```

Dies ist ein relativ aufgeräumtes Stammverzeichnis. Ihres sollte
ähnlich ordentlich aussehen. Was von hier aus nicht gesehen
werden kann - und manche von Ihnen vielleicht schon vermuten -
ist, daß sich unter den <DIR>s noch viele weitere <DIR>s befinden. Unter <DOS> befindet sich zum Beispiel das Unterverzeichnis UTIL, wo Hilfsprogramme abgelegt sind. Unter DW3 befinden
sich unter anderem die Unterverzeichnisse PANDA, BOOK,
LETTERS und JUNK.

EDLIN befindet sich im Unterverzeichnis DOS. Anstatt vor jeder
Benutzung von EDLIN ein CD auszuführen, habe ich in
AUTOEXEC.BAT einen Pfad dorthin definiert. Da ein Bild mehr
erklärt als tausend Worte, wollen wir uns ansehen, wie ich es gelöst
habe:

```
ECHO OFF
PATH=C:\;\DOS;C:\DW3;C:\BATS;C:\DOS\UTIL;C:\XTALK;C:\WRITE
MODE COM2:96,n,8,1,p
MODE LPT1:=COM2
REM CLS
PROMPT $t$h$h$h$h$h$h est $P$G§e[40;33m
```

Betrachten Sie die "PATH="-Zeile. Sie gibt dem PC die Stellen an,
an denen nach einer angeforderten Datei gesucht werden soll. Als
erstes wird das Stammverzeichnis C:\ durchsucht, dann das Verzeichnis DOS, dann das Verzeichnis mit den Stapeldateien (BATS),

das Verzeichnis mit den Hilfsprogrammen unter DOS, dann XTALK und zuletzt WRITE.

In Ihrem DOS-Manual oder jedem guten Buch über Festplattenmanagement können Sie die Verwendung des PATH-Kommandos nachlesen.

Wir empfehlen, für die PANDA-Hilfsprogramme ein eigenes Unterverzeichnis anzulegen und den Namen mit in das PATH-Kommando aufzunehmen.

Stapeldateien

Eine vollständige Erklärung von Stapeldateien würde den Rahmen dieses Buches sprengen. Auf dem Markt sind viele gute Bücher erhältlich, die die Erstellung von Stapeldateien ausführlich behandeln. Zur Not können Sie auch die Beschreibungen im DOS-Manual lesen. Zur Warnung sei noch gesagt, daß jede Version von DOS zusätzliche Befehle für Stapeldateien mitsichgebracht hat. Die Kommandos IF und SHIFT, die in den folgenden Beispielen benutzt werden, stehen nicht in allen Versionen zur Verfügung. Wenn Sie noch DOS 2.1 benutzen, opfern Sie ein paar Mark für ein Upgrade auf Version 4.1. Sie werden feststellen, daß die Diskettenoperationen spürbar schneller werden. Das neue Menüsystem ist für viele, die den Kommandointerpreter leid sind, eine Erleichterung.

Eine Stapeldatei mit einer Schleife für die Änderung des Datums

Manchmal möchten Sie ein Programm mehrmals mit verschiedenen Einstellungen des Datums aufrufen, um festzustellen, ob das Programm irgendwann einmal bösartig reagiert. Mit einer speziellen Stapeldatei kann ein Programm viele Male mit unterschiedlichem Datum aufgerufen werden. Mit der folgenden Stapeldatei kann das Programm "NEUPROG.COM" mit beliebigem Datum aufgerufen werden.

```
ECHO OFF
REM
REM             Datum mit jedem Parameter ändern
REM
:SCHLEIFE
REM             Parameter prüfen
IF "%1" == "" GOTO ENDE
REM             Datum ändern
DATE %1
REM             Programm starten
NEUPROG
REM             Nächsten Parameter einlesen
SHIFT
REM             Wiederholen, bis alle Parameter bearbeitet
GOTO SCHLEIFE
:ENDE
```

Wenn Sie die Stapeldatei NEUDAT.BAT nennen, können Sie das Programm mit mehreren Daten laufen lassen. Geben Sie nur den Namen der Stapeldatei ein, gefolgt von den ausgewählten Daten.

C:NEUDAT 01.01.80 13.03.85 04.07.89 14.07.89

Vergessen Sie nicht, das Datum nach dem Testen wieder richtig einzustellen. Sie können natürlich auch das aktuelle Datum als letzten Parameter angeben.

Die wiederholte Ausführung eines Programms mit einer Stapeldatei

Manchmal ist Bedarf, ein Programm wiederholt ablaufen zu lassen. Auch diese Aufgabe kann mit einer Stapeldatei bewältigt werden. Da in Stapeldateien keine Variablen erlaubt sind, müssen wir uns etwas besseres einfallen lassen. Am einfachsten programmiert man eine Schleife in einer Stapeldatei mit dem GOTO-Befehl. So kann leicht eine Endlosschleife programmiert werden, die mit **<STRG><Break>** abgebrochen werden kann. Eine andere Art der Schleife ähnelt der in NEUDAT.BAT. Eine variable Anzahl Parameter werden durchgeschoben, bis alle verbraucht sind. Mit dieser Methode wollen wir eine Stapeldatei SCHLEIFE.BAT programmieren, die das Programm NEUPROG.COM beliebig oft aufruft.

```
ECHO OFF
REM
REM          Stapeldatei mit Schleife
REM
:SCHLEIFE
IF "%1" == "" GOTO ENDE
NEUPROG
SHIFT
GOTO SCHLEIFE
:ENDE
```

Sie werden bemerkt haben, daß der Wert des Parameters nie benötigt wird. Um das Programm NEUPROG 10 Mal auszuführen, rufen wir die Stapeldatei SCHLEIFE.BAT mit 10 Parametern auf.

C:>SCHLEIFE 1 2 3 4 5 6 7 8 9 10

Die Parameter müssen nicht einmal sinnvoll sein.

C:>SCHLEIFE 1 1 1 1 1 1 1 1 1 1

Beide Beispiele erfüllen genau die gleiche Aufgabe.

In Stapeldateien ist übrigens das Anführungszeichen (") gleichbedeutend mit dem Hochkomma (').

Das DOS-Kommando ATTRIB

Bevor wir die DOS-Welt entgültig verlassen, wollen wir uns das Kommando ATTRIB näher ansehen, das eine Änderung der Dateiattribute erlaubt. Ihr DOS-Handbuch gibt folgende Syntax des ATTRIB-Kommandos an:

[d:][Pfad] ATTRIB [+R|-R][d:][Pfad] Dateiname[.Erw]

Nun wissen Sie, warum so viele Bücher geschrieben werden, obwohl es Benutzerhandbücher gibt. Wir wollen die Beschreibung übersetzen. Sie brauchen nur das Wort **ATTRIB** gefolgt von **+R** und **[Dateiname][.Erw]** eingeben. Die ganze Befehlszeile würde folgendermaßen aussehen:

ATTRIB +R [NAME.ERW] <ENTER>

Um die Änderung rückgängig zu machen brauchen Sie in der Zeile nur das "+" in ein "-" umwandeln.

Grundlegende Hilfsprogramme

Außer DR. PANDA gibt es einige Hilfsprogramme, die eigentlich
jeder greifbar haben sollte. Obwohl wir unsere Favoriten haben,
wollen wir die folgende Beschreibungen so allgemein wie möglich
halten. Die meisten Programme sind sowohl kommerziell als auch
kostenlos in Mailboxen erhältlich (vergessen Sie nicht, sie vorher
mit LABTEST zu prüfen!).

- **Ein Dateiensuchprogramm.** Sie befürchten, eine Datei verloren
  zu haben. Vielleicht können Sie sich aber auch nur nicht daran
  erinnern, wo sie abgespeichert war. Ein Dateiensuchprogramm
  wird die Suche für sie übernehmen. Bei den besten dieser Programme können die Dateigruppenzeichen (? und *) benutzt
  werden.

- **Ein Textsuchprogramm.** Arbeitet eine Stufe tiefer als ein
  Dateiensuchprogramm. Wenn Sie sich an ein Wort oder eine
  Zeichenkette erinnern können, wird dieses Hilfsprogramm
  Ihnen alle Vorkommen in allen Dateien ausgeben. Ein Nachteil:
  Die meisten Programme dieser Art können nur Dateien im
  ASCII-Format bearbeiten. Ausgefeiltere Programme, die z.B.
  auch IBM EBCDIC vertragen, sind meistens kommerzielle
  Produkte.

- **Ein einfach zu benutzender Texteditor.** Einfacher zu benutzen
  als EDLIN und mit mehr Funktionen ausgestattet. Wir legen
  besonderen Wert auf die Möglichkeit, Textteile ausdrucken zu
  können, und das Vorhandensein von Hilfetexten.

- **Ein Programm zum Sortieren von Inhaltsverzeichnissen.** Gute
  Programme können nach Dateiname, Erweiterung und Datum
  sortieren. Diese Programme helfen bei der Organisation und
  der Suche nach verdächtigen Dateien.

- **Ein Hilfsprogramm zum Retten (Entlöschen) von Dateien.**
  Wenn Sie eine Datei mit DEL oder ERASE löschen, ver-
  schwindet sie nicht, es wird nur ihr Eintrag im Inhaltsverzeichnis markiert. Der erste Buchstabe des Namens wird in
  ein griechisches "E" umgewandelt. Die Datei bleibt solange
  intakt, bis DOS den Platz benötigt.

- **Ein Hilfsprogramm zur Reorganisation der Festplatte.** Da DOS
  Daten zum Teil verstreut abspeichert, kann Ihr PC dadurch
  manchmal langsamer werden. Spezielle Hilfsprogramme reor-
  ganisieren die Daten, so daß sie in zusammenhängenden
  Bereichen liegen und mit wenig Bewegungen des Schreib-
  /Lesekopfes eingelesen werden können.

Wichtige Lektüre

Als erstes sollten natürlich die den Softwarepaketen beiliegenden Handbücher gelesen werden. Jeder kommt wohl in die Versuchung, ein neues Programm auszupacken, in den Rechner zu legen und ab geht's! Wir stimmen zwar mit John Dvorak überein, daß gute Software kein Handbuch nötig hat, aber uns ist noch kein solches Programm über den Weg gelaufen.

Es ist sehr frustrierend, wenn Sie sich irgendetwas ausgedacht haben, was in einer bestimmten Art und Weise funktionieren sollte, der Softwareentwickler aber anderer Ansicht war. Eine unserer schwierigsten Aufgaben bisher war die Arbeit mit zwei Datenbankprogrammen gleichzeitig. Die Syntax (Kommandos, um das Programm zu steuern) war sehr ähnlich, aber immer noch unterschiedlich genug, um jede Menge Ärger zu produzieren.

Vor allem beim Installieren von neuen TSR-Programmen sollten Sie besonders analytisch vorgehen. Sie sind schließlich dafür verantwortlich, daß das neue Programm nicht in Konflikt mit bestehenden Programmen gerät. RTFB (siehe Kapitel 1).

Andere wichtige Lektüre

- **Ein gutes Buch über DOS.** Fragen Sie Ihre Freunde, welches sie empfehlen können.

- **Bücher über die Anwendungsprogramme, die Sie benutzen.** Auch die erhältlichen Bücher erklären nicht alle Fallen, aber die Autoren haben genau wie Sie bei Null angefangen. Ihre Erfahrungen und Einsichten sind oft wertvoll.

- **Computer-Zeitschriften.** Wir empfehlen vor allem vor größeren Anschaffungen, sich in Zeitschriften zu informieren.

Die DR. PANDA-Hilfsprogramme
als Programmierwerkzeuge

Einige der DR. PANDA-Programme können nicht nur für Ihre Sicherheit eingesetzt werden, sondern auch den Programmierer unterstützen, effizientere Programme zu schreiben. Sie können auch bei der Organisation des Plattenspeichers dienlich sein.

Wie man laufende Arbeiten mit PHYSICAL organisiert

Bei PANDA SYSTEMS befanden sich immer ein oder mehrere
Hilfsprogramme in Arbeit. Die Übersicht über die verschiedenen
Verbesserungen wurde zu einem organisatorischen Alptraum. In
einem Verzeichnis wurde der Quellcode gespeichert. Das übersetzte Programm wurde zur Benutzung auf der Entwicklungs-
maschine in ein spezielles Unterverzeichnis für Hilfsprogramme
kopiert und außerdem in einem Hauptverzeichnis für die Auslieferung mit den anderen Hilfsprogrammen abgelegt. PHYSICAL
wurde benutzt, um die geänderten Versionen auseinanderzu-
halten. Mit PINSTALL wurde der ausführbare Code und der
Quellcode geprüft.

Jedesmal, wenn ein Quellcodemodul geändert wurde, änderte sich
auch sein "Fingerabdruck" von PHYSICAL. So konnte mit einem
Lauf von PHYSICAL festgestellt werden, ob sich das Programm auf
Quellcode- oder Maschinenebene geändert hat. Wenn der Quellcode als verändert ausgewiesen wurde, der ausführbare Code aber
gleich geblieben war, konnte man daraus schließen, daß entweder
nicht übersetzt wurde oder sich nur die Kommentare im Programm geändert haben. Auf jeden Fall wurde dann eine Übersetzung durchgeführt und PHYSICAL noch einmal gestartet.

Mit einem weiteren Vergleich konnte festgestellt werden, ob das
Kopieren in eines der anderen Verzeichnisse vergessen worden
war.

Wenn eine neue Version des Programms einmal in die entsprechenden Unterverzeichnisse kopiert war, wurde mit PHYSED
ein neuer "Fingerabdruck" errechnet. Nun wurden von PHYSICAL
keine Warnungen mehr ausgegeben und der Prozeß konnte von
vorne beginnen.

Bevor und während wir PHYSED entwickelten, mußten wir nach
jeder Änderung einer Datei PINSTALL aufrufen. Es konnte schon
auf die Nerven gehen, wenn man jedesmal die originale DOS-Diskette suchen und den gesamten Installationsprozeß durchlaufen
mußte. Nur aus diesem Grund heraus wurde die Entwicklung von
PHYSED nötig.

PHYSICAL kann Änderungen in allen Arten von Dateien feststellen. Das Programm kann nicht nur zu Sicherheitszwecken eingesetzt werden. Benutzen Sie PINSTALL oder PHYSED, um die zu
prüfenden Dateien zu markieren. Zur Kontrolle können Sie jederzeit PHYSICAL aufrufen.

Wie man mit LABTEST effizientere Programme entwickelt

Programmierer, die eine beliebige Hochsprache benutzen, können mit LABTEST Programm schreiben, die Daten effizienter nutzen. Mehrfach vorhandene Konstanten können eine Vergeudung wertvollen Speicherplatzes sein. Sehen Sie sich folgende Meldung in einem C-Programm an:

```
printf("PRESS ANY KEY TO CONTINUE");
```

Bei den meisten Übersetzern wird die konstante Zeichenkette "PRESS ANY KEY TO CONTINUE" im Datensegment abgelegt und die Adresse als Parameter an die Funktion "printf" übergeben. Wenn die Meldung im Programm mehrfach verwendet wird, könnte man sie entsprechend oft eingeben.

```
printf("PRESS ANY KEY TO CONTINUE");
.
.
.
printf("PRESS ANY KEY TO CONTINUE");
.
.
.
printf("PRESS ANY KEY TO CONTINUE");
```

Während einige Übersetzer wie Microsoft C 5.1 die konstanten Datenbereiche nach doppelt auftretenden Zeichenketten absucht und optimiert, kümmern sich andere Übersetzer gar nicht darum. Betrachten Sie folgenden C Code:

```
printf("PRESS ANY KEY TO CONTINUE");
.
.
.
printf("Press Any Key To Continue");
.
.
.
printf("press any key to continue");
```

Solche Übereinstimmungen werden von keinem Übersetzer auf dem Markt erkannt. Außer drei gleichen Meldungen in verschiedenen Formen haben Sie auch 75 Bytes belegt, wo nur 25 nötig wären.

Wenn Sie ein solches Programm mit LABTEST bearbeiten, werden Sie die Zeichenketten angezeigt bekommen. Nach der Übersetzung des ersten Beispiels mit Microsoft C 5.1 wurde der Text nur einmal angezeigt. Bei Einsatz eines anderen Compilers trat der Text dreifach auf. In diesem Fall wurden viele Speicherplätze durch genau die gleichen Konstanten belegt.

Wenn so ein Fall mit LABTEST entdeckt wird, kann das Programm leicht modifiziert und die Zeichenkette als globale Konstante definiert werden.

```
char keystring[]="PRESS ANY KEY TO CONTINUE";
```

Mit der Anweisung

```
printf(keystring)
```

könnte die Adresse der Konstanten angesprochen werden.

Ähnliche Optimierungen können auch bei anderen Hochsprachen wie PASCAL oder FORTRAN durchgeführt werden.

Wie man mit LABTEST die Nerven beruhigt

Viele Übersetzer für Sprachen wie C und PASCAL besitzen die Fähigkeit, Aufrufe von Int 13 oder absolute Zugriffsoperationen auf Sektoren durchzuführen. PANDA SYSTEMS mußte sie für einige Hilfsprogramme einsetzen, und wenn Sie Hilfsprogramme schreiben, müssen Sie sie vielleicht auch in Anspruch nehmen. Die meisten Programme benutzen für Dateizugriffe jedoch nur die Routinen von DOS und verzichten auf den direkten Weg.

Unglücklicherweise gibt es einige Übersetzer, die in ihren Bibliotheksroutinen die möglicherweise gefährlichen Aufrufe benutzen und in jedes Programm einbauen, das übersetzt wird. Diese Routinen werden in die Programme integriert, aber niemals angesprochen. Die meisten effizienten Übersetzer achten darauf, daß keine ungenutzten Routinen im endgültigen Programm enthalten sind, aber lange nicht alle Übersetzer sind effizient.

Stellen Sie sich die Aufregung beim Endbenutzer vor, der die von Ihnen gelieferte Software mit LABTEST prüft und direkte Zugriffe auf die Festplatte feststellt. Sie wissen, daß Ihr Programm solche Dinge nicht ausführt, aber LABTEST zeigt es so an. Sie können Ihre Programme vor der Auslieferung mit LABTEST prüfen und entweder einen besseren Übersetzer benutzen oder mit einem Hilfsprogramm (z.B. DEBUG) die Aufrufe in Nulloperationen (NOP) ändern.

Überwachen Sie sich selbst

Wie effizient benutzt Ihr Programm die Festplatte/Diskette? Mit den Schaltern von MONITOR können sie die Aktivitäten Ihrer Programme genau überwachen. Mit den Einstellungen /P für Professionell und /W für die Kontrolle aller Schreibzugriffe können Sie herausfinden, wann und wo Ihr Programm auf die

Platte/Diskette zugreift. Manchmal könnte es auch nützlich sein, /R für die Kontrolle der Lesezugriffe einzusetzen. Vergessen Sie nicht, daß bei Angabe von /P und /R oder /W jeder Zugriff mit einer Taste bestätigt werden muß.

Einige Teile Ihrer Programme würden ohne die Fähigkeiten von MONITOR niemals ablaufen. Wie reagiert Ihr Programm bei einem Disketten-/Plattenfehler? Da diese Fehler in der Praxis selten auftreten, können sie auch nur schwer getestet werden. Wenn MONITOR mit /P gestartet wurde, können alle Zugriffe mit der <ESC>-Taste als nicht erfolgreich abgebrochen werden. Dann können Sie sehen, wie Ihr Programm sich bei einem solchen Fehler verhält.

Wie man mit den Hilfsprogrammen "hacken" kann

Einige der DR. PANDA-Hilfsprogramme können auch zum Erforschen fremder Programme benutzt werden. Wir wollen aber nur wenig Worte darüber verlieren, denn das herauszufinden, ist für einen richtigen "Hacker" der halbe Spaß.

Anhang A

Ihre komplette Sicherheits-Checkliste

Der Großteil dieser Liste wurde von Tim Schabeck und Jack Bologna von Computer Protection Systems Inc. aufgestellt. Jack Bologna hat sich folgende Gedanken zu Checklisten gemacht:

"Checklisten können als Teil eines Berichtes aber kein Ersatz für Erfahrung, Wissen und Urteilsvermögen sein. Sie müssen immer im Kontext einer spezifischen Umgebung gesehen werden. Das bedeutet, daß sie individuell erstellt werden müssen. Das Verständnis dieser Beschränkungen ist wichtig bei einer effizienten Nutzung von Checklisten."

Die hier vorgestellte Liste ist eine abgemagerte Version der von Computer Protection Systems erstellt. Ein nützliches Handbuch ist erhältlich bei CPS, 150 North Main Street, Plymouth, Michigan 48170, USA.

Fragen zum Management

Je größer Ihre Organisation ist, desto wichtiger sind die folgenden Punkte:

- [ ] Ist die Auswahl und die Bestellung von PCs kontrolliert?
- [ ] Gibt es einen Beauftragten für die Auswahl und Bestellung von PCs?
- [ ] Gibt es einen Verantwortlichen für das PC-Zubehör?
- [ ] Haben Sie sich klargemacht, welchen Wert Ihr PC, die Software, die Anwendungen und Ihre Daten darstellen?
- [ ] Sind Ihre PC-Benutzer über die Risiken und die Verwundbarkeit des Rechners aufgeklärt worden?
- [ ] Haben die Benutzer einen Kursus besucht, der sie mit der Handhabung des Systems und der Speichermedien vertraut gemacht hat?

❑ Sind die Benutzer sich ihrer Verantwortung und ihrer Kontroll-
   aufgaben bewußt?

❑ Haben Sie Taktiken und Vorgehensweisen für die Sicherheit und
   Kontrolle ihrer Systeme und Anwendungen schriftlich festgelegt?

❑ Haben Sie strenge Kontrolle über die Benutzung der PCs, so daß
   sie in der Buchführung verzeichnet werden kann?

❑ Gibt es ausreichende Kontrollen, so daß die PCs nicht für private
   Zwecke benutzt werden?

❑ Wissen Ihre internen/externen Rechnungsprüfer von Ihren
   Computersystemen?

❑ Haben Außenstehende Zugang zu den PCs?

❑ Unterstützt das oberste Management die Benutzung von PCs?

❑ Gibt es für den Notfall vorgeschriebene Verhaltensweisen?

❑ Haben Sie die im Falle eines Unglücks, eines Verbrechens oder
   Unfalls entstehenden Kosten abgeschätzt?

❑ Berücksichtigt Ihr Notfallplan auch, daß PCs an verschiedenen
   Einsatzorten koordiniert eingesetzt werden?

❑ Haben Sie bereits den "Ernstfall" geprobt?

❑ Sind Vorkehrungen getroffen, daß Hard- und Software im Notfall
   ersetzt werden können?

❑ Wurde jemandem die Verantwortung für die Notfallplanung
   übertragen?

❑ Haben Sie die Auswirkungen von kurzen bzw. langen Stillstandszeiten von PCs untersucht?

❑ Können Stillstandszeiten Verluste, Unzufriedenheit von Kunden
   und Angestellten zur Folge haben?

❑ Gibt es bei Ausfall eines PCs die Möglichkeit, auf einen anderen
   Rechner auszuweichen?

Eine Bewertung der Verwundbarkeit

Analysieren Sie, inwieweit Sie von den folgenden Gefahren
bedroht sind:

HARDWARE

Elektromechanisches Versagen eines Laufwerks
Aussetzen der CPU
Head-Crash bei der Festplatte
Versagen eine Bandlaufwerks
Äußere Einflüsse - Schmutz, Staub, Rauch
Ausfall von Schaltkreisen
Probleme mit der Stromversorgung - Spannungsspitzen,
Spannunsabfall

SOFTWARE

Probleme mit dem Betriebssystem
Logische Fehler
Programmierfehler
Fehler im Entwurf
Unzureichendes Testen
Fehler in Algorithmen - Rundungsfehler, Fehler durch
Abschneiden
Schlechte oder fehlende Dokumentation
Gefährlicher (zerstörender) Code

MAGNETISCHE SPEICHERMEDIEN

Physikalische Beschädigung des Mediums
Fehlfunktion der Geräte
Probleme mit der Software
Bedienungsfehler
Löschen
Überschreiben

PHYSISCHE SICHERHEIT UND
SICHERHEIT DER ÖRTLICHKEITEN

❏   Ist die Umgebung genügend sicher?

❑   Ist das Gebäude genügend gesichert?

Zugangskontrollen
Intakte Beleuchtung
Alarmsysteme
Kontrolle der Umgebung

❑   Ist das Gelände genügend gesichert?

Zugangskontrollen
Sicherheitssysteme
Alarmsysteme
Kontrolle der Umgebung

❑   Sind die Türen und Schlösser sicher?

Schlüssel und Kombinationen kontrollieren
Kombinationen regelmäßig wechseln
Führung eines Protokolls

❑   Bei Benutzung von Kartensystemen: Werden die Karten regelmäßig kontrolliert?

❑   Sind die Arbeitsbereiche während der Zeiten, an denen nicht gearbeitet wird, sicher?

❑   Gibt es Verfahren zur Zugangskontrolle?

❑   Ist der Zugang zu elektrischen Anlagen gesichert?

❑   Sind die Decken und Böden wasserdicht?

❑   Gibt es bei den PCs genügend Luftzirkulation?

❑   Ist der PC in sicherem Abstand von Wasser- und Gasleitungen aufgestellt?

❑   Ist der PC in der Nähe eines Fensters aufgestellt, wodurch

von außen bei der Arbeit zugesehen werden kann?

der Anblick des PCs einen Dieb in Versuchung bringen kann?

UMGEBUNGSEINFLÜSSE

Verwaltung

❑   Werden die Mülleimer außerhalb des Computerbereiches geleert, um Staubentwicklung zu vermeiden?

❑   Ist der Bodenbelag antistatisch?

❑   Sind die Mülleimer schwer entflammbar?

❑   Ist das Rauchen verboten?

❑   Sind Flüssigkeiten aller Art verboten?

☐ Wird die statische Elektrizität kontrolliert?

Handhabung magnetischen Medien

☐ Befinden sich Disketten in ausreichender Entfernung zu Dingen wie Kaffeetassen oder Aschenbechern?

☐ Werden Disketten nicht geheftet, geklammert oder mit Gummis zusammengehalten?

☐ Sind Disketten/Kassetten sicher untergebracht und verstaut?

☐ Werden Disketten/Kassetten in ausreichender Entfernung zu magnetischen Gegenständen wie Büroklammerhaltern gelagert?

☐ Sind die Disketten/Kassetten nicht neben dem Telefon oder in der Nähe von Radios untergebracht?

☐ Werden Entmagnetisiergeräte sicher aufbewahrt und kontrolliert benutzt?

☐ Werden magnetische Medien nicht auf Fensterbänken oder in Autos abgelegt?

☐ Werden geprüfte Aufkleber für die Beschriftung benutzt?

☐ Werden die Aufkleber vor dem Anbringen beschriftet?

☐ Werden magnetische Datenträger korrekt behandelt?

Stromversorgung

☐ Haben Sie Geräte, die Sie vor folgenden elektrischen Effekten bewahren:

Spannungsspitzen
Spannungsabfälle
Unterbrechung der Stromversorgung
Rauschen
Gefährliche Situationen (falsche Polarität)

☐ Gibt es für jedes größere PC-System ein eigenes elektrisches System?

☐ Haben Sie Bedarf für eine Notstromversorgung?

☐ Sind Ihre Geräte vorschriftsmäßig geerdet?

Schutz vor Feuer und Wasser

☐ Sind Feuerlöscher in erreichbarer Nähe angebracht, ordentlich markiert und benutzbar?

☐ Werden die Feuerlöscher regelmäßig überprüft?

☐ Gibt es Alarmsysteme für Wassereinbrüche?

Hardwaresicherheit

☐ Gibt es ein Inventurverzeichnis aller PCs und ihrer Peripherie mit folgenden Informationen:

Beschreibung aller Geräte
Modellnummern
Speicherkapazität (bei CPU)
Seriennummer des Herstellers
Garantienummer
Name des Händlers
Kaufdatum
Eingravierte Identifikationsnummer

☐ Wird auf allen PCs ein Protokoll mit folgenden Informationen geführt:

Gerätebeschreibung
Seriennummer des Herstellers
Identifikationsnummer
Datum/Uhrzeit der Eingangsprüfung
Datum/Uhrzeit der Ausgangsprüfung
Unterschrift eines autorisierten Beauftragten

☐ Ist jedes Peripheriegerät mit einer Identifikationsnummer (bei Privatgeräten z.B. Nummer des Personalausweises) oder dem Firmennamen, Telefonnummer und interner Identifikation versehen?

☐ Sind PCs so gesichert, daß sie nicht von Dieben gestohlen werden können?

☐ Werden die Benutzer von PCs kontrolliert?

Autorisierung
Autorisierung für bestimmte Anwendungen

❏ Wird auf jedem PC ein Protokoll angefertig, daß die Art der
Benutzung aufzeigt?

Systemkennung
Datum
Benutzerkennung
Zeit der Anmeldung
Zeit der Abmeldung
Durchgeführte Arbeiten

❏ Haben Sie für wichtige Hardware Ersatz?

❏ Haben Sie ein komplettes Verzeichnis Ihrer PC-Installation mit:

Anzahl und Typ der PCs
Anzahl und Typ der Bandlaufwerke
Anzahl und Typ der Diskettenlaufwerke
Anzahl und Typ der Drucker
Anzahl und Typ anderer Peripheriegeräte und Komponenten

❏ Haben Sie festgestellt, welche Stillstandszeiten für welches Gerät
vertretbar ist?

Für eine kurzen Zeitraum
Für einen langen Zeitraum

❏ Haben Sie eine andere Methode der Verarbeitung, wenn ein
Hardwarefehler auftritt?

❏ Haben Sie ein System zum Ausweichen in Notfällen?

❏ Befindet sich der Standort des Ausweichsystems nahe genug, um
eine reibungslose Wiederherstellungsprozedur durchführen zu
können?

❏ Ist das Personal in folgenden Arbeiten geschult?

Ordentliches Herunterfahren der Hardware
Ordentliches Starten der Hardware
Manuelle Tätigkeiten bei einem Versagen des Systems

Softwaresicherheit

❏ Ist Ihre Software rechtlich geschützt?

Urheberrecht
Patentrecht
Arbeitsverträge mit den Angestellten

❏ Wurde die Identifikation der Firma und ein Urheberrechtsvermerk in den Quellcode jedes Programms aufgenommen?

❏ Benutzen Sie spezielle Hard-/Software, um die firmeneigene
Software zu schützen?

❏ Werden wichtige Programme durch folgende Maßnahmen ständig überwacht?

Liste aller wichtigen Programme
Programmname/Beschreibung
Verantwortlicher Programmierer
Verteilung der Aufgaben unter den Programmierern
Angemessene Speicherung von wichtigen Programmen
Dokumentationen und Änderungsprotokolle
Einschränkungen beim "patchen" von Programmen
Kontrolle des Managements über Änderungen
Buchführung über Programmänderungen
Chronologisches Protokoll von Programmen und Änderungen
Schutz der Dokumentation

❏ Ist es möglich, daß eine falsche Programmversion gestartet wird?

❏ Gibt es eine Datensicherung des gleichen Betriebssystems?

❏ Haben Sie Ihr Betriebssystem auf Ihrem Ausweichrechner getestet?

❏ Welche Anwendungsprogramme sind für Ihre Arbeit wichtig?

Kopieren Sie diese Programme in regelmäßigen Intervallen?
Haben Sie Sicherheitskopien vom Quellcode?
Haben Sie Sicherheitskopien vom Objektcode?

❏ Besitzen Sie eine Reihe von Testdaten (einschließlich der zu erwartenden Testresultate) für jedes Anwendungsprogramm, damit es auch auf dem Ausweichsystem getestet werden kann?

❏ Sind Ihre Anwendungsprogramme von der Hardware unabhängig?

❏ Sind die Sicherheitsvorkehrungen für die Lagerung von Software und Dokumentation adequat?

❏ Bieten Ihre Schränke oder Safes Schutz vor:

Einbrechern
Feuer
Wasser
Rauch

❏ Wenn Sie gekaufte Software benutzen, gibt es in den Lizenzvereinbarungen eine Klausel, die es verbietet, die Programme auf einem Ausweichsystem zu benutzen?

❏ Gibt es eine Person, die für die Datensicherung und Datensicherheit verantwortlich ist?

❏ Wird die Software auf dem Ausweichrechner stichprobenhaft kontrolliert?

❑   Haben Sie auf den Ausweichrechner folgende Programme kopiert?

Hilfsprogramme
Betriebssystemerweiterungen, die noch nicht installiert sind

❑   Haben Sie bestimmte "Wartezeiten" bestimmt, nach denen
gehandelt werden sollte? Es sollte beispielsweise eine Liste mit
Ausführungszeiten geführt werden, die anzeigt, ob ein Programm
ordnungsgemäß abgelaufen ist.

Datensicherheit und Datenverwaltung

❑   Haben Sie Ihre Daten in Klassen eingeteilt wie: Entscheidend,
Nützlich, weniger wichtig?

Eingabedaten
Quellcodemodule
Kontrollmodule
Daten über magnetische Speichermedien
Programme
Ausgabedaten

❑   Kennen Sie sich mit den Maßnahmen des Datenschutzes aus?

Interne Verwaltung der Einnahmen
Versicherung
Überlegungen zu Rechtsfragen
Kunden-/Produkt-Informationen

❑   Haben Sie die möglichen Gefahren für Ihre Daten überdacht:

Dateneingabefehler
Datenübertragungsfehler
Mechanische Fehlfunktionen
Programmfehler
Ändern der falschen Datei
Bedienerfehler
Verlorene Dateien
Defekte magnetische Speichermedien
Datendiebstahl
Kriminelle Aktivitäten
Verlust durch Naturkatastrophen

❑   Verwalten Sie Kopien von Ihren wichtigsten Daten?

❑   Verwalten Sie eine Liste der kritischen wichtigen Daten?

❑   Haben Sie Vorkehrungen getroffen, damit Ihre Dateien jederzeit
rekonstruiert werden können? (Am besten in einem Verfahren mit
drei Generationen.)

❑   Verwalten Sie tägliche Datensicherungen zur Rekonstruktion?

❏ Wenn Sie Daten für die Lagerung außerhalb des Firmengeländes kopieren, prüfen Sie, ob sie korrekt und lesbar sind?

❏ Sind Ihre Aufbewahrungsbehälter für magnetische Datenträger

feuerfest
wasserdicht
rauchdicht
beweglich (passen sie durch die Tür?)
sicher

❏ Fertigen Sie zusätzlich Mikrofilme Ihrer Daten an?

❏ Haben Sie eine festgelegten Handlungsablauf für die Evakuierung von wichtigen Daten in einem Notfall?

❏ Steht der Zugriff auf PC-Datenbanken unter strengster Kontrolle?

❏ Haben Sie die Möglichkeit zu prüfen, ob die korrekte Version einer Datendatei benutzt wird?

Können versehentlich veraltete Daten verarbeitet werden?
Führt die Software in dieser Richtung interne Prüfungen durch?

Kontrolle der Datenkommunikation

❏ Wird mindestens einer der folgenden Kontrollmechanismen verwendet?

Kennworte
Magnetkartenleser
Schlüsselschalter
Zugriffsprotokolldateien
Kryptographie

Sicherheit bei der Datenkommunikation

❏ Haben Sie die Auswirkungen von kurz- oder langzeitigen Fehlern in der Datenübertragung geprüft?

Datenkommunikation über Stapelbetrieb
Echtzeitverarbeitung Online
Lokale Netzwerke
Externe Datenkommunikation

❏ Haben Sie getestete Ausweichmöglichkeiten, wenn Ihr Kommunikationssystem längere Zeit ausfällt?

❑ Unterstützt Ihr Ausweichsystem für Datenkommunikation

Elektronische Post
Funkverkehr
Manuelles Eingreifen
Alternative Netzwerke

❑ Besitzt Ihr Ausweichsystem gleiche Möglichkeiten wie Ihr Haupt-
system?

Hardware
Software
Hilfsprogramme für die Datenkommunikation
Passende Kabel und Steckverbinder

❑ Ist Ihr Kommunikationssystem vollständig dokumentiert?

❑ Sind Ihre Daten entsprechend ihrer Vertraulichkeit geschützt?

Hardwaresicherungen für die Kommunikation
Methoden der Identifizierung des Bildschirmbenutzers
Methoden der Kryptographie
Datenscrambler

❑ Wurde die Hardware für die Datenkommunikation Ihres Ausweichsystems getestet?

Sicherheit bei den ankommenden Daten

❑ Ist das Personal darauf hingewiesen worden, daß ankommende
Dateien oder Disketten gefährlich sein können?

❑ Haben Sie sichere Prüfungsmethoden für hereinkommende
Dateien und Disketten eingeführt?

❑ Gibt es Vorschriften über die Benutzung von Mailboxen und
Online-Dienstleistungen?

Rekonstruktion nach einem Angriff

❑ Wurden alle Dateien routinemäßig gesichert?

❑ Haben Sie einen zusätzlichen PC oder eine Festplatte, die man bei
einem Verdacht auf einen Angriff durch ein zerstörendes
Programm einsetzten kann, so daß Untersuchungen von Experten
die Arbeit nicht aufhalten?

❑ Benutzen Sie Schutzprogramme, die eingreifen, bevor eine
Zerstörung stattfindet?

Anhang B

Das dreckige Dutzend

Hier nun die Liste "Das dreckige Dutzend" in der Version, wie sie beim Erscheinen des Buches vorlag. Die Liste wurde hier auf die Teile mit Viren, Trojanischen Pferden und Wurmprogrammen gekürzt.

Definitionen

VIRUS (**V**). ACHTUNG!! Vor allem an Universitäten und großen Installationen können Viren Schaden anrichten. Sie greifen einen Rechner an und verbreiten sich mit der Zeit auch auf andere erreichbare Computer. Meistens wird das Betriebssystem von ihnen befallen. Auch Disketten bieten ein gute Angriffsmöglichkeiten für ein Virus. Durch die Weitergabe von Disketten kann sich das Virus verbreiten.

Viren können Monate versteckt warten, bevor sie aktiv werden. So kann sich das Virus ungewollt vermehren, bevor der Benutzer von seiner Anwesenheit etwas bemerkt. Wenn ein Virus entdeckt werden kann, können normalerweise größere Schäden vermieden werden.

Meistens fügen Viren ihren Code in COMMAND.COM, IBMBIO.COM oder IBMSYS.COM ein. Diese drei Dateien, die von DOS auf jeder Systemdiskette angelegt werden, sind die einzigen Dateien, die oft genug auf anderen Rechnern ausgeführt werden, um eine genügende Verbreitung zu gewährleisten. Wenn sich die Dateigrößen dieser Systemdateien ändern, achten Sie auf ein Virus!

Ihr Computer bietet bereits einen geringen Schutz gegen Viren! Die Dateien IBMBIO.COM und IBMSYS.COM können nur gelesen werden, dadurch können sie nur von besonders weit entwickelten Viren geändert werden. COMMAND.COM kann hingegen geändert werden. Ich empfehle also, mit einem Hilfsprogramm (PC-Tools, Norton) die Attribute von COMMAND.COM so zu ändern, daß es nur noch gelesen werden kann. Sie dürfen nur nicht vergessen, vor der Erweiterung auf eine neue Betriebssystemversion die Attribute wieder zu ändern.

TROJANISCHES PFERD (**T**). Diese Programme zerstören ABSICHTLICH Daten, nachdem sie gestartet wurden. Fast immer wird dabei die Festplatte gelöscht und auch andere Dinge beschädigt. Sie sollten mich verständigen, wenn Sie neue Programme dieser Art entdecken, die noch nicht in die Liste aufgenommen sind.

ACHTUNG (**A**) So gekennzeichnete Programme können Viren/Trojanische Pferde sein, oder nicht. Seien Sie besonders vorsichtig, wenn Sie ein solches Programm ausführen.

Bemerkung: Wenn keine Dateinamenerweiterung angegeben ist, ist das Programm mit mehreren verschiedenen Erweiterungen im Umlauf, z.B. .EXE, .COM, .ARC, .EQE, .CQM, .LBR und .LQR.

Viren

CHRISTMA.EXE   V   Dies ist das berüchtigte Bitnet-Virus. Zur Weihnachtszeit wurde dieses Programm an viele Benutzer von Bitnet gesendet.
PC-Benutzer brauchen sich über dieses Virus keine Sorgen zu machen. Das Programm ist in der Sprache REXX geschrieben und läuft nur auf Großrechnern.

Länge: ???

***.EXE, *.COM**   V   Jede Ihrer ausführbaren Dateien könnte ein Virus enthalten. Aber keine Panik! Dieses Virus kann entdeckt werden. Wenn eine Datei infiziert ausgeführt wird, werden sich alle anderen ausführbaren Dateien um eine bestimmte Länge verändern (1808 Bytes bei .EXE-Dateien, 1813 Bytes bei .COM-Dateien).
Seien Sie besonders aufmerksam, denn das Virus kann erheblichen Schaden verursachen. Manche Viren infizieren ein Programm nicht nur einmal, sondern immer wieder, bis es nicht mehr in den Arbeitsspeicher paßt. Außerdem wird die Verarbeitungsgeschwindigkeit des Rechners erheblich herabgesetzt. Achten Sie auf diese Symptome! An einem bestimmten Datum wird das Virus dann Zerstörungen anrichten.

Länge: Jede

BXD.ARC   VA   Bekannt ist nur, daß es einige Zeit nach dem Start die FAT zerstört.

COMMAND.COM   V   Dies ist ein traditioneller Virus, der sich in COMMAND.COM einnistet. Er ist durch seine Verbeitung an Universitäten bekannt geworden. Er kopiert sich auf vier weitere Disketten und zerstört dann die FAT. Das Virus ändert nicht die Dateilänge, aber das Datum.

Länge: ???

| QMDM31B.ARC | V | Die letzte offizielle Version von Qmodem ist 3.1a. Diese Version ist um 1K länger als 3.1a und ergänzt IBMBIO.COM um 17 Bytes. Es ist mir nicht bekannt, wie dieses Virus arbeitet, aber es gibt KEINEN Grund, IBMBIO.COM zu ändern. Bemerkung: IBMBIO.COM ist eine Datei mit Nur-Lese-Zugriff. Mit anderen Worten, wir haben hier ein Programm, das den Schreibschutz umgeht. |
| Länge: ??? | | |

Trojanische Pferde

123JOKE	T	Dieses angebliche Hilfsprogramm für Lotus 123 zerstört Verzeichnisse auf der Festplatte/Diskette.
ANALYSE.EXE	T	Dieses Programm analysiert angeblich die Protokolldatei des WWIV 4.x BBS-Systems. Stattdessen zerstört es die FATs.
ANTECOPT.ARC	T	Dieses Trojanische Pferd optimiert angeblich die Festplattenorganisation. In Wirklichkeit ist es eine schlecht geänderte Version des DOS 3.1 FORMAT-Programms.
ANTI-PCB	T	Dieses Trojanische Pferd hat eine traurige Geschichte. Zwei SYSOPS begannen einen Streit darüber, welches BBS-System besser sei. Am Ende schrieb einer der beiden ein Trojanisches Pferd und legte es in der Mailbox seines Widersachers ab. Der führte es natürlich aus und bekam große Schwierigkeiten. Wir sollten eigentlich langsam erwachsen werden und sollten uns gerade als SYSOP unser Verantwortung bewußt sein.
ALTCTRL.ARC	T	Zerstört Urladersektoren

ARC513.EXE   T   Geänderte Version des ARC-Programms. Zerstört den Urladersektor der Festplatte.

ARC514.EXE   T   Entspricht ARC513.

BACKALLY.COM   T   Dieses hochentwickelte Trojanische Pferd zerstört Ihre FAT, nachdem es zwei Monate benutzt worden ist. Vielleicht arbeitet es nur mit Disketten, das ist aber eher unwahrscheinlich. Es löscht nur volle Disketten, wie NOTROJ. Eine mitgelieferte Stapeldatei gibt als Autor "SomeWare" an. Achten Sie auf andere Produkte aus dieser Quelle.

Länge: 64512

BACKTALK   T   Dieses einmal nützliche Programm zerstört Sektoren auf Ihrer Festplatte/Diskette. Benutzen Sie dieses Programm nur, wenn Sie es unbedingt brauchen, denn es ist wahrscheinlich, daß auch Ihre Kopie nicht das Originalprogramm enthält.

BXD.ARC   T   Dieses Programm warnt den Benutzer mit "Ihre Festplatte wird in 5 Sekunden zerstört." Diese Nachricht befindet sich im 17. Sektor der Datei.

Länge: 20480

CDIR.COM   T   Dieses Programm zeigt angeblich eine farbige Ausgabe des Inhaltsverzeichnisses an. In Wahrheit zerstört es die FAT.

CHUNKER.EXE   TA   Als Teil von QEDIT Ver. 2.02 schreibt dieses Programm fünf harmlos wirkende Dateien auf die Diskette. Obwohl dieses Programm eigentlich nur große Textdateien aufspalten soll, zerstört es manchmal auch die FAT.

COMPRESS.ARC   T   Dieses Trojanische Pferd mit dem Datum 1. April 1987 zerstört FATs. Es wird aus einer Batchdatei namens RUN-ME aufgerufen.

DANCERS.BAS   T   Dieses Programm zeigt einige animierte Tänzer auf dem Bildschirm und löscht danach die FATs auf der Festplatte. Es gibt auch einige "harmlose" Versionen dieses Programms; anscheinend hat der Autor das legitime Programm für seine bösen Absichten geändert.

DEFENDER.ARC   T   Formatiert die Festplatte. Nicht zu verwechseln mit dem Programm DEFENDER von Atari.

DISCACHE.EXE   TA   Dieses Programm zerstört die FAT. In einer Datei DISCACHE.WNG soll angeblich mehr Informationen stehen. Ich suche selbst nach dieser Datei. Es gibt auch ligitime Versionen von DISCACHE.

DISKPREP.EXE   TA   Löscht nach dem Start alle Dateien auf dem Standardlaufwerk.

DISKSCAN.ARC   T   Dieses Programm war ursprünglich zum Suchen von defekten Sektoren auf der Festplatte gedacht. Irgendein Spaßvogel hat es geändert, so daß es fehlerhafte Sektoren SCHREIBT. Es existiert auch unter Namen wie SCANBAD.EXE und BADDISK.EXE.

Länge: 2944

DMASTER   T   Zerstört die FAT.

DND23.ARC   TA   Gibt vor, eines der populären Dungeons and Dragons Programme zu sein. Löscht Zylinder 0 der Festplatte.

DOSKNOWS.EXE   TA   Die Nachforschungen bezüglich dieses
                            Programms sind noch nicht abgeschlossen.
Länge: 5682   Irgendjemand hat ein Programm geschrie-
                            ben, das die FAT zerstört. Dieses Pro-
                            gramm hat er DOSKNOWS genannt, so
                            daß eine Verwechslung mit dem gleich-
                            namigen harmlosen Hilfsprogramm leicht
                            möglich ist. Das richtige DOSKNOWS hat
                            eine Länge von 5376 Bytes. Das Killer-
                            programm enthält die Zeichenkette:
                            "Ouch! DOS refused to tell me! Sob, sob,
                            sob."
                            *Achtung: Es könnte auch eine legitime Version
                            der Länge 6144 Bytes geben.*

DPROTECT   T   Eine geänderte Version des legitimen Pro-
                            gramms zerstört die FAT.

DRAIN.COM   TA   Dieses witzige Programm wurde so
                            modifiziert, daß es FATs zerstört.

DROID.EXE   T   Dieses Trojanische Pferd gibt sich als Spiel
                            aus. Sie kontrollieren angeblich Roboter,
Länge: 54272   die nach Schätzen suchen. In Wahrheit
                            kopiert es C:\PCBOARD\PCBOARD.DAT
                            in die Datei C:\PCBOARD\HELP\HLPX,
                            wenn ein SYSOP es im Verzeichnis
                            C:\PCBOARD startet.

DRPTR.ARC   T   Zerstört alle Dateien im Wurzelverzeichnis.

EGABTR   T   VORSICHT! Die Beschreibung verspricht
                            "eine bessere Bildschirmauflösung". Wenn
                            es gestartet wird, löscht es alle erreich-
                            baren Dateien und gibt "Arf! Arf! Got you!"
                            aus.

ELEVATOR.ARC   T   Ein schlecht geschriebenes Trojanisches Pferd. In der Anleitung steht, daß es nur von Diskette gestartet werden soll. Wenn Sie dieses nicht befolgen, werden Sie von Elevator bestraft, indem es alle Dateien löscht. Interessant ist, daß mein Name über das gesamte Programm verstreut auftaucht.

EMMCACHE V. 1.0   T   Dieses Programm ist nicht unbedingt ein Trojanisches Pferd, es kann aber zerstören, indem es nachfolgend ausgeführte Programmdateien verändert oder den Urladersektor überschreibt.

FILER.EXE   T   Ein SYSOP berichtete, daß dieses Programm seine Festplatte gelöscht hat. Ich selbst habe ein Programm namens FILER.EXE benutzt und es arbeitete korrekt. Falls Sie also ein solches Programm in die Hände bekommen, testen Sie es unbedingt unter besonderen Sicherheitsmaßnahmen.

FINANCE4.ARC   TA   Es gibt keine Beweise dafür, daß dieses Programm ein Trojanisches Pferd ist, aber es werden immer wieder Warnungen in Mailboxen gefunden. Vorsicht ist angebracht.

FLU4TXT.COM   T   Die "ausführbare" Dokumentation zu FluShot Ver. 4.0 (die geändert wurde) modifiziert die Tabelle mit den Laufwerksparametern.

FUTURE.BAS   T   Dieses Programm zeigt zuerst eine schöne Graphik und weist dann darauf hin, daß der Computer eigentlich für sinnvollere Dinge genutzt werden sollte. Danach werden alle Disketten zerstört und alle erreichbaren Dateien gelöscht.

GRASP200.ARC	T	Dieses Programm gibt sich als GRASP Ver. 2.0 aus. Eine modifizierte READ.ME-Datei fordert den Benutzer auf, RUNDEMO.BAT auszuführen. RUNDEMO zerstört dann das Wurzelverzeichnis der Festplatte.
MAP.BAS **Länge: 8554**	TC	Wurde vom berüchtigten Dorn W. Stickle programmiert und zeigt angeblich eine Weltkarte an.
MATHKIDS.ARC **MATH1.EXE**	T	SYSOPS Vorsicht! Dieses Programm kopiert C:\PCB\MAIN\USERS auf C:\PCB\DL\FIXIT.ARC. Wenn auf Ihrem System eine solche Datei existiert, sollten Sie prüfen, ob es sich nicht um die Datei mit den Benutzern handelt.
NOTROJ.COM	T	Dieses Programm ist das am weitesten entwickelte Trojanische Pferd, das ich je gesehen habe. Es erweckt den Anschein, als könnte man mit ihm andere Trojanische Pferde bekämpfen. In Wahrheit ist es eine Zeitbombe, die alle FATs zerstört. Dabei gibt es die Warnung aus: "Ein anderes Programm versucht zu formatieren, Abbruch unmöglich!" Danach beginnt das Programm eine Grundformatierung der Festplatte; es werden jedoch nur volle Platten gelöscht. Wenn Ihre Festplatte weniger als 50 % voll ist, kann Ihnen nichts passieren.
TIRED	TC	Von Dorn W. Stickle geschrieben. Es könnte auch eine ligitime Version dieses Programms geben.
TSRMAP	T	Dieses Programm erfüllt, was es verspricht. Es zeigt eine Übersicht alle TSR-Programme im Speicher an, löscht aber zusätzlich auch den Urladersektor von Laufwerk C:.

PACKDIR	T	Gibt vor, die Festplatte zu optimieren. Zerstört die FAT.
PCLOCK	TC	Zerstört FATs. Es gibt auch legitime Versionen dieses Programms.
PCW271xx.ARC	T	Eine modifizierte Version des kommerziellen Textverarbeitungsprogramms PC-WRITE (Ver. 2.71). Mir sind bereits 10 Fälle bekannt, wo dieses Programm FATs zerstört hat. Das bösartige Programm belegt 98274 Bytes, die korrekte Version 98644 Bytes. Version 2.7 des gleichen Programms belegt 98242 Bytes.
PKX35B35.EXE	T	Diese geänderte Version von PKXARC zerstört FATs. Die neueste Version von PKXARC ist 35A35.
QUIKRBBS.COM	T	Dieses Trojanische Pferd verspricht, daß Meldungsdateien 200% schneller in den Speicher geladen werden. In Wirklichkeit kopiert es die Datei RBBS-PC.DEF in die Datei HISCORES.DAT.
QUIKREF	T	Zerstört FATs.
RCKVIDEO	T	Nach einer kleinen Graphikanimation löscht dieses Programm alle Dateien, die es finden kann.
RECOUP.EXE **Länge: 49920**	TC	Dieses Programm ist entweder schlecht geschrieben oder ein Trojanisches Pferd.
SCRNSAVE.COM	TC	Es wird berichtet, daß dieses Programm Festplatten löscht.

SECRET.BAS	T	VORSICHT! Dieses Programm kommt mit einer Nachricht, die besagt, daß es nicht funktioniert und darum bittet, daß es jemand repariert. Wenn Sie es ausprobieren, wird es Ihre Festplatte löschen.
SEX-SNOW.ARC	T	Löscht alle Dateien im aktuellen Verzeichnis und erstellt aus den Dateinamen eine Meldung.
SIDEWAYS.COM	T	Zerstört den Urladersektor auf der Festplatte. Das Programm ist ungefähr 3K lang. Die legitime Version SIDEWAYS.EXE hat eine Länge von ca. 30K.
STAR.EXE **Länge: 3072**	T	ACHTUNG RBBS-PC SYSOPS! Dieses Programm kopiert RBBS-PC.DEF so, daß es anschließend von außerhalb geladen werden kann.
STRIKE.ARC	TC	Zerstört FATs.
STRIPES.EXE	T	Funktioniert wie STAR.EXE. RBBS-PC.DEF wird auf die Datei STRIPES.BQS kopiert. Diese Datei kann später heruntergeladen werden, wodurch alle Passworte in fremde Hände gelangen würden.
SUG.ARC	T	Gibt vor, den Kopierschutz von SOFTGUARD zu brechen. In Wahrheit zerstört es die FATs auf allen Laufwerken. Es ist erwiesen, daß Softguard dieses Programm selbst geschrieben hat. Sie sagen, daß jeder, der SUG ausführt, eine Lizenzvereinbarung bricht. Darum dürfen Sie angeblich legal Daten zerstören. Ich kann das natürlich nicht billigen und ein mir bekannter Anwalt stimmt mir da zu.
TOPDOS	T	Formatiert die Festplatte. Nicht mit der Raubkopie von TOPDOS verwechseln.

ULTIMATE.EXE   TC   Der Autor behauptet, daß dieses 3K-Pro-
                                gramm eine Benutzeroberfläche für DOS
Länge: 3090   ist. Wenn es ausgeführt wird, erscheint
                                "Loading...". Anstatt weitere Programme zu
                                laden, zerstört es die FAT. Vorsicht!

VDIR.COM   T   Dieses Programm zerstört Disketten. Es
                                wurde bereits im BYTE-Magazin darüber
                                berichtet.

VISIWORD.ARC   TC   Ein Benutzer berichtete, daß dieses Pro-
                                gramm seine Festplatte zerstört hat.

WARDIAL1.ARC   TC   Zerstört die FAT.

Glossar

Dieser Abschnitt ist vor allem für den Anfänger gedacht. Der fortgeschrittene Benutzer kann ihn getrost überspringen.

ARC - Dateinamenerweiterung für eine ARChivdatei. In ihr sind viele Dateien komprimiert zusammengefaßt, so daß sie weniger Platz auf Disketten belegen und schneller übertragen werden können. Um die Dateien wieder in ihre ursprüngliche Form zu bringen (entpacken) benötigt man ein spezielles Programm: ARC.EXE, PKXARC.COM, ARCE.COM, ARCLS.EXE oder ein kompatibles anderes Programm.

BAS - Abkürzung für die Programmiersprache "BASIC". Die Dateinamenerweiterung von BASIC-Programmen lautet ebenfalls "BAS".

BBS - Abkürzung für "Bulletin Board System". Man kann ein BBS über Telefon erreichen und sich mit seinem Computer/Bildschirm dort anmelden. Es können Nachrichten ausgetaucht, Informationen ausgetauscht und Programm abgerufen werden.

BOARD - Abkürzung für "Bulletin Board System".

Booten - Entspricht dem Starten des Rechners. Es kann entweder von der Platte oder von einer Systemdiskette gestartet werden.

Byte - Ein Byte entspricht einem Zeichen. Die Länge von Dateien wird meistens in Byte angegeben.

Cache - Speicherbereich, der aktuelle Daten enthält. Daten werden von Programmen aus diesem Bereich gelesen, anstatt direkt von der Platte/Diskette, dadurch erhöht sich die Zugriffsgeschwindigkeit.

Cluster - Ein aus Sektoren bestehender Block, der Daten enthält. Alle Festplatten/Disketten sind in Cluster aufgeteilt.

COM - Dateinamenerweiterung einer ausführbaren Datei.

DD - Abkürzung für das "Dreckige Dutzend".

DEBUG - Der mit DOS gelieferte Editor/Assembler/Disassembler.

DOC - Abkürzung für Documentation (Dokumentation).

EMS - bezeichnet eine Speichererweiterung. Sie befindet sich entweder auf einer gesonderten Einsteckkarte (bis 2 MB) oder auf der Hauptplatine (bei "NEAT-Boards").

EXE - Dateinamenerweiterung einer ausführbaren Datei.

FAT - Abkürzung für "File Allocation Table" (Dateizuordnungstabelle). Sie ist im ersten Sektor einer Diskette/Platte abgelegt und enthält Informationen über den Ort, wo die Dateien auf dem Medium gespeichert sind.

Fragment - DOS speichert Dateien in kleinen Stücken verteilt über die ganze Platte/Diskette. Wenn die Zerstückelung zu groß wird, verlangsamt sich der Zugriff.

GRASP - Abkürzung für "GRaphical Animation System Program".

Formatieren (High Level Format) - Bezeichnet den normalen Formatiervorgang mit dem DOS-Programm FORMAT.

Grundformatierung (Low Level Format) - Diese Art der Formatierung wird nur für Festplatten benötigt. Ein Programm zur Grundformatierung wird meistens beim Kauf einer Festplatte mitgeliefert, wenn die Platte nicht schon ab Werk grundformatiert wurde. Eine so formatierte Festplatte kann anschließend mit FDISK eingeteilt (partinioniert) und mit FORMAT normal formatiert werden.

IBM - Abkürzung für "International Business Machines". Einer der großen Computerhersteller.

IBMBIO.COM - Versteckte Systemdatei, die zum Betriebssystem PC-DOS gehört.

IBMSYS.COM - Versteckte Systemdatei, die zum Betriebssystem PC-DOS gehört.

Kompatibler - Bezeichnet einen Rechner, der sich zu 99% wie ein originaler IBM-Rechner verhält.

KB - Abkürzung für "Kilobytes". Ein KB entspricht 1024 Bytes.

MB - Abkürzung für "Megabyte". Ein MB entspricht 1024 KB.

Optimieren (einer Platte/Diskette) - Fügt die Fragmente der gespeicherten Dateien wieder zusammen, so daß die Ladezeiten sich verkürzen.

PAK - Ein Programm zum komprimieren von Dateien. Inkompatibel zu ARC.

Patch - Änderungen in einem ablauffähigen Programm (.COM oder .EXE) ohne Übersetzungsvorgang. Meistens benutzt man dazu einen Debugger (DEBUG).

PD - Abkürzung für Public Domain. Bezeichnung für Programme, die frei kopiert und weitergegeben werden dürfen.

PKXARC - Programm, das komprimierte Dateien "entpackt".

RAM - Abkürzung für "Random Access Memory". Bezeichnung für den Hauptspeicher.

RBBS - Abkürzung für RBBS-PC (Remote Bulletin Board System), einem BBS speziell für PCs.

ROM - Abkürzung für "Read Only Memory", einem Speicher, den man nur Lesen kann.

SYSOP - SYstem OPerator. Betreiber eines BBS oder einer Mailbox.

SYSTEM - Dateiattribut für Betriebssystemdateien.

Trojanisches Pferd - Lesen Sie die Definition im Buch.

TSR - Abkürzung für "Terminate, Stay Resident". Bezeichnung für Programme, die zwar nicht mehr ablaufen, aber dennoch im Speicher verbleiben, bis sie wieder aktiviert werden.

VIRUS - Lesen Sie die Definition im Buch.

WORM - Ein spezielles Trojanisches Pferd.

WWIV - Ein BBS.

ZOO - Ein Kompressionsprogramm, das zu ARC inkompatibel ist.

Sachwortverzeichnis

Vieweg DeskManager

Eine menügesteuerte Benutzeroberfläche
für die effektive Festplattenorganisation mit Datensicherung

von Karl Scheurer

Handbuch erarbeitet von Heike Gebranzig-Specht.
1989. VI, 58 Seiten mit einer 5 1/4"-Diskette. Gebunden DM 98,–
ISBN 3-528-02832-7

Der Vieweg DeskManager ist eine über Maus oder Tastatur leicht steuer-
bare, menügeführte mit einer Identifikation und einem Paßwort geschützte
Benutzeroberfläche für alle MS-DOS-PCs. Mit dem DeskManager lassen
sich Festplatten auch für den ungeübten Benutzer optimal verwalten und
organisieren.

Das Programm enthält zwei Teile:

1. *DeskManager für den Anwender.* Alle Dateien, die für festgelegte Anwendungen benötigt werden, werden dem Anwender oder Anwenderkreis
   zugeordnet. Somit gibt es für jeden Benutzer nur Zugriffsrechte auf „seine
   Dateien".

2. *DeskManager für den Systemverwalter.* Dieser Superuser legt die Verzeichnisse und die Anwendungsliste für alle Benutzer an. Er legt die
   System- und Zugriffsrechte für alle Dateien und Verzeichnisse fest.

Vieweg Software ist sowohl für den professionellen als auch für den enga-
gierten privaten PC-Nutzer. Jedes Paket der Reihe *Vieweg Software* basiert
auf praktischen Anwendungen, die im betrieblichen Alltag funktionstüchtig
und effektiv zum Einsatz kommen. Damit werden dem Anwender immer
funktionsgerechte, lauffähige und arbeitserleichternde Tools zur Verfügung
gestellt.

Verlag Vieweg · Postfach 58 29 · D-6200 Wiesbaden 1

Das Turbo Pascal-Paket für effizientes Programmieren

Anton Liebetrau
Turbo Pascal 5.0 / 5.5 Units und Utilities
Die optimale Toolbox für den Profi mit 180 Routinen.

1989. VIII, 382 Seiten mit zwei 5 1/4"-Disketten für IBM PC und Kompatible unter MS-DOS mit Turbo Pascal ab Version 4.0.
Gebunden DM 198,—
ISBN 3-531-04716-X

Inhalt: Teil 1 Verzeichnis der Routinen: Die Unit Mouse – Die Unit Special – Die Unit Spell – Die Unit Standard – Die Unit Sys – Die Unit Txt – Die Unit Win; Teil 2 Quellcodes der Units; Anhang: Schreiben von Units – Übersicht der Routinen – Tastencodes – Graphikzeichen etc.

Ein Softwarepaket für den Profi, der endlich effektiv und problemlos mit Turbo Pascal 5.0/5.5 (und Version 4.0) arbeiten will! Der professionelle Charakter dieser Toolbox mit 180 Publikationen liegt in der Zusammenstellung der einzelnen Teile: einerseits ein Buch mit der Beschreibung für den reibungslosen Einsatz aller Tools und Utilities und andererseits vollständig getestete und ablauffähige Software auf Diskette direkt dabei. Diese Buch/Software-Kombination versorgt jeden Anwender mit den nötigen Materialien für den optimalen Pascal-Einsatz.

Verlag Vieweg · Postfach 58 29 · D-6200 Wiesbaden 1

Das große Vieweg WORD 5.0 Buch

Eine praxisgerechte Beschreibung aller Anwendungsmöglichkeiten für den anspruchsvollen Benutzer

von Ernst Tiemeyer

2., erweiterte und überarbeitete Auflage 1989. XVIII, 459 Seiten mit zwei 5 1/4"-Disketten für IBM PC und Kompatible unter MS-DOS mit Word 5.0. Gebunden DM 79,—
ISBN 3-528-14676-1

Das Programm WORD ist marktführend unter den PC-Textverarbeitungssystemen. Es verfügt über einen hohen Funktionsumfang und zeichnet sich durch einfache Bedienung und vielseitige Einsatzmöglichkeit aus.

„Das große Vieweg WORD 5.0"-Buch gibt einen umfassenden Einblick in die verschiedenen Anwendungen. Es wendet sich an alle, die sich intensiv mit den vielfältigen Möglichkeiten des Textverarbeitungssystems WORD vertraut machen wollen. Mit ausgewählten Beispielen kann sich der Leser Schritt für Schritt Befehle und Funktionen von WORD erarbeiten. Wesentliche Abläufe werden in Checklisten dokumentiert, so daß stets ein schnelles Nachschlagen für ausgewählte Problemfälle möglich ist.

Schrittweise wird erarbeitet: Aufbau und Handling des Programms – Eingabe, Speichern, Drucken – Überarbeiten – Formatieren – Tabellen, Listen, Formulare – Textbausteine – Serienbriefe – Einbindung anderer Software – Textverwaltung – Besonderheiten – Makros – Druckformatvorlagen.

Zwei Begleitdisketten mit allen Übungsaufgaben und Textbeispielen erleichtern die zielgerechte Umsetzung des Lernstoffes in die Praxis.

Verlag Vieweg · Postfach 58 29 · D-6200 Wiesbaden 1